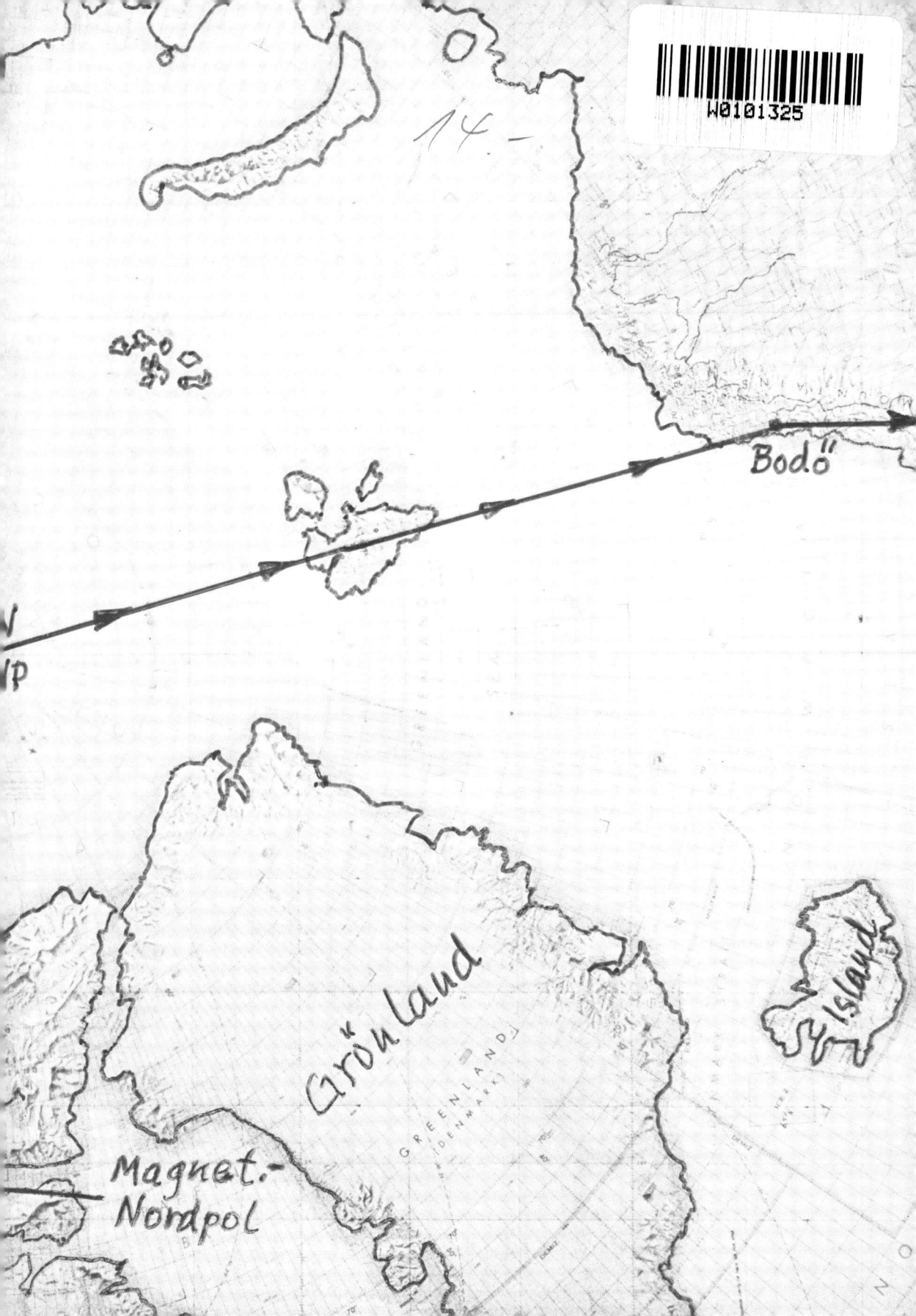

SCHMITT · NORDPOLFLUG

DIETER SCHMITT

NORDPOLFLUG

MOTORBUCH VERLAG STUTTGART

Einband und Schutzumschlag: Siegfried Horn

Bildquellen: Wenn nicht besonders angegeben,
stammen die Abbildungen aus dem Archiv des Autors

Vorsatz vorn:
Die Polroute mit der Abweichung bei 78° Nord
wegen Motorstörung und der Rückkehr zum geplanten Kurs.

Vorsatz hinten:
Typische Streckenführungen für Überführungsflüge
über dem Nordatlantik.

ISBN 3-87943-882-X

1. Auflage 1982
Copyright © by Motorbuch Verlag, Postfach 13 70, 7000 Stuttgart 1.
Eine Abteilung des Buch- und Verlagshauses Paul Pietsch GmbH & Co. KG.
Sämtliche Rechte der Verbreitung – in jeglicher Form und Technik – sind vorbehalten.
Satz und Druck: SV-Druck, 7302 Ostfildern 1.
Bindung: Verlagsbuchbinderei Karl Dieringer, 7000 Stuttgart.
Printed in Germany.

Inhalt

Vorwort des Präsidenten des Deutschen Aero Clubs	7
Vorwort des Autors	8
1. Reisen als Passagier	9
2. Vorbereitungen in USA	12
3. Kurzwellengerät von Collins	29
4. Kleine Ursache – große Wirkung	32
5. Vorbereitungen zum Lindbergh-Gedächtnisflug	46
6. Die Lufthansa hilft auf JFK/New York	52
7. Start in New York	55
8. Endlich auf Strecke	67
9. Die ›Lindbergh-Memorial-Medal‹	69
10. Eine Stunde Verspätung	70
11. Gewitterflug	73
12. Schlechte Wettermeldungen	77
13. Kurz vor der Irischen Küste	80
14. Es reicht doch bis München	89
15. Chancen für das große Unternehmen	91
16. Im Streß der Medien	93
17. Grundsatzfragen	95
18. Finanzielle Probleme	97
19. Gewichtsprobleme	99
20. Sonderausrüstung von Collins	102
21. Navigation im Polbereich	103
22. Da ›oben‹ ist alles anders	114
23. Etwas Denksport	116
24. Wetter in der Polregion	117
25. Sichtweiten von ›Pol zu Pol‹	119
26. Entdecker und Forscher am Nordpol	120
27. Wetterberatung problematisch	125
28. Dr. Walter Schulte kommt mit	127
29. Wieder mit Lufthansa	130
30. Vortrag in Bonn	131
31. Programmpunkte für USA	132
32. ARD will filmen	133

33. Erinnerungen an Oshkosh 134
34. Einige Definitionen 138
35. Haben Sie keine Angst? 140
36. Wetten 50:50 141
37. Mit LH-DC 10 nach Anchorage 142
38. Streik in Alaska 143
39. Vorbereitungen vor Ort 144
40. Prüfstrecke Boston–Gander 154
41. Meine Auffassung von Sport 159
42. Endspurt mit Freund Heinz 160
43. Der Astrokompaß 161
44. In Wichita 163
45. Neue Probleme 167
46. Der Fernsehfilm 169
47. Ab nach Cedar Rapids 173
48. Weiter nach Seattle 178
49. Ankunft in Alaska 181
50. In Anchorage 183
51. Beim SAR-Elmendorf 194
52. 13 Stunden Arbeit vor dem Start 200
53. Es geht los 204
54. Nachtstart 207
55. Flug über Alaska 210
56. Über dem Eismeer 213
57. Es wird kritisch 217
58. Nordpol 221
59. Kurs Spitzbergen–Norwegen 223
60. Rechnen, Rechnen 234
61. ›Ziel-Landung‹ 238
62. Neue Pläne 241
63. Begleiterscheinungen 243
64. Weitere Rekordversuche 245
65. Eine Lanze für die Wasserflieger 255
66. Mit dem ›Seeräuber‹ von Grönland nach Heidelberg 257
67. ›Fliegen für Deutschland‹ 278
Daten der Weltrekorde und der nationalen Rekorde im Segelflug .. 281
Nationale Segelflugrekorde 281
Anmerkungen und Abkürzungen 282

Vorwort des Präsidenten des Deutschen Aero Clubs

Dieter Schmitt, von frühester Jugend an, ein ›Vollblutflieger‹ – wie er sich selbst nennt – gehört zu den wenigen Langstreckenpiloten unter den deutschen Sportfliegern unserer Tage. Er setzt mit seinen Flügen – besonders mit seinem Pionierflug über den Nordpol – die stolze Reihe der Fernflieger der Zeit vor dem Zweiten Weltkrieg fort, um nur Marga von Etzdorf, Elli Beinhorn, Freiherr von Koenig-Warthausen, Wolfgang von Gronau, Horst Pulkowski zu nennen – Pioniere der Luftfahrt.
Dieter Schmitt kommt vom Segelflug, dem er bis heute treu geblieben ist. Er ist nach Wolf Hirth der einzige Flugzeugführer, der Bestleistungen im Segelflug *und* im Motorflug erzielte – Bestleistungen, die er mit Erfahrung und Können erflog, die er alle mit äußerster Sorgfalt und der größtmöglichen Sicherheit vorbereitete. Seine Schilderungen sind spannend und lehrreich zugleich.
In seinen Betrachtungen nimmt er auch Stellung zu einzelnen Problemen der Sportluftfahrt in unseren Tagen, macht Aussagen, die von einem Mann mit seiner Erfahrung und seinen Erfolgen Gewicht haben und gehört werden sollten.
Aus all diesen Gründen wünsche ich seinem Buch eine weite Verbreitung.

Georg Stüthing

Präsident des Deutschen Aero Clubs

Vorwort des Autors

In diesem Buch habe ich die Entwicklung einer ganzen Kette von fliegerischen Unternehmungen aufgezeichnet, aber ich habe auch versucht, meine Beweggründe für deren Durchführung zu erklären und darzustellen, wie weit das Umfeld dessen reicht, was uns Flieger so fasziniert. Wohl ist dies in erster Linie die Sehnsucht nach dem Erleben des Urtraumes der Menschheit, aber es ist dennoch viel mehr, als nur dieser Wunsch, sich in die Luft zu erheben – sich von der Erde zu lösen. Es ist ein immer neues ›Erarbeiten‹, ein ›Erfahrungsammeln‹, ein unentwegt ›Lernen‹, ganz gleich, ob man Segelflug oder Motorflug betreibt. Diese Eroberung der Luft kann aber auch harter Kampf sein, besonders dann, wenn man Höchstleistungen anstrebt. Das möchte ich in diesem Skript aufzeigen.
Ist der Leser Pilot – Segel- oder Motorflieger, oder beides –, so findet er hoffentlich trotz eigener Erfahrung noch manche Anregung, die ihn zu größeren Leistungen anspornt und zu noch sichererem Fliegen veranlaßt.
Allen anderen, die noch keine Gelegenheit hatten, einen Blick in die Welt der dritten Dimension zu tun, möge es eine Vorstellung von dem geben, was die Faszination des Fliegens bedeutet.
Wen die ›Fliegekrankheit‹ aber schon gepackt hat, der vergißt oft, daß andere Menschen unter seinem Zustand leiden. In den Familien der Sportflieger sind es wohl die Ehefrauen, die ein wirkliches Opfer bringen. Diesen tapferen Daheimgebliebenen möchte ich hier einen Einblick in die Gedankenwelt ihrer Männer geben. Den von dem gefährlichen ›Fliegerbazillus‹ Infizierten aber will ich deutlich in Erinnerung bringen, wie oft ihre Angetrauten an den Wochenenden in stiller Tapferkeit ausharren.
Meiner lieben Frau war die unheilbare Krankheit ihres Patienten schon als Fliegerbraut bekannt. Ihr widme ich dieses Buch.

1. Reisen als Passagier

Unter uns ziehen die letzten Felder von Schichtwolken vorüber. In Flugrichtung Nord-West kann ich die ersten Cumuluswolken erkennen. Sie liegen viel tiefer und erlauben ab und zu einen Durchblick auf die Erdoberfläche. Langsam – so scheint es jedenfalls – überfliegen wir die Westküste von Schottland. Tatsächlich jagen wir mit 850 km/h dahin, aber in einem hoch fliegenden Flugzeug kann man das nicht wahrnehmen. Wer in so einem riesenhaften Jumbo-Gehäuse irgendwo zwischen Hunderten von Passagieren sitzt, kann allerdings kaum mehr von ›fliegen‹ sprechen. Man wird transportiert. Die Männer im Cockpit sind die einzigen an Bord, die etwas mit der Fliegerei zu tun haben, und deshalb verstehen sie auch, daß man sich als alter Pilot dort hinten anders fühlt als die übrigen Fluggäste.
Weil ich beruflich bei der Luftfahrtindustrie Flugzeuge für Gutachten nachfliege oder an Testprogrammen teilnehme, reise ich viele Male im Jahr als Passagier in die USA. Auf dem Rückweg überführe ich neue Flugzeuge nach Europa, ein- oder zweimotorige mit Kolbenmotor, aber auch solche mit Propellerturbinen. Bei dieser fliegerischen Tätigkeit kommt man im Laufe von Jahrzehnten in fast alle Länder der Erde. Ist es da ein Wunder, daß man sich auf dem Passagiersitz zum passiven Sesselhocker degradiert fühlt, wenn man von Beruf Testpilot ist? Weil das die Kameraden im Cockpit so gut verstehen, werde ich von den meisten Kapitänen nach vorn eingeladen, wenn ich meine Visitenkarte abgebe.
Aber da ist noch etwas anderes. Ich bin nämlich ein Bewegungstyp, und da fällt es mir schwer, stundenlang zu sitzen, wenn ich nicht selbst fliege. Sportliche Autofahrer, die schon verschiedentlich zu untätigem Zuschauen auf den rechten Sitz verdammt waren, werden mir das nachfühlen können. Ansonsten geht es mir bei solchen Flügen recht gut, und ich ruhe mich zunächst auch gern aus. Bis zum Einsteigen habe ich nämlich einen langen Weg, auf dem ich mich körperlich anstrengen muß, denn ich führe meistens zwei große Blechkoffer und eine Schultertasche mit. Das Gesamtgewicht liegt so zwischen fünfzig und sechzig Kilogramm, weil ich darin alle meine Utensilien für die Überführungsflüge mitführe: die Kurzwellenstation, einen Radiokompaß, eine transportable UKW-Station, einen Transponder mit codierendem Höhenmesser, dazu die vielen Kabelbäume und Antennen, Zweimannschlauchboot, Schwimmweste, Notsender, Überlebenspack, kilogrammweise Navigationshandbücher und Karten, Bordwerkzeug und wiederverwendbare Teile der Zusatztankanlagen. Von persönlichem Gepäck führe ich außer

den Kleinigkeiten für die Körperhygiene kaum mehr mit als für eine Fahrt mit der U-Bahn von Wilmersdorf nach Charlottenburg.

Noch sitze ich ruhig und geduldig auf meinem Sitz am Fenster und beobachte das Wetter da draußen. Glücklicherweise habe ich wieder den Einzelsitz in der dreiundfünfzigsten Reihe rechts erwischt. Da habe ich zwei klappbare Tische vor mir, denn in der vorderen Reihe stehen noch zwei Sitze, dafür habe ich rechts neben mir Platz für meine Schultertasche. So kann ich unterwegs arbeiten und Flugpläne rechnen – und da ich kein Kostverächter bin, trinke ich dabei gern eine Piccolo-Flasche Sekt, oder auch zwei.

So geht's mir auch jetzt nicht schlecht. Die netten Lufthansa-Stewardessen haben mich gut versorgt. Schmunzelnd und mit einem Becher Schampus in der Hand kann ich nun gelassen an meinen sportlichen Lauf mit den schwergewichtigen Koffern und der Schultertasche denken.

Das sieht dann meistens so aus: das Taxi hat mich gerade noch zwei Minuten vor der Abfahrt des Zuges abgesetzt. Nur im schleppenden Schnellschritt kann ich den Zug nach Frankfurt noch erreichen. Im Heidelberger Hauptbahnhof muß man die Treppen hinunter zum Bahnsteig. Keuchend erreiche ich gerade noch eine Wagentür, die ein freundlicher Mitbürger für mich offengehalten hat. Rein mit meinen Koffern – schon pfeift der Bundesbahngewaltige auf seiner Trillerpfeife. »So muß es sein«, lacht der freundliche Helfer mich an, während ich aufspringe und mich atemlos für die Hilfe bedanke.

Aber so glatt geht es nicht immer, denn manchmal kommt die Taxe nicht gleich, wenn man sie ruft. Da halfen mir dann schon einmal zufällig vorbeifahrende Nachbarn aus und brachten mich per Lieferwagen im Eiltempo zum Bahnhof. Oft tauchte ich erst auf dem Bahnsteig auf, als der Mann mit der roten Mütze seine Pfeife schon im Mund hatte, und nur seine verzögerte Puste hatte mir dann soviel Zeit gelassen, um noch an Bord zu kommen.

Zu meiner Schande muß ich aber gestehen, daß mir auch schon zweimal ein Zug vor der Nase weggefahren ist. Da hatte der Mann mit der roten Mütze die Pfeife nach seinem Signal schon wieder abgesetzt, und ich sah gerade noch den letzten Wagen am Ende des Bahnsteiges immer kleiner werden. Glücklicherweise half mir in beiden Fällen der Zufall, denn etwa dreißig Minuten später wurden zusätzliche Züge eingeschoben. Zwar hätte ich zur Not noch mit dem eigenen Wagen nach Frankfurt fahren können, aber die Parkgebühren am Flughafen hätten ein Vermögen gekostet. Immerhin bewirkten diese beiden ›Beinahe-Pannen‹ mehr als nur lautlose Selbstgespräche, wie »Du Rindvieh, mußt Du unbedingt bis zur letzten Minute am Schreibtisch sitzen und arbeiten?«, oder »nach New York fliegen ist eben doch nicht das gleiche wie eine Fahrt mit der Berliner U-Bahn von Wilmersdorf nach Charlottenburg!«

Ich nahm mir vor, und ich versprach es auch meiner lieben Frau, in Zukunft mehrere Minuten vor Abfahrt des Zuges am Bahnsteig zu sein. Jeder Mensch hat wohl seinen Vogel – die Hauptsache ist aber, daß man ihn entdeckt und nicht zu sehr

pflegt. Bei keiner meiner Reisen ist mir so etwas je wieder vorgekommen. Eher verspätet sich mal die Bundesbahn, und das kommt leider oft genug vor, obwohl – nach eigener Reklame – es dort am Wetter jedenfalls nicht liegen kann. Bin ich etwa zu kritisch, wenn ich da frage: Sind denn dann ausschließlich innerbetriebliche Probleme so gravierend?
Eine Stewardeß bringt das Essen und unterbricht mein Sinnieren. Wer wie ich oft fliegen muß, findet die Mahlzeiten trotz einfallsreicher Zusammenstellung nach einiger Zeit langweilig. Ich esse nur wenig, weil es kalorienmäßig zu reichhaltig ist. Dagegen nehme ich viel Flüssigkeit. Was ich an Bord aber gar nicht mag, ist die Vergewaltigung durch die Filmvorführung. Man muß die Fensterjalousien herunterziehen und kann deshalb nur bei dem mäßig hellen Licht der Leselampe arbeiten. Umherlaufen, um sich die Beine zu vertreten, soll man nicht. So fühlt man in jeder Phase eines solchen Fluges den Massentransport. Zugegeben, die Fluggesellschaften können nur mit Rentabilität fliegen, wenn sie sich um die Masse kümmern, aber ich empfinde die üblen Zwänge dieser Entwicklungen als äußerst lästig. Für Touristen mag das allenfalls noch erträglich sein, wenn man aber arbeiten muß, ist eine solche Reise höchst anstrengend und gleichzeitig unproduktiv.
Bei mir sieht das etwa folgendermaßen aus: Kofferschleppen und Bahnfahrt mit Umsteigen etwa zwei Stunden – Gepäckeinchecken, Warten, Leibesvisitation und abermaliges Warten bis zum Einstieg weitere neunzig Minuten. Bis man endlich auf seinen Sitz fällt, sind die ersten vier Stunden rum. Dann zischt der schnelle Vogel in acht Stunden nach Chicago. Der fliegerische Teil ist also durchaus als ›zügig‹ zu bezeichnen. Aber dann kommt der Alptraum für die Oftflieger: Hunderte von Passagieren warten in engsten, stickigen Raumverhältnissen und in langen Schlangen auf die Kontrolle der Papiere durch die Einwanderungsbehörde. Hat man das geschafft, dann geht die Jagd auf das Gepäck los. An den viel zu kleinen Karussels warten die schwitzenden Massen auf ihre Koffer. Endlich ist auch das geschafft. Rein in die Schlangen bei der Zollkontrolle. Zeigt her Eure Koffer, zeigt her, was Ihr alles mitgebracht habt! Irgend etwas streng Verbotenes, etwa Schokolade, Keks, Brot, Früchte oder Rauschgift? Auf keiner meiner Reisen ist jemals irgend etwas bei den Reisenden gefunden worden, aber was da so in den Koffern ist, reizt manchmal zum Lachen, obwohl die ganze Prozedur vor allen Leuten eher zum Heulen ist. Da habe ich schon manche biedere, alte Oma schluchzen sehen, wenn man gar ihre Handtasche durchsuchte.
Bei mir geht der Zauber immer schnell vorüber, da ich keine persönlichen Utensilien bei mir habe. Alle technischen Geräte sind mit Zollschein für die Wiedereinfuhr registriert und ›made in USA‹ Man merkt den Zöllnern auch manchmal an, daß ihnen die vorgeschriebenen Verfahren nicht immer Spaß machen. »Wie lange bleiben Sie, und warum kommen Sie in die USA?« Meine Antwort ist immer die gleiche: »Ich teste neue Flugzeugtypen und überführe exportierte Flugzeuge nach Europa.« Dazu lege ich die Zollpapiere vor und bin damit meistens durch.
Aber nun geht erneut die Kofferschlepperei los, denn die verschiedenen Fluggesell-

schaften haben verschiedene Abfluggebäude – wie überall in USA – und die kleinen Transportwägelchen haben Seltenheitswert. Um sicher zu sein, besonders wenn der Anschlußtermin knapp ist, sollte man das Gepäck selbst mitnehmen und nicht durch die Airline transferieren lassen. Ist der nächste Einsteigefinger weit entfernt, dann muß man mit dem ›shuttlebus‹ fahren. Nach zwei Stunden Kofferschleppen, Einchecken, Leibesvisitation und Warten ist es dann wieder soweit. Man sitzt in der nächsten Maschine. Bei meinen Routinereisen zur Flugzeugindustrie geht es dann meistens mit einer Zwischenlandung, aber ohne Umsteigen nach Wichita, Oklahoma City, San Angelo oder San Antonio.

Zu Hause liegt die Familie schon im Bett, hier ist es erst 21.00 Uhr. Nach der Ankunft wartet man wieder an der Gepäckmühle, aber diesmal ohne Paß- und Zollkontrolle. Dreißig bis fünfzig Minuten später ist man dann im Hotel, das man unbedingt gebucht haben sollte. Wenn nämlich gerade Tagungen oder meetings in der Stadt abgehalten werden, ist ein Unterkommen ziemlich aussichtslos. Bis man dann endlich in seinem Zimmer ist, zeigt die Uhr kurz vor Mitternacht. Da es zu Hause inzwischen etwa sechs Uhr morgens ist, rufe ich dann per Telefon meiner Frau einen guten Morgen zu, sie wünscht mir »Gute Nacht!«

Ja, die Fliegerei ist schon eine tolle Sache, nur ist bei einer Gesamtbetrachtung die Sache in einer Hinsicht niederschmetternd: der Zeitaufwand am Boden steht nämlich in einem miserablen Verhältnis zur wirklichen Flugreisezeit. In dem beschriebenen Falle, der für meine Arbeit typisch ist, braucht man am Boden fast soviel Zeit wie für die 9000 km lange Strecke mit dem Flugzeug. Beim Verschleiß von Nervenkraft sieht das noch weit ungünstiger aus.

Jeder, der als Tourist solche Reisen machen darf, kann sich die Ärgernisse des Mußfliegers natürlich nicht vorstellen, denn für den ist es ein harter, langer Arbeitstag. Dagegen empfindet der Ferienflieger alles als ein angenehmes Erlebnis mit Vorfreude auf die freien Tage.

2. Vorbereitungen in USA

Diesmal habe ich Besonderes vor. Ich will meinen ersten Weltrekordversuch auf Langstrecke erfliegen. Zunächst geht es mit dem Flug LH 404 der Lufthansa nach New York, wo ich mehrere Tage zur Vorbereitung eines zweiten Weltrekordversuches Arbeit haben werde. Verhandlungen mit den Behörden und das Sondieren der Voraussetzungen technischer und organisatorischer Art sind auf einem so exponierten Flughafen und einer unglaublichen Verkehrsdichte von größter Wichtigkeit.

Über ein Jahr lang habe ich an der Vorbereitung eines Unternehmens gearbeitet, das eine ganze Kette von Rekordversuchen umfaßt, samt einem Probeflug ohne offizielle Anmeldung. Eine ganze Gruppe deshalb, weil ich in der Steigerung von Streckenlänge und Schwierigkeitsgrad der navigatorischen Aufgaben die beste Möglichkeit sehe, mich stufenweise an die Grenze des technisch Machbaren und finanziell Vertretbaren heranzutasten. Nach meiner Überzeugung bildet dabei meine in fast vierzig Fliegerjahren erworbene Erfahrung eine solide Basis, auf der ich planmäßig aufbauend mich dem Endziel zumindest dieser ersten Gruppe von Rekordflügen zügig nähern kann. Dieses ist der Flug mit einem kleinen, einmotorigen Flugzeug über den Nordpol, und zwar auf Langstrecke. Sie soll von Anchorage an der Pazifikküste Alaskas über den Pol nach München führen – eine Distanz von 8200 km.

Es kommt nun darauf an, Mittel und Wege zu finden, ohne dabei den engen Bereich der eigenen Möglichkeiten zu verkennen – sowohl finanziell, als auch technisch und organisatorisch. Aber man sollte sich auch keinesfalls ohne eine gewisse sportliche Auffassung und Haltung an eine solche Aufgabe heranmachen, und diese Voraussetzung ist bei mir glücklicherweise erfüllt. Ich bin sogar davon überzeugt, daß diese von der absoluten Anzahl der Lebensjahre unabhängig ist – ja, es dürfte eher von Vorteil sein, wenn sich zu dem für die Durchführung solcher Unternehmungen nötigen ›Sturm und Drang‹ der Jugendfrische noch eine gewisse Portion von Lebenserfahrung und kühler Gelassenheit addieren, die man erst erwirbt, wenn die ersten beiden Jahrzehnte Lebenszeit schon hinter einem liegen.

Darüber hinaus bedarf es für diesen speziellen Bereich der echten Langstreckenfliegerei nicht allein gehöriger fliegerischer Erfahrungen, sondern noch weiterer Grundlagen, die in ihrer Gesamtheit sehr komplex zu nennen sind: Konzentrationsfähigkeit und Arbeitskraft über eine extrem lange Zeitdauer, die Kombination von Selbstvertrauen und Kritikfähigkeit, aber auch Fleiß und Zähigkeit, Entschlußfreude und Flexibilität, Durchstehvermögen, Willenskraft und Seelenstärke. Wer das einigermaßen übersehen kann, aber glaubt, nicht alle diese Eigenschaften zu besitzen, der kann einen großen Teil davon erlernen, wenn wenigstens einiges davon vorhanden ist.

Halb liegend in meinem Sitz an Bord der Boeing 747 habe ich so eine zeitlang vor mich hin philosophiert. Ein Blick auf die Uhr: noch sechs Stunden Flugzeit bis New York, also werde ich noch arbeiten. Für den ersten Rekordversuch rechne ich noch einige nördlichere und südlichere Routen. Sollte die Wettersituation es erfordern, spart es mir vor dem Start erheblich Zeit und Nervenkraft, wenn ich die gerechneten Pläne fertig aus der Tasche ziehen kann. Für meine Verhandlungen auf J. F. Kennedy-Airport N. Y. mache ich mir Notizen und eine Checkliste.

In doppeltem Sinne vergeht dabei die Zeit wie im Fluge, aber dennoch halte ich es nicht allzulange auf meinem Sitz aus, wenn ich als Passagier fliegen muß. Endlich, fas unmerklich, gehen wir in den gestreckten Sinkflug über. So packe ich meine Akten zusammen und beobachte wieder die Wetterlage. Von nun an will ich wie bei Start und Steigflug wissen, was sich abspielt. Bei guter Sicht kann man meistens

schon die Küste von Long Island sehen und den Schiffsverkehr mit den vielen kleinen Küstenbooten und Riesenfrachtern erkennen. Besonders gern beobachte ich den Seegang und trainiere mich im Schätzen von Windrichtung und -stärke.
Erst nach ökonomischem Ausnutzen des gestreckten Sinkfluges, also nach einem langen Zeitabschnitt, gehen wir in den Endanflug. An der Landerichtung kann ich dann oft feststellen, ob ich mich mit meiner Prognose bei der Beobachtung des Wellenganges getäuscht habe. Nun kommen langsam die Klappen heraus, die Geschwindigkeit wird reduziert, dann hört man das Fahrwerk ausfahren und einrasten – Schubregulierung, Klappen in Landestellung, Abfangen, Aufsetzen, Bugrad runter, Umkehrschub, Bremsen, Abrollen von der Landebahn. Ja, die Fliegerei ist schon herrlich – nur hinten sitzen, das ist für mich eine Qual.
Nach den verschiedenen ›Ewigkeiten‹ bin ich endlich mit meinem schweren Gepäck draußen, und hier in New York wartet wie immer Irene Müller. Wir lachen oft über unsere Zunamen ›Müller wie Schmitt‹ Beide Familien sind altbefreundet und stammen aus Heidelberg. Im schönen Haus des Dr. med. Erich Müller in New Jersey bin ich immer herzlich aufgenommen. Irene repräsentiert nicht nur ihre Familie, die mit Geschwistern und Neffen in einem Haus wohnt, sondern sie ist auch die beste Autofahrerin, die ich kenne. Obendrein hat sie Interesse an der Fliegerei und war schon mehrfach mit uns auf Wochenendflügen mit der Club-Cessna in den Alpen und am Mittelmeer.
Kein Wunder also, daß sie mich gleich nach meinem besonderen Vorhaben fragt. »Ich habe drei Tage auf dem Flughafen und in der Stadt zu tun«, und außerdem erkläre ich, daß ich viele Gespräche mit Behörden führen muß. Damit will ich die Langwierigkeit darstellen, die man bei Verhandlungen mit Verwaltungsdienststellen im allgemeinen erwarten muß.
Dennoch will sie mich während der drei Tage auf jeden Fall fahren, obwohl das in der Affenhitze des staubigen New York wirklich eine Tortur ist. Mir wird deswegen auch schon jetzt ganz heiß, denn ich habe mich entschlossen, mit Krawatte und Jacke bei den verschiedenen Dienststellen aufzutreten. Aus Erfahrung weiß ich, daß man gerade in USA mehr denn je – als anderswo – darauf achtet. Bei diesen Temperaturen ist mir das wirklich lästig, aber ich nehme dennoch die lustigen Frotzeleien meiner charmanten Fahrerin gelassen hin. In ihrem Wagen mit der Kühlanlage läßt es sich ja auch leicht aushalten.
»Was hast Du denn Besonderes vor, hinter so viel Planung steckt doch was – gib's zu!« – »Wenn Du es vorläufig für Dich behältst« – da lacht sie natürlich. »Vor fünfzig Jahren hat Lindbergh den Flug nach Paris geschafft. Ihm zu Ehren will ich einen *Lindbergh-Gedächtnis-Flug* machen, allerdings nach München – gleichzeitig Weltrekordversuch. Das ist alles.« – »Menschenskind, denk an Deine Ursel und sei vorsichtig«, resümiert sie ernst. Ich nicke deutlich zustimmend und meine es auch so. Dann lacht sie: »Aber Du machst es ja doch.«
Jetzt ist sie erst recht interessiert, überall zu helfen, wo sie nur kann. So fahren wir denn von einer Stelle auf dem Riesenflughafengelände zur nächsten in der Umge-

bung oder in der Stadt. Voll guter Laune steuert sie ihren Wagen durch den irrsinnigen Verkehr, während ich meine Akten wälze oder auch mit einem Stadtplan in der Hand als Navigator fungiere.
Da sie mehr wissen will, erzähle ich ihr von dem großen Amerikaner. Er war ein besonders fairer Mann, einer der Pioniere der Luftfahrt und ein großartiger Charakter. Wer seine Bücher gelesen hat, ›Mein Flug über den Ozean‹ und ›Kriegstagebuch‹ der erfährt von ihm, wie schwer es manchen Menschen gemacht wird, den guten Charakter gegen schlimme Kräfte zu bewahren – auch in den so oft als liberal gelobten USA! Obwohl großer Patriot – oder gerade deswegen – hatte er den Mut gehabt, auch unerfreuliche und böse Dinge in seinem eigenen Land aufzuzeigen. Nach dem Zweiten Weltkrieg hatte er davor gewarnt, eine Rachepolitik gegen das deutsche Volk zu üben – das sei seiner großen Nation unwürdig. Wenn auch fanatische Kreise ihn heftig bekämpften, und er Erniedrigungen hinnehmen mußte, so zweifelt heute nicht ein einziger US-Bürger daran, daß er zu den größten Patrioten des Landes gehört. Jeder Amerikaner ist stolz auf ihn.
Dieser Charles Lindbergh ist eine echte Heldenfigur. An einen solchen Mann zu erinnern, ihn zu ehren, das soll der Zweck meines Fluges sein. Daß ich damit eine sportliche Leistung verbinden will, würde auch er mit Sicherheit gut und fair geheißen haben. Deshalb wird es auch keine Rolle spielen, daß ich als Deutscher nicht nach Paris fliegen werde, sondern nach München. Starten will ich allerdings in New York. – Nun weiß Irene genau Bescheid und ist von meinem Vorhaben begeistert. Aber sie will auch etwas über meine bisherigen Flüge wissen, und da kann ich über viele echte Transatlantikflüge verweisen, die von Gander direkt nach Shannon/Irland gingen. Die über die Nordroute kann man dazu nicht zählen, denn da überfliegt man nur die Davisstraße, Grönland, die Dänemarkstraße, England und die Nordsee – und das ist nicht der Atlantik –, obwohl diese Flüge oft so bezeichnet werden. Einen Flug von Gander/Neufundland nonstop nach München habe ich ja zur Überprüfung von Mann und Maschine auch schon erfolgreich hinter mir – ohne Rekordanmelung. Für die 5000 km hatte ich 1976 achtzehneinhalb Stunden gebraucht, und diese Strecke werde ich mit der Maschine, die ich in einigen Tagen in Wichita bei Beech übernehmen will, noch einmal fliegen. Möglichst schneller natürlich, aber auf jeden Fall mit Anmeldung als Rekordversuch. Die genehmigten Papiere habe ich bei mir.
Alle diese Punkte und mein Vorhaben des LMF (Lindbergh Memorial Flight) trage ich nun bei allen Stellen vor, die es wissen müssen, wissen sollten, oder von denen ich mir eine Unterstützung erhoffe. Nicht selten aber stelle ich am Ende des Gesprächs fest, daß ich am falschen Platz bin – und das entwickelt sich dann fast zum Sport, denn ich muß von einer Stelle zur anderen fast immer das Gebäude und manchmal sogar den Komplex wechseln, kilometerweit! Die Hin- und Herfahrerei macht Irene mit einer Engelsgeduld mit – mir wird es ihr gegenüber aber nach einigen Stunden peinlich.
Indessen lernen wir den ganzen Flughafen ›Kennedy‹ bis in alle Winkel kennen,

und meine Gesprächspartner entpuppen sich durchweg als Sachkenner ohne ›Grünen-Tisch-Komplex‹. Meist sind es ehemalige Flugkapitäne mit viel Verständnis, Flexibilität und Hilfsbereitschaft. Immer bevor ich ein Zimmer verlasse, bin ich beim nächsten Gesprächspartner bereits freundlichst angemeldet. So ist denn im Endeffekt alles in Butter. Man sagt mir alle nur denkbare Unterstützung zu, und ich bekomme auch die Genehmigung, länger am Platz zu bleiben als die bekannten dreißig Minuten zum Absetzen von Fracht oder Personen. Ich darf ›unlimited‹ parken, bis die Wetterlage für den Flug günstig ist, und man wird mir für das Rollen mit der überladenen Maschine zwei Eskortfahrzeuge stellen. Für den Start, der aus verschiedenen Gründen um die Mittagszeit erfolgen muß – also zur Hauptverkehrszeit, der ›rush hour‹ will man mir die absolute Priorität geben, so daß ich nicht schon am Boden eine Verzögerung hinnehmen muß.

Da ein Fernsehteam des ZDF die Vorbereitungen und den Abflug filmen will, verhandle ich auch für diese Aktion und erreiche die Zusage für volle Unterstützung, einschließlich zweier Fahrzeuge des Flughafens auf dem Vorfeld. Bei diesem Gespräch werde ich von meinem liebenswürdigen Gesprächspartner gefragt, ob er für den Abflug die New Yorker Presse und das Fernsehen bestellen soll. Da entstehen einige für mich peinliche Sekunden, aber nach kurzem Überlegen sage ich: »*No, Sir, please.*« Natürlich lege ich sofort meine Gründe dar. Ich möchte nämlich auf jeden Fall zusätzliche Belastungen und Hektik durch einen solchen Trubel vor dem Fluge vermeiden. Die etwa sechsstündigen Vorbereitungen unmittelbar vor dem Start werden mir schon genug abverlangen, denn ich muß ja alles allein machen: Wetterbriefing, Flugplanung, Tanken und technische Vorbereitung, und dazu kommt noch eine Stunde Autofahrt zum Flughafen. Wenn ich mir vorstelle, daß das alles ohne jede Pause ablaufen soll, dann darf da auch keine Panne passieren – und sieben Stunden sind unter diesen Umständen ein ganzer Arbeitstag, bevor ich überhaupt einsteige! Glücklicherweise akzeptiert mein Gegenüber diese Einwände, ohne gekränkt zu sein und verspricht Stillschweigen. Er wird ein völliges Verbot zum Betreten des Vorfeldes erlassen. Für einen Amerikaner, so gibt er mir aber zu verstehen, sei das kaum verständlich. Auch ich weiß, daß mit ›publicity‹ in USA fast alles gemacht wird – auch Geschäfte. Gerade deshalb empfinde ich die Haltung dieses Mannes als überaus fair, was ich ihm auch dankbar und freundlich zum Ausdruck bringe.

So vergehen zwei Tage mit Verhandlungen in einem Wechselbad von Affenhitze, die wie eine Glocke über New York liegt, und den zu kühl temperierten Büros der Verwaltungsgebäude. Die persönliche Atmosphäre allerdings ist überall lobenswert, und die Offiziellen bieten eine geradezu umwerfende Hilfsbereitschaft und Kooperation, die ich im eigenen Land oft schmerzlich vermisse. Die Amerikaner haben da einen auffallenden Sinn für das Besondere und für das Sportliche. Uns ist da in den letzten Jahrzehnten manches abhanden gekommen. Das gilt auch für den privaten Bereich, und ich will nicht verheimlichen, daß es in unserem Land weitaus schwieriger ist, irgendeine Unterstützung zu bekommen – in jeder Beziehung. Um

Nach der Landung vom zweifachen Höhenrekordflug in der Welle der Seealpen am 24. 1. 59 in Fayence/Var. Fluggast Pummer, der ein Jahrzehnt später selbst Segelflugrekorde flog. (Typ Schleicher Ka 2b).

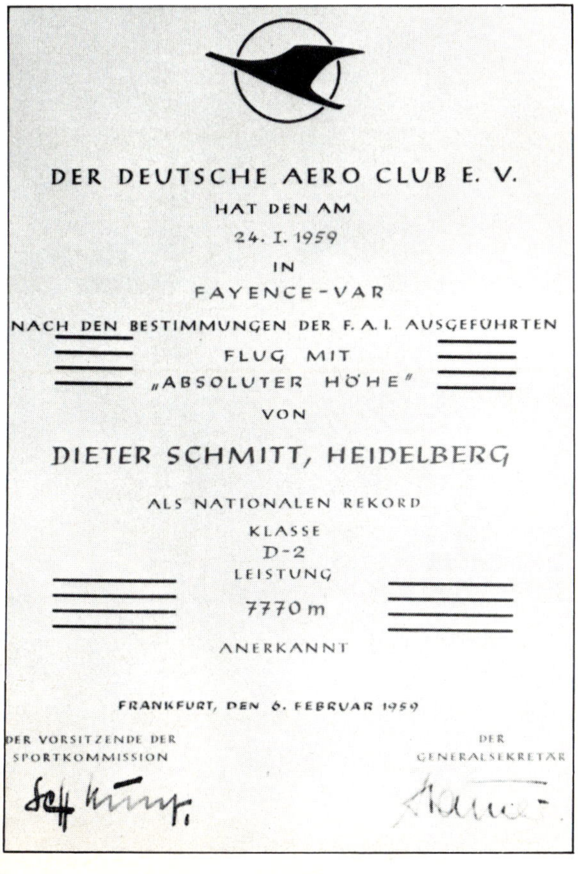

DER DEUTSCHE AERO CLUB E. V.
HAT DEN AM
24. I. 1959
IN
FAYENCE-VAR
NACH DEN BESTIMMUNGEN DER F.A.I. AUSGEFÜHRTEN
FLUG MIT
„ABSOLUTER HÖHE"
VON
DIETER SCHMITT, HEIDELBERG
ALS NATIONALEN REKORD
KLASSE
D-2
LEISTUNG
7770 m
ANERKANNT

FRANKFURT, DEN 6. FEBRUAR 1959

DER VORSITZENDE DER
SPORTKOMMISSION

DER
GENERALSEKRETÄR

Rekordurkunde des Deutschen Aero Club (DAeC).

Bei den deutschen Segelflugmeisterschaften im Gespräch mit Segelflugweltmeister der offenen Klasse Ernst Günter Haase kurz vor dem Start zu einem Wettbewerbsflug (Typ Ka 6CR).

Vor der Beurkundungstafel an einem Wettbewerbstag in Kimberley, Winter 1961/62 (Int. Segelflugmeisterschaft in Südafrika).

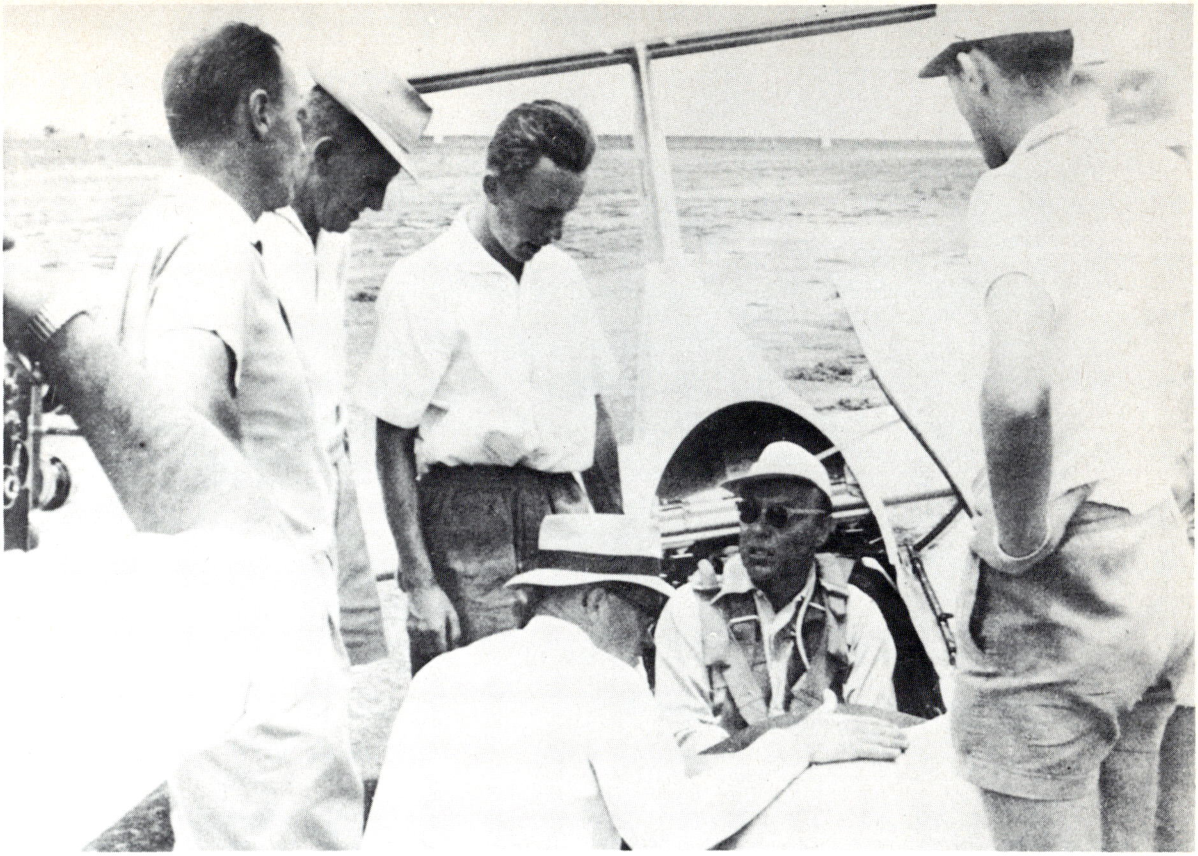

Vor dem Start zum Nachfliegen des ›heißen Schiffes‹ BJ-2, einer Konstruktion von Beatty und Johl. V. L. Dommesse, H. Winter, R. Spänig, P. Beatty.

Nach einer Außenlandung in der Steppe mit Farmern und meiner Mannschaft.

Beim Flugzeugschleppstart zu einem Wellenflug in USA auf einer HP-14. Die Piste ist gewalzter Schnee, die Temperatur minus 25° C.

Typische zusätzliche Ausrüstung für einen Überführungsflug, hier Beech Bonanza, rechts das Kurzwellengerät, Schwimmweste und tragbares Funkgerät.

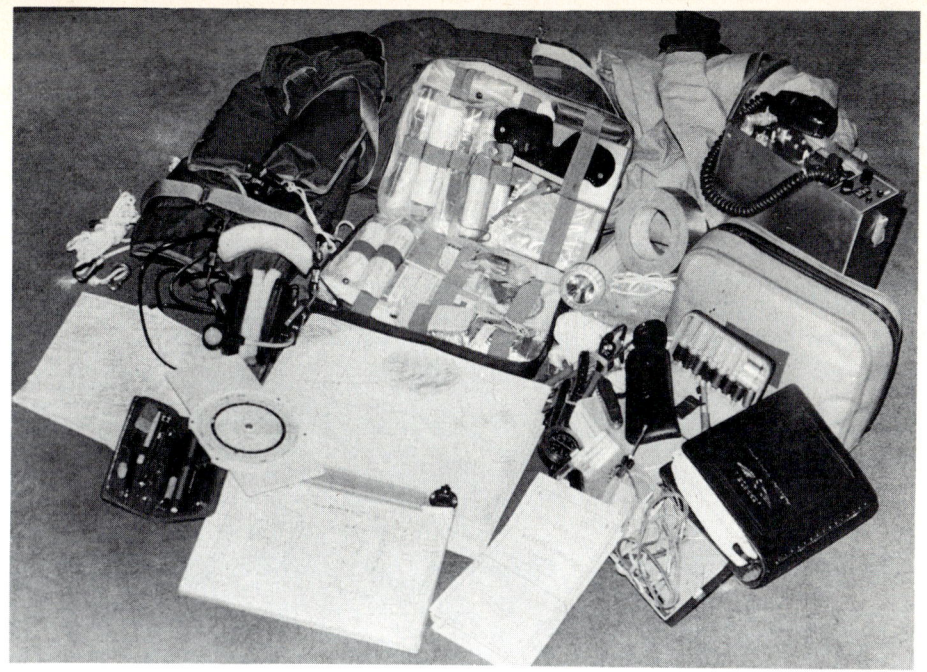

Not- und Spezialausrüstung für Überführungsflüge: tragbares Funkgerät, Signalmittel, Navigationshandbücher- und Karten, Schwimmweste, Schlauchboot, Kälteschutzanzug, Rechenschieber, Flugpläne, Notpack.

Vor der Ausrüstung mit zwei 225-Liter-Tanks, KW-Gerät, Notsender und zweitem Radiokompaß.

Auf dem Parkplatz in Gander/Neufundland/Kanada mit einer Beech Baron.

Langer Anflug auf die Piste von Frobisher/Baffin Island/Kanada.

Halle in Frobisher, das nur Radarstation und Eskimo-Siedlung ist.

Eine Stunde Vorwärmen der Motoren in Frobisher bei minus 32° C.

Flughafen von Goose Bay/Labrador/Kanada.

Typische Streckenführungen für Überführungsflüge über den Nordatlantik.

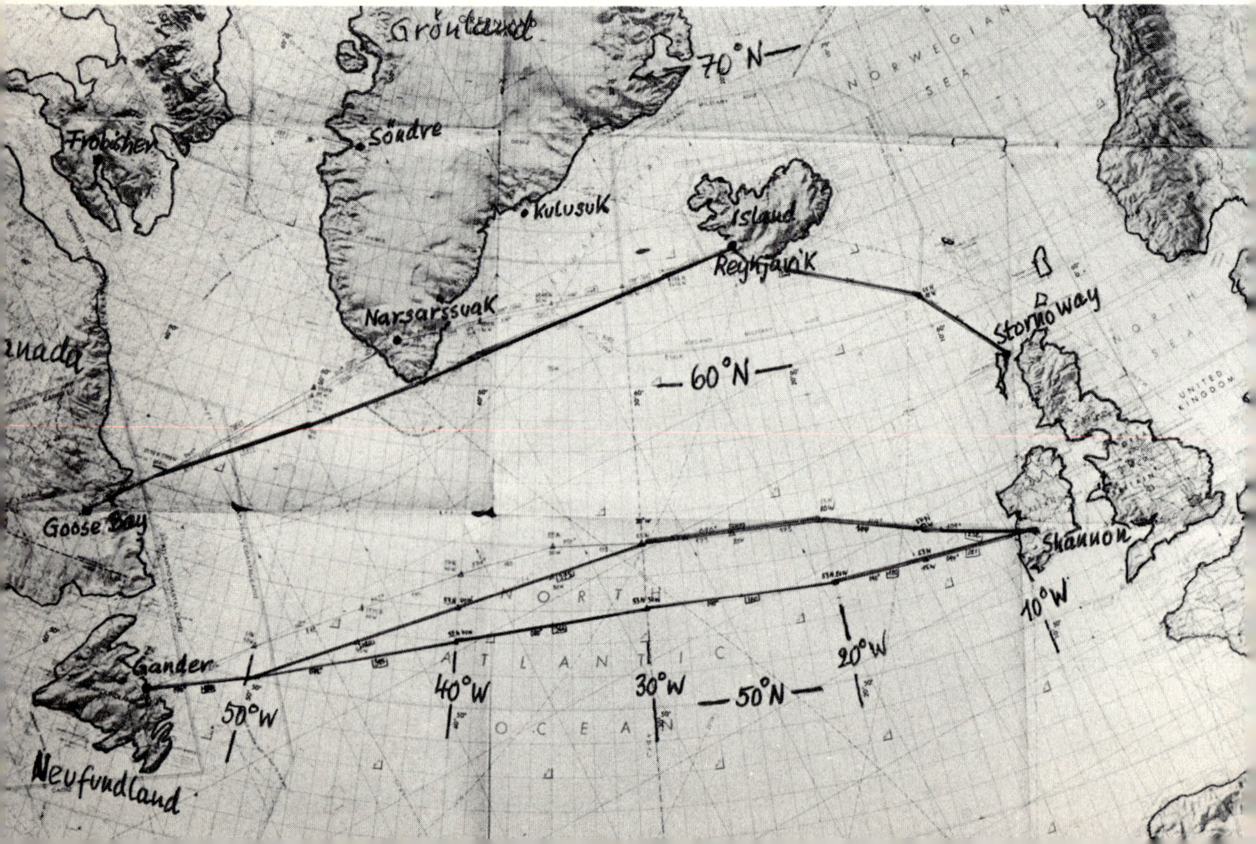

so dankbarer bin ich für die Unterstützung der Abteilung Luftfahrt des Verkehrsministeriums in Bonn.

Insgesamt bin ich sehr zufrieden mit dem Ergebnis meiner Verhandlungen, wenn ich dabei auch immer das Mittagessen versäume. Freilich bin ich diesbezüglich unempfindlich und brauche, wenn ich unterwegs bin, auch kein Frühstück. Aber die arme Irene muß ich zwischendurch zum Lunch schicken – schließlich gehört sie ja zu den normalen Menschen, was man in bezug auf Essensgewohnheiten von mir kaum sagen kann – oder ist da sonst noch was? Manche behaupten ja immerhin, ich hätte sonst noch einen Vogel. Was nun meinen Hang zur Fliegerei angeht, so muß ich das wohl zugeben. Allerdings kann ich darauf verweisen, daß mein Vogel in der Luft zu Hause ist, und darin liegt ja wenigstens noch etwas Logik. Ja, ich bekenne: Ich lebe von der Luft und von der Liebe – zu meiner Frau natürlich!

Am dritten Tag will ich noch einige wichtige Dinge für meine Notausrüstung erstehen und lande bei einer großen Firma, deren Reklame aussagt, es sei alles am Lager oder kurzfristig lieferbar. Dennoch werden wir nicht handelseinig, weil sich herausstellt, daß man nur in großen Stückzahlen denkt. Komplette Luftwaffenausrüstungen können bestellt werden, samt der Düsenjäger mit Bewaffnung. Da ich nicht Inhaber einer solchen Teilstreitkraft bin, verlasse ich die vornehmen Verkaufshallen unverrichteter Dinge – aber doch nachdenklich. Das scheint ein Blick in die Zukunft der Dritten Welt gewesen zu sein.

Ganz anders als hier ist die Kontaktaufnahme bei den Herren unserer Lufthansa. Alle Informationen über mein Vorhaben wurden vom damaligen Leiter der Bodendienste, Direktor Alt, auf Bitte des Generalsekretärs des Deutschen Aero-Clubs bereits nach New York gegeben. Man ist außerordentlich hilfsbereit, weist mich sofort in alle Örtlichkeiten ein und stellt mich vor. Alle wollen mich unterstützen, und es wird nicht nur Vorfeldtransport gewährleistet, sondern auch weltweite Nachrichtenverbindung für die Vorbereitungen und die Tätigkeit des ZDF-Teams.

Nur das Streckenwetter würde ich in New York nicht bekommen können, denn das kommt von der Zentrale auf dem Islip-McArthur Airport auf Long Island. So bin ich auf die telefonische Beratung durch die mir gut bekannten Wetterexperten von Gander/Neufundland angewiesen. Die Herren von LH-Dispatch stellen mir einen kompletten Arbeitsplatz mit Telefon in Aussicht. Auf dem Rückflug mit der jetzt von Wichita abzuholenden Maschine werde ich bei der Zwischenlandung in Gander alles entsprechend vorbereiten. Alle freuen sich auf die kommende Zusammenarbeit und auf die Aktionen mit dem Team des ZDF. Schließlich ist mein Vorhaben alles andere als alltäglich, und deshalb ist es auch hier eine willkommene Abwechslung in der täglichen Routinearbeit.

Wegen meiner guten Erfahrungen mit den Zollbehörden beim Export von Flugzeugen spare ich mir den Gang zu diesem Büro. Warum soll es denn auch hier in New York anders laufen als in Chicago, Boston, Detroit, Buffalo oder Bangor? Dennoch, dieses Versäumnis soll ich später noch bereuen.

Sportlich, ja fast rasant steuert Irene ihren Wagen durch den abendlichen Riesenverkehr zurück nach New Jersey. Wir sind beide nach dem erfolgreichen Tag in bester Stimmung. Zu Hause erzählen wir bei einer guten Pulle Rotwein, wie alles gelaufen ist. Allerdings habe ich noch einen Tag in ›down-town‹ Manhattan zu tun. Ich will im Büro der Deutschen Presseagentur guten Tag sagen und im gleichen Hause einige deutsche Journalisten treffen. In einem großen Geschäft für Navigationsgeräte kann ich dann stundenlang nach Navigationsinstrumenten und Karten suchen.

Insgesamt besuche ich etwa zehn verschiedene Firmen und Ansprechpartner, deren Adressen weit verstreut im geschäftigen Südteil Manhattans liegen. Irene ist wieder mit von der Partie, und mit sagenhafter Ausdauer laufen wir auf dem harten Pflaster unzählige Kilometer, um alle Punkte auf einer Checkliste abzuhaken. Dieses stundenlange Laufen durch die lärmenden Straßenschluchten in einer staubigen, schwülen Atmosphäre ist schon eine Strapaze besonderer Art. Natürlich haben wir das aus Erfahrung beide gewußt, aber dennoch auf das Fahren mit dem Wagen verzichtet, denn das Parkproblem ist fast unlösbar.

Völlig abgekämpft und verstaubt landen wir abends in einem netten Künstlerlokal. Dort ist es angenehm kühl, und ich kann mit einer Einladung zum Dinner wenigstens symbolisch meinen Dank an meine unverwüstliche Begleiterin abstatten. Mit einem Glas Côte du Rhône begießen wir die Erfolge der letzten Tage.

Am nächsten Morgen bin ich schon auf dem Weg nach Washington, allerdings mit zwei Stunden Verspätung. Zwar bin ich entgegen meiner sonstigen Übung recht früh an der Maschine, kann aber nur beobachten, daß Mechaniker am mittleren Triebwerk der Boeing 727 arbeiten. Schließlich wird ein anderes Flugzeug herangeschleppt, aber auch hier wird ein Gestell – keine richtige Wartungsbühne – herangeschoben und schon wieder kriechen einige Triebwerker unter die geöffneten Abdeckungen im Heck. Aller guten Dinge sind drei, und tatsächlich komme ich schließlich mit der dritten 727 nach Washington National Airport. Trotz Zeitknappheit kann ich durch die Hilfe meines Schwagers Fred Fischer in kürzester Zeit alle Programme erledigen.

Ohne Pause geht es danach weiter nach Wichita/Kansas, wo bei Beech eine Bonanza V 35 B zum Abholen bereitsteht. Pünktlich übernehme ich die Maschine zur Überführung nach München und wickele mit meinem alten Bekannten George Link den Papierkrieg ab. Gleich nach dem Abnahmeflug tanke ich auf, und ab geht es nach Chicago. Dort liegt auf halbem Wege nach Boston die kleine, unglaublich heruntergekommene Stadt Gary. Die ganze Umgebung ist durch die Abgase der Stahlwerke verschmutzt und verstunken, denn der Wind bläst meistens vom Michigansee in Richtung Land. Indessen ist der Flughafen ganz ordentlich ausgestattet und hat auch ein Verfahren für Instrumentenanflüge. Zum Tanken und Flugplanabsetzen braucht man nicht länger als 50 Minuten. Dann kann man schon wieder starten. In der Nähe, am schönen Strand des Michigansees, hat mein Freund Prof. Dr. Winfried Rudloff sein Haus, und als begeisterter Segelflieger hält er eine

LS 1 am Platz von Gary. Wenn es seine Zeit irgendwie erlaubt, ist er draußen und fungiert als Segel- und Motorfluglehrer. Neben seiner Tätigkeit an der Universität betreibt er die eigene Segelflugschule als Hobby mit einer Schweizer 1-26 und einem Blanik.
Diesmal sehen wir uns nur für einige Minuten, denn wir sind beide in Eile. Bevor er mit seinem Motorflugschüler startet, vereinbaren wir für meinen nächsten Stop einige Flüge mit dem Fieseler Storch, der hier in Gary stationiert ist.
Mein Flugplan nach Norwood bei Boston ist schon im Chicagoer Computer. Bis er aktiv wird, habe ich noch etwas Zeit und sehe mir den Betrieb am Platz an, dessen Größe fast an die von Stuttgart herankommt. Bei diesem Vergleich kommen unwillkürlich kritische Gedanken auf, denn auf zwei sich kreuzenden Bahnen starten ununterbrochen kleine Schulflugzeuge, Jets und Turboprops. Aber außerdem ist neben der großen Bahn für Instrumentenanflüge noch eine Grasbahn markiert, auf der Segelflugbetrieb herrscht, und das ist ja immerhin bemerkenswert. Im Ursprungsland des Segelfluges wäre so etwas schlicht undenkbar.
In den Sommermonaten kommt das bei gutem Wetter hier häufig vor, und das kann man dann auch im Funkverkehr hören, wenn der Tower den Piloten einer Citation oder Lear-Jet gleich nach dem Umschalten von Chicago Center über den Platzverkehr informiert. Das hört sich dann etwa so an: »*November five three seven Charlie established on the localizer*«, Tower: »*Wind calm, cleared to land, caution, glider right side of runway on grass area, use low power for taxi.*« Oder er schickt eine Maschine in die Warteschleife mit der Erklärung: »*Glider activity in progress, landing sailplane has priority.*« Manchmal hört man dann auch Kommentare von den Piloten, die ja meistens rasende Manager transportieren. Etwa so: »Oh ja, wir haben ihn in Sicht, wie elegant er fliegt! Kann man die Kumpels mal besuchen?«
Wenn ich solche Stories dann zu Hause bei den Sportfliegern erzähle, werde ich ungläubig angestarrt oder aber gar wie ein Märchenerzähler ausgelacht, weil man es einfach nicht glauben will. Aber da gibt es noch mehr interessante Dinge zu berichten, wenn man an das Flugleiterproblem in Deutschland denkt – auch auf dem kleinsten Segelflugplatz. Ohne diese Schlüsselfigur ist jeder Flugbetrieb bei uns untersagt. In den meisten Ländern ist das aber anders, so natürlich auch in USA.
Wie oft kommt es vor, daß ich an einem Tag zweimal vier bis fünf Stunden fliegen muß, und zu dieser reinen Flugzeit kommt noch eine Stunde Bodenzeit bei der Zwischenlandung und beim Flug nach Osten eine weitere wegen Verschiebung der Ortszeit. Man kommt also fast immer nach 22.00 Uhr Ortszeit am Zielflughafen an – also dann, wenn auf den kleineren Flughäfen der Kontrollturm nicht mehr besetzt ist. Dazu muß aber erwähnt werden, daß diese Plätze etwa die Betriebsamkeit von Nürnberg haben oder mehr, und natürlich verfügen sie mindestens auf einer Bahn über ein Instrumentenlandesystem. Obwohl nun nachts kein Personal mehr im Dienst ist, bleiben alle Landesysteme und die Beleuchtung von Landebahn, Rollbahnen und Vorfeld in Betrieb, und es darf Flugbetrieb gemacht werden.
In der Praxis sieht das so aus, daß man unter Instrumentenflugbedingungen von der

letzten Kontrollstelle für den Anflug entlassen wird, mit der Bemerkung, daß deren Luftdruckangabe für die Höhenmessereinstellung gilt und deshalb die Landeminima entsprechend der Landekarte höher liegen. Außerdem hat man sich im Falle eines Fehlanfluges wieder zurückzumelden. Es wird dann auf die Frequenz des Kontrollturmes umgeschaltet – der aber nicht besetzt ist – und es werden alle Meldungen pflichtgemäß wie üblich abgesetzt, bis man die Landebahn nach dem Aufsetzen verlassen hat. Dadurch wird ein anderer Verkehrsteilnehmer, etwa beim Rollen, nach dem Start oder im Anflug gewarnt und informiert, und man selbst hat ebenfalls den Überblick über die Lage durch die Funksprechinformationen der anderen. Ist ein Großflughafen in der Nähe, so kann man auf Radarunterstützung und Verkehrsinformationen bis in die Anflugphase rechnen.

Durch diese Verfahren werden die Piloten eher zu noch größerer Aufmerksamkeit und höherem Verantwortungsbewußtsein veranlaßt, als durch pingelige Überreglementierung und Formalismus, die eher dazu geeignet sind, den gesunden Menschenverstand zu verdrängen. Jedes Jahr mache ich viele Male Gebrauch von diesen gut durchdachten Verfahren, stelle die Maschine in der Parkzone ab, gehe zum öffentlichen Telefon und rufe Taxi und Hotel.

In Deutschland wäre das alles undenkbar. Hier erstickt die Fliegerei langsam und sicher in einem Gestrüpp von Paragraphen und Vorschriften, die nach Auffassung der Praktiker oft Unfälle indirekt eher erzeugen als verhindern. Schon oft habe ich mir gewünscht, an unserer Gesetzgebung Mitwirkende auf eine Reise mitnehmen zu können, um ihnen zu demonstrieren, wie man in anderen Ländern Luftverkehr macht. Es ist bedrückend zu sehen, wie eines der großen Pionierländer der Luftfahrt dieser Welt sich selbstzerstörerisch langsam die Luft wegnimmt.

Solche Gedanken kommen mir oft in den Sinn, wenn man die gewaltigen Unterschiede sieht und bei den Überführungsflügen ja selbst erlebt. – Die zwanzig Minuten Wartezeit bis zu meinem Start sind um. In viereinhalb Stunden werde ich in Norwood landen. Unter den eben geschilderten Bedingungen übrigens, denn es wird dann nach 22.00 Uhr Ortszeit sein. Morgen sollen die Zusatztanks eingebaut werden, und schon in drei Tagen will ich meinen ersten offiziellen Rekordversuch antreten: Gander nonstop München, Geschwindigkeitsflug auf FAI-Strecke, etwa 5000 km (FAI = Féderation Aéronautique Internationale). Vier Wochen später soll ja schon der LMF von New York aus starten, und für diesen Fall möchte ich noch einmal alles überprüfen, meine Leistungsfähigkeit und die von mir verbesserte Tankinstallation in der Kabine.

Nach der Landung parke ich die Maschine vor einer der Hallen von Wiggins Airways, schnappe mir mein kleines Übernachtungsgepäck und gehe rüber zum Lieferwagen, der vor der Werkstatt abgestellt ist. Den Schlüssel finde ich an der vereinbarten Stelle, auch eine Nachricht. Alles läuft nach Routine, und wenn Hutch nicht unterwegs ist, kann ich in seinem Hause übernachten. Harold Hutchins ist der erfahrene Chef der Werkstatt für Sondereinbauten und Reparaturen bei Wiggins, und nach jahrelanger, zuverlässiger Zusammenarbeit hat sich zwischen uns ein nahezu freundschaftliches Verhältnis entwickelt. Jetzt hat er mich zum Übernachten eingeladen, und seine liebenswürdige Frau hat schon Steaks gemacht. Trotz später Stunde und Müdigkeit erzählen und fachsimpeln wir noch über die Fliegerei – bis in den frühen Morgen.

Dennoch sind wir um sechs Uhr schon wieder in der Werkstatt und ziehen die Bonanza in die Halle. Die beiden normalen Achtzig-Gallonen-Tanks (302 Liter) liegen bereit, aber bevor wir mit der Installation für diese Maschine beginnen, nehmen wir die Maße für die New-York-Maschine und überlegen die günstigste Auslegung für deren größere Tanks. Zum Maßnehmen müssen aber auch die Sitze und Holmabdeckungen heraus, so daß nun gleich zwei Mechaniker mit der zusätzlichen Ausrüstung für den jetzigen Flug beginnen können. Dazu gehören zweiter Radiokompaß und Kurzwellengerät. Kaum haben wir unsere Planskizzen für die New-York-Maschine fertig, gibt Hutch schon die Bestellung für die übergroßen Tanks auf, und ich stürze mich auf die dazugehörige Berechnung des Gewichts und der Schwerpunktlage. Dieses W + B (›weight and balance‹) muß nicht nur den Vorschriften entsprechen, damit die Papiere von der FAA genehmigt werden, sondern die Maschine muß auch wirklich noch fliegbar sein. Es ist gar nicht so einfach, das alles unter einen Hut zu bringen, denn für den geplanten Flug von New York nach München habe ich eine erheblich größere Menge Kraftstoff an Bord als sonst. Mit Reserve habe ich eine Gesamtflugzeit von achtundzwanzig Stunden vorausberechnet.

3. Kurzwellengerät von Collins

Für die New York-Maschine ist ein leistungsfähiges Funkgerät für Verbindungen über große Entfernungen vorgesehen, das es mir ermöglichen soll, jede nur nötige oder gewünschte Frequenz im Kurzwellenbereich in Sekundenschnell zu schalten. Meine eigene HF-Station, Typ Sunair ASB 100, hat zwar die gleiche Antennenleistung, nämlich 100 Watt im Seitenband, aber ich muß in einem langwierigen Prozeß, der bis zu 15 Minuten dauern kann, die entsprechende Antennenlänge auf die Frequenz einstellen. Eine solche Schleppantenne wird unter Umständen bis zu fünfzig Meter Länge aus einem Rohr unter dem Rumpf ausgefahren, und wenn sie durch exakte Ausfahrlänge genau abgestimmt ist, wird ihr Draht mit der Wickelspule arretiert. Diese Arbeit ist nicht nur langwierig, sondern auch schweißtreibend, denn man muß sich zur Antennenkurbel am Kabinenboden hinunterbeugen und während des Auskurbelns in kurzen Zeitabständen das Mikrofon einschalten. Dadurch wird über den Zeigerausschlag an einem Meßinstrument bei passender Ausfahrlänge der Antenne die optimale Einstellung signalisiert – ein Geduldspiel besonderer Art!

Ob dann die Verbindung auf der vorgeschriebenen Frequenz tatsächlich hergestellt werden kann, ist eine andere Frage. Ist es nicht der Fall, so muß unter den gleichen Umständen eine andere, die ›secundary frequency‹ eingetunt werden. Zehn stehen zur Verfügung, davon drei für die Nacht, vier für Tageslicht und drei für Dämmerungszeiten.
Um diesen Schwierigkeiten aus dem Weg zu gehen, habe ich mit der Firma Collins in Cedar Rapids für den großen Rekordversuch die Vereinbarung getroffen, daß man mir in der Versuchswerkstatt eine sehr leistungsfähige Anlage einbaut. Collins ist seit langem eine renommierte Firma auf diesem Sektor der Funkgeräte in der Welt und will bei dieser Gelegenheit ein Gerät, das normalerweise nur in Airlinern installiert wird, erstmalig in ein Leichtflugzeug einbauen, um auf diesem Gebiet Erfahrung zu sammeln. Mein Weltrekordversuch ist dafür eine günstige Gelegenheit. Der große Vorteil für mich ist die Vereinfachung der Bedienung, denn der Typ Collins HF 718 U-5 verfügt nicht nur über eine Festantenne von weniger als acht Meter Länge, die einen geringeren Widerstand erzeugt als die vielfach längere Schleppantenne, sondern es besitzt auch eine automatisch arbeitende Antennenanpassung, die ›antenna coupler tuning unit‹. Ihre interne Antennenspule und ein elektrischer Abgreifer passen die Gesamtlänge der Antenne automatisch an die eingestellte Frequenz an. Nach der sekundenschnellen Frequenzwahl wird dieser Vorgang durch Drücken des Mikrofonknopfes eingeleitet und innerhalb maximal drei Sekunden selbsttätig durchgeführt. Ja, und statt zehn Frequenzen bietet dieses Supergerät 280000 an, welch Riesenunterschied!
Zu allem wiegt das komplette Gerät samt Antenne nur knapp zwanzig Kilogramm, kaum mehr als mein ›Dampfradio‹. Dieses an sich zuverlässige Gerät, das ich nun schon viele Jahre mit Erfolg eingesetzt habe, verlangt aber nicht nur viel Arbeit für Einbau und Bedienung, sondern seine Antenne ist auch im Gegensatz zu isolierten Festantennen nicht vereisungssicher. Der lange Kupferdraht, der in weitem Bogen nach hinten geweht und lediglich an seinem Ende durch einen Trichter und ein Bleigewicht stabilisiert wird, kann beim Durchfliegen von unterkühlten Wolken sehr schnell vereisen, so daß man ihn nicht mehr einziehen oder auf eine andere Frequenz einstellen kann. In starker Turbulenz habe ich nach erheblicher Vereisung schon zweimal eine solche ›Eiswurst‹ über dem Atlantik verloren, so daß als Folge meine Funkverbindung natürlich völlig ausfiel.
In einem der Fälle riß der lange, durch das Eis schwer gewordene Draht den vorderen Mast der ADF-Sensantenne ab, so daß auch noch dieses Navigationsgerät ausfiel. Zwar ging die zig Meter lange ›Eiswurst mit Kupferfüllung‹ zu den Fischen, aber der abgerissene Mast hing noch am Draht der Sensantenne, der durch den scharfen Fahrtwind über das Höhenleitwerk geschlenkert war und drei Stunden lang bis zur Landung in Shannon/Irland gegen Rumpf und Leitwerk klapperte. Jeder, auch der Laie, wird wohl nachfühlen können, daß solche Ereignisse nicht gerade dazu angetan sind, die Nerven des Piloten zu glätten!
Nach der Landung sah die Sache noch schlimmer aus, als ich sie mir vorgestellt hat-

te, und ich konnte von Glück reden, daß mein Höhenleitwerk nicht blockiert worden war. Schnipp-schnapp kappte ich sofort den Draht am hinteren Mast mit meiner Zange, und schon war alles wieder in Ordnung. So einfach kann das danach sein. Ich hatte ja noch einen zweiten Radiokompaß installiert, dessen Sensantenne durch den Vorgang nicht beschädigt worden war – und für den letzten Teil des Fluges auf Airways brauchte ich nicht zwei.

Sicher kann man sich nun vorstellen, daß ich mir nicht grundlos oder aus Snobismus schon sehr lange für den großen Rekordversuch eine Festantenne wünschte. Hutch, mit dem ich in seinem Büro nun alle Installationen durchspreche, stimmt mir begeistert zu. Während wir die letzten Vorbereitungen abschließen, machen die Techniker ihre letzten Handgriffe an der Bonanza V 35 B, D-EBYC, von der sie wissen, daß sie jetzt der Generalprobe für den Flug in vier Wochen dienen soll. – Alle Wigginsleute freuen sich schon darauf, daß ein deutsches Fernsehteam in vier Wochen auch ihre Arbeit filmen wird. In dieser Beziehung sind die Amerikaner noch weit stärker interessiert und fasziniert als wir in Europa, denn das Fernsehen beherrscht viel intensiver als bei uns das Tagesgeschehen pausenlos rund um die Uhr. Wer das nicht erlebt hat, kann es sich kaum vorstellen.

Noch am Abend mache ich meinen Abnahmeflug, aber ich bekomme die Zulassungspapiere von der FAA erst am nächsten Tag. Um dann ungehindert direkt nach Gander starten zu können, fahre ich gleich noch nach Boston auf den Logan-Airport, um die Exportpapiere und die ›general declarations‹ zu hinterlegen. Es ist schon Nacht, als ich beim Zoll guten Abend wünsche.

Nach siebenstündigem Flug lande ich am Tag darauf in Gander auf Neufundland. Von hier fliege ich oft schon einige Stunden später gleich weiter nach Shannon/Irland oder direkt nach München. Diesmal aber muß ich die Rekordakte an verschiedenen Stellen vorlegen und beglaubigen lassen, und das geht erst morgen. So sage ich den Zöllnern mal ohne Hast guten Tag, denn das kommt selten genug vor. Sie kennen alle Ferrypiloten gut und sind immer freundlich, denn sie wissen um die Schwierigkeiten in diesem Beruf.

Aber dann zieht es mich zum Wetterbüro, um einen Überblick über die Situation im Atlantikbereich und Europa zu bekommen. Leider ist das nicht berückend, was man mir da offeriert, dennoch bestelle ich alle Unterlagen für einen Abflug am nächsten Abend. Dann wünsche ich den von allen Piloten hoch geschätzten Experten gute Nacht und schlendere in aller Ruhe zur Kantine. Ein paar Kekse und ein Glas Milch genügen mir. Im Hotel arbeite ich noch einmal meine vorbereiteten Flugpläne durch und gehe nach meinem üblichen Lauftraining um eins ins Bett. Trotz der durch die große Arbeitslast erzeugten Abgespanntheit kann ich aber nicht einschlafen. Das ist die verdammte Zeitverschiebung. Nach Osten fliegt man immer gegen die Zeit!

4. Kleine Ursache – große Wirkung

Statt zu schlafen, wandern meine Gedanken zurück zum ersten Trainingsflug von Gander nach München im letzten Jahr. Nach dem Einbau der Tanks waren damals die Prüfungsläufe am Boden ohne Beanstandungen verlaufen. Über eine Stunde lang hatte ich mich auf der Kompensierscheibe bemüht, die Deviationstabelle aufzustellen. Die verzinkten Stahlblechtanks in der Kabine bringen nämlich erhebliche Störungen in das örtliche Magnetfeld. Alles war wirklich bestens, und die Zusatzgeräte funktionierten einwandfrei. Schon einige Stunden nach dem Testflug, so gegen 14.00 Uhr Ortszeit, startete ich dann nach IFR-Flugplan Richtung Gander.

Alles lief prachtvoll, und der Controller von Boston-Radar gab mir schon viel früher als sonst die Freigabe für meine gewünschte Höhe von 9000 ft (Fuß) und sogar Abkürzungen direkt zum Drehfunkfeuer (VORTAC) Pease. Das Wetter war herrlich, nur etwas dunstig mit etwa 3/8 Kumuluswolken. Ich flog knapp über den Wolken ›on top‹ und mußte nur ab und zu durch die obersten Quellungen der schönen Haufenwolken hindurch. Das schüttelte dann etwas, und es bildeten sich für wenige Sekunden einige Tropfenbahnen auf der Frontscheibe, – dann war man schon durch.

Auf Langstrecke liebe ich das im Gegensatz zu einem Flug von nur etwas über 1600 km Länge gar nicht, denn durch die Turbulenz und die in der Folge nötigen Steuerausschläge wird soviel zusätzlicher Widerstand erzeugt, daß die durchschnittliche Reisegeschwindigkeit um etwa 5 Knoten (5 kts = 9 km/h) absinkt. Zu diesem Übel fängt der Kraftstoff in den riesigen Rumpftanks trotz der Dämpfungsschotten erheblich an zu schwappen, was dann ununterbrochene und unregelmäßige Schwerpunktwanderungen erzeugt. Auch sie müssen ausgeglichen werden. Bei einem Flug von elf bis siebzehn Stunden Dauer kann es so zu einer Flugzeitverlängerung von über dreißig Minuten kommen – also wetterbedingt auch ohne Gegenwind zu Kraftstoffnot führen.

Der Verkehr war schwach, und ich bekam nur ab und zu Warnungen durch die Radarkontrolle bezüglich unkontrollierter Flugzeuge, die nach Sichtflugregeln aber ohne Transponder in der unmittelbaren Nachbarschaft herumflogen. Ich hatte gerade auf Bangor VORTAC umgeschaltet, als der Motor plötzlich anfing, unregelmäßig zu laufen. Ein schneller Blick zu den Triebwerküberwachungsinstrumenten ließ keine Abweichung der Anzeige vom normalen Bereich erkennen. Die kurzen Schnurpser wiederholten sich unregelmäßig. Es hörte sich so an, als ob Wassertropfen in erheblicher Menge durch die Einspritzanlage gingen. Schließlich ließ die Leistung deutlich nach. Ich erhöhte nun die Drehzahl, sah mich aber auch sofort nach einem Terrain für eine eventuelle Notlandung um. Noch flog ich hoch genug, die Sicht war gut, und das Land des Küstenstreifens dort ist flach und für solche Notfälle sehr günstig. Ich würde eine durch das dünn besiedelte Land schneidende

Autostraße für eine Notlandung bevorzugen, wenn es mir nicht gelingen sollte, einen kleinen Flugplatz zu erreichen.
Natürlich hatte ich meine Lage vorsorglich dem Mann der Radarkontrolle gemeldet, der das sofort bestätigte und auch gleich anfragte, ob es noch bis Bangor – dem nächsten Großflughafen – reichen würde. »*Stand by*« war zunächst meine Antwort, denn ich war damit beschäftigt, den Motor unter Anwendung aller möglichen Einstellungen wieder zu regelmäßigem Laufen zu bringen. Mit reicherem Gemisch und höherer Drehzahl wurde es zuerst etwas besser, aber dann wurde es immer schlechter. So schleppte ich mich, die Höhe mühsam haltend, immer näher an Bangor heran. Falls diese Leistung noch zehn Minuten bei langsamem Absinken im gestreckten Gleitflug zu halten war, konnte ich es wohl schaffen. Das meldete ich dem Controller von ›Bangor approach‹ (Anflug), auf dessen Frequenz ich inzwischen umgeschaltet hatte. Alle Triebwerksanzeigen standen dort, wo sie hingehörten – da war also nichts abzulesen –, aber natürlich hatte ich bei den ersten Unregelmäßigkeiten sofort auf den rechten Flügeltank zurückgeschaltet. Ich mußte nun fortlaufend Höhe aufgeben, um die Fahrt halten zu können. Von weitem konnte ich nun etwa die Position des Platzes ausmachen, und in diesem Augenblick kam erneut die Stimme aus Bangor und meldete mir, daß die Bahn für meinen Notfall freigehalten würde. Feuerwehr und Ambulanz seien schon in Position. Aber noch bevor ich antworten konnte, fing der Motor dermaßen an zu schütteln, daß ich sofort die Leistung zurücknehmen mußte und in einen steileren Gleitflug überging.
Glücklicherweise tauchte dabei der Platz schräg vorn so nahe auf, daß nun kein Zweifel mehr bestand, ihn auch ohne Motorkraft noch erreichen zu können. Weit leuchtete die 3,5 km lange Zementbahn in der Sonne zu mir herauf. Ich gab meine Höhe, Geschwindigkeit und Entfernung nochmals nach unten und erbat die für mich günstigste Landerichtung. In einer weiten Schleife näherte ich mich mit hoher Fahrt und ging in einen sehr kurzen Endanflug. Erst über dem Platzrand fuhr ich Fahrwerk und Klappen und setzte die Bonanza sanft auf die riesige Bahn. Alle Controller von Center, Radar, Approach und Tower hatten mit ihren sofortigen Reaktionen höchste Qualifikation nachgewiesen, und als ich mich nach dem Abrollen von der Bahn bei ihnen bedankte, antworteten sie mir: »*You was great, thanks to you for our training in emergency procedures.*« Dann schaltete ich auf die ›ground-frequency‹, um mich bei den Männern der Feuerwehr zu bedanken, die, auf ihren Mammutfahrzeugen stehend, mir mit ihren Helmen in den Händen zuwinkten. Ihr Chef bedankte sich noch obendrein: »Meine Jungs hatten das Training mal wieder nötig, vielen Dank für die Aufmunterung!« Ich schämte mich fast, war aber gleichzeitig froh darüber, daß alles auf beiden Seiten so reibungslos funktioniert hatte.
Kaum war ich aus dem Flugzeug, nahm ich Kontakt zur einzigen Reparaturfirma in Bangor auf, und schon ging's rein in die Halle. Ich wollte wissen, was für ein Teufelchen da im Detail saß. Nach allen Anzeichen war es Kraftstoffmangel, also nah-

men wir zuerst die Einspritzleitungen heraus, und siehe da, schon die dritte von insgesamt sechs ließ sich nicht durchblasen. Beim Durchstoßen mit einem sehr dünnen Stahldraht fiel ein stecknadelkopfgroßes Plättchen auf meinen Handteller. Es war zerbrechlicher Metallzunder, und zwar wahrscheinlich von der Hartlötstelle zwischen Leitung und Nippel am Ende zur Verbindung mit der Einspritzdüse. Dieses Stückchen mußte sich nach einigen Stunden Motorlaufzeit durch den Druck immer mehr in Richtung Leitungsmitte verbogen haben und hat dann wie ein Ventil den Durchfluß mehr und mehr verhindert. Gegen den Kraftstoffdruck von einer Seite konnte es nicht zurück. Der entsprechende Zylinder wurde also schließlich vollkommen stillgelegt, was die Verbrennung anbelangt. Wahrscheinlich war er ausgerechnet der ungünstigste für die Erzeugung von Schwingungen auf die Kurbelwelle, was zum Schluß dann zu dem heftigen Schütteln geführt hatte. So ein lüttes, lächerliches Plättchen demonstrierte wieder einmal klar den Zusammenhang von Ursache und Wirkung. Ähnliche Fälle, sogar mit mehreren Zylindern, hatte ich auch schon erlebt, aber trotzdem liefen da die Triebwerke mit reduzierter Leistung noch relativ ruhig. Die Sache war jedenfalls noch gutgegangen. Nach dem Telefonat mit einem Ingenieur von Beech in Wichita bekam ich die Freigabe zum Weiterflug. In jedem Falle war es eine reine Motorenangelegenheit, mit der Beech an sich nichts zu tun hatte. Am nächsten Tag lief der Motor wieder prächtig, und mit dieser Maschine flog ich dann zwei Tage später meinen ersten Probeflug nonstop von Gander nach München. 5000 km in achtzehn Stunden und dreißig Minuten. Das war vor einem Jahr.

Den morgigen Flug auf dieser Strecke will ich diesmal offiziell als Rekordversuch unternehmen.

Bei meinem Grübeln bin ich dann wahrscheinlich erst in den Morgenstunden eingeschlafen, denn beim Aufstehen fühle ich mich keineswegs frisch. Um neun Uhr bin ich auf dem Flughafen und bespreche mit dem Supervisor des Tower die Bearbeitung der verschiedenen Blätter der Rekordakte. Daß dieser Papierkrieg so pingelig genau gemacht werden muß, ist eine durchaus berechtigte Forderung der FAI in Paris, in der die nationalen Aero-Clubs aller Länder der Erde sich zusammengeschlossen haben. Als oberste Sportbehörde ist sie allein zuständig für die Anerkennung von Weltrekorden und internationalen Wettbewerben auf dem Gebiet der Luft- und Raumfahrt. Der Rekordversuch muß fristgerecht beim nationalen Aero-Club angemeldet und von ihm genehmigt sein. Alle vor und nach dem Start nötigen Verfahren mit vielen Stempeln und Unterschriften führe ich nun durch oder bereite sie bis in die kleinsten Details vor. Zwischendurch reicht es gerade für mein immer gleichmäßig einfaches Frühstück: ein großes Glas Milch mit einem kleinen Schuß Kaffee.

Auf der Wetterwarte – wohl der besten, die ich je in irgendeinem Land der Erde kennengelernt habe – hole ich mir die Wettervorhersage, damit ich in aller Ruhe meine vorbereiteten Flugpläne rechnen kann. Das alles nimmt etwa zweieinhalb Stunden in Anspruch. Von der geringen Stärke des Rückenwindes bin ich nicht be-

geistert, aber der mir seit Jahren gut bekannte Berater bietet mir auch für die nächsten Tage nichts Besseres an. Meine gerechnete Route im Bereich zwischen 50° und 53° N kann ich unverändert lassen. Auch das Ausarbeiten des internationalen Flugplanes für die Flugsicherung kostet eine halbe Stunde, denn es müssen nicht nur oben alle Koordinaten – bei langsamen Flugzeugen alle 5° – für das ›routing‹ angegeben werden, sondern unten die für alle Koordinaten geschätzten Überflugzeiten. Der den Flugplan annehmende Beamte fragt dann bei Transatlantikflügen mit einmotorigen Flugzeugen nach der Genehmigung durch das Ministerium, es sei denn, er kennt einen persönlich. Alle Absprunghäfen in Kanada haben die Namen der Ferrypiloten auf einer Kartei. Allein in Gander bin ich schon so manchem Piloten begegnet, der seine Maschine stehen lassen mußte, um einen anderen zu beauftragen. Die entsprechende Prüfung für eine solche Genehmigung kann man jederzeit beim Luftfahrtministerium in Moncton ablegen. Sie wird dreimal verlangt, wenn man eine Dauerlizenz haben will.
Auf das Mittagessen verzichte ich wie üblich, dafür nehme ich noch einen ›Kaffee verkehrt‹ à la Schmitt. Dann kommt die Tankprozedur, die man gar nicht genau genug machen kann, auch wenn man nur kurze Strecken fliegt. Ich bin immer selbst zur Überwachung dabei, und niemals lasse ich das jemand anderen übernehmen, es sei denn, ich habe noch einen mir gut bekannten, zuverlässigen Piloten an Bord, der das betreffende Flugzeugmuster kennt. Die Zusatztanks fülle ich grundsätzlich und ausschließlich selbst unter Einsatz einer Taschenlampe – auch bei Tageslicht. Wenn nämlich etwas überläuft, muß man stundenlang lüften, um wieder die Kontrollmöglichkeit bei Undichtigkeiten im System zu haben, und außerdem erzeugt benzingeschwängerte Luft in der Kabine sehr bald Kopfschmerzen und Brechreiz. Während des Tankens mit Zusatzausrüstungen im Rumpf muß bei allen Typen darauf geachtet werden, daß man nur allein und möglichst weit vorn auf dem Flügel steht (bei Tiefdeckern), damit wegen der Schwerpunktverschiebung nicht zum Schluß oder beim Absteigen mit dem schweren Füllgerät das Rumpfheck herunterfällt. Aus diesem Grund nehme ich den Schlauch von vorn über die geöffnete Tür, und wenn irgend möglich, stelle ich einen Holzstab unter den Sporn, der bis zum Abrollen dort bleibt und dann allein abfällt.
Besonders wichtig ist die wiederholte Kontrolle des Ölverbrauchs. Seit meinem Abflug von Wichita, also nach fünfzehn Flugstunden, war der Verbrauch geringer als ein Liter. Den fülle ich nach und kann darauf rechnen, daß er bis München wegen der mäßigen Leistungsstufe, mit der ich fliegen werde, kaum größer sein wird. Inzwischen läuft mein Flugplan durch die verschiedenen Stellen der Flugsicherung. Die Maschine ist betankt und alle meine Utensilien sind wohlverstaut. Dazu gehören die Schwimmweste auf dem Tank hinter meinem Sitz, das Schlauchboot, Survival-Kit, Notsender und Navigationshandbücher vor dem rechten Tank und alle aktuellen Navigationsunterlagen auf der vorspringenden Stufe des rechten Tanks. Alle Beleuchtungen, Lichter und Scheinwerfer sind überprüft, die Taschenlampen liegen bereit, Reserve- und Sonnenbrillen stecken griffbereit. Seit ich das 52. Le-

bensjahr überschritten habe, gehöre ich nämlich leider zu denen, deren Arme nicht mehr lang genug sind, um lesen zu können. Bei schlechtem Licht brauche ich eine Lesebrille.

Maschine und Pilot sind abflugbereit. Jetzt muß ich nur noch dem Zoll auf Wiedersehen sagen und die in Kanada lächerlich geringen Gebühren bezahlen. Da ich noch zehn Minuten Zeit habe, bis meine Einsteigzeit kommt, gehe ich nochmal zum Wetterbüro, um die letzten Vorhersagen für die europäischen Plätze (TAF) zu bekommen. Es ist jetzt 18.00 Zulu, das heißt Greenwichzeit – in München ist das 19.00 Uhr und hier in Gander 15.30 Uhr Ortszeit. Um 19.00 Uhr Zulu will ich starten, da reicht es auch noch für ein Glas Milch. Der letzte, nicht aber der unwichtigste Gang gilt dem Besuch der Toilette. Dann schlendere ich raus zur Maschine. Und das mache ich immer sehr mit Ruhe, und zwar ganz bewußt. Ich mag Hetze in den letzten Minuten vor einem Flug gar nicht leiden!

Neben der Flügelspitze einer Herkules der Kanadischen Luftwaffe steht die Bonanza V 35 B ›Heidelberg.‹ Ich habe ihr diesen Namen gegeben, weil ich in dieser schönen Stadt geboren bin. Für den Außencheck, zum Einsteigen und Zurechtsitzen in der vollgestopften Kabine rechne ich etwa zwanzig Minuten, bei Nacht zehn Minuten länger. Heute ist noch heller Tag, aber ich fliege nach Osten, also schnell der Nacht entgegen. Allerdings wird sie extrem kurz sein, denn heute ist der 23. Juni. Morgen will ich nach kalkulierten siebzehneinhalb Stunden Flugzeit in München landen.

Die Tür ist einwandfrei und fest verschlossen, alles ist an seinem Platz, und ich sitze wohletabliert mit Kniebrett und Abflugkarten auf dem Schoß. Eigentlich müßte das unentbehrliche Ding ja ›Oberschenkelbrett‹ heißen, denn dort liegt es. Damit es nicht rutschen kann und sich nicht so kalt anfühlt, habe ich es mit Schaumgummi beklebt.

Es wird Zeit, ›den Riemen auf die Orgel zu schmeißen‹ Der Motor kommt sofort und kurz darauf auch alle Anzeigen, die ich vor dem Rollen sehen will. Avionics master switch ON. *»Gander ground, this is Bonanza Delta-Echo-Bravo-Yankee-Charlie, good afternoon.«* Schon Sekunden später habe ich meine Rollfreigabe zur Startbahn 04, der längsten in Gander. Die Zeit ist 18.41, Höhenmessereinstellung 2995.

Die 3,2 km lange Bahn wird von uns bevorzugt, wenn die Windverhältnisse es irgend erlauben. Es herrscht kaum Verkehr. Schwerfällig rollt die Bonanza an, wir haben einen kilometerlangen Weg. Noch mitten im Rollen kommt schon meine ›clearance‹, so daß ich kurz anhalten muß: *»Go ahead.«* *»Bonanza Delta-Echo-Bravo-Yankee-Charlie is cleared to Munich Airport via Whiskey-Sierra, five zero north five zero west, five one one zero north four five west, five two north four zero west, five two three seven north three five west, five three zero five north three zero west, five three one five north two five west, five three one five north two zero west, five three north one five west, Sierra-November-November and as filed, climb to nine thousand feet, after take off turn right to climb on course, call passing three* *thousand feet, code one one zero zero, call tower on one one nine point one when ready.«* Ich habe die Freigabe mit Kurzschrift notiert und lese sie zurück. *»Clearence correct«* – ich rolle weiter.

Es geht leicht bergab, denn der Platz ist abschüssig, so daß ich dann geringfügig bergauf starten muß. In der Wartebucht mache ich sorgfältig meine Checks und bremse den Motor ab. Er läuft wundervoll. Um die letzten Luftblasen aus den Leitungen der Zusatzanlage zu vertreiben, lasse ich den Motor eine Minute aus den Kabinentanks entnehmen. Für alle Kontrollen und Instrumenteneinstellungen lasse ich mir Zeit, zumal ich früh dran bin. Umschalten zum Tower, ich bin fertig. Den Operator bitte ich noch einmal, nach München durchzugeben, was auf dem ATC-Plan unter ›other informations‹ von mir eingetragen wurde: *RMK request departure time in hours, minutes and seconds to EDDM ZP for try of world class record. »O.K., I am familiar with, Delta-Echo-Bravo-Yankee-Charlie is cleared for take off.«* Scheinwerfer an, ich rolle auf die Startbahn und richte die Maschine für die Kompaßkontrolle aus. Nochmals überfliege ich alle Anzeigen und die Trimmung, dann gebe ich zügig Vollgas. So furchtbar schwer sind wir nicht, aber ich hebe erst lange nach einem Kilometer Rollstrecke bei 100 KIAS ab (›knots indicated air speed‹ (= 185 km/h). Fahrt ist das halbe Leben – einer der wahrsten Sprüche in der Fliegerei! Fahrwerk ein, Scheinwerfer aus, und schon ziehe ich in einer flachen Kurve nach rechts auf das WS-Funkfeuer zu.

Die Maschine liegt satt in der Luft, aber sie ist immerhin etwas überladen, und deshalb ist es gut, nach nur geringem Reduzieren eine hohe Geschwindigkeit beim Steigflug einzuhalten. Das schont den Motor durch bessere Kühlung und bringt mehr Stabilität um alle Achsen. In dieser Hinsicht ist mir die F 33 A lieber als die V 35 B mit ihrem V-Leitwerk, wenngleich sie um 3 bis 5 Knoten (6 bis 9 km/h) schneller ist. Diese etwas höhere Geschwindigkeit kommt mir jetzt zugute, denn ich habe leider keine besonders günstige Windlage. Mit 110 KIAS steige ich auf 9000 ft und kann anschließend bis zur Küstenlinie noch meine Grundgeschwindigkeit überprüfen und die Windrichtung erfliegen.

Höher als diese 3000 m gehe ich ohne Sauerstoffversorgung ungern, wenn ich länger als vier oder fünf Stunden fliegen muß. Bei Langstreckenflügen von durchschnittlich zwölf bis fünfzehn Stunden gehe ich nur vorübergehend auf FL 110 oder 120 (›flight level‹ = Flugfläche 110 = 11 000 Fuß = 3350 m), wenn ich dadurch aus den üblicherweise in diesem Höhenband endenden Spitzen der Kumuluswolken herauskomme, denn Turbulenz verringert die Reisegeschwindigkeit. Diesmal geht es gerade so – ich fliege knapp ›on top‹ mit einer Grundgeschwindigkeit, die nur wenig mehr als die Eigengeschwindigkeit von 140 KTAS beträgt (›knots true air speed‹) (etwa 260 km/h). Bis auf die schwache Windlage bin ich mit dem Gesamtwetter sehr zufrieden. Ab Mitternacht werde ich Schichtbewölkung bekommen, die aber so ausgebildet ist, daß ich zwischen zwei Schichten fliegen kann.

Wenn ich im Flugzeug sitze, denke und arbeite ich natürlich nur noch nach der Weltzeit. Hingegen muß man beim Vorbereiten zum Start auch die Ortszeit be-

rücksichtigen, nach der sich die Bodenorganisation und die verschiedenen Schichten mit ihrer Dienstzeit richten. Das gleiche gilt für die Landung, und hier natürlich besonders wieder bei uns in Deutschland, wo alle Flughäfen nachts schließen bis auf Köln-Bonn. Bei Langstreckenflügen muß man darauf achten, ja nicht zu spät oder zu früh anzukommen, sonst gibt es Ärger. Ja, die internationale Luftfahrt ist ganz schön kompliziert, denn eigentlich ist sie strikt national, meistens lediglich grenzüberschreitend. Jeder Staat kocht sein eigenes Süppchen.
Schon nach etwa einer Stunde Flugzeit stirbt der Funkkontakt auf Ultrakurzwelle im niedrigen Höhenband endgültig. Jetzt geht es nur noch auf Kurzwelle, also fahre ich die Schleppantenne aus. Die drei in Frage kommenden Frequenzen habe ich bereits angewiesen bekommen. Diesmal habe ich Glück und bekomme schon nach fünf Minuten eine Verbindung zustande. Klappt das nämlich nicht gleich, dann beginnt die bereits beschriebene Arbeit von neuem. Um der Kurbelei aus dem Wege zu gehen, kann man sich auch eine elektromotorisch betriebene Kupferdrahtspule zulegen, aber diese Dinger sind wesentlich schwerer und machen das Gesamtsystem komplexer und anfälliger.
Bei Turbulenz ist es mir schon verschiedentlich passiert, daß bei noch voller Rolle zwanzig Wicklungen plötzlich herunterspringen und sich mit Kurbel und Basisgestell total verheddern. Das kommt vorzugsweise bei Maschinen ohne Autopilot vor, weil man eine Hand am Steuerhorn halten muß. Dann ist es eine wahre Schinderei, in gebückter Haltung mit dem Kopf unter dem Instrumentenbrett alle paar Sekunden nach dem künstlichen Horizont zu schauen, dabei mit ›lockerer linker Hand‹ das Steuerhorn zu halten und mit der anderen dort unten im Dunkeln das herrliche Durcheinander zu entwirren. Um überhaupt eine Chance zu haben, muß man erst die Spannung aus dem Draht nehmen, indem man den durch das Antennenrohr nach draußen laufenden Teil durch einen Knoten fixiert.
Ein ander Mal ist mir die Kurbel aus den naßgeschwitzten Fingern gerutscht, und die fünfzig Meter lange Antennenlitze hat sich sofort mit rasenden Umdrehungen der Rolle abgewickelt. Natürlich riß sie am Ende ab, und der ganze Salat fiel in die Wasser des Atlantik. Jedenfalls habe ich immer eine kleine Werkzeugtasche zwischen meinen Füßen deponiert, in der wohlsortiert kleine Spezialzangen, ein Schraubenziehersatz, Sägeblätter, Bindedraht, Klebeband, Sicherungsnadeln, zwei Sätze verschiedener Inbusschlüssel für die Funkgeräte und andere Spezialitäten griffbereit liegen.
Auf dem Nordatlantik teilen sich die Kanadier mit ihrer Station ›Gander Radio‹ die Kontrolle mit den Europäern, die den Ostteil mit der Station ›Shanwick Radio‹ übernehmen. Die Grenze liegt bei 30° West, aber es ist oft so, daß durch atmosphärische Störungen die Verbindung im Westen nahe der Station Gander erliegt, aber auf derselben Frequenz mit Shanwick trotz erheblich größerer Entfernung möglich ist. Das kann auch umgekehrt sein, und dann wickelt man eben den Funkverkehr für die Positionsmeldungen über die andere Station ab, mit der Bitte um Transfer der Nachricht, etwa durch den Zusatz ›Copie Gander‹. Weil das über dem Nord-

atlantik nicht selten vorkommt, wird natürlich auch mit Funkvermittlung durch die hoch fliegenden Düsenverkehrsmaschinen gearbeitet. Die UKW-Geräte bleiben ja immer auf genau festgelegten Frequenzen in jedem Flugzeug auf Hörbereitschaft, und im Höhenband der Düsenmaschinen haben die UKW-Sender eine erheblich größere Reichweite als bei uns ›Tieffliegern‹ in 3000 m Höhe.
Mit der Zeit kennt man die meisten Linien, die dort verkehren, und im allgemeinen sind sie sehr hilfsbereit. Allerdings ist nachts über dem Nordatlantik ein Loch von etwa drei Stunden, da fliegt planmäßig niemand mehr. Alle haben dann die Hauptstrecke hinter sich und befinden sich schon über dem Festland Europas oder Amerikas, wo sie dann am frühen Morgen landen. Wenn in dieser Zeit keine Verbindung auf Kurzwelle aufrechterhalten werden kann, dann ist man wirklich allein auf weiter Flur. Nichts ist zu hören. Nur der Motor brummt, und dann denkt man auch manchmal daran, wie kompliziert diese Dinger mit ihren vielen beweglichen Teilen sind! In dieser Zeit ist man ›Dem‹ da oben dann oft näher als den Menschen auf der Erde, und so manches Alltagsproblem verschwindet im Hintergrund.
Da ist es gut, daß viel Arbeit geleistet werden muß. Navigation, Tankkladde-Führen, Rechnen, Antenne-Einstellen, Funksprech, Instrumentenkontrolle, Tankschaltung und vieles mehr mit ständiger Wiederholung. Dazu macht man ja Instrumentenflug, und das selten mit Autopilot und meistens in Wolken. Schon oft habe ich in den zwölf Stunden von Gander nach Shannon nichts gesehen als Instrumente – bis zum Auftauchen der Landebahnbeleuchtung im Endanflug. Zwischendurch seit dem Start sah ich kein Wasser, keinen Himmel. Von der ununterbrochenen Konzentration und Arbeit bin ich dann nach der Landung ziemlich erschöpft und bleibe nach dem Abstellen auf dem Parkplatz oft noch minutenlang sitzen, auch wenn der Zöllner schon mit seinem Wagen wartet. Da muß ich manchmal an die Leute denken, die einen fragen: »Was machen Sie eigentlich in der langen Zeit, schläft man da nicht ein?« Ja, wer so viel und pausenlos zu arbeiten hat, und zwar immer nur in Bereichen, die lebenswichtig sind, der ist eben hellwach! Über diese Fragen eines Laien darf man nicht erstaunt sein, eher freue ich mich über das Interesse. Aber wenn dann sogenannte ›Fachleute‹ behaupten, wir würden lediglich die Zeit absitzen, dann sollte man diesen ›Experten‹ schon eher mit äußerster Mildtätigkeit begegnen, denn sie wissen nicht, was sie sagen! Ein Superexperte antwortete mir gar auf meine Rückfrage, wie er das mit dem Absitzen denn meine: »Na, Du sitzt doch wohl auf allen Deinen Flügen, oder *stehst* Du sie etwa ab?« Nun, das sind ja interessante Betrachtungen auch für die hochbezahlten Cockpitbesatzungen der Airliner –, und die sind ja jürzer unterwegs und durch Arbeitsteilung weniger belastet.
Würden die Überführungspiloten mit den einmotorigen Maschinen ihre oft schwierigen Flüge von zehn bis fünfzehn Stunden Flugzeit nur absitzen, wie würde es denn dann bei den in jeder Hinsicht an die Grenze gehenden Rekordunternehmungen von fünfzehn bis fünfunddreißig Stunden Flugdauer sein, wie diese Bes-

serwisser wohl meinen? Nun, ich würde mich nicht wundern, wenn sie das dann ›Superabsitzen‹ nennen.

Über mangelnde Qualifikation, Unwissenheit und demzufolge Kritikunwürdigkeit solcher Personen muß man aber dennoch hinwegsehen können, und man sollte ihnen nicht böse sein. Lernt man nicht in der Einsamkeit der langen Flüge, wenn man auf sich selbst gestellt oft Notsituationen mit kühler Nüchternheit gemeistert hat, dankbar zu sein für das Gelingen, für die Fähigkeit, das Richtige getan zu haben? Ich will es als Gnade bezeichnen, und deshalb müssen wir immer wieder versuchen, solche auch walten zu lassen, wenn es an uns liegt!

Uns Menschen fällt das wohl allgemein sehr schwer, denn dazu braucht man Größe, und wer hat die schon. Mit Geld oder Titeln hat sie jedenfalls nichts zu tun. Je mehr unsere Zivilisation mit ihrem Überfluß auf uns wirkt, desto weniger bemühen wir uns um unsere Selbstdisziplin und Charakterbildung. Die Umwelteinflüsse und die Massenmedien lenken uns in zunehmendem Maße von den wirklichen Werten ab, und immer mehr Leute drängen sich auf, um für uns zu denken, gleichzeitig fordernd, es immer weniger selbst zu tun.

Auf so langen Flügen kommen einem oft ganz kurz und konzentriert solche Gedanken, obwohl man kaum Zeit dafür hat. Die Zeitspannen sind vielleicht so kurz wie Träume. Die Nüchternheit bei der diszipliniert durchzuführenden Arbeit hat da absoluten Vorrang, und das Weitvorausdenken hat hohe Priorität.

Gleichmäßig brummt der Motor, nur ab und zu, wenn einmal ein Wassertröpfchen schwer durch eine Düse geht, gibt es kleine, kaum wahrzunehmende Unregelmäßigkeiten. Das Ohr, ja der ganze Körper registriert das aber sofort, und manchmal geht dann auch der Puls etwas schneller. Man ist ja sozusagen in einer ›Reserve-Alarmstimmung‹.

Anders ist das beim Umschalten der Tanks. Wenn man schon etwa zehn Minuten darauf wartet, daß einer der Kabinentanks leer wird und die ersten Luftblasen in die Einspritzanlage gelangen, dann will der Motor natürlich stehenbleiben. Auf diesen Vorgang ist man aber vorbereitet, und deshalb arbeitet man dann kühl: Tankschaltung, Zusatzpumpe. Der Motor läuft währenddessen nicht mehr aus eigener Kraft, sondern wird nur noch durch die im Fahrtwind drehende Luftschraube angetrieben. Der bis dahin benutzte Behälter ist auf diese Weise dann wirklich ›trocken‹ geflogen worden, so daß man ihn vergessen kann. Um ganz sicher zu sein, verfahre ich immer so.

Es nutzt einem ja nichts, wenn man zum Ende des Fluges, wo es dann wirklich einmal knapp werden kann, drei oder vier der verfügbaren Tanks mit je etwa noch 30 bis 40 Litern herumschleppt und sich auf keine kontinuierliche Versorgung über längere Zeit mehr verlassen kann. Besonders wenn man die Reiseflughöhe verläßt und in der Turbulenz der unteren Luftschichten unterschiedliche Beschleunigungen die gleichmäßig sichere Kraftstofförderung verhindern können, wird die Arbeitsbelastung für einen allein fliegenden Piloten ohnehin in unangenehmer Weise anwachsen. Man kann sich dann nicht auch noch unsichere Methoden in der

Kraftstoffversorgung leisten. Man fliegt bei solchen Überführungsaufträgen ja immer nach Instrumentenflugregeln.

Nun ist der hintere Kabinentank ›trocken‹ geflogen, und nach einiger Justierarbeit läuft der Motor wieder ruhig. Nach meiner Positionsmeldung an Shanwick entdecke ich den ersten, ganz leichten Schimmer im Nordosten des noch dunklen Himmels. Dieser graue Streifen am Horizont ist das erste Zeichen für den anbrechenden Tag. Hinter mir und im Süden ist es noch schwarz. – In dieser Nacht hat die Funksprechverbindung mit den großen Stationen Gander und Shanwick bestens funktioniert, was im Verlaufe des Fluges immer beruhigend wirkt.

Eine lange Zeitspanne um 30° West hörte ich beide Sender gleichermaßen gut, aber das ist leider nicht immer so. Die ›Mittellinie‹ 30° West habe ich etwa um 1.30 Uhr Zulu überflogen, also fliege ich jetzt in der zweiten ›Halbzeit‹ der reinen Atlantikstrecke. Aus dem dünnen Streifen am Horizont wird jetzt schon ein fahl leuchtendes Band, und bald wird sich am unteren Rand ein rötlich violetter Schimmer zeigen. Meine Uhren zeigen 4.00 Z, so kann es nicht mehr allzulange dauern, bis der ganze Horizont rötlich aufflammt.

An sich fliege ich nachts sehr gern, aber nach dem Durchfliegen einer ganzen Nacht, auch wenn sie noch so kurz ist, sehnt man sich nach dem Licht des Tages. Kein Wunder also, daß es mir nun fast zu langsam geht. Aber ich habe Arbeit genug, langweilig wird es nie. Gerade habe ich wieder auf den Flügeltank umgeschaltet, da kommt wieder Betrieb in den Flugfunk. Ich soll auf eine andere Frequenz umschalten, also die Antennenlänge ändern, eintunen. In der Dämmerung muß man andere Wellenlängen benutzen als nachts oder bei Tageslicht. Auch auf der neuen Frequenz klappt die Verständigung auf Anhieb, so daß ich nach dem Einleitungsanruf auch gleich meine Standortmeldung absetze. Unwillkürlich muß ich grinsen und denke nur: Donnerwetter, der Funkbetrieb läuft ja heute wie geschmiert! Nach der Bestätigung kommt auch gleich die Anweisung zum Umschalten für die nächste Positionsmeldung auf VHF (UKW).

Endlich habe ich den Hauptteil der Atlantikstrecke hinter mir und fliege dem Sonnenaufgang entgegen. Bis hoch hinauf reicht jetzt die Aufhellung, und während unten der Horizont sich durch einen scharfen gelbroten Streifen von der riesigen, dunkelgrauen Schichtwolkenmasse abgrenzt, geht darüber der Ton von grau bis bläulich-pastell. Nach oben in das Himmelsgewölbe verblassen die Farben sanft bis in das Dunkel der Kuppel – und hinter mir und rechts liegt noch die schwarze Nacht. Unten reicht unendlich weit eine in verschiedenen Grautönen amorph wirkende Masse – Schichtbewölkung, Stratocumuli. Nach vorne wachsen sie etwas höher herauf, fast bis zu meiner Flughöhe, und an einer Stelle dort am goldgelb schimmernden Rand der Wolkenobergrenze wird es schnell silber-blendend hell. Dort wird jetzt gleich die Sonne heraussteigen. Das geht in Minutenschnelle, aber ich kann nicht ununterbrochen deren Bahn verfolgen.

Schnell wieder ein Blick über die Instrumente: aha, die Benzinanzeige und die Uhr mahnen zum Umschalten auf den rechten Kabinentank. Ist die Antennenrolle auch

noch gut festgeschraubt? Inzwischen ist die Sonne fast halb heraus, und die Helligkeit verbreitet sich nun rasend schnell! Sie stimmt sogar die Dunkelheit hinter mir milde. Vom Widerschein des Himmels ist es jetzt in der Kabine schon so hell, daß ich die Instrumentenbeleuchtung und das Flutlicht ausschalten kann. Voll heraus, liegt die Sonne jetzt wie ein riesenhafter, feuriger Ball auf der Horizontlinie. Sicher gibt es nicht viele Menschen, die die Geburt des Tages so eindrucksvoll erleben können wie der einsame Pilot über dem gewaltigen Atlantik nach dem Durchfliegen einer Nacht. Ich bin jedenfalls immer tief beeindruckt aber auch erfrischt, und ich frage mich oft: Ist es nur das Licht nach langer Dunkelheit?
Zügig nähere ich mich jetzt der Westküste von Irland, jener schönen grünen Insel. Über mir sehe ich die Kondensstreifen eines Airliners in gleicher Richtung ziehen. Die Cockpitbesatzung trinkt vielleicht gerade einen heißen Kaffee, die Fluggäste schlafen in ihren Sesseln. Aber ich fliege lieber hier unten allein, und auf gar keinen Fall würde ich tauschen wollen.
Mit einer Informationsmeldung sage ich dem Controller, daß ich jetzt auf UKW die Verbindung mit Shannon aufnehmen werde und wünsche einen schönen Tag. Die Antenne lasse ich aber noch draußen, damit ich zur Not noch eine sofortige Kurzwellenverbindung habe. Mit der geringen Reichweite auf VHF kann der Kontakt mit Shannon noch etwas dauern. Die beiden VOR sind schon seit einer halben Stunde eingeschaltet – eines steht auf Eagle VOR, das andere auf Cork. Beide Anzeigeinstrumente habe ich auf den entsprechenden Kurs eingestellt. Das ist für den Flug auf Shannon nicht das normale Verfahren, aber von einem Airliner habe ich die Information, daß Shannon VORTAC seit einigen Stunden abgestellt ist. So muß ich mit zwei 170 bzw. 100 km von meinem Kurs abliegenden Stationen arbeiten. Während die Nadeln noch ruhig stehen, pendeln die Flaggen der Anzeige lahm und unregelmäßig auf und ab. Auf diese Entfernung ist die Strahlungsintensität der Stationen noch zu schwach, um ein Signal auszulösen, aber es ist für mich immer ein Spiel mit großer Spannung, zwischendurch einen Blick auf die Zeiger zu werfen.
Die Nadel auf Eagle VOR wird nun nervös, und die Flagge steht auch schon mal für einige Sekunden. Schließlich zuckt auch die rote Flagge und verschwindet sogar zeitweise. Shannon ruft mich auf VHF, und ich antworte ruhig und langsam, alles zweimal rufend, denn wahrscheinlich kann er mich noch nicht ohne Unterbrechung hören. Alle Motorüberwachungsinstrumente stehen im grünen Bereich, der Kraftstoffverbrauch entspricht den Berechnungen, ja, er ist eher sogar geringer. Auf der Tankkladde vermerke ich die letzte Entnahmeperiode für den rechten Tank und schalte das Kurzwellengerät aus. In aller Ruhe kurbele ich die Schleppantenne ein. Das hat fast Symbolwert, denn es ist das Zeichen dafür, daß der ›große Teich‹ wieder einmal hinter mir liegt. Nach einigen Minuten Kurbelei in demütiger Haltung hat die Rolle wieder ihre fünfzig Meter Kupferlitze auf der Welle. Endlich straff am Anschlag, schraube ich das schwere Ding mit einer Kombizange fest und klebe das Loch des hohlen Antennenmastes mit Klebeband zu. Seit dem Start in

Gander hat es zwischen den Beinen immer etwas durch diese offene Röhre gezogen. Jetzt ist diese Pfeife zugeklebt, so daß auch das leichte Geräusch verstummt ist.

Erneut ausgetrimmt, ist die Bonanza jetzt nicht nur ›clean‹ (sauber), sondern nach dem langen Flug auch wesentlich leichter geworden. Über zwölf Stunden bin ich jetzt unterwegs und habe dabei etwa 490 Liter Benzin verbraucht. Das entspricht einer Gewichtsreduzierung von dreihundertfünfzig Kilogramm gegenüber dem Startgewicht. In der Praxis bringt das eine stufenlose, gleichmäßige Steigerung der wahren Eigengeschwindigkeit mit sich, die jetzt etwa den höchsten Wert von plus zehn Kilometern pro Stunde erreicht hat.

Durch Kreuzpeilungen auf die beiden VOR-Funkfeuer bekomme ich jetzt die Kurslinie auf Shannon heraus, die nur eine kleine Ablage zeigt. Ganz flach schneide ich nun mit einer Kursverbesserung das Radial 289° von Shannon an und melde meine Position. Laut kommt die Antwort mit der Bestätigung herein, daß ich mit meinem Transpondercode gut auf dem Radarschirm erscheine: noch achtzig nautische Meilen (150 km) bis zum Funkfeuer. Schnell den Rechenschieber her. Der zeigt mir eine bisherige, durchschnittliche Grundgeschwindigkeit von nur 135 kts (250 km/h) an, ein Zeichen dafür, daß entgegen der Vorhersage von 20 kts Rückenwind eher eine Gegenkomponente geherrscht hat. Für den Mann auf einem Rekordflug ist das eine ernüchternde Feststellung.

Dennoch darf ich nicht unbescheiden sein, denn technisch ist alles wie am Schnürchen gelaufen. Allerdings werde ich statt der berechneten elf Stunden und fünf Minuten jetzt über dreizehn Stunden brauchen. Bis Shannon nur noch dreißig Minuten – das muß ich feiern! Schnell hole ich meine Milchflasche herauf, aber bevor ich sie ansetzen kann, muß ich erst das Mikrofon am Kopfhörer hochklappen. Endlich trinke ich einige Schlucke langsam und mit Genuß – zuviel auf einmal ist nicht ratsam, denn dann wird man müde. Aber die Dreiviertelliterflasche ist ohnehin fast leer.

Man muß unterwegs regelmäßig Flüssigkeit zu sich nehmen, denn die Luft hier oben ist trockener als am Boden, und in der langen Zeit verdunstet viel durch die Haut und die Lunge beim Atmen. Körperhygiene ist vor und während solcher Langstreckenflüge wichtiger als sonst. Man muß alles fein ausbalancieren. Was gebraucht wird, muß man haben, aber nicht zuviel. Das gilt auch für die Tage davor, und wer bis ins hohe Fliegeralter fit bleiben will, sollte nach dieser Weisheit leben, auch wenn es manchmal schwerfällt. Wir alle wissen das wohl, denn das Fliegervölkchen besteht weiß Gott nicht aus Kostverächtern, Naturaposteln, Abstinenzlern oder Duckmäusern.

Vor der Küste einige Gewitter, aber die großen Cumulonimbuswolken stehen einzeln, so daß ich sie umfliegen kann. Die Sonne strahlt jetzt durch die Frontscheibe direkt auf meine Lederjacke, so daß ich die Heizung ganz ausdrehe. Wer zu warm sitzt, wird faul und müde. Nun segle ich genau auf Shannon zu und erbitte eine Freigabe direkt nach Dublin VOR, denn das würde mir acht bis zehn Minuten

Flugzeit sparen. Leider bekomme ich wegen militärischer Übungen diesen Vorteil nicht eingeräumt, aber dafür finde ich Freude am Anblick der schönen, grünen irischen Küste, die durch die aufgerissene Wolkendecke ab und zu erkennbar ist. Die See und die Brandung sind glatt und milde, was meine Berechnungen bestätigt. Unterwegs habe ich die Wasseroberfläche nie gesehen, denn die Schichtbewölkung war jedenfalls bei Tageslicht vollkommen geschlossen.
Links neben der Motorschnauze erkenne ich die Bucht, an der der große Flughafen liegt. Da meldet sich Shannon und gibt mir nun doch die direkte Route nach Dublin VOR frei. Bis München sind es noch 1760 km. Navigationsprobleme gibt es jetzt nicht mehr, aber ich werde noch etwa sieben Stunden in der Luft sein, und das kostet noch Energie. Auf meine Anfrage gibt mir Shannon die Höhenwinde und die Wettervorhersage für München, aber nicht ohne mir anzubieten, doch in Shannon zu landen. Der freundlich vorgebrachten Einladung kann ich leicht widerstehen und sage dem Mann, das sei ein Weltrekordversuch nonstop bis München. »*Oh, good luck and happy landing*« – die Iren sind immer sehr freundlich. Was ich aber an Wetterinformationen bekommen habe, stimmt mich weniger glücklich, denn ich muß mit starkem Seitenwind fliegen, so daß ich nur mit einer Grundgeschwindigkeit rechnen kann, die meiner Eigengeschwindigkeit entspricht. Das sind ganze 270 km/h bei Reise-Sparleistung. Zwar wird der Sprit reichen, aber die Gesamtflugzeit wird fast zwanzig Stunden erreichen. Etwas über dreizehn Stunden habe ich allein für die Atlantiküberquerung gebraucht.
Ohne besondere Ereignisse, außer wiederholter Fragen der Controller von London, Amsterdam, Düsseldorf und Frankfurt, wie ich eine solche Strecke mit der kleinen Maschine schaffen könne und wie ich das denn durchhielte, komme ich nach neunzehn Stunden und dreißig Minuten wohlbehalten aber erheblich verspätet in München an. Bei meinem Probeflug vor einem Jahr war ich um eine Stunde schneller, aber das ist mir jetzt wurscht: Hauptsache Weltrekordzeit.
Um 15.40 Uhr Ortszeit stelle ich auf dem Parkplatz den braven Motor ab. Mit meiner Lederjacke bin ich bei diesem Wetter in München mit eitel Sonnenschein etwas ›overdressed‹ und daher total verschwitzt. Vor dem Propeller fährt ein VW-Bus der Grenzpolizei auf. Alle Mann sind mit Maschinenpistolen bewaffnet und stehen jetzt neben und vor der Maschine. Sie erwarten wohl, daß der Pilot gleich aussteigt, aber da müssen sie noch eine Weile warten, denn ich muß zunächst meine Eintragungen in Flugunterlagen und Rekordakte machen. Um überhaupt aussteigen zu können, verstaue ich meine Utensilien erst einmal in den verschiedenen Taschen. Als ich dann endlich verschiedene Ausrüstungsgegenstände durch die geöffnete Tür auf den Flügel stelle, um dann wie ein Schlangenmensch zwischen Tank und Türrahmen herauskriechen zu können, werden die strengen Mienen der hohen Polizei freundlicher. Es fällt nun wohl auch diesen Laien auf, daß dieses Flugzeug nicht normal ausgerüstet ist.
Nach ein paar Freiübungen springe ich vom Flügel herunter: »Guten Tag meine Herren.« – »Grüß Gott, wo kommen Sie her?« – »Aus Gander«, antworte ich. Alle

Gesichter sind die reinsten Fragezeichen, so daß ich ein Lachen nicht verkneifen kann. »Wo is dös?« – »Gander, Neufundland, Kanada«, sage ich. Das wäre ja ganz schön, antworten sie, aber sie möchten bittschön nicht meine ganze Reise wissen, sondern den letzten Flughafen. Darauf wiederhole ich lakonisch. Man beginnt zu verstehen: »Ja, direkt?« »Jawohl, direkt, in knapp zwanzig Stunden Flugzeit.« »Ja sakrrra«, kommt es nun wie im Chor, und sie lachen dazu anerkennend. »Dürfen wir mal reinschauen?« Es sind nette Burschen, und sie haben nun einen Mordsrespekt, als ich ihnen sage, daß es ein gelungener Weltrekord ist.

Was aber mich nun brennend interessiert, ist der Ölverbrauch. Linke Motorhaube auf! Als ich den Ölstab herausziehe, höre ich den einen sagen: »Von Amerika da herüber mit dera Blechschachtel – unglaublich!« Aber auch mein Staunen ist nicht gering, denn es fehlt nur knapp ein Liter Öl. Allerdings muß man berücksichtigen, daß bei einer durchschnittlichen Leistungsstufe von 50% der Verbrauch sehr gering ist, sonst wären so lange Flüge ohne zusätzliche Ölversorgungsanlage ausgeschlossen.

Alle, einschließlich mir, die um die Blechschachtel herumstehen, sind offensichtlich zufrieden, aber ich schlage jetzt ein gehöriges Tempo an, so, als hätte ich nicht schon eine Arbeitszeit von acht Stunden in Gander und einen Flug von zwanzig Stunden Blockzeit hinter mir.

In kurzer Zeit packe ich alle meine losen Sachen zusammen, fahre rüber zum Zoll und führe die Maschine ein. Auf dem Büro der Grenzpolizei kommt wieder das gleiche Frage-Antwort-Spiel in Gang wie auf der Parkfläche. Von der Rampenkontrolle aus rufe ich bei Denzel Beech an, daß die Maschine da und alles klar sei. Mit den Papieren der Rekordakte rase ich auf den Turm für die Bestätigung der Landezeit und mit den Beamten der Zollbehörde nochmals zum Flugzeug wegen der Identifikation – sowohl für die Einfuhrpapiere als auch für die Rekordakte.

Nach zwei Stunden ist endlich alles erledigt, und ich habe sogar schon eine Fahrkarte nach Heidelberg. Die Zeit bis zur Abfahrt des Intercity ist aber so knapp, daß nur noch ein Wunder helfen kann. Das kommt dann gleich per Zufall: der Chef des Tower ist bereit, mich schnell zum Bahnhof zu fahren. Als Pilot und Fluglehrer interessiert ihn mein Flug sehr, aber so nebenbei beweist er auch als Autofahrer, daß er einiges in der Trickkiste hat. Trotz rush hour schafft er das fast Unmögliche. Zusammen schleppen wir meine verdammt schweren Koffer und Taschen im Laufschritt zum Zug. Einsteigen, Türen schließen, Abfahrt! Noch keuchend winken wir uns als Fliegerkameraden zu. »Herzlichen Dank, auf Wiedersehen in vier Wochen!«

Jetzt erst habe ich Zeit, meine Klamotten und die Gedanken zu ordnen. Fest steht aber eines: der erste Schritt ist getan. Mit meinen Erfahrungen kann ich nun das Vorbereitungsverfahren und die Flugdurchführung optimieren. Dem Deutschen Aero-Club kann ich die komplette Rekordakte für die Anerkennung und Weiterleitung an die FAI auf den Tisch legen.

5. Vorbereitungen zum Lindbergh-Gedächtnisflug

Schon vierzehn Tage später, nach intensiven Vorbereitungsarbeiten in Deutschland, lande ich wieder in New York –, und natürlich holt mich wieder die unermüdliche Irene aus der Affenhitze des total überfüllten Flughafens J. F. Kennedy heraus. In der amerikanischen Administration gut eingeführt, bringe ich alle Vorbereitungen in zwei Tagen hinter mich. Was gut eingefädelt ist, läuft dann auch wie am Schnürchen. Auch für die Arbeit des ZDF-Teams ist alles geklärt. Rudolf Woller, der die Aufnahmen in New York leiten wird, soll am 24. Juli ankommen, so daß ich im Flughafenhotel gleich fünf Zimmer reservieren muß. Bis zu dieser Zeit wird das Team aber mit mir bereits mehrere Tage in Boston gefilmt haben.
Wenn ich daran denke, was alles an meiner Organisation hängt, an einem einzelnen Mann, der auch noch einen etwa sechsundzwanzigstündigen Weltrekordversuch – so ›nebenbei‹ – fliegen soll, dann wird es mir etwas komisch. So frage ich mich nach einem Arbeitstag von sechzehn Stunden oft: »Mußt Du Dir das eigentlich alles aufladen?«
Drei Tage Rennen, Schwitzen aber auch Erfolg haben in New York –, und schon geht es weiter nach Wichita. Morgen soll ich bei Beech schon die Bonanza F 33 A mit dem Kennzeichen D-EHFG übernehmen. Ich hatte dort nichts über den erfolgreichen Rekordversuch Gander–München verlauten lassen, aber Eddie Jaeger-Booth von der Firma Denzel hatte ein Telex losgelassen. Nun steht das Fernsehen von Wichita bereit, um die Übergabe festzuhalten. Als Senior Vice President von Beech übernimmt Michael Neuburger die Zeremonie persönlich. Television, Presse, Blitzlichtgeflimmer – alles doppelt und dreifach wiederholt. Wir schwitzen in unseren Anzügen in der Sommerhitze von Kansas mit ihren über vierzig Grad im Schatten – wir aber stehen in der Sonne!
Schon kurz nach dem Rabbatz erscheine ich wieder im Sporthemd und übernehme wirklich. Alle unnötigen Teile wie Sitze, Teppiche, Verkleidungen und Dämmplatten baue ich rigoros aus. Sie sollen der nächsten King Air als Luftfracht mitgegeben werden. Meine Abnahmeflüge zeigen die schöne, aber nun ohne ›Innereien‹ der Kabine laut zu fliegende Maschine in bester Kondition, und es zeigt sich auch, daß sie einen überdurchschnittlich guten Serienmotor mit höherer Leistung hat. So etwas kommt ja auch bei Autos ab und zu vor.
Schneller als mir lieb ist, vergeht der Tag mit Fahrten und Besorgungen in dem weitflächigen Wichita, und auch das Geld schmilzt dahin, denn nirgends findet man so viele Spezialgeschäfte für Fliegerbedarf wie hier. Stolz nennt man die Stadt ›Capital of Aviation‹, denn hier hat Boeing ein Riesenwerk, Beech und Cessna sind hier zu Hause, Bell-Helicopter läßt seinen Zellenbau durchführen, und Lear-Jets starten ihre ersten Flüge vom Mid-Continent-Airport.
Bevor ich am Morgen des nächsten Tages abfliege, wünschen mir alle viel Erfolg. Schon nach zweieinhalb Stunden Flugzeit mit Rückenwind lande ich in Cedar Ra-

pids und rolle gleich zur großen Halle von Collins Radio. Der Rockwell-Konzern hat hier eine Verwaltungs- und Forschungszentrale für seine HF-Avionics-Division, und hier steht auch die berühmte ›Antennenfarm‹ und der stärkste Sender der Erde als ständige Versuchseinheit. Wie abgesprochen wird die Bonanza im Eiltempo von den Spezialisten der Versuchswerkstatt mit der großen Kurzwellenstation 718 U-5 ausgerüstet. Mit ihrer automatisch arbeitenden Antennenanpassungsanlage und 280000 Kanälen ist sie das Traumgerät. Allerdings muß die völlig wetterunempfindliche Festantenne etwas trickreich verlegt werden, damit die erforderliche Mindestlänge erreicht wird – bei einem Leichtflugzeug gar nicht so einfach.

All das kostet einschließlich der Vermessung der Abstrahlungsleistung viel Arbeit, aber man ist hier sehr an den Ergebnissen interessiert, weil ein kleineres Gerät in Entwicklung steht und diese große Airliner-Anlage noch nie in einem so kleinen Flugzeug installiert war. Trotz des großen Arbeitsaufwandes kommen wir schnell vorwärts. Nach zwei anstrengenden Tagen sind wir fertig, und die Messungen zeigen eine unerwartet gute Abstrahlungsleistung nach allen Seiten. Mit einer genauen Eintragung in die Liste für die Schwerpunktbestimmung sind wir endlich fertig, aber ich gönne mir keine Pause und mache mich gleich wieder startbereit. Beim Einsteigen stehen alle Ingenieure und Mechaniker zum Abschied vor der Halle und wünschen mir ›happy landings‹ und ein gutes Gelingen. Mit nur einem kurzen Tankstop in Gary lande ich nach sieben Stunden Gesamtflugzeit in Norwood an der Ostküste. Das entspricht etwa der Entfernung von Frankfurt nach Algier.

Am nächsten Morgen steht die Maschine schon um 6.30 Uhr in der großen Einzelhalle von Wiggins Airways, so daß wir ungestört arbeiten können. Zwei große Lüfter sollen die Luft in der Halle in Bewegung halten und durch die offenen Hallentore ständig gegen frische austauschen, die freilich auch feuchtheiß ist. Bis auf die Antennenanlage wird alles wieder demontiert und ausgeräumt, denn der Einbau der beiden großen, je 415 Liter fassenden Kabinentanks fordert jeden noch verfügbaren Freiraum. Ihre Maße sind auf den Millimeter berechnet, und damit füllen sie nach Breite und Höhe die Dimensionen der Kabine, so daß man innen kaum noch arbeiten kann. Wegen der Hitze kann es niemand länger als zehn Minuten unter der zusätzlichen Wärmeentwicklung der Lichtstrahler drin aushalten, und für die Installation von zusätzlichen Kraftstoff- und Kabelsystemen für die Zusatzgeräte braucht man zwiefach gekröpfte Finger und Werkzeuge.

Trotz der unerfreulichen Arbeitsbedingungen verlasse ich ungern meinen Platz, aber ich muß zum Flughafen Boston, um das ZDF-Team abzuholen. Obwohl nie gesehen, erkennen wir uns sofort gegenseitig in der aus dem Zollbereich herausquellenden Menschenmasse. Herr Drews, der Regisseur, hat noch zwei Kollegen mitgebracht, aber er wird selbst die Kamera führen. Schnell verstauen wir die unglaubliche Anzahl – wohl an die fünfzig – von Kasten und Spezialkoffern und fahren zur LH-Frachtabteilung hinüber, um mein Riesenpaket mit den für den Flug vorgesehenen Ausrüstungen einzuladen. Probleme mit dem Zoll gibt es nicht, weil ich die Papiere zur Hand habe und man mich dort kennt.

Auf der Rückfahrt besprechen wir schon die Arbeitseinteilung. Drei Tage soll in Norwood, drei Tage in New York gefilmt werden. Schon bei diesem Gespräch offenbart sich die große Erfahrung, die zwei Herren des Dreimann-Teams weltweit gesammelt haben, und – was mir noch wichtiger ist – es sind nette Kerle, die Interesse an der Fliegerei und speziell auch an meinem Unternehmen haben. Gleich nach der Ankunft laden wir unter Mithilfe und sympathisierender Anteilnahme der Wiggins-Mechaniker die Kameras und unzähliges Zubehör in der Halle aus und schließen die Batterien zum Aufladen an. Das Team bringe ich ins Hotel. Ich selbst habe es eilig, gleich wieder an die Einbauarbeiten zu kommen. Erst um Mitternacht lassen wir das Werkzeug liegen. Zum Essen habe ich keinen Appetit – nur trinken, Milch natürlich!

Unter diesen Bedingungen schaffen wir innerhalb zwei Tagen den Einbau der Tanks samt Schalt- und Entlüftungssystem, die Installation des zweiten Radiokompasses und die Rückrüstung der vorübergehend ausgebauten Collins-Kurzwellenstation. In dieser Zeit arbeiten sich die Filmmänner verzögerungsfrei ein und setzen eine Idee schon in die Tat um. Herr Drews will mir eine elektrische Super-Acht-Kamera in der Kabine montieren, um während des Fluges Innenaufnahmen zu machen – eigentlich durch mich machen zu lassen. Da ein großer Teil meines Fluges über dem Atlantik bei Nacht stattfinden wird, muß eine starke Beleuchtung eingebaut werden, und der handwerklich sehr begabte Kameramann stellt alle Reflektoren und sonstigen Teile selbst her. Das imponiert den Wigginsleuten so sehr, daß man ihm sofort eine Werkbank und jedes gewünschte ›tool‹ übergibt. Dabei wird aber jede günstige Gelegenheit wahrgenommen, um möglichst viel ›Stoff‹ auf das Zelluloid zu bekommen. In der Halle ist der Beleuchtungsaufwand riesig und leider auch hitzeerzeugend, aber alle freuen sich über den ›Rabbatz‹ in meiner Halle, und jeder an dem betriebsamen Flugplatz weiß schon am ersten Tag: bei Wiggins ist was besonderes los – ›German TV‹!

Aber mit all dem normalen Vorbereitungsrummel allein sind die Filmmänner nicht zufrieden, sie wollen mich auch beim täglichen Lauftraining belauschen. Um mich körperlich fit zu halten, mache ich nämlich jeden Morgen meine Freiübungen und ziehe am Expander, den ich auf meinen Reisen immer dabei habe. Täglich fünfundvierzig Minuten Waldlauf ist mir ein Bedürfnis, was in USA allerdings oft auf Schwierigkeiten stößt. In den weitläufigen Siedlungsgebieten existieren ja selten Gehwege – dort rollen nur schwere Limousinen. So wird man in seinem Lauf oft gestört, und auch die vielen Hunde bellen und laufen hinter einem her, als sei man ein Dieb auf der Flucht. Mit einer ganzen Herde solcher Vierbeiner an meinen Fersen kam ich mir schon mal so vor wie der Rattenfänger von Hameln, mit dem Unterschied allerdings, daß ich die Bande gar nicht locken wollte. Auch die Fahrer von Autos halten gerne an und fragen, ob man nicht mitfahren wolle. Es ist noch nicht allzulange her, daß man dieses einfache Fitneßtraining auch drüben entdeckt hat.

Aus all diesen Gründen verlege ich diesen Lauf auf den aktuellen Flughafen und verständige – wenn nötig – den Tower, wenn ich den Platz umrunden will. So will die Regie nun, daß ich in Turnhose eine bestimmte Strecke laufe, x-mal natürlich, bis ich alles richtig gemacht habe. Als endlich alles im Kasten ist, lachen wir uns natürlich halb schief. Dann fordert mich der Toningenieur auf, doch noch einmal mit ihm einen Hundertmeter-Lauf zu machen. Auch er ist ein guter Läufer. Ausgerechnet dabei hole ich mir im Sprint nach etwa fünfzig Metern eine Sehnenzerrung und muß nun für einige Tage humpeln. Es ist zum Kaputtärgern, dennoch hat uns die Abwechslung großen Spaß gemacht.
Bei meinem Beruf halte ich dieses konsequent durchgeführte Training für entscheidend wichtig. Ohne sportliche Auffassung und vernünftige Lebensweise hätte ich mein vierzigjähriges Fliegerjubiläum nicht in so guter Kondition erreichen können. Die alten Römer haben ihr Sprüchlein wohl formuliert: ›Mens sana in corpore sano!‹ Keinen meiner Überführungsflüge von 11 bis 17 Stunden Dauer hätte ich mit Regelmäßigkeit und mit körperlichem Wohlbefinden ohne dieses Training durchgestanden. Ganz besonders gilt das für die Rekordflüge.
Am letzten Tag filmen wir die Arbeiten auf der Kompensierscheibe und wollen dann meine Testflüge aus einer Begleitmaschine aufnehmen. Zufällig ist auf dem Flughafen ein Luftbildunternehmen beheimatet, dessen Besitzer nicht nur begabter Fotograf, sondern auch passionierter Pilot ist.
Woroneff hält eine Cessna 206 Turbo, die für Fotozwecke eine große Bodenluke und beiderseits herausnehmbare Türen hat. Ein schwenkbarer Sitz erlaubt dem Kameramann, das ›freie Schußfeld‹ nach allen Seiten zu nutzen. Nach eingehender Besprechung für den Verbandsflug, den Funksprech und verschiedene Verfahren fliegen wir los wie zwei ungleiche Brüder – hier der abgestrebte Schulterdecker mit starrem Fahrwerk und offenen Luken, dort der schlanke Tiefdecker mit eingezogenen Beinen.
Weil ich zwischendurch auch ungestört meine Systeme überprüfen muß, sind wir fast zwei Stunden unterwegs, aber ich habe dann auch den Riesenspaß, wieder mal einen echten und dichten Verbandsflug zu machen, auch wenn es bei der herrschenden, starken Turbulenz nicht ganz einfach ist – oder vielleicht gerade deswegen! Segelflieger hätten bei der starken Thermik ihre Freude gehabt!
Während mir Woroneff per Funk die größten Komplimente wegen meines Flugstils zuruft, wird es dagegen dem Kameramann erst einmal unangenehm. Wie er mir später gesteht, war es ihm geradezu unheimlich, als ich mit meiner Flügelspitze auf zwei Meter an seine Luke herankam. Mit der Hand gab er Winkzeichen für größeren Abstand und hörte auf zu drehen. Wenn man selbst fliegt und sich sicher fühlt, kann man die Befürchtungen von Laien nicht verstehen, zumal der dichte Verbandsflug günstiger ist, weil man nahezu in der gleichen Luftmasse schwimmt. Die Unterschiede der Auf- und Abbewegungen sind geringer. Als der Mann realisiert, daß ich mit der Flügelspitze unverändert und auch in der Kurve die Position wie angebunden halte, ist er beruhigt und erkennt, daß das nicht Übermut ist, son-

dern solides Können. Dann wechselt er zu einem anderen Objektiv und dreht eifrig weiter.
Nach einiger Zeit ändern wir die Position, und dabei sehe ich, wie er seine weißen Zähne zeigt. Er lacht und gibt mir mit seinen Fingern ein Zeichen: das war Spitzenklasse. Mal fliege ich unten, mal oben, mal seitlich tief, mal hoch. Nach der Landung sind alle begeistert und erzählen den beigelaufenen Mechanikern lebhaft von den verschiedenen Szenen. Woroneff konstatiert: »Noch nie habe ich einen so vielseitigen und sauberen Verbandsflug mitgemacht, Dieter, wo hast Du das bloß gelernt?« Meine Antwort kommt spontan: »Habt Ihr schon mal was von der deutschen Luftwaffe gehört?« Alle schreien und winden sich vor Lachen und hauen mir anerkennend so auf die Schultern, daß es mir fast weh tut. So offen können die Amerikaner sein. – Das Wichtigste aber ist, daß wir nun ganz hervorragende Filmszenen im Kasten haben und daß mein Testflug die tadellose Funktion der Systeme bestätigt hat. Ich habe sogar die Kurzwellenstation überprüfen können und mit der großen Bodenstation von Collins in Cedar Rapids gesprochen.
Hutch und ich, ja wir alle sind froh, daß die Sache so reibungslos gelaufen ist. Wir räumen auf und packen. Mir kommt es darauf an, außerhalb der schlimmsten Betriebszeit nachmittags auf New York-Kennedy zu landen, denn ich habe keine Lust, in den Warteräumen stundenlang Benzin zu verbraten. Das ZDF-Team will am frühen Morgen mit dem großen, gemieteten Kombiwagen vorausfahren und die von mir bestellten Zimmer belegen. Später wollen wir uns in der Hotelbar treffen und dann erst einmal den Staub runterspülen.
Von Boston nach New York ist es nur ein kleiner Hüpfer von eineinhalb Stunden Flugzeit, und weil ich eine günstige Verkehrszeit erwischt habe, fädelt mich der tower operator verzögerungsfrei in die Kette der landenden Boeings, Lockheeds und DCs ein, mit der Anweisung, bis zur Landung immer 140 kts (260 km/h) beizubehalten.
Ohne in die unangenehmen Wirbelschleppen der Großflugzeuge zu geraten, komme ich in den kurzen Endteil der Landebahn 13 L. »*Change over to one three right, wind zero three zero, five knots, cleared to land.*« Damit ich mit der kleinen Maschine den Verkehr nicht störe, soll ich später aufsetzen und gleich nach links auf das Vorfeld vor dem Gebäude des general aviation terminal rollen. Schon über der Landebahnschwelle mache ich schnell noch einmal eine Orientierungsstudie über die vielen Gebäudekomplexe, das Straßengewirr und die Rollwege. Wenige Sekunden später berühren die Räder die Piste. Ich habe keine Landeklappen benutzt, um schnell zu bleiben, und so rolle ich noch immer mit hohem Tempo bis kurz vor den Abrollweg November. Gleich danach bin ich dort, wo ich hin soll. Abstellen!
Endlich bin ich da, und ich bin froh, daß alles so reibungslos abgelaufen ist. Auf New York-Kennedy zu operieren ist ohne Copilot nicht ganz einfach, denn nie bekommt man eine Anweisung zweimal, man muß also besonders wach sein und die Ohren offenhalten. Aber auch die Augen müssen überall sein, und es ist gut, die

Gesamtanlage dieser fürchterlichen Betonwüste in groben Zügen im Kopf zu haben, denn es wird zügig gerollt, weil die Entfernungen riesig sind.
Die Übersicht aus der Dackelperspektive des niedrig liegenden Führersitzes eines Leichtflugzeuges ist aber zu gering, um gut und schnell orientieren zu können. Da hat man es in einer King Air oder Merlin schon leichter, und erst die Besatzungen der Großraumflugzeuge! Die sitzen wie auf einer Beobachtungsplattform im dritten Stock und könnten den Kleinen aufs Dach spucken.
Drin in den Büros begrüße ich nun meine netten Gesprächspartner der Vorbereitungszeit, die hier die Fäden in der Hand haben. Für einige Sekunden großes Hallo und Schulterklopfen, dann läuft alles ruck, zuck. Fünf Minuten später sitze ich schon wieder in der Maschine und rolle hinter einem ›Follow me‹ einen Kilometer weiter zum großen Parkbereich für Leichtflugzeuge. Außer einer kleinen zweimotorigen Maschine mit Fahrwerkschaden ist die Betonfläche weit und leer. Schnell verankere ich den braven Vogel und packe alles aus, was auf dem Rekordflug nicht gebraucht wird. All das kommt in meinen großen Blechkoffer, den das ZDF-Team auf seinem Flug mit der Lufthansa-Maschine mit nach München nehmen soll. Allerdings müssen die in Frankfurt umsteigen, während ich ja direkt hinfliegen will ...! Der freundliche Fahrer des Vorfeldwagens stoppt kurz bei der Station der Lufthansa, damit ich schnell guten Tag sagen kann, und lädt mich dann kilometerweit entfernt am Airporthotel ab. Klamotten rauf ins Zimmer und duschen. Die anderen sitzen schon in der Bar und prüfen das Bier. Trotz der großen Hitze draußen ist es mir in den Hotelräumen jedoch zu kühl, und auch das Bier ist zu kalt. In München müßte man jetzt sein, in einem Biergarten, mit einer wohltemperierten Maß!
Am nächsten Morgen sitzen wir mit dem inzwischen eingetroffenen Rudolf Woller beim gemeinsamen Frühstück. Er wird in New York, in München nach der Ankunft und an Bord der B 747 der Lufthansa die Leitung der Filmarbeiten übernehmen. Nun legt er seinen interessanten Plan vor, und ich kommentiere, was mir davon machbar erscheint. Wenn wir das alles unterbringen, einschließlich der Aufnahme meiner Funkgespräche mit LH-Flugkapitän Ettel und einiger Interviews von Fluggästen an Bord der Lufthansa-Maschine, die über die Ereignisse informiert werden sollen, dann wird das eine einmalige Dokumentation.
Immer unter der Begleitung meiner Freunde mit ihren Filmapparaten, zu denen am zweiten und dritten Tag noch zwei Teams aus Washington und New York stoßen, werde ich nun unheimlich aktiv und wickle unter Kontrolle meiner Checklisten meine Programme ab. Alles läuft ohne Verzögerung, außerdem habe ich per Telefon mehrfach Kontakt mit den Wetterexperten von Gander, die immerhin tausendachthundert Kilometer entfernt auf Neufundland sitzen. Ich will unbedingt die Wetterentwicklung über dem Atlantik kontinuierlich verfolgen.
Mit einer speziellen Abflugroute soll die Möglichkeit eines Begleitfluges von etwa dreißig Minuten Dauer mit der Filmmaschine eröffnet werden. Die Priorität beim Start und dieses besondere Verfahren sollen den Leistungskriterien der überlade-

nen Maschine ebenso gerecht werden wie der hohen Startsequenz des Linienverkehrs in der mittäglichen rush hour. Ausgerechnet dann muß ich nämlich abfliegen, damit ich am späten Nachmittag des nächsten Tages in München ankomme.
Leider habe ich mir von der Regie die Zusage abringen lassen, im lockeren Verbandsflug mit der Filmmaschine zunächst nach Süden zu fliegen, damit man die Rekord-Bonanza mit der Skyline von Manhattan im Hintergrund auf den Film bekommt. Natürlich ist das von der Regie her ein toller Gag, aber leider muß ich für dieses Unternehmen dreißig Minuten Kraftstoff vergeuden, der mir nachher vielleicht fehlt. Weil ich dabei entgegengesetzt zu meiner Hauptflugrichtung operieren muß, verliere ich auch noch Zeit, die mir aber bei der Berechnung der Rekordgeschwindigkeit zu meinem Nachteil zugeschlagen wird – ein für mein Unternehmen übler Kompromiß also. Muß ich das vielleicht später noch bereuen?

6. Die Lufthansa hilft auf JFK/New York

Nach drei Tagen intensiver Vorbereitungen und drei Nächten mit nur wenigen Stunden oder gar keinem Schlaf entschließe ich mich, meine Heidelberger Freunde in New Jersey anzurufen. Der Streß der letzten Wochen ist doch nicht ganz spurlos an mir vorbeigegangen. Im Nachbarzimmer des Flughafenhotels übt eine Jazzband die ganze Nacht über mit Schlagzeug und Trompeten. Weder mit guten Worten, noch mit Beschwerden ist etwas zu erreichen – andere Länder, andere Sitten. Ich muß aber wenigstens in der Nacht vor dem Flug einmal richtig schlafen.
Mein Freund Erich bestätigt mir das als Arzt auch schmunzelnd mit seiner ruhigen Stimme am Telefon. Seine Frau Irene wird mich abholen, damit ich die letzte Nacht in dem schönen, ruhigen Haus der Familie ausruhen kann. – Um zwanzig Uhr steht sie schon am Hoteleingang, und ab geht's durch das abendliche Verkehrsgetümmel New Yorks nach Süden. Ich bin richtig erleichtert und berichte unterwegs über die erfolgreiche Arbeit der letzten Tage und auch die Panne mit dem Zoll.
Beim Export eines Flugzeuges läuft da ein eingespieltes Verfahren mit bereits vorgefertigten, standardisierten, zehnfach kopierten, vielfach registrierten, beglaubigten, signierten und gestempelten Formularen, die von den Zollbeamten lediglich abgelegt werden. Es ist der typische Auswuchs angeblich unumgänglicher Bürokratie, und ich kenne diese Einheitsprozedur bereits von vielen Flughäfen, wie Detroit, Buffalo, Boston, Bangor, Houston, um nur einige zu nennen. Mitsamt dem Papierkrieg der ›general declarations‹ und der Registrierung von rückzuführenden Zusatzgeräten dauert die Szene im allgemeinen fünf bis fünfzehn Minuten, je nachdem, ob man bei den Beamten persönlich schon bekannt ist oder nicht. Nun hat mich gestern allein dieser Kram auf J. F. Kennedy Airport fünf ganze Stunden Zeit

und Nerven gekostet. Meine Freunde vom ZDF haben mich dabei zeitweise begleitet, und wir sind aus dem Staunen und Kopfschütteln nicht mehr herausgekommen.
Mindestens zehn verschiedene Stellen haben wir aufgesucht – alle vom Zoll, versteht sich, und teilweise kilometerweit voneinander getrennt, aber keine war zuständig. Man vermißte die Kiste im Frachtgebäude und die Vorschrift der Prozedur. Dieser Fall war ›not in the books‹. Angeblich war noch nie ein Flugzeug von hier exportiert worden. Der Zoll hatte die größten Schwierigkeiten mit sich selbst. Geradezu unglaublich, aber wahr, ist dies: Ein Beamter in unterer Position hörte sich meine Geschichte samt Story mit seiner Behörde in Ruhe an und schüttelte peinlich berührt den Kopf: »*That is a shame*«, murmelte er nur. In überlegener Manier durchschlug er dann den gordischen Knoten – mit lautem Knall, mit seinem großen Stempel nämlich. »*Have a good flight!*« Mit seinem Mut und seinem gesunden Menschenverstand hat dieser Mann mir hohen Respekt abgenötigt – aber wahrscheinlich wird er nie befördert.
Irene und ich lachen über diese Geschichte, aber wir sehen auch die tragische Seite dieses komischen Falles in einer verkrusteten Bürokratie, die überall auf der Welt den Bürger immer mehr zur abstrakten Nummer degradiert, sich selbst aber für unentbehrlich hält und deshalb wuchert und wuchert.
Trotz später Stunde bekomme ich noch ein Riesensteak, und wir trinken eine Pulle guten, französischen Rotweins. Danach schlafe ich dann wie ein Stein, aber morgens komme ich fast nicht hoch. Schon um sechs Uhr machen wir uns auf den Weg nach New York. Zwei Stunden haben wir gestern in dem starken Verkehr gebraucht, heute früh schafft es Irene in der halben Zeit. Pünktlich um sieben stehen wir vor dem Eingang der Lufthansa auf JFK.
Um diese Zeit ist noch nicht viel los, aber die freundlichen LH-Dispatcher sind mir zuliebe früher gekommen. In ihrem Büro habe ich einen Platz mit Telefon und Fernschreibverbindung in alle Welt, und ich fühle mich in der freundschaftlichen Atmosphäre wie zu Hause. Der Kontakt zu den Damen und Herren unserer Lufthansa hat sich in wenigen Tagen geradezu freundschaftlich entwickelt, und man gab mir jede mögliche Hilfestellung. Das hat mir meine Arbeit nicht nur erleichtert, sondern auch viel Zeit gespart und die oft hektische Atmosphäre beruhigt. Unter der Kontrolle eines Terminplans und eigens dafür gefertigter Checklisten habe ich bisher alles abgewickelt, und das hat denn auch wie am Schnürchen geklappt – schließlich sogar die Zollprozedur. Wenn ich bedenke, daß bisher ausnahmslos alles an mir allein hing, dann kann ich getrost konstatieren, eine gute Stabsarbeit geleistet zu haben. Wie ein gutes Uhrwerk liefen die Vorbereitungen so perfekt, daß ich fast mißtrauisch werden müßte.
In einer Beziehung bin ich das auch wirklich, nämlich bezüglich des Wetters. Die Situation über dem Atlantik soll ja – wenigstens in der Hauptsache – die letzte Entscheidung für den Abflugtermin bringen. Nun bin ich endlich soweit, aber das kann natürlich nicht heißen, daß ich etwa auf besonders gutes Wetter warten will

oder zeitlich überhaupt kann. Ich habe mir lediglich vorgenommen, keinen Gegenwind oder starken Querwind zu akzeptieren. Zwei Stunden Reserve bei Windstille für die gesamte Strecke liegen meinen Berechnungen zugrunde, aber aus Erfahrung darf ich darauf bauen, daß eine leichte Rückenwindkomponente mir den Flug etwas abkürzen wird.

So wurmt es mich doch etwas, daß ich die gestrige Lage mit einem Tief über Grönland und einem Hoch über den Azoren mit einem Schiebewind von etwa 45 km/h nicht habe wahrnehmen können. In dem geplanten Höhenbereich von Flugfläche neunzig (knapp 3000 m) ist das für diese Jahreszeit nämlich überraschend gut, aber gestern war ich mit meinen Vorbereitungen eben noch nicht fertig, so daß ich den günstigen Tag ziehen lassen mußte. Diese Entscheidung war aber richtig, denn auf gar keinen Fall will ich mich zu einem vorschnellen Entschluß drängen lassen.

So gelten meine täglichen Wettergespräche mit den Experten von Gander auf Neufundland mehr der Verfolgung der laufenden Entwicklung, und die läßt uns darauf schließen, daß die Lage für heute und morgen bei meiner geplanten Flugzeit von über 26 Stunden sich zwar abschwächen wird, aber nicht ungünstig werden dürfte. Allerdings muß man speziell für den Nordatlantikbereich auf starke Änderungen innerhalb von dreißig Stunden gefaßt sein. Diese Zone ist eine Wetterküche, über die schon so mancher geflucht hat, wenn ihm eine gehörige Lektion erteilt worden ist. Dabei nehme ich mich keineswegs aus, aber andererseits weiß ich mich in bester Gesellschaft.

Neben allen wichtigen Arbeiten zur direkten Vorbereitung des Fluges interessiert mich heute morgen zuerst das Wetter für die nächsten vierzig Stunden. Nach dem Gespräch mit den kanadischen Wetterleuten erwarte ich durchschnittliche Rückenwinde von etwa 40 km/h und eine während der Nacht ziemlich inaktive, insgesamt schwache Front bei vierzig Grad West. Es sieht also alles recht günstig aus, und so rechne ich wohlgemut meine eigenen Flugpläne für den ›minimum time track‹ mit dem Punkt gleicher Zeiten für die Seestrecke und den voraussichtlichen Zeiten für das Passieren der vorgeschriebenen Koordinaten meiner gewählten Route. Das kostet immerhin eine Zeit von zweieinhalb Stunden, denn die lange Strecke belegt drei Flugplanformulare, und danach muß ich den ATC-Flugplan computergerecht zusammenstellen.

Obwohl das ZDF-Team und die deutsche Presse sich sehr diszipliniert verhalten, belastet mich dieser zusätzliche Betrieb doppelt. Schließlich ist man nicht daran gewöhnt, bei hellem Scheinwerferlicht, Kameragesurre und im Hintergrund gespenstisch herumschleichenden, flüsternden Gestalten konzentriert zu arbeiten. Zum Schluß folgt noch ein Interview mit Rudolf Woller. Eigentlich ist das alles ganz interessant und sogar faszinierend, bin ich doch selbst 16-mm-Schmalfilmamateur. Aber mir gehen jetzt ganz andere Dinge im Kopf herum, und so nebenbei registriere ich auch ganz klar, daß mir die Zeit davonläuft.

7. Start in New York

Da ich mich entschlossen habe, heute abzufliegen, darf nun keine Minute Zeit mehr verloren gehen. Obwohl immer noch am Boden, sind die ersten vier Stunden eher wie im Fluge vergangen. Den Rücklauf des in den Computer eingespeisten ATC-Flugplans ›air traffic control‹ warte ich gar nicht mehr ab. Ich muß raus zu ›meiner‹ Bonanza, die auf der riesigen Betonwüste des Kennedy Airport in der Sonne schmort. Auf Schritt und Tritt folgt mir nun das ZDF, deutsche Presseleute und einige Herren der Flughafenverwaltung. Sie räumen alle administrativen Hindernisse kraft ihrer Stellung beiseite und identifizieren sich voll mit meiner Aktion. Insgesamt – mit vier Vorfeldfahrzeugen motorisiert – ist es ein netter Haufen interessanter Leute, man könnte auch ebensogut sagen: ein interessanter Haufen netter Leute.

Alle Wagen sind sogenannte ›station cars‹, deren Heckklappe man öffnen und hochstellen kann, und zwei davon sind voll besetzt mit Kameraleuten des ZDF, das nun drei Teams hier in New York zusammengezogen hat. Aber auch alle meine Begleiter haben ihre Fotoapparate vor der Brust hängen, nicht nur die Presseleute. Hier draußen auf der Beton- und Asphaltwüste ist es heiß und schwül, aber so als Star behandelt zu werden, paßt mir überhaupt nicht, und darüberhinaus behindert es meine Tätigkeit erheblich. Auf der anderen Seite muß man froh sein, daß sich diese netten Leute um unsere Fliegerei kümmern, die ja sonst immer an die Seite geschoben wird – wenigstens in unserem Lande.

Da steht nun die brave Maschine in der Hitze, fest verankert. Ich springe auf die Fläche und öffne die Tür und das Schlechtwetterfenster. Man kann fast nichts anfassen, so heiß sind die Teile. Zügig, aber mit Ruhe mache ich meine Checks und löse die Seile. Alles ist in Ordnung. Anhand einer Liste der Rekordakte und der Zulassungspapiere wird nun von zwei Sportzeugen die Zellen- und Motornummer überprüft. Vier Unterschriften, vier Stempel. Kurze Besprechungen mit den Kameramännern und der Regie für das Verfahren beim Rollen zum Tankplatz auf dem Vorfeld des ›general aviation terminal‹.

Dann krieche ich wie eine Schlange in meinen von der Sonne vorgeheizten Sitz und lasse den Motor an. Auf mein Zeichen hin setzt sich die ganze Kolonne in Bewegung. Inzwischen sind es sechs Fahrzeuge geworden, und aus jedem Fenster schießt man mit Kameras. Vor mir rollt ein Wagen mit surrender Kamera, hinter und seitlich von mir schnurren die Dokumentiermaschinen in den Fensteröffnungen. Alle Wagen haben Funk und hören auf der ›ground frequency‹ die Anweisungen mit. Endlich angelangt, steht schon der Tankwagen bereit.

Nun kommt die schwierige Tankprozedur für die Kabinenbehälter. Das mache ich immer selbst, damit nichts in die Kabine schwappt, denn die schweren und großen Schläuche mit den voluminösen und gewichtigen Pistolen eignen sich schlecht zum Einführen in die kleinen Füllstutzen der Tanks unmittelbar an der Kabinendecke.

Da man wegen der fast ausgefüllten Kabine außerdem keinen Platz hat, geht das nur mit Verrenkungen und erinnert eher an Akrobatik.

Um mir zu helfen und einen Teil des schweren Geräts passend zu halten, steht der Tankwart unmittelbar hinter mir auf dem Flügel. Da macht es plötzlich einen sanften Bumser. Die Bonanza ist mit dem Heck zu Boden gegangen, und zu allem Überfluß sieht das nun auch noch gefährlich aus, denn aus den Entlüftungsleitungen läuft der Kraftstoff heraus.

Für alle Zuschauer macht das einen schrecklichen und gleichzeitig komischen Eindruck, denn das Bugrad hängt hilflos in der Luft. Lachend springe ich von der Fläche herunter und bringe mit Leichtigkeit die Maschine durch Anheben der Höhenflosse wieder in die Normallage. Innerlich muß ich natürlich fluchen, aber als die Bonanza wieder auf ihren drei Beinen steht, und ich lachend mit wenigen Worten erkläre, daß das in der Ferryfliegerei ab und zu vorkommt, sind auch die Offiziellen des Flughafens beruhigt.

Mit dem schweren Schlauch und dem Mann auf der Fläche hinter dem Schwerpunkt ist so ein Vorgang tatsächlich nicht so absurd – nur verwünsche ich ihn hier auf dem Präsentierteller. Wegen dieser Schwierigkeiten tanke ich, wenn es irgend geht, von vorn über die geöffnete Tür und stehe allein oben. Mit dem schweren Gerät, das für große Maschinen wie Constellation und DC 4 ausgelegt ist, war das diesmal ausgerechnet nicht möglich.

Mit meinem Lachen ist es mir gelungen, die schiefen und ängstlichen Blicke wieder zu entkrampfen, und schon nach weiteren zehn Minuten kann ich das Betanken für beendet erklären. Mir ist ordentlich heiß geworden, und ich bin froh, daß ich rechtzeitig den Besuch von Fernsehen und Presse aus New York abgesagt habe – denen wäre ich nicht gewachsen gewesen.

Alle um mich herum sind fröhlich, und ich kann feststellen, daß auch ich innerlich locker bin, obwohl mir nun doch der Terminplan wegläuft. Meine letzten Dollarscheine wandern in die Kasse der Ölmultis. Das Geld habe ich mir gestern von Rudolf Woller pumpen müssen. Vieles hat mehr gekostet als berechnet. Aber das stört mich im Augenblick überhaupt nicht.

Auf Anfrage der Offiziellen erbitte ich die Startbahn 22 R für den Verbandstart mit der Filmmaschine. Woroneff ist wieder mit dabei, und wir besprechen nun das Verfahren für die Begleitung mit der Cessna 206 für die ersten dreißig Minuten Steigflug nach dem Start.

Seit unserer gelungenen Filmflüge in Nordwood sind wir gut aufeinander abgestimmt. Er bereitet schon seine Maschine vor, da kommt ein Läufer mit der Nachricht, daß mein bereits bestätigter Flugplan noch immer nicht auf dem Tower aufliegt. Also rase ich zum Telefon der ›ramp control‹ und spreche mit dem Chef der Turmkontrolle. Die Bestätigung, daß der Computer ihn bei New York Center bereits gespeichert hat, liegt bei meinen Unterlagen. Die Leute dort oben im Glaskasten kennen mich und das ZDF gut, denn erst gestern haben wir wegen der Startzeitbestätigung für die Rekordakte konferiert, und heute morgen haben wir dort

Fjord an der Westküste von Grönland vor dem Anflug auf Narssarssuaq.

Nach der Landung in ›Narssa‹, Beech Baron.

Über der Küste von Labrador.

Eisberge vor der Küste Grönlands.

Flughafen Söndreströmfjord, Westküste Grönland.

Auftanken des Außenbehälters einer Mitsubishi MU-2-G in Dallas/Texas.

Bei der Überführung eines Pilatus ›Turbo-Porter‹ PC-6 in Australien.

Tätigkeit als Testpilot, hier etwas aus dem Rahmen mit einem Staueffekt-Boot mit Propellerantrieb auf dem Rhein.

Im Staueffekt-Flug bei etwa 70 km/h.

Flieger-Treffen in Oshkosh/Wisconsin/USA. Die Confederate Air Force aus Harlingen/Texas hat eine Flotte von etwa 60 Kriegs-Flugzeugen in flugbereitem Zustand, darunter auch englische, japanische und deutsche Typen: Hier ein Bomber B-25 ›Mitchell‹.

Oshkosh. Marine-Jäger Grumman F4F Wildcat der CAF.

Oshkosh. Verfasser nach 25 Jahren wieder in einer Messerschmitt Me 109 der CAF.

Oshkosh. Schwerer Jäger Lockheed P-38 ›Lightning‹.

Oshkosh. Eines der vielen verkleinerten, flugfähigen Modelle von Weltkrieg II-Jägern. Hier eine Focke Wulf FW 190 mit VW-Motor.

Oshkosh. Hawker ›Sea Fury‹ der CAF.

Oshkosh. North American P 51 ›Mustang‹ und Chance Vought ›Corsair‹ der CAF.

gefilmt. Alle sind sehr kooperativ und freuen sich auf die Abwechslung und die Mitarbeit. Nach fünfzehn Minuten wilder und entnervender Telefonate klärt sich alles auf. Irgendein Relais hat nicht kontaktet. Der Teufel steckt im Detail. Ich bekomme erneut alle meine Prioritäten bestätigt.

Als ich wieder draußen bei meiner wartenden Gemeinde eintreffe, geht ein Aufatmen durch die Menge, aber auch bei mir macht sich nun der Streß bemerkbar. Schließlich bin ich pausenlos schon über sechs Stunden voll beschäftigt. Niemand kann sich vorstellen, was diese konzentrierte Arbeit ohne auch nur die geringste Pause an Kräften fordert. Schließlich braucht man ja auch Energie, um trotz aller Belastungen diszipliniert und auch noch freundlich zu bleiben. Ein Glück nur, daß alle um mich herum wohlgesinnt und wirklich liebenswürdig sind.

Immer mehr drängt die Zeit. Ich will weg und erledige die letzten Checks und Absprachen. Ich soll ja einen Weltrekord fliegen und zugleich die Hauptrolle im ZDF-Film spielen. Eigentlich ein Irrsinn. Zum Schluß macht mir die kleine Gemeinde von ausschließlich Wohlgesinnten doch den Abschied schwer. Der Vertreter der Lufthansa überreicht mir als Talisman ein kleines Modell der Ryan-Maschine ›Spirit of St. Louis‹, mit der Lindbergh als erster von New York aus von Kontinent zu Kontinent geflogen war. Viel Händeschütteln mit der Kraft des ehrlichen Wohlwollens macht meine schlanke Rechte reif für Muskelkater. Spontane Umarmungen der Damen erschrecken mich fast, denn ich bin ja eigentlich schon unterwegs.

Dann ziehe ich trotz der großen Hitze meine Lederjacke an und krieche in die Kabine. Das Einrichten in meinem Sitz dauert seine Zeit, obwohl ich vorher schon alles tadellos geordnet habe: Survival kit, Notsender, Werkzeug, Schlauchboot, Peilgerät und zwei starke Lampen auf dem Kabinenboden neben meinen Füßen vor dem rechten Tank, die Schwimmweste hinter mir auf dem linken Tank und die Milchflasche und Keksschachtel zwischen den Füßen neben der Tankschaltung. Die Tasche mit Navigationsunterlagen und Rechenschieber liegt neben mir auf dem Tankvorbau, auf dem der Kamermann Werner Drews nun die elektrische Tonkamera mit einem selbstgebastelten Schnellverschluß installiert. Der soll mir erlauben, im Notfall ohne Behinderung aussteigen zu können.

Mit der Kamera soll ich unterwegs Aufnahmen für den Fernsehfilm drehen, und da ich die Atlantikstrecke in der Nacht bewältigen muß, hat mir der findige Drews noch zwei starke Scheinwerfer fest montiert. Nur nicht daran denken, was ich alles noch machen soll – so neben dem ohnehin nur gerade so Machbaren, und es ist interessant zu beobachten, was sich andere so vorstellen von einem Weltrekordversuch.

Ich bin etabliert, Kniebrett auf dem Schoß, die Abflugkarte bereit und nun noch die verschiedenen Checks auch für meine Zusatzgeräte. Die Uhr mahnt mich, keine Zeit zu verlieren – ich habe schon eine Stunde Verspätung. Trotzdem lasse ich mich nicht aus der Ruhe bringen. Seitenfenster und Tür sind noch weit offen, und ich höre sehr wohl, daß Woroneff seinen Motor zur Mahnung schon brummen läßt.

Endlich bin ich soweit und ›schmeiße den Riemen auf die Orgel‹: »*Prop clear*« – draußen schauen alle gespannt, und einige halten den Daumen nach oben, die Kameras sind im Anschlag. Der Conti springt sofort an, aber ich ahne noch nicht, daß die Blockzeit 27 Stunden betragen wird, 24 Stunden habe ich gerechnet. Immerhin habe ich 1140 Liter Benzin an Bord, davon 840 Liter in der Kabine. Da kann man nur sagen: »Bitte nicht rauchen!«

Türe zu, fertig zum Rollen. Schon ist die Rollfreigabe da. Der Convoi von drei Sicherungsfahrzeugen und zwei Flugzeugen setzt sich endlich in Bewegung. Wir haben einige Kilometer zu rollen, bis wir die für mich vorgesehene Kreuzung erreicht haben. Die Schlange wartender Jets aller Größen für die Startbahn 22 R wird immer länger, und ohne Pause landen die Airliner auf der Parallelbahn. Mitttägliche rush hour! Vor Hitze ist es kaum noch auszuhalten, ich bin in Schweiß gebadet. Die Kolonne der wartenden Flugzeuge zerfließt ab hundert Meter Entfernung mit ihren Konturen in der heiß flimmernden Luft.

Endlich kommt meine Streckenfreigabe auf der speziellen Frequenz. Nach dem Zurücklesen beantworte ich noch die Anfrage vom Tower bezüglich meiner voraussichtlichen Steigrate und Geschwindigkeit. Nochmals überfliege ich alle Instrumente, Schalter und Hebel, dann rolle ich auf die Startbahn in die Position. Die Filmmaschine steht schräg vor mir und soll zuerst raus.

Trotz der Anstrengungen und der Affenhitze fühle ich mich nun richtig wohl und bin froh, dem hektischen Treiben am Boden endlich entrinnen zu können. Nach einer Minute Wartezeit auf der Startbahn, die den ganzen Verkehr abstoppt, meckert der erste Jumbo-Kapitän, und es entwickelt sich dieses Gespräch im Funk: Cptn.: »Was ist los?« – Tower: »Du mußt etwas warten.« – Cptn.: »Warum?«: Tower: »Siehst Du die kleine Mücke vor Dir auf der Bahn?« – Cptn.: »Ja, was zum Teufel ist mit der?«

Tower: »Die kommt zuerst, der fliegt nonstop von JFK nach Munich, Lindbergh Memorial Flight – kannst Du das auch?« Cptn.: »*Oh boy, oh boy, that is really a long trip – ok, ok, let him go, and I wish a good flight!*«

Nachdem die Wirbelschleppen des letzten Jumbo sich verzogen haben, kommt meine Starterlaubnis. Der Verkehr hält den Atem an. Vollgas – die Filmcessna hat schon abgehoben. Langsam, aber besser als ich erwartet habe, beschleunigt die Bonanza. Ich lasse sie bis auf 120 Knoten (220 km/h) rennen, um sie dann behutsam vom Boden zu nehmen. Der Tower verabschiedet sich: »*Have a good flight and a happy landing at Munich.*« Ich bedanke mich und schalte auf New York Center. Inzwischen bin ich im erweiterten Verbandsflug – mit der überladenen Maschine will ich nicht zu dicht fliegen. Mit Radarführung werden wir vom anderen Verkehr separiert, denn mit unserer Langsamkeit im Steigflug und mit Positionswechsel für die Filmarbeit wären wir ein Fremdkörper bei den normalen Abflugverfahren. Mir wäre es natürlich lieber gewesen, gleich meine ›Sardi five departure‹ zu fliegen, die ich ursprünglich angegeben habe. Nur weil alle Wetterstationen Rückenwind prophezeit haben, bin ich bereit gewesen, dreißig wertvolle Minuten meiner Reserve und der Rekordzeit für das Fernsehen zu opfern. Das werde ich vielleicht noch bitter bereuen. Jetzt bin ich froh, wie gut die Bonanza in der Luft liegt. Alle Systeme funktionieren einwandfrei, und der Motor brummt gleichmäßig. Nicht einmal die Zylinderkopftemperaturen sind zu hoch, obwohl ich mich da nicht hätte wundern dürfen.

Natürlich sehe ich den Verbrauch von zwanzig Gallonen pro Stunde nicht so gern, auch wenn das für den Steigflug normal ist, aber der dauert eben heute besonders lang. Ohne besondere Restriktionen hat man mir bereits die Flughöhe von 9000 Fuß zugewiesen, die ich nach vierzig Minuten endlich erreiche. Gerade hat sich die Besatzung Woller-Woroneff-Drews mit der Filmmaschine durch Wackelbewegungen verabschiedet. Sicher bringen sie gute Streifen nach Hause, denn die Wetterlage ist ruhig und die Sicht trotz der starken Luftverschmutzung in der New-York-Zone recht gut.

Nach ihrer Landung werden sie erzählen, wie es war, denn die Kollegen der beiden anderen Teams standen während des Starts auf dem Tower und an der Startbahn. Mit den anderen Zurückgebliebenen wollen sie dann erst mal ein kühles Bier trinken. Ich bin keinesfalls neidisch und würde auch gar nicht tauschen. Hier oben ist die Temperatur erträglich, und ich fliege mit nun reduzierter Motorleistung zunächst über Wasser.

8. Endlich auf Strecke

Von jetzt ab will ich möglichst schnell vorwärts kommen – der Zeitverlust durch den Riesenschlenker mit der Filmerei, und die Krebserei beim Steigen hängt mir wie Ballast an der Seele. Da kommt von N. Y. Center die Anweisung für eine Abkürzung direkt Nantucket VOR. Schon liege ich auf dem neuen Kurs. Die netten Leute denken mit!

Ich bin nun allein auf weiter Flur, und auch die Küste ist inzwischen im Dunst verschwunden. Das ist die richige Gelegenheit, die große Kurzwellenstation Collins 718 U-5 zu überprüfen, und deshalb melde ich mich für einige Minuten ab. Auf der privaten Collins-Frequenz rufe ich ›Rockwell flight test‹ in Cedar Rapids. Wählen und Eintunen der Computereinheit ist nur eine Sache von Sekunden, allerdings habe ich die Anlage schon vor einer Viertelstunde zum Vorwärmen eingeschaltet. Störungsfrei wie am Telefon vereinbare ich mit meinem Partner noch weitere Termine. Unwillkürlich muß ich nach diesem Ruck-Zuck-Gespräch daran denken, wie schwierig und zeitraubend sonst die Arbeit ist, wenn ich mit der Schleppantenne meines alten ›Dampfradios‹ die Frequenz mit der Handkurbel eintunen muß.

Kaum zurück auf der VHF(UKW)-Frequenz von New York, bekomme ich die Grüße der Besatzung einer Hercules-Transportmaschine der US-Air Force übermittelt. Sie haben den nicht alltäglichen Funksprechverkehr vorher mitgehört und sich erkundigt, wer da mit so einem ›little bird‹ nach München fliegen will, und mit welchen Zwischenlandeplätzen. Als sie hören, daß ein Reserveoffizier der deutschen Luftwaffe nonstop einen Lindbergh Memorial Flight machen will, bitten sie sofort um die Übermittlung: »*We hold the fingers crossed for this great pilot of the German Air Force, good flight and happy landing at Munich.*« Ich grüße zurück und freue mich natürlich über die ehrliche Anerkennung für unsere Luftwaffe. Nun läuft alles wie geplant. Ich sitze entspannt und locker, mache meine Navigation, meine Checks – und endlich habe ich mich auch von der großen Hitze erholt. Die Außentemperatur beträgt + 3° C, dennoch fliege ich ohne Heizung. Das hält frisch. Über eine Stunde habe ich aus dem rechten Flügeltank entnommen, eine weitere aus dem Behälter hinter meinem Sitz. Noch immer fliege ich über See, bin aber inzwischen in den Flugsicherungsbereich von Moncton/Kanada eingeflogen. Mit dem Wetter bin ich zufrieden, und auf meinem Rechenschieber lese ich mit Genugtuung den Wert der Eigengeschwindigkeit ab, denn auch der ist wichtig. Nur mit der Grundgeschwindigkeit bin ich noch nicht glücklich, aber da erhoffe ich mir bei Annäherung an Neufundland eine deutliche Verbesserung. Mehrfach kontrolliere ich durch geduldiges ›leanen‹ den mit ›power computer‹ errechneten Durchfluß. Noch ist die Maschine ja sehr schwer, so daß ich mit 95 Prozent Leistung fliege, und das will ich auch noch bis Gander VOR durchhalten.
Nichts macht mir bis jetzt irgendwelche Sorgen, denn auch die geringere Grundgeschwindigkeit kann ich noch gut und lange mit den berechneten Spritreserven abfangen. So sitze ich eigentlich ganz gemütlich, wenn auch sehr eng eingeklemmt und auf ›Tuchfühlung‹ zwischen der linken, nackten Bordwand und dem riesigen rechten Tank. Auch nach vorn ist nicht viel Bewegungsfreiheit, denn wegen der Gewichtsverteilung haben wir den hinteren Tank soweit vorziehen müssen, daß ich das Steuerhorn gerade noch voll durchziehen kann. So sind die Beine stark angewinkelt, und um die Tankschaltung am Kabinenboden zu erreichen und bedienen zu können, muß ich mich schon fast akrobatisch verrenken. Aber das habe ich beim Cockpittraining schon geübt, um schnell handeln zu können.
Über zwanzig Stunden habe ich nun nichts mehr gegessen, aber der warme Milchkaffee in Dr. Müllers Küche um sechs Uhr morgens und ein Glas Milch vor dem Start haben mir bis jetzt genügt. Nicht einmal Appetit plagt mich, wohl aber veranlaßt mich die Vernunft, einige Schlucke Milch aus der Pulle zu saugen.

9. Die ›Lindbergh Memorial-Medal‹

Im Funksprech herrscht völlige Stille – ich fliege wohl einsam und allein hier entlang der Südküste Kanadas. Nachdenklich erinnere ich mich an die letzten Tage in New York. Das Komitee der Lindbergh-Gesellschaft unter der Präsidentschaft des berühmten Generals Doolittle und des ›Manns im Mond‹, Astronaut Neil Armstrong, hatte mir die Lindbergh Memorial Medal verliehen, und das bei einem Empfang am Tag vor meinem Abflug. Das war mir peinlich, wenn auch typisch für amerikanische Begriffe. Bei dem anschließenden Essen machte ich dann auf dieses, wenigstens für uns ungewöhnliche Verfahren aufmerksam. Völlig unkompliziert, locker und offen antwortete man lachend: »Du machts es ja doch – nicht wahr? Und an Deinen Fähigkeiten und dem Gelingen zweifeln wir keinesfalls, O. K.?« Damit war die Sache erledigt, und das war ja auch furchtbar praktisch. Ja, die Amerikaner können manchmal umwerfend sein – schade ist nur, sie wissen es und tun es ganz bewußt. Trotzdem wäre es mir peinlich, wenn nun irgend etwas nicht klappen würde. Die Auszeichnung im voraus belastet mich.
Überhaupt ist ein Vergleich mit der großen Leistung Lindberghs nicht angebracht. Das kann man gar nicht deutlich genug sagen. Die Navigation mit diesen kleinen Flugzeugen über dem Atlantik ist zwar die gleiche, nämlich die sogenannte Koppelnavigation mit Uhr und Kompaß. Aber alle Kartenunterlagen und die Instrumente sind heute wesentlich besser und zuverlässiger. Außerdem habe ich ein Kurzwellengerät für Funksprech an Bord, und über 100 km vor der Küste kann ich die ersten Navigationsfunkfeuer empfangen, so daß ›nur‹ etwas über 3000 km ohne Navigationshilfen gearbeitet werden muß. Freilich ist das eine gewaltige Strecke, aber ich habe ja von vielen Transatlantikflügen schon eine Portion Erfahrung auf nördlichen, mittleren und südlichen Routen erflogen. Dieser Wert allein ist unschätzbar, und außerdem ist meine Maschine schneller, wenn auch kleiner und 300 kg leichter als die Ryan ›Spirit of St. Louis‹ des großen Pioniers.
Er war damals erst 25 Jahre alt, ich bin leider schon 53. Er war umgeben von großzügigen Freunden und Helfern, die ihn finanziell voll und moralisch außergewöhnlich unterstützen. Er flog für sein Land, und seine ganze Nation stand hinter ihm...
Da unterbricht ein Anruf von Gander meine Gedanken. Ich habe Arbeit. Beim Passieren des VOR errechne ich eine Verspätung von einer ganzen Stunde gegenüber meiner Flugplanung.

10. Eine Stunde Verspätung

Bei einer gerechneten Blockzeit von 24 Stunden habe ich zwar noch immer eine Reserve von über drei Stunden, aber für den Extremfall muß ich mit einer plötzlichen Wetterverschlechterung rechnen, so daß dieses Polster schnell aufgefressen werden kann. Leider habe ich mit dem Hexenkessel des Nordatlantik schon solche ganz unglaublichen Erfahrungen machen müssen. So stark übertreiben, daß diese Wetterküche an Einfallsreichtum geschlagen würde, kann wohl niemand. Deshalb gibt es im Sprachgebrauch der Flieger auch kein ›Atlantik-Latein‹ wie bei Jägern oder Anglern (und selbst Piloten sollen sich ja mit der alten Sprache schon versucht haben).
Bis zu knapp einer Stunde nach dem Verlassen der letzten Küstenregion spreche ich mit Gander Center noch auf UKW. Dann heißt es umschalten auf Gander Radio. Mit dem Collins-Kurzwellengerät ist das nun ein Vergnügen, und darüberhinaus wird durch die einwandfreie Verbindung die Sicherheit bedeutend erhöht. So werde ich mit Gander für viele Stunden Kontakt halten, bis nach Überschreiten von 30° W die Station Shanwick Radio für die europäische Seite die Verbindung mit mir halten wird.
Wenn ich von den etwas weniger freundlichen Winden einmal absehe, dann muß ich eigentlich mit dem bisherigen Wetter zufrieden sein. Ununterbrochen fliege ich nämlich in turbulenzfreier Luft über einigen wenigen Cumuluswolken, die jetzt mit dem Einsetzen der Dämmerung schließlich ganz verschwinden. Das Durchfliegen von Turbulenzen aller Art erfordert wegen der fast ständig notwendigen ausgleichenden Ruderausschläge nicht nur viel Aufmerksamkeit im Instrumentenflug, sondern erzeugt auch zusätzlichen Widerstand, der die durchschnittliche Reisegeschwindigkeit vermindert. Je nach Heftigkeit von Aktion und Reaktion ist das ein Verlust von zehn bis fünfzehn Kilometern pro Stunde.
Bei einem so scharf kalkulierten Flug muß man dafür sorgen, ›on top‹ also über den Wolken des unteren Konvektionsraumes zu bleiben, und zwar in Abhängigkeit von dessen oberer Grenze eventuell auch höher, als man eigentlich möchte. Flugfläche neunzig entspricht etwa 2700 Meter Höhe, die man für lange Flüge ohne Sauerstoff noch akzeptieren kann, weil die Ermüdung sich in Grenzen hält. Im nächsthöheren Bereich, etwa FL 110 (3300 m), ist nach fünf Stunden schon eher eine Ermüdungserscheinung zu befürchten, was allerdings individuell verschieden ist. Raucher haben da im allgemeinen eine wesentlich schlechtere Kondition – allerdings müssen sie in solchen Flugzeugen mit ihren Kraftstofftanks in der Kabine vorübergehend abstinent sein. In jedem Falle sollte man die Symptome am eigenen Körper aus Erfahrung genau kennen und immer wieder hochkritisch beobachten, denn eine Kondition kann täglich verschieden sein und dürfte mit wachsendem Alter kaum besser werden. So gesehen geht es mir im Augenblick glänzend.
Leider kann ich den Autopiloten noch nicht in Anspruch nehmen, denn noch im-

mer befinde ich mich im Überladezustand, in dem aus technischen Gründen das Einschalten nicht ratsam ist. So werde ich wohl bis in den Bereich zwischen dreißig Grad West und der irischen Küste ›handgestrickt‹ fliegen. Das werden dann so etwa achtzehn Stunden sein.
In der starken Dämmerung kann ich gerade noch die Schichtbewölkung des Tiefdrucksystems erkennen, in das ich bald einfliegen werde. Laut Vorhersage soll da aber nicht viel Schlechtes für mich zu erwarten sein.
An Bord ist alles in Ordnung. Die Motorleistung habe ich inzwischen auf 55 Prozent reduziert. Auf das feinste ausgeleant brummt der Continental gleichmäßig vor sich hin. So fliege ich langsam in die Dunkelheit der Nacht hinein. Die Beleuchtung für das Instrumentenbrett reguliere ich auf eine sehr niedrige Stufe herunter.
Plötzlich, aber nicht unerwartet, kommt laut und klar der Anruf von Flugkapitän Ettel in meinem Kopfhörer an. Wir haben in New York vereinbart, unterwegs solange wie möglich in Funkverbindung zu bleiben. Er fliegt die Boeing 747 des Lufthansa-Fluges LH 401 nach Frankfurt und meldet, daß er gerade Halifax an der Südküste von Neuschottland passiert. An Bord der Maschine befindet sich das ZDF-Team und Rudolf Woller, die mit Mühe und Glück die fast ausgebuchte Maschine noch haben besteigen können. Kurz nach zwanzig Uhr Ortszeit sind sie vom Kennedy-Airport gestartet, also etwa zu der Zeit, als ich nach den ersten siebeneinhalb Stunden Flugzeit mit Verspätung Neufundland passiert habe. Wahrscheinlich stehen die Vier vom ZDF oben in der Bar und genießen nach der Hitze in New York jetzt ein kühles Bier, vielleicht prosten sie mir sogar zu.
Um das geplante Funkinterview mit R. Woller filmen zu können, habe ich inzwischen die Tonkamera installiert und auch die beiden fest eingebauten Scheinwerfer überprüft. Sie tauchen meine kleine Kabine in blendendes Licht, denn ich soll ja in der Nacht filmen. Daß mein Magnetkompaß beim Einschalten mehr als 90° abgelenkt wird, finde ich weniger lustig, aber als freundlichen Auftakt zur Zusammenarbeit empfinde ich die Tatsache, daß meine Antwort im Cockpit des Lufthansa-Jumbo laut und klar ankommt. Davon hängt es ja ab, ob das Funkinterview über dem nächtlichen Atlantik auch in der Tonqualität gelingt – an sich schon eine kleine Sensation über eine Entfernung von 1200 km! Den Fluggästen wird gerade das Abendessen serviert. Na ja, die sind ja nun auch schon über eine Stunde in der Luft...
Nachdem das erste Gespräch im ZDF-Kasten ist, vereinbare ich mit Kapitän Ettel für eine bestimmte Uhrzeit den nächsten Funkruf auf UKW. Bei der schnell geringer werdenden Distanz des zügig aufholenden Jets sollte das möglich sein. Wünschenswert schon deshalb, weil die Verständigung auf diesem Frequenzband frei von atmosphärischen Geräuschen ist und viele brach liegende Kanäle zur Verfügung stehen.
So schön die Abwechslung auch ist, so wichtig ist mir aber nun wieder die ungestörte Arbeit. Nach meiner Berechnung muß der linke Kabinentank hinter mir bald leergeflogen sein. Dieses Warten auf die ersten Motoraussetzer ist immer etwas

spannend, aber nicht etwa, weil das Motorgeräusch dann plötzlich absackt, sondern weil man darauf hofft, daß der Zeitpunkt möglichst lange auf sich warten läßt. Es beruhigt nämlich erheblich, wenn die Kalkulation für den Kraftstoffverbrauch entweder gestimmt hat oder ungünstiger war.

Da erinnere ich mich noch gut an meine ersten Langstreckenflüge über Wüstengebieten, als ich oft schon zehn bis fünfzehn Minuten gebückt und mit der Hand am Tankwahlhebel gesessen hatte, um nur ja nicht den Zeitpunkt zu verpassen. Wenn man aber weiß, wie die Sache abläuft, dann bleibt man locker und gelassen. Diesmal habe ich ohnehin fast keinen Platz, um während des Steuerns mit der linken Hand auch noch länger als einige Sekunden Verrenkungen zu machen.

Da kommt schon der erste Aussetzer. Sofort ziehe ich die Maschine in eine leichte Steigfluglage und reduziere die Leistung, um auch noch die letzten Liter aus dem Tank zu saugen. Die Entnahme ist nämlich hinten, so daß in dieser Lage auch der Rest noch in den Förderschlauch gelangen kann. So etwas kann entscheidend sein. Mit der gedrosselten Leistung kann man in dieser Lage oft noch zehn bis fünfzehn Minuten fliegen, ohne zu steigen, bis der Spritfaden dann endgültig abreißt.

Motor aus – er läuft nur noch durch den im Fahrtwind getriebenen Propeller. Alles kommt nun automatisch und schnell: Schaltung auf rechten Flügeltank, elektrische Zusatzpumpe an, Mixer vor, linker Kabinentank zu. Stotternd kommt der brave Motor wieder auf Drehzahl, verschluckt sich einige Male, bis alle Luft aus den Einspritzleitungen heraus ist. Zurück in der normalen Reisefluglage wird wieder fein geleant und die Uhrzeit auf der Spritkladde eingetragen. Die Buchführung muß stimmen, um den Verbrauch genau zu kontrollieren und danach kalkulieren zu können. So genau zeigen die Instrumente nämlich auch nicht an, und die Zusatztanks haben überhaupt keine Inhaltsanzeige.

Noch liegt mein Verbrauch deutlich über dem errechneten Durchschnitt, da ja vierzig Minuten Bodenlaufzeit, der lange Steigflug mit hoher Leistung und die ersten sieben Stunden Reiseflug mit 65 Prozent Leistungsstufe mitzurechnen sind. Der zweite Kabinentank muß also mindestens bis Mittelengland reichen, wenn ich am Ziel ankommen will.

Vierzig Minuten später, als ich nun endlich den noch vollen rechten Kabinentank anstechen, läuft der Motor wieder stotternd, also stecken doch noch einige Luftblasen in den Leitungen des Tanksystems. Wieder muß ich alle Hebel genau einregulieren. Ja, leanen muß man können – wie ein Weltmeister!

45° W liegt hinter mir. Der Motor brummt gleichmäßig. Alle Zeiger der Instrumente stehen dort, wo sie hingehören. Jede Minute ist ausgefüllt mit Instrumentenchecks, dem Abhören der Frequenzen auf Kurzwelle und UKW oder mit Positionsmeldungen, mit Rechnen, dem Kurs- und Höhehalten. Zwischendurch sehe ich mir im matten Licht der Deckenleuchte zum x-ten Mal die Wetterkarte an, und nach meinen Berechnungen muß ich demnächst in die Schauertätigkeit der Front einfliegen. Schon seit einiger Zeit beobachte ich den leichten Sprühregen bei Außentemperaturen von +2° C.

Trotz der ständigen Abwechslung und Arbeit schleicht mich eine leichte Müdigkeit an, und ich merke, wie ich in meinem engen Sitz immer kleiner werde. Das Beste dagegen ist Arbeit und ein Schluck kühle Milch. Ein weiteres Mittel ist kühlere Luft, also drehe ich die Heizung noch einen Zacken herunter. Wenn man zu warm sitzt, wird man eher schläfrig.

11. Gewitterflug

Ab und zu leuchte ich die Flügelnase mit der Taschenlampe ab, denn die Temperatur hat in kurzer Zeit schnell abgenommen, aber von Eis ist nichts zu sehen. Doch – war da nicht eben ein Aussetzer? Hellwach überfliege ich die Motorüberwachungsinstrumente. Alles scheint in Ordnung, aber das Herz schlägt doch plötzlich einige Touren schneller. Automatisch höre ich nun besonders aufmerksam auf jede Nuance der Geräusche. Aber es ist nichts, was verdächtig wäre. Vielleicht ist nur ein Wassertröpfchen durch die Einspritzdüsen gegangen.
In solchen Augenblicken ist man so hellhörig, daß man jedes einzelne Ventil ticken hört, und solche Momente kommen schon ab und zu mal vor. Auch als Pilot hat man ja Nerven. Und wenn man wie ich in diesem Fall nur einen Motor hat, gibt es eben doch hin und wieder spannende Momente.
Erneut kommt ein Anruf von Kapitän Ettel und dann folgt ein weiteres Interview. Die halten mich ganz schön auf Trab! Draußen fängt es an zu schauern, ganz gehörig sogar, und bockig wird es natürlich auch, so daß ich nun doch kräftig ausgleichen muß. Die schöne gleichmäßige Geschwindigkeit ist dahin, und als Werner Drews, der geschickte Kameramann, endlich auch einmal ein paar Worte mit mir wechseln will, muß ich ihn leider bitten, abzubrechen.
Ich habe alle Hände voll zu tun, um die Maschine zu halten. Der Scheinwerfer zeigt dichte Schauer, aber das kann ich jetzt auch schon hören, denn die Heftigkeit übertönt zeitweise das Motorgeräusch. Nun fängt es auch an zu blitzen. Es ist ein gespenstisches Flimmern, gedämpft durch die dichten Wolken, in denen ich fliege. Die Blitze selbst und den Kern der Gewitterzellen kann ich leider nicht ausmachen, denn dazu braucht man ein Radargerät.
Die Turbulenz nimmt nun schlagartig so zu, daß ich vorsichtshalber auf den rechten Flügeltank umschalte und meine offen liegenden Karten, Kniebrett und Rechenschieber in die Tasche packe. Bei dem Wirbel ist das ein trickreiches Unterfangen. Würde mir aber etwas zwischen den Tanks verschwinden, so könnte ich es vor der Landung nie wieder erreichen. Aus diesem Grunde habe ich immer alle Teile meines Survival kit mit Nylonseilen und Karabinerhaken gekoppelt, dazu Schwimmweste, Schlauchboot, Notsender und beide Taschenkampen.

Kapitän Ettel hat meine geschätzte Position, kann mir aber leider nur sagen, daß auf seinem Wetterradar der Kern mehrerer schwerer Gewitter zu erkennen ist. Seine Position ist zur Zeit relativ nahe, nur daß ich weit unter ihm fliege, mitten drin in der Hexenküche. Er rät mir, soweit als möglich nach Norden zu halten, aber umfliegen kann ich das Gebiet keinesfalls. Wegen der Weiträumigkeit und meiner geringen Geschwindigkeit kommt das überhaupt nicht in Frage, und zudem müßte ich erhebliche Kraftstoffreserven für eine vage Unternehmung verbraten. Dennoch bin ich dankbar für seine Information, die mir die Tendenz anzeigt. Ich bin mir völlig klar darüber, daß für diese Situation nur die uralte Regel anzuwenden ist: senkrecht zur Frontlinie so schnell als möglich hindurch!

So melde ich mich erst einmal für eine Weile auf Hörbereitschaft ab, denn nun geht der Affentanz erst richtig los. Glücklicherweise habe ich gleich zu Beginn die Gurte sehr fest angezogen, sonst würde ich jetzt fortlaufend an das Kabinendach knallen, so hart sind die Schläge. Das Thermometer ist in kurzer Zeit auf minus 1° C gefallen, und nun prasselt es so stark gegen Zelle und Scheiben, daß ich den Motor überhaupt nicht mehr höre.

Verschiedentlich schlagen irgendwelche Gegenstände gegen meine Beine und die Kartentasche fliegt gegen die Decke. Ich hänge in den Gurten und bin froh, die Hände fest auf dem Steuerhorn zu haben – ich könnte es nicht mehr gezielt ergreifen. In ein paar ruhigeren Sekunden angle ich am Nylonseil meine Taschenlampe herauf und leuchte den linken Flügel ab. Noch kein Eis – aber ich muß die Lampe gleich wieder fallen lassen, denn die brave Bonanza ist in der Turbulenz kaum noch zu halten. Verschiedentlich geht sie trotz voller Querruderausschläge in die Messerlage oder ich hänge in den Gurten unter der Decke.

Draußen flimmert es in der Folge von mehreren Blitzen pro Sekunde, ohne daß ich die Richtung zu den Kernen der vielen Gewitterzellen im geringsten abzuschätzen vermag. Mit Mühe bekomme ich erst nach einigen Fehlgriffen die Leistungshebel zu fassen, um Steigleistung zu setzen. In den starken Abwinden ist die Höhe nicht mehr zu halten. Verschiedentlich erwische ich die Fahrtmessernadel bei 79 Knoten (etwa 130 km/h) – dann werde ich wieder schlagartig in den Sitz gepreßt, und der Vogel steigt wie ein Ballon im Gewitteraufwind. Wenn nur alle Systeme intakt bleiben, und Motor und Luftschraube mitmachen! Mißtrauisch überprüfe ich die Stahlkabel, die den rechten Kabinentank festhalten. Immerhin ist er noch fast voll und wiegt etwa 270 kg. Unvorstellbar, was passieren würde, wenn der sich losreißt! Der hintere macht mir keine Sorgen – er ist leer. Die Leitungen müssen jedenfalls dicht sein, denn meine feine Nase registriert nicht die geringste Spur von Benzindunst.

In den Kopfhörern machen sich nur noch Knattergeräusche bemerkbar, und das Drücken des Mikrofonknopfes bringt keine Reaktion mehr. Klar, die Maschine ist unheimlich elektrisch aufgeladen. Die Turbulenz ist kaum noch zu überbieten, wirbelt sie doch die kleine Maschine wie ein welkes Blatt herum. Ich bin froh, daß mir von den vielen Utensilien noch nichts an den Kopf geflogen ist. Der weit vorgebaute rechte Tank läßt nur eine kleine Lücke zum Instrumentenbrett offen und hält so die großen Teile wie Schlauchboot, Notsender und Werkzeug unten.

Jetzt ist es gut, daß ich inzwischen schon etwa 600 Liter oder 430 kg Benzin verbraucht habe, um die die Maschine nun leichter ist. Damit ist sie aus der Überladekonfiguration heraus, aber dennoch achte ich daraf, sie lieber wedeln zu lassen, als sie durch zu harte Ruderausschläge zu vergewaltigen.

Plötzlich spüre ich an beiden Beinen, daß mir eine kalte Brühe in die Schuhe läuft. Was zum Teufel ist das? Weil es nicht nach Benzin riecht, warte ich eine ruhigere Phase ab und gehe der Sache nach. Der Deckel der Milchflasche hat sich gelöst, und der Inhalt ist an meine Beine gespritzt. Harmlos also! Wieder eine Aufregung umsonst! Die Motorinstrumente bieten nur normale Anzeigen, aber auf der Frontscheibe entdecke ich eine Eiskruste. Wie dicht sie sein kann, sehe ich im Licht meiner Taschenlampe an der linken Flügelnase. Eigentlich habe ich Glatteis erwartet, aber nach der Oberfläche mit ihrer bizarren Rauheit zu urteilen, muß Graupel und Hagel in dem unterkühlten Gemisch enthalten sein.

Die etwa drei Zentimeter dicke Eisschicht hat sich in sehr kurzer Zeit angesetzt und vermindert schlagartig meine Geschwindigkeit erheblich. Es kommt noch schlimmer, denn nun fängt auch noch der Motor an, zu schütteln. Kein Wunder eigentlich, denn die Luftschraube hat ja auch Eis angesetzt und ist nun unwuchtig geworden, statisch und dynamisch. Wenn ich nicht in eine kritische Lage geraten will, muß ich jetzt schnell handeln. Also runter in wärmere Gefilde, die Fahrt von nur noch 80 Knoten ist bereits ein böses Zeichen. Schon bin ich in einer starken Gleitfluglage und reduziere die Leistung so deutlich, daß sich gleich darauf Eisstückchen vom Propeller lösen. Das klappert ganz schön laut in der Kiste.

In einem Notabstieg will ich nun steil hinunter auf unter 5000 Fuß gehen, aber die Maschine will auf einmal gar nicht mehr runter, obwohl ich der Bonanza die Schnauze ganz schön runtergedrückt habe. Hundertzwanzig Knoten liegen wieder an. Also muß ich wohl gerade in eine Zone heftigen Auftriebs geraten sein, die mir trotz starker Leistungsreduktion sofort zu höherer Fahrt mitverholfen hat. Der Motor läuft permanent unruhig und schüttelnd, aber mit dem wechselnden Hintergrundgeräusch beim Durchfliegen von Schauern verschiedener Heftigkeit kommt mir seine rauhe Stimme nicht mehr ganz geheuer vor. Dagegen behaupten die gesunden Instrumentenanzeigen, es sei alles in Ordnung.

»Alles nur äußerlich«, hatten wir im Kriege oft gesagt, wenn eine Lage kritisch wurde. Man wollte die Situation mit Schnoddrigkeit überspielen – gesunder Selbstschutz für die Nerven, die man ja in solchen Lagen beherrschen muß. Die ›Äußerlichkeit‹ in Form von dickem Eis ist mir jetzt zu handfest, ich muß ganz schnell runter in wärmere Gefilde.

Schon nach wenigen Minuten Aufenthalt in 5000 Fuß hat sich die ›Heidelberg 2‹ soweit aufgewärmt, daß nun die Eisbrocken Stück für Stück davonfliegen. Vor allem läuft der Motor wieder ruhig. Draußen ist plus 3° C, und auch in der Kabine wird es mir nun zu warm, denn ich habe die Heizluft für die Defrosterdüsen der Frontscheiben voll auf warm gestellt, noch bevor der Eisansatz begann.

Zwar fliege ich noch immer durch heftige Schauer und Turbulenz, aber offenbar bin ich nun außerhalb des harten Kerns dieses verdammten Tiefdrucksystems. Von wegen »nachts kaum aktiv und im ganzen abflachend«! Das war eine brutale Front, deren Cumulonimben laut Meldung von Kapitän Ettel bis über 10 000 Meter hochgeschossen waren.

Ein Blick auf die Uhr zeigt mir, daß ich über eine Stunde in dem Hexenkessel zugebracht habe. Es flimmtert zwar immer noch, aber jetzt kann ich die Blitze ab und zu auch sehen, und trotz heftiger Schauer erkenne ich verschiedentlich, an welcher Seite die Gewitter stehen. Vorläufig blitzt es noch aus allen Richtungen, aber der Abstand von meiner Route wächst.

In den Wolken fliegend war die Lokalisierung nicht möglich, jetzt kann ich manchmal ausweichen. Meine Geschwindigkeit ist wieder im Rahmen, wenn auch nicht optimal. Das verhindert noch immer die starke Turbulenz. Immerhin schalte ich jetzt wieder auf den rechten Kabinentank zurück, und ich denke nun auch an mein Filmversprechen. Scheinwerfer an, Kamera an – Blitzgeflimmer begleitet diese sehr echten Szenen in meinem kleinen Studio in dreitausend Meter Höhe mitten über dem stürmischen, nächtlichen Atlantik.

Eigenartig, aber angenehm empfinde ich, daß nach dem Wegbleiben der stundenlangen Geräuschkulisse durch die heftigen Schauer mein Motor nun wieder seinen schönen Klang hat. Zwar hatte ich mich an die häßlichen Hintergrundgeräusche gewöhnt, aber so ist mir weiß Gott wohler. Ich ziehe wieder hinauf auf meine Reiseflughöhe. Man muß auch über dem Atlantik seine vorgeschriebene Höhe halten und darf sie nur mit Genehmigung der Flugsicherung verlassen, obwohl man so ziemlich allein in diesen Höhenbereichen fliegt, speziell in der Nacht. Eine Funkverbindung ist nur über Kurzwelle möglich, ab und zu auch über Vermittlung durch andere Flugzeuge auf UKW. In meinem Falle war keine dieser beiden Möglichkeiten mehr gegeben, da die statische Auflandung des Flugzeuges in der Gewitterzone die Antennenabstrahlung verhindert hat. Mit dem Eisansatz war ich in einer echten Notlage, die den Höhenwechsel sanktioniert hat.

Auch in meiner richtigen Reiseflughöhe von FL 90 ist es nun erträglich geworden, also bin ich durch. Ich fange an mit Aufräumen und Ordnen und bin froh, alles wiederzufinden. Kniebrett raus, Rechenschieber her – es gibt viel nachzutragen und zu rechnen.

Noch ist es dunkel, aber ich werde beim Einfliegen in das zweite Frontgebiet bei 20° W im Morgengrauen mehr sehen, um eventuell eingelagerte Gewitter und Cumulonimben umfliegen zu können. Das Thermometer zeigt 0° C Außentemperatur. Die Luft ist ruhig geworden, und die Bonanza ist eisfrei, so daß ich wieder die optimale Reisgeschwindigkeit halten kann. Meine Berechnungen ergeben, daß ich beim Durchfliegen der Front wohl für weitere neunzig Minuten Kraftstoff zusätzlich durch hohe Motorleistung, durch Geschwindigkeitsverlust und durch Umwege verloren habe. Zusammen mit der Stunde Verspätung bis Gander also zweieinhalb Stunden Verlust gegenüber dem gerechneten Verbrauch laut Flugplan. Soweit kann ich bisher schätzen.

Für meine Positionsmeldungen ab 50° W habe ich allerdings bereits eine um zehn Knoten geringere Grundgeschwindigkeit einkalkuliert, denn es war mir ja schon vor Gander klar geworden, daß die Vorhersage zu optimistisch gewesen war. Die Heftigkeit der Front darf ich keinesfalls als Indiz für eine größere Windgeschwindigkeit ansehen. Insgesamt komme ich zu dem Ergebnis, daß ich von den vier Stunden meiner Reserve über die gerechnete Blockzeit von 24 Stunden hinaus allenfalls noch neunzig Minuten übrig habe. Das beunruhigt mich doch einigermaßen.

Draußen erkenne ich im Licht des Scheinwerfers, daß ich genau zwischen zwei Wolkenschichten fliege, und ich will nun nichts mehr wissen von Turbulenzen oder Vereisung! Bloß keinen Geschwindigkeitsverlust mehr! Wenn ich so hinausstarre, möchte ich gerne das Wetter zwingen. Aber für solche halbphilosophischen Dinge habe ich keine Zeit übrig.

12. Schlechte Wettermeldungen

Eine Verbindung mit Gander-Radio auf Kurzwelle kommt nicht mehr zustande, aber ich kann meine Positionsmeldung an Shanwick-Radio absetzen mit der Bitte »Copy Gander«. Noch bin ich ja nicht bei 30° W, aber bald werde ich die ›Halbzeit‹ geschafft haben.

Kapitän Ettel ist mit seinem tausend-kilometer-schnellen Jumbo schon weit entfleucht, aber er besorgt mir von Island, Shannon und Frankfurt alles an Daten über das Wetter, was er beibringen kann. Ohne das prachtvolle Collins-Gerät wäre das schwierig oder unmöglich geworden. Seine klare Sprache ist unmißverständlich. Kameradschaftlich. Leider widersprechen sich einige Meldungen der verschiedenen Stationen, und sie variieren zwischen freundlichen Schiebewinden mit 30 km/h ab 20° W bis ›light and variable‹. Einig sind sie sich aber mit Querwind aus Nord bis 20° W und mit Gegenwind von Shannon bis München.

Da habe ich nun alles auf meiner Kladde und rechne hin und rechne her. Wenn das alles so eintrifft, wie gemeldet, dann habe ich keine Chance mehr, in München anzukommen. Verbittert denke ich an die dreißig Minuten verschenkte Zeit beim ›Filmflug mit Hintergrund Manhattan Skyline‹. Es ist niederschmetternd, nach soviel Anstrengungen, Entbehrungen, Arbeit und Kampf mit den Elementen nun die Felle davonschwimmen zu sehen.

Aber auch so etwas muß man verkraften können, sonst ist man eben doch nicht ge-

eignet, solche Unternehmungen zum Durchzug zu bringen. Diese Früchte fallen einem nicht einfach in den Schoß – jedenfalls nur selten – und mir schon gar nicht. Das weiß ich wohl.
Einerseits will ich mich damit beruhigen, daß eine Landung in Amsterdam ja etwas ganz Vernünftiges ist, nach dem Motto: das erfordert mehr Mut, als ein Risiko einzugehen, oder: laß den Rekord sausen, die erbrachte Leistung ist die Hauptsache. Andererseits will ich aber natürlich nicht so schnell aufgeben. Und was heißt hier Risiko: auf dem Festland gibt es Flugplätze zur Genüge. Ich rechne und rechne wieder, aber es kommt trotzdem nichts besonders Günstiges heraus. So tröste ich mich damit, daß ich ja getrost noch warten kann, ich habe ja noch so viele Stunden zu fliegen. Vielleicht haben sich die Wetterfrösche mit ihrer Vorhersage auch für die Strecke ab Shannon getäuscht. Alles schon dagewesen!
Sozusagen zum Abschied spreche ich nochmal mit Kapitän Ettel und vereinbare eine Kontaktaufnahme mit Rudolf Woller auf der Lufthansa-Frequenz der großen Frankfurter Bodenstation für 9.00 Uhr Zulu. Das ist in Deutschland dann zehn Uhr Ortszeit. Er steuert seinen Jumbo schon in den Sinkflug nach Rhein-Main. Wegen starken Nordlichts war es für einige Stunden schwierig, mit Shanwick-Radio Kontakt zu halten. Den anderen ist es auch nicht besser ergangen. Dagegen hörte ich Gespräche zwischen Maschinen über Südamerika und der Bodenstelle. Auf Kurzwelle treten solche Einflüsse oft sehr störend in Erscheinung, besonders in nördlichen Breiten. In diesen Fällen kann man nur mit der Funkhilfe von hochfliegenden Airlinern auf UKW, und eventuell einer Kette von verschiedenen Positionen, noch Meldungen absetzen. Nur in deren Flughöhe ist die Reichweite auf dem UKW-Band relativ groß. Das Kurzwellengerät ist aber nicht zu ersetzen.
Langsam dämmert der Morgen herauf, aber zwischen zwei Schichten fliegend wirkt für mich alles grau in grau. Auch bin ich nun etwas abgespannt und bekämpfe diesen Zustand mit einem Schluck kühler Milch. Dazu lutsche ich das erste Stück Butterkeks. Vielleicht sitze ich auch zu warm, also reguliere ich die Heizung noch weiter herunter. Der Sauerstoffmangel in dreitausend Meter Höhe nach den vielen Stunden ohne Bewegungsmöglichkeit und unter äußersten Streßbedingungen macht sich nun doch bemerkbar. Schließlich stehe ich nun schon seit 22 Stunden ohne jede Unterbrechung unter großer Arbeitsbelastung. In meinem engen Sitz kann ich nur ab und zu Freiübungen mit den Armen machen und den Kopf rollen. Vorn sehe ich die ersten Cumulonimben der zweiten Front mit ihren schwarzgrauen Konturen zwischen den Schichten hochwachsen. Glücklicherweise entdecke ich bei der Suche nach dem besten Weg zwischen den schwarzen Ballen das einzige kleine Loch in der Wolkendecke unter mir, das einen Blick auf die Wasseroberfläche gestattet. Der schmale Streifen liegt rechts vor mir, und schon liege ich in einer steilen Rechtskurve und fliege darauf zu. Ich will die Konturen der Wasseroberfläche sehen und die Wellenbildung prüfen, denn daraus kann man Schlüsse auf Windrichtung und -stärke ziehen. Mein rechter Tank ist aber so weit vorgebaut, daß er mir die Sicht versperrt. So ziehe ich nun einen Linkskreis. Nach dem

stundenlangen Geradeausfliegen – von dem Affentanz im Gewitter einmal abgesehen – macht mir das richtig Spaß, aber was ich da unten entdecke, ist enttäuschend genug: völlig glatte See ohne jede Kontur oder Schaum. Also herrscht nicht der geringste Wind, keiner, der mich von hinten schieben könnte, aber auch kein Querwind.
Die Wetterleute haben sich also getäuscht, und der Nordatlantik hat wieder einmal mehr gezeigt, daß er die größten Überraschungen bescheren kann. Was habe ich da schon mit Meteorologen diskutiert, aber meistens wollen sie es einfach nicht glauben, daß man mit der Vorhersage so daneben liegen kann. Nirgends auf der Erde habe ich so eigenartige Erfahrungen mit der Wetterentwicklung gemacht, wie über dem Nordatlantik, und ich kenne von meinen Flügen her alle Erdteile und viele Meere.
Das einzige, was mich nun hoffen läßt, ist eben die Möglichkeit, daß das Wetter auch hier anders wird als vorhergesagt. Also habe ich noch die Chance, daß es ab Shannon doch anders wird als gemeldet.
Aber ich denke noch an etwas anderes. Wir alle hatten uns wieder einmal getäuscht, und der ›wetterwendische‹ Nordatlantik hat uns seine gelegentliche Unberechenbarkeit wieder einmal klar demonstriert. Dazu fallen mir wieder die Sprüche von manchen Piloten ein, die vielleicht ein einziges Mal mit viel Glück, oder auch noch niemals den ›großen Teich‹ überflogen haben, meist aber nur auf der Route über Grönland, Island und Schottland, also über die Davisstraße, die Dänemarkstraße und die Nordsee. Da hört oder liest man dann: »Man braucht nur den Geist eines Dauerklavierspielers und viel Sprit.« Oder: »Atlantiküberquerung kein Problem« oder »mit Autopilot eine Kleinigkeit«. Wer den Nordatlantik aber wirklich kennt und Flüge im Wetter erlebt hat, der bleibt bescheiden!
Zurück auf meinem Kurs umfliege ich nun mit Leichtigkeit die gewaltigen, aber glücklicherweise isoliert stehenden Gewittertürme. Blitze vom einen quellenden Riesen horizontal zum dunklen Gebräu des Nachbarn wirken wie das geheimnisvolle Geschehen in einer Urwelt. Am Horizont erscheinen Wolkengebilde am oberen Rand der tief liegenden milchiggrauen Wolkenschicht wie eine Küste, mit von der frühen Sonne beschienenen Eisbergen. Ich habe die Front hinter mir und halte wegen der zu vermutenden geringen Windstärke ständig um einige Grad weniger vor. So fühle ich mich richtig und sicher auf meinem Kurs. Bei dem Anblick dieser eigenartigen Wolkenbilder könnte man sich aber fast narren lassen wie einst die alten Seefahrer, die die ersehnte Küste zu sehen glaubten.
Nach dem Passieren der Front ist nun auch die Verbindung mit Shanwick-Radio wieder da. Die Sonne steht schon hoch über der aufgelockerten Schichtbewölkung, als ich mich um acht Uhr Zulu bei 25° W melde. Nach meinen letzten Erkenntnissen und Berechnungen habe ich noch drei Stunden Flugzeit bis zur Küste, bis Shannon. Noch immer saugt der Motor am rechten Kabinentank. Ich lutsche meinen zweiten Keks. Eigentlich ist es noch viel zu früh zum Einschalten des VOR, aber man kann sich ja auch täuschen. So schalte ich beide an, eines auf Shnannon,

das andere auf Eagle, das früher anzeigen muß. Beide Nadeln bleiben aber wie erwartet noch stundenlang schlaff und die Flaggen pendeln regellos hin und her. Da kommt Shanwick herein und gibt mir die Anweisung, auf Lufthansa-Frequenz umzuschalten. Mit dem Collinsgerät geht das so schnell wie am Telefon. Rudolf Woller ist am Apparat. Er spricht von der Frankfurter Bodenstation und fragt, wie es mir geht. Nun, ich bin wohlauf, aber ob der Sprit reicht, ziehe ich in Zweifel. Mehr habe ich nicht zu sagen. »Na, Ihre Nerven möchte ich haben«, sagt er, und »Auf Wiedersehen in München!« Na, denke ich nun für mich, dessen Nerven möchte ich haben, denn ob das reicht für das ›Wiedersehen in München‹, ist ja wirklich fraglich, aber natürlich wünsche ich mir das auch.

13. Kurz vor der irischen Küste

Nun beginnt eine spannende Zeit, denn immer häufiger flitzt mein Blick so zwischendurch auf die beiden VOR-Nadeln, von denen die auf Eagle mich öfters narrt, aber die Flagge, die die Signalstärke der Abstrahlung anzeigt, kommt immer hartnäckiger. Mir kommt es wie eine Ewigkeit vor, aber schließlich steht sie ganz klar für einige Sekunden auf TO. Die Anzeige stabilisiert sich, und bei 140 nautischen Meilen fängt auch das DME an zu zählen – wenn auch immer nur mit längeren Unterbrechungen. Sofort fange ich wieder an, zu rechnen, denn jetzt weiß ich, daß ich nur noch eine Stunde Flugzeit von der Küste entfernt bin.
Jedenfalls halte ich genau den nach meinen Schätzungen berechneten Kurs, bis die langsam sich ändernde Anzeige auf Eagle mir die Richtigkeit des mit komplizierter Arbeit errechneten Kurses bestätigt. Dieses Navigationsfunkfeuer steht nämlich seitlich der Kurslinie. Schließlich steht auch die Nadel auf Shannon bombenfest. Ich bin richtig stolz, denn die brave ›Heidelberg 2‹ steht genau auf dem Radial 289°. Eigentlich ist das unglaublich, denn so genau kann eine Navigation nur mit den modernsten, kreiselgesteuerten Navigationscomputern der großen Langstrecken-Jets gemacht werden (›inertial navigation system‹ = INS), aber ich bin froh, nicht den geringsten Umweg gemacht zu haben: alles, was irgendwie verwertbar war, habe ich in meine Berechnungen einbezogen, Vorhaltewinkel entsprechend der beobachteten Wettervorgänge geändert – und schließlich auch ›ruhig Blut‹ und meine Erfahrung von vielen anderen Flügen mit hineingerechnet. Aber Glück muß man außerdem noch haben.
Das DME auf Shannon zeigt jetzt dauernd eine Grundgeschwindigkeit von 159 Knoten. Darüber bin ich nun doch überrascht, denn eigentlich soll ich – wenn auch nach den Meldungen unterschiedlich – Seitenwind haben, wobei nicht mehr als meine Eigengeschwindigkeit herauskommen kann. Also wirkt zumindest hier eine

Oshkosh. Langstreckenbomber Boeing B-29 ›Superfortress‹ der CAF. Alle diese Oldtimer werden im Fluge vorgeführt.

Freund Prof. Dr. Winfried Rudloff vor einer Ford ›Trimotor‹.

Oshkosh. Der Fieseler ›Storch‹, den ich in Oshkosh vorführen konnte.

Fieseler ›Storch‹, Fl 156.

Oshkosh. Selbstbau-Flugzeug.

Oshkosh. Selbstbauflugzeug, eines von Hunderten.

Junkers Ju 52 Transport-
flugzeug der Schweizer
Flugwaffe in Samaden,
gespritzt in Original-
Winterbemalung der al-
ten Luftwaffe.

Kockpit der Boeing 747,
genannt ›Jumbo‹.

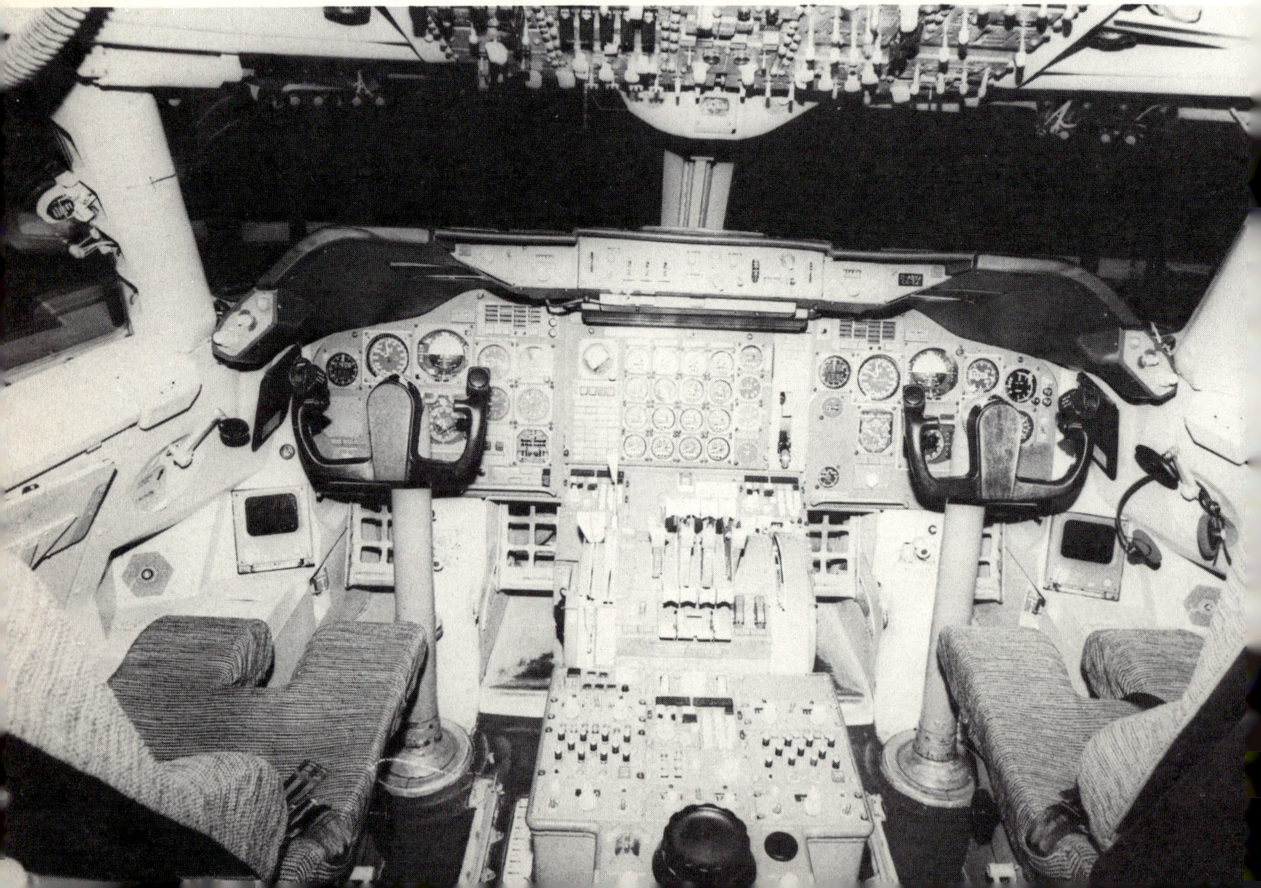

Kockpit einer Beech King Air 200.

Nach dem Nachfliegen des Militärtrainers Beech T 34-C ›Turbo-Mentor‹ in Wichita/Kansas/USA

Die Weltrekordmaschine Beech Bonanza F 33-A, D-EHFG fertig ausgerüstet für den ›Lindbergh-Memorial-Flight‹ 1977.

Filmaufnahmen des ZDF in Norwood.

ZDF-Kamerateam vor dem Abflug von Norwood nach New York, 2. v. l. Drews, D. S. Woroneff, Hutchins, der Pilot der Filmmaschine und der Chef der Werkstatt.

Irene und Dr. Erich Müller vor ihrem Haus in New Jersey.

Tanken zum Lindbergh-Gedächtnis-Flug auf dem Kennedy-International Airport New York.

Das Heck ging beim Tanken zu Boden – alles wieder O.K.?

Flugplanrechnen und Wetterberatung bei der Lufthansa auf Kennedy Flughafen vor dem Start zum Rekordversuch.

Rückenwindkomponente von 15 Knoten, und damit ist ganz sicher, daß die letzten Vorhersagen, die man mir vermittel hat, nicht stimmen.

Meine Chancen steigen wieder, und zu meiner Erleichterung habe ich seit einer Stunde den Autopoliten eingeschaltet. Jetzt spreche ich mit Shannon schon auf UKW. Damit mir die Sonne nicht direkt ins Gesicht scheint, habe ich die Blende heruntergezogen, und ohne mit einer Hand steuern zu müssen, bei ständiger Kontrolle des Kurskreisels, sitze ich nun entspannt und optimistisch mit dem Rechenschieber in beiden Händen.

Das Ergebnis meiner Rechenkünste ist leicht zusammenzufassen: Meine voraussichtliche Ankunftszeit über Shannon wird eine Verspätung von insgesamt drei Stunden haben. Mit der verbleibenden Reserve von knapp einer Stunde würde ich München nicht mehr erreichen können, wenn tatsächlich nach Vorhersage 20 bis 25 Knoten Wind von vorn bläst.

Aber erstens zeigt die augenblickliche Situation Rückenwind, und zweitens muß ich die ›fuel off time‹ des rechten Kabinentanks noch abwarten. Das kann noch Veränderungen hervorrufen. Das DME zeigt nun konstant 160 kts Grundgeschwindigkeit, so daß ich mich entschließe, während dieser sicheren Rückenwindperiode auf 45 Prozent Leistung zu reduzieren. Solange dieser Zustand anhält, will ich mich treiben lassen. Die Maschine ist inzwischen so leicht geworden, daß sie auch so stark gedrosselt noch 140 Knoten (260 km/h) macht.

Shannon meldet einzelne Schauer, warnt aber vor Gewittertätigkeit. Das rührt mich kaum, denn die Dinger sind schon jetzt zu sehen und stehen einzeln. Außerdem ist an den Wolkenformen klar die Windrichtung zu erkennen. Sie muß parallel zu meinem Kurs liegen, und trotz der Drosselung ist die Grundgeschwindigkeit noch immer 155 kts. Vorn taucht zwischen Wolkenfetzen jetzt die Küste Irlands auf. Für mich wirkt das wie ein Signal!

14. Es reicht doch bis München

Der Rückenwind hält an, und mit dem schon erprobten Trick sauge ich den letzten Sprit aus dem rechten Kabinentank, als ich zwischen Dogger und Bluebell über der Nordsee fliege. Günstiger kann es gar nicht kommen, denn gerade in diesem Augenblick schickt mich Amsterdam auf FL 100!

Kaum oben angekommen, verkündet mir der Controller, daß eine Cherokee Six mit meinem Segelflugkameraden von vielen Meisterschaften, Heinz Schmitt, mit Karl Senne vom ZDF-Sportstudio schon von Amsterdam-Schipol gestartet ist, um mich bis München zu begleiten und dabei zu filmen.

Mit Radarführung finden wir zusammen, fliegen allerdings unter sehr ungünstigen

Bedingungen zwischen vielen Gewitterstürmen. Zwar habe ich wieder etwas Eis auf der Zelle, aber die armen Kerle haben offenbar auf ihrer Piper viel mehr drauf und müssen damit erst mühsam zu mir heraufsteigen. So reicht es unter schwierigen Umständen mit akrobatischen Flugeinlagen nur für einige Szenen, bis wir vor einer schwarzen Gewitterbarriere bei Frankfurt das Unternehmen abbrechen.

Ich fliege allein weiter, nun seit Amsterdam genau wissend, daß meine Reserve ›dicke‹ reichen wird, denn ich hole unaufhaltsam Zeit auf. Ich muß auch noch verschiedentlich durch prasselnde Gewitterböen und Schauer, aber darüber kann ich nur noch lachen. Über Lufthansa-Frankfurt gebe ich auf Kurzwelle meine voraussichtliche Ankunftszeit für München mit 18.30 Uhr Zulu, also 19.30 Uhr Ortszeit an, das gleiche auf UKW über die Flugsicherung. Viele Freunde warten ja auf dem Flughafen seit langem auf meine verspätete Ankunft.

Es wird schon dämmerig, während ich die ›Heidelberg 2‹ auf die ILS der Landebahn 07 einfädele. *»Check your gear, Delta–Echo–Hotel–Fox–Golf cleared to land.«* Um 18.24 und 40 Sekunden berühren die Räder der braven Bonanza die Betonbahn von München-Riem. Wir haben es beide geschafft, aber in den 25 Stunden und 47 Minuten reiner Flugzeit haben wir absolut nichts geschenkt bekommen – auch nicht vorher.

Hinter einem ›Follow me‹-Fahrzeug geht es flott zu einem freien Platz auf dem Vorfeld. Noch im Rollen verabschiede ich mich vom TWR und melde mich gleichzeitig für später zur Beurkundung der Rekordakte an. Weil ich Angst habe, daß mir irgendein Pressemann im Eifer der nun anbrechenden Blitzlichtschlacht versehentlich in den Propeller läuft, stelle ich den Motor ausnahmsweise ohne Kühllauf gleich ab.

Diesmal ist es ein harmloses Blitzgewitter, das die Bonanza und ich leicht aushalten. ZDF, ARD, Rundfunk und Presse lassen mir bei aller Freundlichkeit keine Ruhe – aber die brauche ich nun auch nicht mehr. Ich habe es ja geschafft!

Schorsch Brütting, der Präsident des Deutschen Aero-Clubs schüttelt mir die Hand, und Fried Wilser ist aus Heidelberg gekommen. Rudolf Woller und das Team vom ZDF machen spontan das erste Interview – aber das Glas Schampus, das meine Freunde mit mir trinken wollen, schmeckt mir noch nicht – und ich bin kein Kostverächter! Die Anstrengung muß wohl doch groß gewesen sein.

Dann kommen die tausend Fragen der Presse, die aber erstaunlich aufgeschlossen und freundlich ist. Trotzdem werde ich innerlich bald ungeduldig, wenn ich auch äußerlich diszipliniert bleibe. Kein Wunder bei den Fragen: »Wie viel Geld bekommen Sie dafür?« ... »Gar nichts?« – Unverständnis in der Runde. Irgendeiner frotzelt: »Na, als Fußballer könnten Sie die Bonanza jetzt vergolden lassen!« Aber auch: »Warum haben Sie diesen Flug gemacht?« Das beantworte ich genau so klar wie alles andere.

Dachte ich beim ersten Weltrekord vor vier Wochen noch ausschließlich an die Höchstleistung und die Vorbereitung für diesen Flug, so steht das diesmal an letzter Stelle. Zum fünfzigsten Jubiläum will ich mit diesem Flug an einen berühmten und mutigen Flugpionier erinnern. Er war ein großer amerikanischer Patriot, aber er ist dennoch in Deutschlands schwerster Zeit nach dem Kriege mutig für uns eingetreten.

Mit diesem Flug und einer immerhin nicht alltäglichen Leistung wollte ich überall in USA mit diesem friedlichen Unternehmen eine ›good will‹ Aktion durchführen, aber als Deutscher mit geradem Rücken, als Botschafter unseres leider zerrissenen Volkes. So flog ich zur Erinnerung an ihn und seinen großen Flug auch nicht nach Paris, sondern die längere Strecke nach München.

Daß mir mein Vorhaben geglückt ist, davon bin ich fest überzeugt. Gehen doch die Berichte über diesen Flug um den ganzen Erdball. Allein in USA und Europa erscheinen Artikel in den Massenmedien in jeweils 100-Millionen-Auflagen. Wenn das kein Erfolg für die deutsche Fliegerei ist!

Allerdings lese ich am nächsten Morgen auch ulkige Sachen über mich. So soll ich mit wackeligen Beinen vor der Kabine gestanden haben, und man habe mich deshalb herunterheben müssen. Der Fernsehfilm zeigt dagegen einen federnden Absprung vom Flügel des Tiefdeckers. Einmal bin ich Reserveunteroffizier der Luftwaffe, ein anderer hat mich zum Oberst befördert. Über solche Dinge muß man lachen können, auch wenn es nicht die Wahrheit ist.

Erst spät in der Nacht – so gegen zwei Uhr morgens – komme ich unter die Dusche und spüle die undefinierbare Schmiere von New-Yorker-Flughafenstaub, Schweiß, Öldunst und Benzin von meinem ›Heldenkörper‹. Muß ich den Presseleuten nicht furchtbar gestunken haben? 41 Stunden bin ich pausenlos und vielseitig beschäftigt gewesen, davon 26 Stunden eingeklemmt zwischen den Kabinentanks!

15. Chancen für das große Unternehmen

Um halb zehn schreckt mich das Telefon hoch. In der ersten Sekunde weiß ich gar nicht, wo ich bin. »Können wir Ihren Koffer schon mal abholen, der VW-Bus des ZDF wartet schon unten.« Die sind wirklich rührend besorgt um mich. Auf der Fahrt nach Mainz wollen sie mich in Heidelberg vor meiner Haustür absetzen. Schöner kann es gar nicht klappen, aber ich bin wirklich noch ganz duselig. Erst unter der Dusche werde ich richtig wach, und da klopft es auch schon an der Tür. Tropfnaß übergebe ich schnell mein ganzes Gepäck zum Verladen, verziehe mich aber gleich wieder unter die Brause.

Ich muß erst mal wieder zu mir selbst kommen, und das kann man ja beim Duschen so gut. Wann habe ich denn in den letzten hektischen Wochen schon mal ein paar Minuten für mich gehabt? Lieber verzichte ich auf das Frühstück, was mir übrigens

nie schwerfällt – auch heute nicht, obwohl ich richtig abgemagert und abgekämpft bin. Dennoch fühle ich mich wohl unter dem warmen Schauer und lasse mir Zeit, um über den Flug nachzudenken. Bei aller Selbstkritik komme ich zu dem Ergebnis, daß alle meine Entscheidungen und Handlungen in den verschiedenen Phasen richtig waren. Außerdem habe ich trotz meines nicht mehr jugendlichen Alters der Belastung standgehalten – körperlich, geistig und seelisch.
Noch unter diesem Eindruck machen meine Gedanken plötzlich einen Sprung nach vorn – ausgerechnet jetzt. Ich denke schon an mein nächstes Projekt und muß unwillkürlich darüber lachen. Mit meinen beiden diesjährigen Weltrekorden auf Langstrecke habe ich mir unter schwierigen Bedingungen – auch bei den Vorbereitungen – einen ungeheuren Erfahrungsschatz geschaffen. Warum soll ich nicht möglichst bald ein Unternehmen anpacken, das im Laufe vieler Jahre in der Theorie bei mir bis in alle Einzelheiten durchdacht und berechnet worden ist?
Als erster will ich mit einem kleinen, einmotorigen Leichtflugzeug über den geographischen Nordpol fliegen – auf Langstrecke natürlich. Viele, auch namhafte Piloten, haben das schon versucht, allerdings durchweg mit zweimotorigen Maschinen. Nur einer hat es in einem Riesenunternehmen mit Werksunterstützung in einem zweimotorigen Flugzeug mit Druckkabine geschafft. Alle anderen sind an den großen navigatorischen und meteorologischen Problemen gescheitert. Große viermotorige Maschinen mit Spezialausrüstung und vielköpfigen Besatzung machen das natürlich längst und vielfach.
Nach Kriegsende lief da ein richtiges Forschungsprogramm, und es gibt ja auch die sogenannte Polroute einiger weniger Luftverkehrsgesellschaften, die mit Düsenmaschinen über die Polregion fliegen, um die Strecke von Mitteleuropa über Anchorage/Alaska nach Tokio abzukürzen. Aber auch diese Strecke verläuft zwischen 500 und 1000 km südlich des Pols, etwa auf dem Großkreis zwischen Mittelnorwegen und der Nordküste Alaskas nahe der Grenze zu Kanada.
Natürlich will ich allein fliegen und nur in einer einmotorigen Maschine. So philosophiere ich unter dem Rauschen der Dusche so vor mich hin, aber das Telefon holt mich schon wieder in die aktuelle Wirklichkeit zurück. Es ist schon zehn Uhr, sagt Werner Drews, und die Strecke nach Mainz über Heidelberg ist lang. »Ich komme!«
Die verdammte Zeitverschiebung ist natürlich daran schuld. Also rein in die muffigen Klamotten der letzten Tage. Mit der Hand noch über meine zweitausend Haare – Glatze nennt man ja sowas – schnell noch ein Blick ins Zimmer, nichts liegengelassen? Unten werde ich mit freundlichem Hallo empfangen. Mein Gepäck ist schon verstaut. »Kein Frühstück?« Einsteigen, Türen schließen, Abfahrt.
Bei herrlichem Wetter genieße ich, einmal nicht selbst fahren zu müssen. Wir sind alle zufrieden mit der geleisteten Arbeit und ich muß natürlich viel erzählen. Draußen zieht die liebliche, gepflegte Landschaft unseres so kleinen Vaterlandes vorbei, die nirgends auf dieser Erde ihresgleichen hat – und ich kenne fast die ganze Welt und kann mir schon ein Urteil bilden. Vor Müdigkeit schlafe ich auch schon mal

ein, aber meine Gedanken kreisen wieder um mein nächstes großes, freches Projekt.

Die bisherigen Flüge betrachte ich als Teil der Vorbereitung für das große Wagnis, und das reicht schon zwei Jahre zurück. Es begann damals mit dem Probeflug ohne Anmeldung, um die Leistungsfähigkeit der für den Rekordversuch in Aussicht genommenen Maschine, der Zusatzsysteme und auch meine eigene zu überprüfen. Da ich damals niemanden belasten wollte, hatte ich mit keinem darüber gesprochen, auch nicht zu Hause. Nur mein Freund Heinz Berberich war eingeweiht, und er hat mich – selbst begeisterter Segelflieger – organisatorisch und moralisch sehr unterstützt.

Meine Frau war schon damals einiges von mir gewohnt, und wenn ich nach einem Auftrag oft nur so beiläufig erwähnte, »übermorgen muß ich nach Los Angeles«, um sie vorsichtig darauf vorzubereiten, dann lächelte sie nur verständnisvoll und verblüffte eher mich: »Ja, das habe ich schon geahnt.« Rätselhaft! Sie ist wunderbar, und ich verdanke ihr viel. Die Daheimgebliebenen haben es immer viel schwerer!

»Da vorn rechts liegt schon Heidelberg.« Ich schrecke richtig auf, daß die anderen laut loslachen müssen. Zehn Minuten später halten wir vor der Tür. Meine Frau winkt schon vom Balkon. Ich bin froh, daß ich ihr wenigstens einen Riesenblumenstrauß vom Empfang in München mitbringen kann. Sie hat ihn ja eigentlich verdient, und ich bin sicher ein nicht ganz leicht zu nehmender Mann.

Nur unsere Kinder sind da ganz unbeschwert, wenn der ›Alte‹ mal wieder unterwegs ist. Sofern dann noch ein Weltrekord herauskommt, finden sie das ›Klasse‹ oder ›stark‹ oder ›irre‹, je nach dem, was gerade ›in‹ ist. Sie nehmen glücklicherweise alles ziemlich locker, und als ich vor vielen Jahren bei einem Flug von Benghasi nach Addis Abeba für vier Tage verschollen war, tröstete unsere Eva ihre besorgte Mutter: »Du wirst sehen, Mama, der kommt wieder.« Nach meiner Rückkehr haben wir alle schallend darüber gelacht, niemand war gekränkt.

Von dem neuen Projekt weiß meine liebe Frau zu dieser Zeit noch nichts, jedenfalls habe ich noch keine Silbe darüber verlauten lassen. Aber manchmal denke ich auch, daß sie sehr viel ahnt und sich über nichts mehr wundern würde. Schließlich enthält mein Kartenschrank Unterlagen in den verschiedensten Maßstäben von jedem Gebiet unserer Erde. Was soll sie also da noch überraschen?

16. Im Streß der Medien

Eigentlich sollte ich jetzt ein paar Tage ausspannen, aber mein Schreibtisch liegt voller Post, und ich habe für Wochen Arbeit nachzuholen. Dieser Lindbergh-Gedächtnis-Flug hat mich zuviel Kräfte gekostet, wobei natürlich die Vorbereitungen mit über 90 Prozent zu veranschlagen sind. Für einen einzelnen Mann ist das Gesamtprogramm einfach zu umfangreich. Man muß ja berücksichtigen, daß ich das als Freiberufler neben meiner eigentlichen Tätigkeit habe absolvieren müssen. Allein die direkten Vorbereitungen in USA unmittelbar vor dem Flug verlangten ein tägliches Arbeitspensum von durchschnittlich sechzehn Stunden. Wenn man nicht gerade ein halber oder gar voller Millionär ist, der andere beauftragen oder delegieren und bezahlen kann, dann fordert das den ganzen Mann und die letzten Kräfte. Außerdem hatte ich in den kritischen letzten zehn Tagen ständig für das ZDF bereitzustehen, das ja von dem gesamten Unternehmen einen Film produzieren wollte. Da konnte ich von Glück reden, daß das Verhältnis zu diesen Männern sofort ein freundschaftliches war, voller Respekt vor dem Können und der Erfahrung des jeweiligen Partners.

Was sich aber jetzt nach meiner Rückkehr entwickelt, das konnte ich vorher natürlich bei meiner Unbedarftheit nicht wissen. Täglich kommen zig Briefe, zig Postkarten, zig Telegramme, und das Telefon klingelt von morgens bis nachts. Von Fernsehen, Rundfunk und Presse werde ich zwei Wochen lang durch die Mangel gedreht.

Manches Programm hat Niveau, viele Gespräche und Partner sind interessant und geistreich, und das empfindet man natürlich als angenehm. Auch für die Sportfliegerei läßt sich viel herausholen, denn wer weiß schon, wie es dort überhaupt zugeht. Aber oft genug muß man auch gute Miene zum bösen Spiel machen, auch dann, wenn man nicht mehr mag oder unseriöse Pressehyänen kommen. Außerdem fühle ich mich als Flieger, nicht als Star einer Show. Aber danach wird man ja nicht gefragt.

Immerhin kann ich aber zusammenfassend feststellen, daß die meisten Gesprächspartner fair und sehr interessiert sind. Es kommt ja nicht alle Tage vor, daß die Sportfliegerei etwas bietet, über das die Allgemeinheit etwas wissen will. So bin ich froh, etwas Gutes für unseren Sport tun zu können, der heute aus vielen – auch aus politischen Gründen – als Bösewicht dargestellt und angegriffen wird.

Fast immer wird die Lärmerzeugung angeführt, obwohl jeder weiß, daß Mopeds sich da weit stärker und häufiger bemerkbar machen. Aber wer will schon über den eigenen Sohn oder dessen Freund meckern? Da ist es ja viel einfacher, einen anderen Sündenbock zu prügeln.

Auch von denjenigen, die mit der Millionenmasse jedes Jahr nach Mallorca oder Lumbitotu fliegen, schimpfen manche auf die verfehmten Sportflieger da oben. Nun gibt es da zwar solche, die die Schönheit des Fliegens entdeckt haben, aber leider auch andere, die sich dennoch gegen die Sportflieger äußern. Wenn die dann mit Familie Meier, Klugweiß oder Frömmlich beim Bier zusammensitzen, um von ihrem Gruppenflug mit der Spondex zu berichten, geraten sie in Verzückung und sind stolz darauf, daß es vielleicht schon der sechste Trip war, der sie nun endlich als flugerfahrene Weltenbummler ausweist. Von dem Lärm, den der vierstrahlige

Uralt-Jet (mit seinen 45 000 Flugstunden auf den Flügeln) für die ›kleinlichen Spießer‹ am Boden gemacht hat, ist dann natürlich keine Rede. Im Gegenteil, man ist davon angetan, einen Zipfel vom Jet-Set erwischt und das auch demonstriert zu haben. Daß der junge Sportflieger aus der Nachbarschaft sich mit Sparsamkeit und Baustunden im Club den Motorseglerschein geradeso erhalten kann, finden sie aber umweltfeindlich. Wie heuchlerisch ist doch manchmal unsere Gesellschaft!

17. Grundsatzfragen

Im großen und ganzen glaube ich, meine erste Probezeit mit den Medien ganz gut abgeschlossen zu haben, und es sind sogar nette Bekanntschaften entstanden. Nichts kann mich jetzt mehr davor zurückhalten, die durch Terminnot unterdrückten Gedanken um mein Projekt ›Nordpolflug‹ wieder zu aktivieren. Das kann ich mir allerdings erst abends oder nachts erlauben, denn schließlich muß man ja auch die tägliche Arbeit hinter sich bringen.
Aus der untersten Schublade meines Schreibtisches sortiere ich die noch verwertbaren Unterlagen heraus, die ich schon vor einigen Jahren gesammelt und verarbeitet habe. Dabei beziehen sich die Berechnungen noch in der Hauptsache auf zweimotorige Maschinen, und zwar sowohl solche mit Kolbenmotoren als auch mit Propellerturbinen und einige mit Druckkabine.
In den letzten Jahren hat sich dann aber bei mir die Überzeugung durchgesetzt, daß es besser ist, ein solches Unternehmen voll in der Hand zu behalten. Aus Kostengründen habe ich dafür auf Zweimotorigkeit verzichtet. Aber es ist wichtiger, jede einzelne Komponente des Langstreckensystems für das Flugzeug selbst zu entwickeln, den Bau zu überwachen und die Installation selbst mit durchzuführen, als dies anderen zu überlassen. Bei den Zweimots würde ich wegen des erheblich größeren Aufwandes technisch vieles aus der Hand geben müssen, und der finanzielle Teil hätte ein Vielfaches ausgemacht. Zuviele Organisatoren an grünen Tischen, unkompetente Leute und unterschiedliche Meinungen haben schon so manches Unternehmen zum Scheitern gebracht.
Es liegt mir daran, einige für unsere Sportfliegerei sehr wichtige Dinge zu demonstrieren. Erstens will ich dem ständig mehr um sich greifenden Aberglauben entgegentreten, ein mit zig Navigationssystemen modernster Avionik vollgestopftes Flugzeug sei schon die alleinige Garantie für sicheres Fliegen.
Diese Auffassung verführt nicht selten zur Vernachlässigung der Arbeit mit Karte, Kompaß und Uhr, der beim Fliegen nach Sichtflugregeln noch immer die höchste Priorität eingeräumt werden muß. Wer nicht ausschließlich mit brummendem ›Quirl‹ fliegt, sondern auch Leistungssegelflieger ist, der fühlt sich beim ›Franzen‹

überlegen, weil er weiß, daß er durch seine eintrainierte Aufmerksamkeit bei der Beobachtung selbst kleinster Details auch bezüglich der Wetterentwicklung stets auf dem aktuellsten Stand ist.

Nun kann ich zwar einen Weltrekordflug der geplanten Kategorie nicht nach Sichtflugregeln durchführen, aber ich will versuchen zu beweisen, daß man ihn mit relativ einfachen Mitteln unter Einschluß und Betonung der Koppelnavigation erfolgreich durchführen kann. Gerade der Hinweis auf die Schlüsselrolle dieser Komponente für unseren Sportflug liegt mir am Herzen.

Zweitens will ich überzeugend darstellen, daß auch in unserer technisierten Welt der Mensch noch immer die wichtigste und vielseitigste Komponente von kombinierten, komplexen Systemen ist. Das widerspricht leider dem Glauben mancher Leute aus dem Nachwuchs, die zur Freude der Hersteller oft von den Geräten zu viel erwarten. Nicht nur die so wichtige Selbstkritik muß immer wieder angestachelt werden, sondern auch der Durst nach dem Wissen in Geographie, Navigation, Meteorologie, Physik und der Funktion der Systeme.

Auch wenn man in seinem sonstigen Beruf noch so stolze Erfolge, Ehren und Titel erworben hat, die Naturgesetze kümmern sich darum nicht und lassen den vom Himmel fallen, der sie mißachtet. Dafür gibt es genügend Beispiele, und wenn an Pilotenerfahrung alte Hasen von Selbstdisziplin und Willenskraft sprechen, werden sie manchmal belächelt, aber gerade für die Tätigkeit in Luft- und Raumfahrt sind charakterliche Tugenden nach wie vor elementare Voraussetzungen. Da entsteht nicht die geringste Anrüchigkeit von Stubenhockertum, denn alle diese Voraussetzungen sind ja gepaart mit sportlichem Geist, körperlichem Einsatz, Mut und Intelligenz.

Wer nun ein Rekordunternehmen im Bereich der Sportfliegerei starten will, muß auch ein erhebliches Maß an sportlichen Ambitionen mitbringen, und das ist der dritte Punkt: die Prüfung auf Höchstleistung.

Um alle drei genannten Programmpunkte abzudecken, wird für die Durchführung eines so wagemutigen Fluges nicht nur Erfahrung und Fachwissen gefordert, sondern auch eine gehörige Portion der genannten Eigenschaften. Allerdings muß man als Sportler noch die körperliche Fitneß und Leistungsfähigkeit mitbringen. Darüber hinaus ist aber auch das einschlägige Training gefragt, das ich mit mehreren Vorbereitungsflügen und zwei Weltrekorden auf Langstrecke nun habe.

Man muß ja auch wissen, was man sich in dieser Beziehung zutrauen kann. Da ich den großen Vorteil habe, dies einigermaßen erfahren zu haben, plane ich neben anderen Langstreckenflügen noch einen zwanzigstündigen Trainingsflug in meine Vorbereitungen ein.

18. Finanzielle Probleme

Was bei der Vorbereitung des Nordpolfluges organisatorisch auf mich zukommen wird, kann ich anhand der bisherigen Erfahrungen einigermaßen abschätzen. Natürlich werden sie weiträumiger und auch von der Ausrüstung her ganz wesentlich umfangreicher sein, und deshalb muß ich damit rechnen, daß auch die finanziellen Probleme erheblich anwachsen werden. Meine Programmpunkte und eben diese leidige Geldfrage zwingen mich gleichermaßen, die Entscheidung endgültig für eine einmotorige Maschine zu treffen.

Ein sehr wichtig zu nehmender Vorteil erleichtert mir diesen Entschluß, nämlich die Tatsache, daß das Verhältnis von Kraftstoffverbrauch zu Reichweite bei aerodynamisch einigermaßen gut durchgebildeten, einmotorigen Flugzeugen günstiger ist, als bei entsprechenden Zweimotorern. Die mögliche Zuladung spielt natürlich auch eine Rolle. Vor allen Dingen kommen nur Serienflugzeuge in Betracht.

Nun ist ein solches Zahlenspiel nicht neu, aber selbst als nüchterner Rechner ist man noch ein Mensch, der schließlich auch ein Gefühlsleben hat. Das meldet sich schon bei den Vorbereitungen und besonders bei dieser Entscheidung: 60 Prozent des 8200 km langen Flugweges führen über eine absolut menschenleere Eiswüste. Da soll man sich für ein einmotoriges Flugzeug entscheiden?

So wäge ich alle Vor- und Nachteile der Einmotorigen gegenüber den Stärken und Schwächen des Twin ab, besonders solche, die dort oben in den hohen Breiten großes Gewicht haben. Leider muß eine ganze Reihe von Nachteilen bei einem kleinen Leichtflugzeug in Kauf genommen werden, z. B. die erheblich geringere Geschwindigkeit und der dadurch bedingte größere Einfluß von Wind, der die ohnehin außerordentlich schwierige navigatorische Aufgabe noch erschwert. Dazu kommt die etwa 70 Prozent längere Flugzeit in einer Flughöhe von maximal dreitausend Metern – also mitten im Wetter – statt in achttausend Metern Höhe über dem signifikanten Wettergeschehen und wohlaufgehoben in einer Druckkabine. In einer kleinen Maschine habe ich außerdem alle wichtigen Systeme nur einfach zur Verfügung: nur einen Motor, nur einen Generator.

Wenn man extreme Leistungen anstrebt, muß man sich dazu durchringen, Gefühle dieser Art zurückzudrängen. Das ist leicht gesagt, aber wenn man eiskalt rechnet und nüchtern auch die unmöglichsten Kompromisse zu schließen bereit ist, so ermöglicht das wenigstens das Fortschreiten des Prozesses. Übermäßige, sogenannte Sicherheitspolster können nämlich die tatsächliche Sicherheit sogar verringern, wenn man so viele Rettungsgeräte und zu komplizierte Zusatzsysteme mitführt, daß die Maschine zu schwer wird. Der beste Kompromiß ist allerdings nicht so leicht zu finden.

Jedenfalls ist klar und einleuchtend, daß ich viele große Nachteile hinnehmen muß, um nur einen Vorteil, nämlich die Stärke in der Reichweite zu erhalten. Ich will ja nicht nur den Nordpol überfliegen, sondern gleichzeitig auch einen Langstreckenweltrekord aufstellen, und unter solchen Umständen hat dieser Punkt höchste Priorität.

Aber zwei weitere Überlegungen sind zusätzlich für meine Entscheidung maßgebend. Erstens will ich als Sportler eine große Leistung bringen, und da muß die des Menschen vor der des technischen Gerätes ganz eindeutig im Vordergrund stehen. Zweitens will und muß ich das ganze Unternehmen absolut in eigener Regie durchführen – aus technischen, finanziellen und organisatorischen Gründen. Dann nämlich habe ich die Gewähr, daß es eine Chance auf Erfolg hat.

Nach diesen Überlegungen fällt die Entscheidung ganz klar für die einmotorige Maschine, und zwar schon unmittelbar nach dem gelungenen Lindbergh-Gedächtnis-Flug. Dieser frühe und starke Entschluß wird dem Fortgang der Vorbereitungen förderlich sein, wenn auch die finanzielle Abdeckung noch ein großes Fragezeichen ist. Jedenfalls habe ich den unschätzbaren Vorteil, jetzt ein großes Zeitpolster zu haben, und es bleibt mir die beruhigende Feststellung, daß nach meiner Entscheidung für den einfachsten Weg mir dieses Problem nicht mehr allzu gefährlich werden kann. Im übrigen muß ich ohnehin einige Risiken eingehen, die schwer wiegen, aber wenn man Höchstleistungen anstrebt, muß man auch einiges in Kauf nehmen.

In dieser Zeit versuche ich gezielt, finanzstarke Firmen für das Unternehmen zu interessieren, erhalte aber ausnahmslos Absagen. Da wundert man sich schon ein wenig, wenn man andererseits beobachtet, wieviele Millionen oft auch unsinnig hinausgeworfen werden. Lediglich die Luftfahrtfachzeitschrift ›*Flug-Revue*‹ zeigt Interesse und will einen Betrag beisteuern. Zwar ist das nur ein Tropfen auf den berühmten heißen Stein, zumal die Summe erst nach dem Gelingen des Gesamtunternehmens ausgezahlt werden soll, aber mir ist jede Hilfe willkommen.

Indessen bin ich verwundert und auch enttäuscht, als ich durch Zufall die Begründung der Ablehnung bei einigen wenigen Firmen erfahre. Sie mündet etwa in dem Tenor, die Unterstützung der deutschen Luftfahrt sei in der heutigen Zeit als ein Rückfall in den Chauvinismus zu betrachten.

Nun habe ich sehr oft Gelegenheit gehabt, mit Fliegerkameraden in vielen Ländern über diese beschämende Tatsache zu sprechen. Ausnahmslos haben sie den Kopf geschüttelt und mir versichert, daß so etwas in ihrem Lande völlig undenkbar sei – im Gegenteil könne man absolut sicher sein, daß die Flagge des Vaterlandes über einem solchen Unternehmen schützend hochgezogen würde. Beweise dafür, allein in der Luftfahrt, gibt es die Menge. Da ich in meinem Fliegerleben schon in allen Erdteilen herumgekommen bin, kann ich konstatieren, daß diese ganz natürliche Auffassung überall vertreten wird. Bei uns wird sie oft genug lächerlich gemacht oder totgeschwiegen. Könnten wir da nicht viel von unseren Nachbarländern lernen?

Man darf sich dennoch von solchen Enttäuschungen nicht entmutigen lassen. Gerade daran kann man ja die eigene Standfestigkeit messen und das Durchsetzungsvermögen anregen. Manchmal ist es sogar ganz heilsam zu erkennen, wie sich bei solchen Gelegenheiten vorgeblich überlegene Persönlichkeiten als Personen mit dünner Krämerseele entpuppen. Hinter einem großartigen Titel oder in einer schillernden Uniform muß eben nicht zwingend auch das stecken, was man eigentlich an Größe erwarten möchte, und so steht es manchmal auch mit strahlenden Firmennamen.

Auf der anderen Seite treten mehrere Privatleute an mich heran – Normalverdiener –, die mit ihrem ersparten Geld in rührender Weise mein Vorhaben unterstützen wollen. Das beeindruckt mich nachhaltig, aber ich lehne diese Angebote ausnahmslos mit herzlichem Dank ab. Daß die sogenannten Kleinen das große, starke Herz haben, ist ja wohl für uns alle nicht neu, und eigentlich müßte das auf die Krämertypen beschämend wirken. Aber die haben dafür keine Antenne.

Trotz aller dieser Erkenntnisse, die ich als Begleiterscheinungen meiner Bemühungen aufmerksam registriere, bin ich weder entmutigt noch neige ich zur Resignation. Meine Philosophie fordert ja geradezu, mit möglichst geringen Mitteln möglichst viel zu leisten. Im Flugzeugbau würde man von einer großen Leistungsbelastung sprechen. Ich muß alles allein schaffen, und so gilt das von nun an nicht nur für die technische, organisatorische und fliegerische Seite. Es gibt kaum mehr Zweifel darüber, daß ich auch finanziell zaubern muß. So weiß ich nun wenigstens genau, woran ich bin.

19. Gewichtsprobleme

Es drängt nun auch die Entscheidung für den Flugzeugtyp. Drei verschiedene Muster können mir von privater Seite zur Verfügung gestellt werden. Wegen der erheblichen Überladung ist die strukturelle Festigkeit das Problem Nummer eins, denn ich muß ja ein normales Serienflugzeug verwenden, an dem nichts verändert werden kann. Als Nr. 2 stufe ich die in diesem Zustand noch zu demonstrierenden Flugeigenschaften ein.

Diese verändern sich zwar bis etwa 10 Prozent über dem maximalen Startgewicht nur unwesentlich. Über diesen Bereich hinaus treten jedoch bei wachsender Überladung erhebliche Einbußen an Flugstabilität und Steuerfähigkeit in Erscheinung. Solche Zustände veranlassen zu Übersteuerung, die oft nur teilweise ausgeglichen werden kann. Insbesondere betrifft das die Längsstabilität, also die Lage um die Querachse. Dabei verhalten sich aber Flugzeugtypen der gleichen Klasse je nach ihrer Auslegung durchaus unterschiedlich, besonders bei extremen Schwerpunktlagen.

Naturgemäß können sowohl eigenschaftsmäßig, als auch was die Festigkeit anbelangt unter solcher Überlast nicht auch noch Turbulenzen oder hohe Geschwin-

digkeiten verkraftet werden. Der Grat, auf dem alles ausbalanciert werden muß, ist jedenfalls sehr schmal. Besonders nach dem Start würde sich dies bemerkbar machen, und zwar zunächst beim Wechsel der Konfiguration von ausgefahrenem Fahrwerk und halb abgedeckten Fahrwerkschächten über den Zustand mit voll geöffneten hin zum aerodynamisch endlich günstigen mit eingefahrenen und abgedeckten Beinen. Anschließend bietet sich nur ein sehr schmales Band zwischen der Abreißgeschwindigkeit in geringer Steigfluglage und der Fahrt im Horizontalflug. Bleibt man nicht in diesem Differenzbereich von etwa 10 Knoten, so gerät man in den Sinkflug oder fällt runter (›stall‹).
Durch meine Testpilotentätigkeit und die Überführung der verschiedensten Flugzeugtypen im Überladezustand beim Start habe ich da einen guten Überblick. Immerhin habe ich bis jetzt etwa 240 verschiedene Flugzeugmuster geflogen!
Im Gegensatz zu diesen Überlegungen spielt die Motorenfrage eine völlig untergeordnete Rolle, zumal in der entsprechenden Klasse lediglich etwa drei verschiedene Muster zum Einbau gelangen. Von der Auslegung her sind sie sehr ähnlich, nämlich luftgekühlte Boxermotoren mit sechs Zylindern, ohne Untersetzungsgetriebe, aber mit Benzineinspritzung, und die ist wichtig!
Für manchen vielleicht überraschend ist die Frage der Strukturstärke des Fahrwerks. Das Rollen mit einer geschätzten Überladung von etwa 50 Prozent hat zwar mit dem Flug selbst nichts zu tun, aber hier könnte es vor dem Start bereits zu Pannen kommen, die auch den Flug gefährden können.
Bei der Auswahl des Flugzeugtyps kommt deshalb dieses Problem an dritter Stelle. Besonders der Integrationsbereich wird beim Überleiten der Kräfte vom Fahrwerk in die Zellenstruktur hoch belastet, aber auch das Fahrwerk selbst muß allerhand zusätzliche Kräfte aufnehmen und verkraften können. Deshalb sehe ich auch vor, die Maschine diesmal in zwei Phasen zu betanken – zunächst bis zum normalen, maximalen Startgewicht und dann erst kurz vor dem Start bis zur vollen Überladekonfiguration. Außerdem werde ich schon nach Beendigung der Ausrüstung eine Wägung der Maschine mit Pilot und voller Betankung auf drei Waagen vornehmen, damit auch nicht der geringste Fehler beim Verteilen der Lasten auftreten kann.
Im übrigen ist zu berücksichtigen, daß man den Schwerpunkt zwar laut Tabelle schließlich in den zugelassenen Bereich trimmen kann, auch wenn das eine schwierige Operation bei der Ausrüstung ist, aber das Niveau wird jedenfalls bedeutend höher liegen als normal. Die hohen Tanks mit der großen Gewichtskonzentration ihres Inhalts sorgen in gefülltem Zustand nicht allein für eine Verschiebung des Schwerpunktes nach oben, sondern sie sind auch noch ein Problem, wenn der Inhalt zwischen drei Viertel und ein Drittel voll, schwappend und schwerpunktverschiebend sich hin und her bewegt. Zwar sorgen eingebaute Schotten für Dämpfung, aber die Wirkung ist begrenzt.
Wegen der Schlüsselposition des Flugzeugtyps im Gesamtkomplex der vielen Probleme, nehme ich mir die Zeit, mit Herren verschiedener Hersteller persönlich zu sprechen, sofern in deren Produktionsprogramm entsprechende Baumuster oder

spezielle Ausrüstungen geführt werden. In besonderem Maße eignen sich hierfür die Luftfahrtausstellungen in Paris und Hannover. Dort spreche ich freimütig über mein Vorhaben und bitte darum, sich ebenso offen zu äußern. Sieben verschiedene Muster verschiedener Produzenten halte ich für mehr oder weniger geeignet und bin deshalb verwundert, daß lediglich eine einzige Firma ernsthaft reagiert. Glücklicherweise bin ich nicht unter Druck, denn ich habe die Rückendeckung durch Halter gut ausgerüsteter Privatmaschinen. Mein guter Name verhilft durchweg zu guten Gesprächen, aber interessanterweise kommt es zu konkreten Ergebnissen und absolut hundertprozentigen Absprachen nur mit Herstellern dieser Namen: Beech für das Flugzeug, Sperry für das Kreiselsystem und Collins für das Kurzwellengerät. Den Überführungsauftrag wird die Firma Wolfgang Denzel GmbH in Augsburg geben, sie ist die Beechvertretung für Deutschland, Österreich und Jugoslawien.
Warum die Gesprächspartner der anderen Firmen ihrem Interesse lediglich verbalen Ausdruck verleihen, kann ich nicht beurteilen. Vielleicht wollen sie ihrem Produkt die großen Belastungen nicht zumuten, oder sie scheuen die Initiative. Es kann auch daran liegen, daß sie nach dem Scheitern von bisher so vielen Unternehmungen mit dem Ziel ›Nordpolflug‹ trotz des größeren Aufwandes mit zweimotorigen Flugzeugen, mir die Bewältigung dieser zweifellos gewaltigen Aufgabe mit einer Einmotorigen und im Alleingang nicht zutrauen.
Zuerst bin ich etwas erstaunt und würde die Gründe gern wissen, aber das ›Beschaffungsprogramm‹ für die Ausrüstungsseite ist nun mit Erfolg und auch in personeller Harmonie abgeschlossen und deshalb ist das nicht mehr interessant.
Bei der Entscheidungsfindung haben einige Punkte den Ausschlag erleichtert. Erstens habe ich meine beiden ersten Weltrekorde 1977 auf Beechcraft Bonanza V 35 B und F 33 A erflogen, und zweitens verfügen beide Typen, die sich übrigens lediglich in der Auslegung des Leitwerks voneinander unterscheiden, über ein überdimensioniert starkes Fahrwerk, das auch die fast doppelt so schwere, zweimotorige Baron trägt. Drittens haben sich beide Maschinen auch unter der Berücksichtigung der bereits erwähnten Punkte bei Überladung bestens bewährt. Die Firma W. Denzel/Augsburg, die mich bei der Durchführung des Lindbergh-Fluges finanziell unterstützt hat, will auch diesmal helfen, allerdings auf andere Weise. Trotz der klaren Entscheidung muß ich leider auch einen Nachteil in Kauf nehmen, von dem ich noch nicht weiß, wie schwer er wiegen wird. Ich werde das erst nach der Beendigung des großen Fluges sagen können. Während nämlich die urechte Stammtype Bonanza das V-Leitwerk hat, wurde dies im Laufe der Serienproduktion um eine Variante mit normalem Kreuzleitwerk ergänzt. Beide Typen werden gern geflogen, sind aber in ihren Eigenschaften unterschiedlich, und zwar bei der Stabilität um die Hochachse. In allen Bereichen des Flugzeugbaues – militärische Düsentrainer, Hochleistungssegelflugzeuge, Reisemaschinen – ist man aus Stabilitätsgründen wieder vom V-Leitwerk abgegangen, weil die Vorteile kaum meßbar waren. Die liegen bei den V-Bonanzas in der höheren Reisegeschwindig-

keit im Bereich von etwa 6 bis 9 km/h, so daß die Rückentwicklung verständlich wird.
Nun weiß ich bereits, daß die mir zur Verfügung stehende Maschine eine V 35 B sein wird, so daß ich ganz klar sage: im Interesse der besonders im Überladezustand wichtigen Flugstabilität um alle Achsen, wäre mir die F 33 A absolut lieber gewesen. Den kleinen Geschwindigkeitsvorteil würde ich dagegen glatt eintauschen. Noch deutlicher: unter normalen, alltäglichen Flugbedingungen wäre für mich dagegen die Wahl auch die Qual, denn da nehmen sich die beiden nichts.
Alle Bonanzatypen – also V 35 B, F 33 A, A 36 und A 36 TC – bringen aber außer ihrer strukturellen Festigkeit noch eine Eigenschaft, die für Flüge im Überladezustand einen großen Vorteil offeriert. Bei hinteren Schwerpunktlagen (im vorgeschriebenen Bereich natürlich) wächst nämlich die Reisegeschwindigkeit je nach Lage deutlich an, so daß man in der Zeit der Überladung trotz mancher anderer Nachteile wenigstens diesen Vorteil genießt. Bei fast allen anderen Fabrikaten ist das umgekehrt. Alle diese Eigenschaften der verschiedenen Typen lernt man bei Überführungsflügen kennen. Und für meinen extremen Fall leistet dieses Wissen nun große Dienste.

20. Sonderausrüstung von Collins

Die Flugzeugtypenfrage ist geklärt. Bei dem Nordpolflug bildet aber die Spezialausrüstung mit zusätzlichen Geräten eine weitere Schlüsselrolle, und deshalb habe ich von Anfang an die Beschaffungsaktion parallel zu der für das Flugzeug laufen lassen. Zeitverluste kann ich mir nicht erlauben. Aus diesem Grunde arbeite ich neben meiner normalen Tätigkeit jede Nacht von 21.00 Uhr bis morgens zwei an diesem Projekt. Das ist ein langer Arbeitstag. Aber es geht vorwärts.
Eines Tages ruft Herr Jaeger von der Firma Denzel an: »Erfreuliche Nachricht, die Versicherung verlangt aufgrund Ihrer erwiesenermaßen zuverlässigen und umsichtigen Vorbereitungen keinen Aufschlag!« Wir freuen uns beide darüber, denn es muß an allen Ecken und Enden gespart werden. Mein unverschämtes Projekt wird für einen einzelnen ohnehin schon zu teuer.
Wie beim Lindbergh-Flug habe ich vor, die bewährte Collins-Kurzwellenstation 718 U-5 einzubauen, aber diesmal wird die Wichtigkeit dieses Traumgerätes mit seinen 280 000 Kanälen noch bei weitem höher einzustufen sein, wenn ich über einen Tag lang weit von allen bewohnten Gebieten abgetrennt eine Zone überfliege, die vor Menschenfeindlichkeit strotzt. Inwieweit das Auftreten von Nordlicht die Funkverbindung nur zeitweise oder völlig unterdrücken wird, ist ein großes Problem. Indessen läßt sich gegen diese Erscheinung kein Mittel einsetzen – man muß

auf das Glück hoffen, daß eine entscheidende Behinderung nicht auftreten wird. Funkstationen, mit denen ich eine Verbindung würde aufrecht erhalten können, liegen fast ausnahmslos Tausende von Kilometern von meinem Kurs entfernt, und wie schlecht eine Verbindung sein kann, weiß ich von meinen Transatlantikflügen ebensogut wie die erfreuliche Tatsache, daß es auch so gut funktionieren kann, wie am Telefon von Haus zu Haus.
Auf den stark beflogenen Routen über dem Nordatlantik ist bis auf wenige Nachtstunden wenigstens eine Funkverbindung mit Verkehrsflugzeugen auf UKW möglich. Für den Notfall ist das außerordentlich wichtig. Schon zig Positionsmeldungen habe ich bei Ausfall meiner Kurzwellenstation über Vermittlung durch Linienmaschinen an die großen Flugsicherungsstationen Gander, Shanwick, New York oder Santa Maria absetzen können. Dort oben aber, über der Eiswüste im Polargebiet, ist das nicht möglich, denn auf der sogenannten Polroute fliegen in der Woche nur einige wenige planmäßige Linienflugzeuge hin und her, und zwar meist weit südlich des Nordpols etwa auf dem Großkreis zwischen Mittelnorwegen und Fairbanks/Alaska, entlang der Nordküste Grönlands. Schiffe gibt es dort überhaupt nicht.
Auf meine Anfrage in Cedar Rapids willigen die Collins-Leute sofort ein, und wir vereinbaren den Einbau der Anlage in der dortigen großen Halle der Versuchswerkstatt. Wieder ist das Interesse groß, die Installation in einem so kleinen Flugzeug vorzunehmen, und deshalb wird das Gerät kostenlos eingebaut und bereitgestellt. Für die Sicherung des Fluges ist diese Anlage von großer Wichtigkeit, hingegen ist sie für die Navigation nicht anwendbar und deshalb für diesen Zweck völlig bedeutungslos.

21. Navigation im Polbereich

Um in der Polregion navigieren zu können, ist ein Gerät erforderlich, dem eine absolute Schlüsselposition zukommt: der Kreiselkompaß. Wir brauchen ja für jede Art Navigation ein richtungweisendes Instrument oder wenigstens einen Fixpunkt, den wir irgendwie anpeilen können, sei es nun ein weithin sichtbares Gebäude, ein Berg, ein Baum oder ein Stern am Himmel. Das bekannteste Instrument ist ein Magnet-Kompaß, der in vielen Zonen der Erde mit der Spitze seiner Nadel gleichermaßen zum magnetischen und geographischen Nordpol zeigt. Von vielen Standpunkten aus liegen diese beiden Punkte nämlich fast deckungsgleich im Netz der Magnetfeldlinien der Erde, so daß der Magnet-Kompaß als Richtungsweiser seine großartige Rolle spielen kann. Aus diesem Grunde ist der Nordpol für uns zum generellen Bezugspunkt geworden, für die meisten allerdings eher ein abstrakter. Jene Polarzone liegt nämlich für fast alle Menschen außerhalb des täglichen Denk- oder Vorstellungsbereiches und erheischt aus vielerlei Gründen nicht das geringste Interesse. Polkarten haben fast Seltenheitswert, und deshalb weiß auch kaum jemand, daß der magnetische Pol in der gewaltigen Entfernung von etwa 1500 km südlich vom geographischen Nordpol liegt.

In der Polarregion würde also ein Magnetkompaß bis zu 180° verkehrt anzeigen, wenn man etwa zwischen diesen beiden Polen steht. Aber außerdem laufen die Linien des Magnetfeldes nicht mehr nahezu parallel zur Erdoberfläche, sondern in immer steiler werdendem Winkel, so daß die horizontale Richtkraft um so schwächer, ja sogar unbrauchbar wird, je näher man dem Magnetpol kommt.

So hervorragende Dienste dieses Instrument in den verschiedenen Ausführungen also zu Lande, in der Luft- und Seefahrt in den meisten Zonen der Erde auch leistet, in der Polregion ist es absolut unbrauchbar. Dieser Bereich in etwa ovaler Form reicht bis zu 2000 km um den Nordpol herum.

Außer den genannten störenden Auswirkungen kommt noch hinzu, daß im Verhältnis zur schwächer werdenden Komponente der horizontal gerichteten Kräfte des Magnetfeldes diejenigen der Korrektureinrichtungen im Kompaßsystem ebenso an Einfluß gewinnen, wie andere, die damit kompensiert werden sollen. Das sind Triebwerke, Generatoren, Funkgeräte, elektrische Scheibenheizungen und Kreiselgeräte, Zusatztanks aus Stahlblech und elektrische Geräte mit eigenem induziertem oder permanentem Magnetfeld.

Ähnliche Einflüsse entstehen schließlich durch einseitige Veränderung der beschriebenen Magnetfelder bei Schaltung oder Regulierung von Geräten, jedoch gleichbleibender Lagerreibung der Kompaßanlage, so daß der Kompaßdrehfehler sich bei Beschleunigungen unterschiedlich auswirkt. Hinzu treten erhebliche Störungen beim Durchfliegen von aktiven Gewitterzonen oder anderer stark aufgeladener Felder, wie Sandstürme und Eiskristall-Dunst, in denen die Flugzeugzellen elektrisch aufgeladen werden.

Diese Einflüsse haben in den letzten Jahrzehnten die Entwicklung von einfachen Kreiselsystemen begünstigt, die zwar über den Magnet-Mutterkompaß periodisch ausgerichtet werden, aber über einige Zeit recht stabil die Richtung halten. Einfachere Systeme können manuell nachgestellt werden. Im Polargebiet sind hingegen völlig unabhängige Präzisionskreiselgeräte erforderlich, die die einmal eingestellte Richtung über Stunden garantiert halten.

Da sind jedoch noch weitere Kräfte am Werk, deren Einfluß noch nicht allzulange bekannt ist.

Die erhebliche Differenz in der Position zwischen den magnetischen Polen auf der Erdoberfläche und den geomagnetischen Polen in Hunderten von Kilometern Höhe in Verbindung mit der Aktivität der Sonneneruptionen steht in ursächlichem Zusammenhang mit der Entstehung des Nordlichts, das besonders in hohen Breiten in Erscheinung tritt. In nahezu jeder klaren Nacht ist es mehr oder weniger stark zu sehen. Wie oft war ich fasziniert von den unglaublich schönen, manchmal

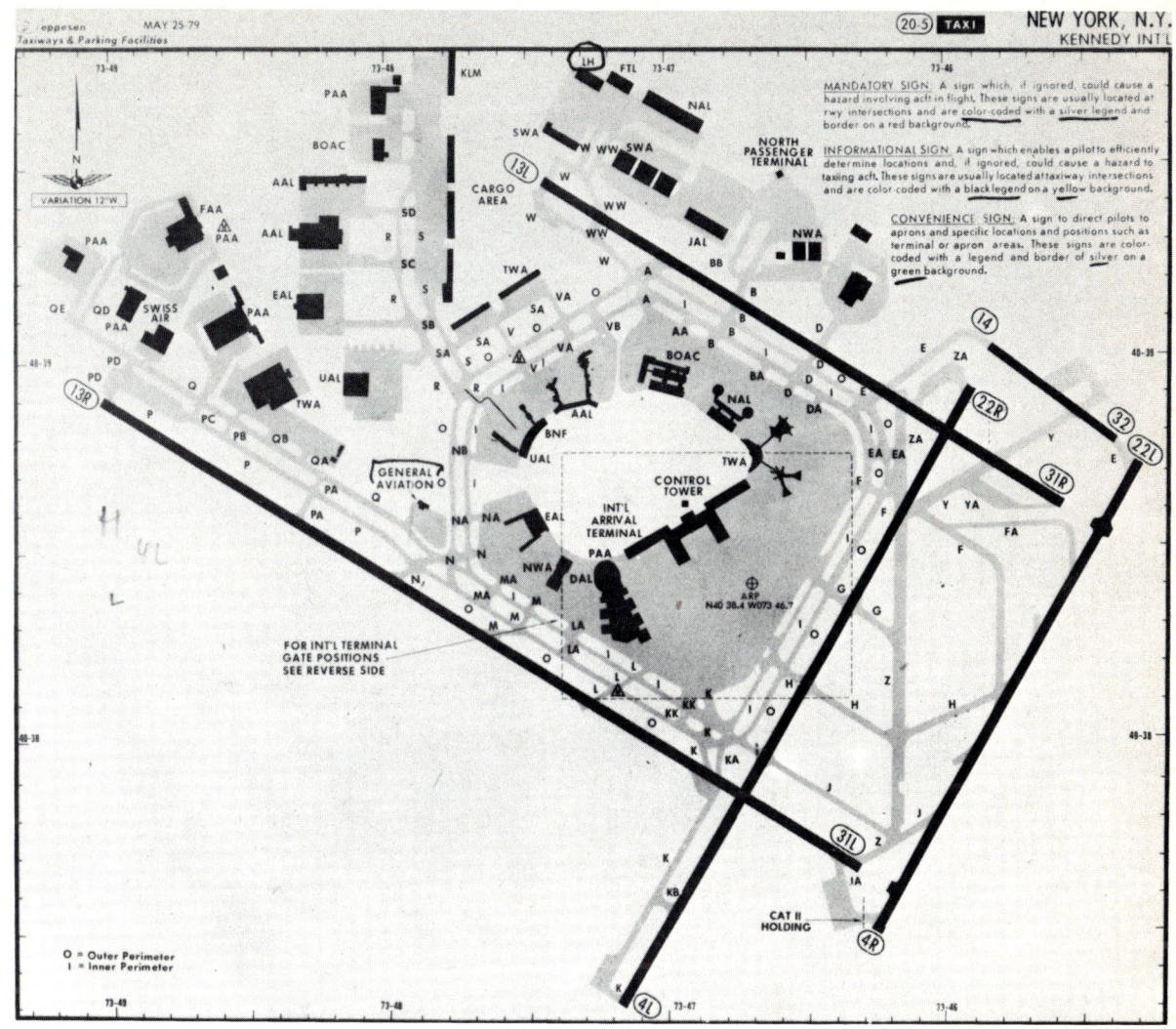

Die Jeppesen-Karte vom Flughafen Kennedy. (Vergrößert wiedergegeben. Copyright © Jeppesen Sanderson Inc. 1982).

Start in der Mittags-
hitze von New York.

Nach dem Abheben

Fahrt aufnehmen

Fahrwerk beim Einziehen. Vorneweg fliegt die Filmmaschine mit Woroneff und dem ZDF-Team Woller-Drews (Cessna 206 Turbo).

Wetterkarte für den Rekordflug.

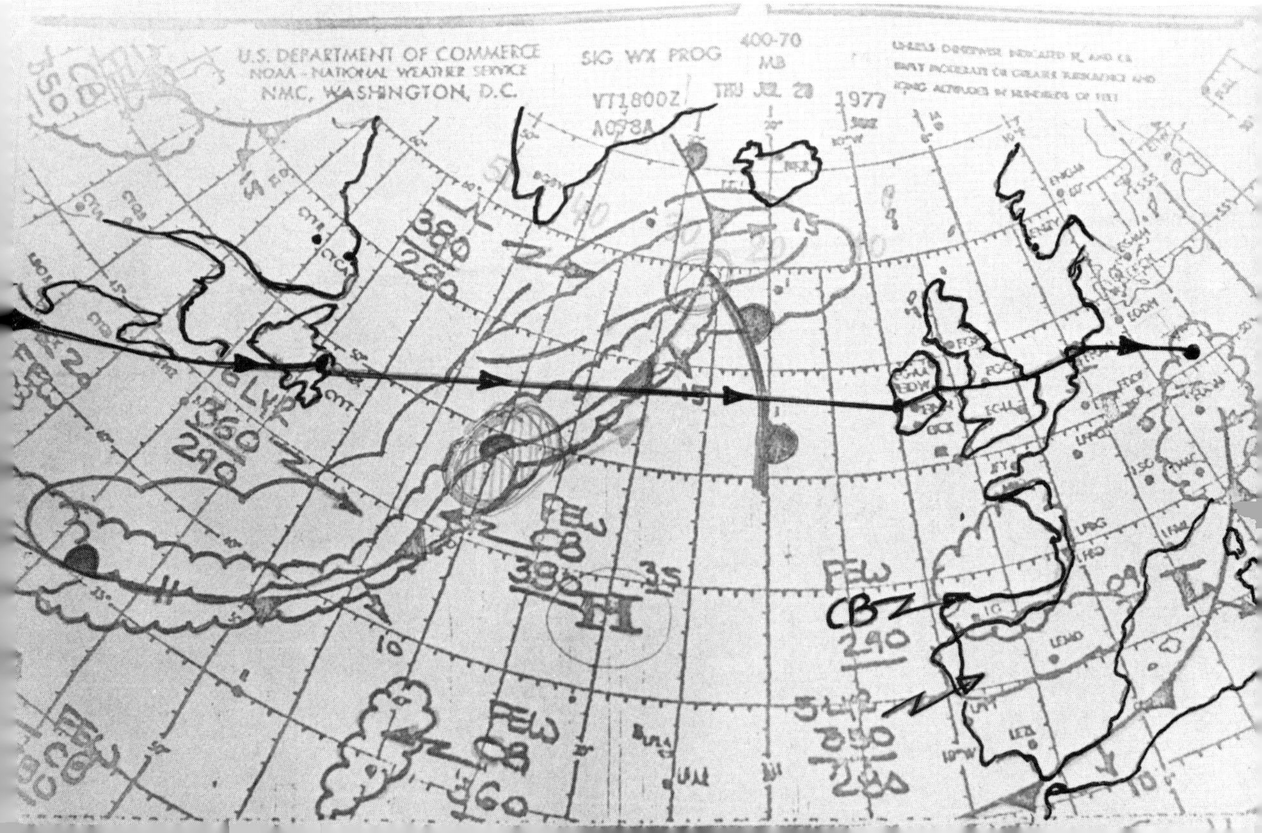

Aussteigen nach der Landung in München-Riem nach 25 h 47 min.

Fernsehen und Presse.

Der Präsident des Deutschen Aero Club Georg Brütting (links) ist zur Begrüßung gekommen, mit ihm Fried Wilser aus Heidelberg und Rudolf Woller vom ZDF.

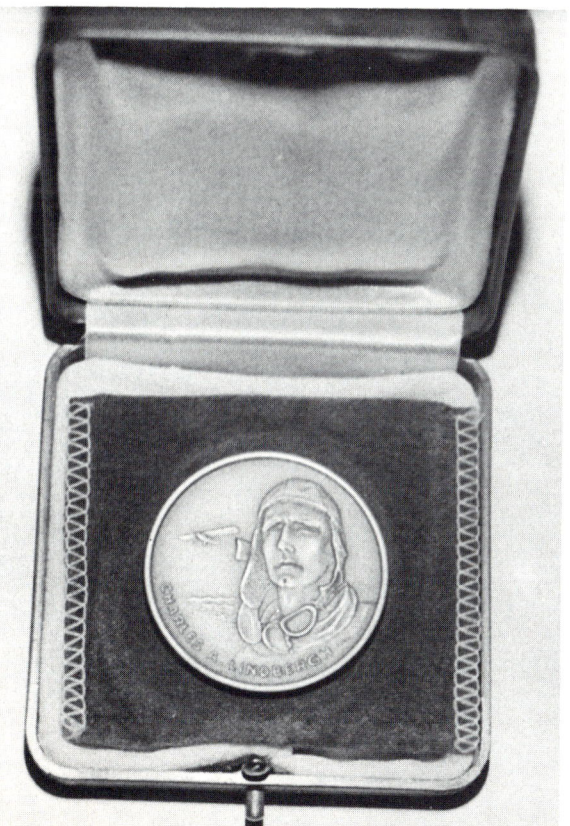

Die ›Lindbergh-Memorial-Medal‹.

Rekordurkunde der FAI-Paris.

FÉDÉRATION AÉRONAUTIQUE INTERNATIONALE

Diplôme de Record

NOUS SOUSSIGNÉS CERTIFIONS QUE Dietrich Schmitt (République Fédérale
SUR Beechcraft Bonanza F 33 A d'Allemagne)
A ETABLI LES 28-29 juillet 1977
LE RECORD SUIVANT du monde par categorie: Vitesse sur parcours reconnu: 251,90 km/h
New York - Munich: 25 heures 47 minutes 10 secondes.
Classe C-1-d Groupe I

Pour DAeC
LE PRÉSIDENT, LE DIRECTEUR GÉNÉRAL DE LA F.A.I. LE PRÉSIDENT DE LA F.A.I.

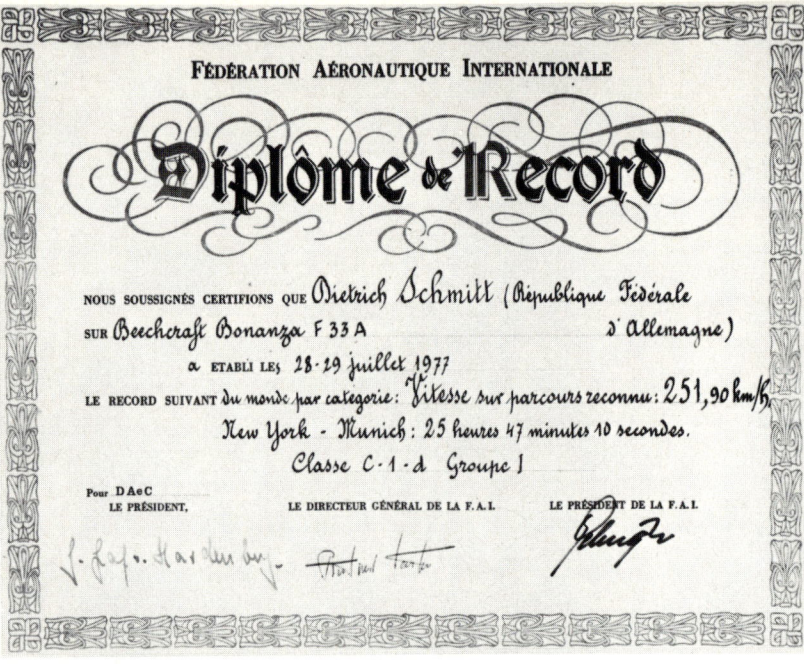

Immer dabei, – mein Freund Heinz Berberich aus Mannheim.

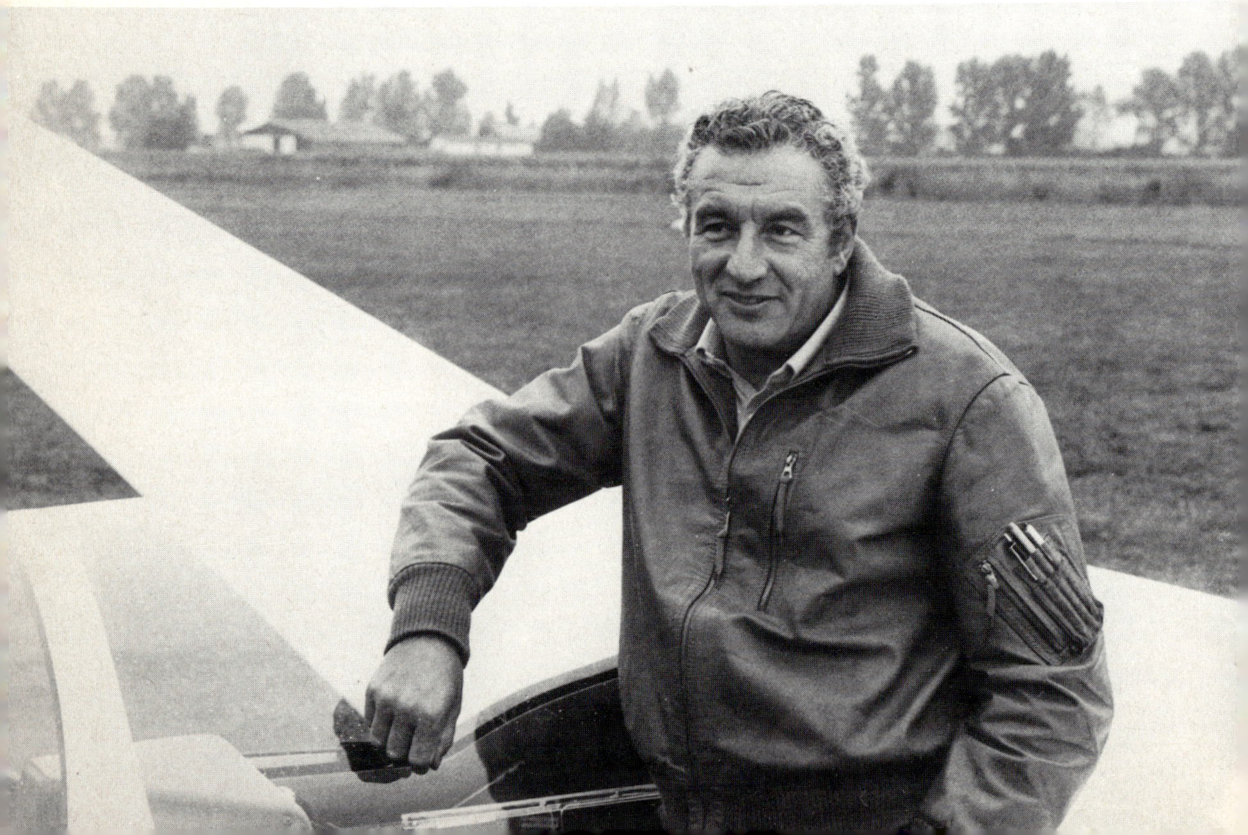

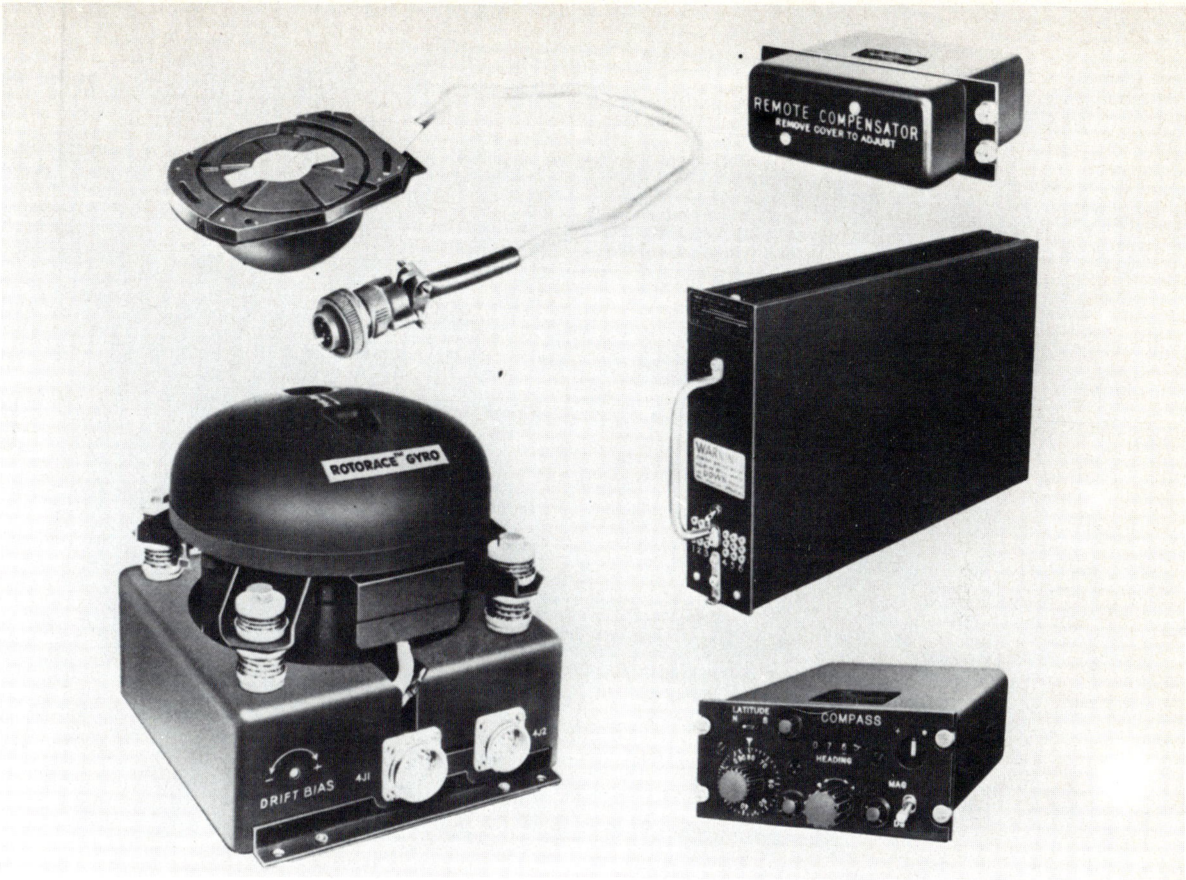

Die Präzisions-Kreiselkompaß-Anlage C 12 von Sperry.

Der Astrokompaß.

Übergabe der Nordpolmaschine Bonanza V 35-B durch den Senior Vice President von Beech, Michael Neuburger, in Wichita.

Die Instrumentierung mit VHF und HF von Collins, Sperry-Anlage und zweitem Radiokompaß von King.

unwirklichen, in vielen verschiedenen Farben und unterschiedlichen Formen auftretenden Erscheinungen.

Aber alle Dinge haben zwei Seiten. Diese magnetischen Stürme treten in Perioden auf, die wenige Minuten bis zu mehreren Tagen dauern können, und während dieser Zeit beeinflussen sie sowohl Magnetkompaßanzeigen als auch die Ausbreitung von Radiowellen. Speziell der für Langstreckenverbindungen so wichtige Kurzwellenbereich wird stark gestört und nicht selten völlig unterdrückt.

An den vielen, hier nur oberflächlich angedeuteten, aber hoch interessanten und ebenso komplexen Problemen kann auch ein Laie erkennen, daß die Fliegerei in der Polregion mit großen navigatorischen Schwierigkeiten konfrontiert wird. Aus diesen Gründen haben sich Forschung und Industrie in den beiden Jahrzehnten nach 1945 stark engagiert, um Großflugzeuge und Schiffe nach Bedarf von bodengebundenen Navigationshilfen völlig unabhängig zu machen.

So fliegen seit dieser Periode zunächst die militärischen Überwachungsflugzeuge und dann auch die großen Linien-Jets mit doppelt oder dreifach redundanten Kreiselsystemen, die in Verbindung mit angeschlossenen Computern jedes navigatorische Problem in Sekunden zuverlässig lösen. Es ist wohl nicht verwunderlich, daß die wichtigsten Komponenten dieser komplexen Anlagen aus Entwicklungen für die Raumfahrt stammen. Unser erdgebundenes, ›engstirniges‹ Denken mit Nord- oder Südpol hat dort ja keinen Platz mehr.

Diese kurz beschriebenen Großanlagen sind freilich nicht nur sehr teuer, sondern auch schwer und übertreffen den Wert eines Leichtflugzeuges, wie ich es benutzen will, erheblich. Kein Gedanke also, solche Installationen für meinen Flug überhaupt in Erwägung zu ziehen, zumal ich ja demonstrieren will, daß auch die navigatorisch schwierigste Strecke der Erde mit wesentlich einfacheren Ausrüstungen fliegbar ist.

Allerdings komme ich nicht darum herum, einen möglichst modernen, also leistungsfähigen Kreiselkompaß einzubauen. Ganz ohne jeden Richtungsweiser ist Navigation nicht möglich.

Hierfür kommt nur das Präzisionskreiselgerät ›C-12 Gyrosyn Compass System‹ von Sperry in Frage, das nominell eine Ablage von weniger als einem Grad pro Stunde aufweist. In diesem System sorgt eine elektronische Rechnereinheit dafür, daß eine ganze Schar von Fehlern und Einflüssen, die auf das Gerät einwirken, ausgeglichen werden. Dieses reine Kreiselkompaßsystem darf keinesfalls verwechselt werden mit dem beschriebenen Kreiselplattform-gesteuerten Navigationscomputer der militärischen Flugzeuge und Airliner: INS (›inertial navigation system‹). Es ist lediglich ein freilaufender Kreiselkompaß. Die Navigationsarbeit, das Rechnen, muß der Pilot wie in alten Zeiten selbst machen.

Leider ist diese Anlage sehr teuer. Auf Anfrage bei der deutschen Vertretung der Firma Sperry wird mir jedoch die Zusage gegeben, ein solches System C-12 zur Verfügung zu stellen. Zuvor habe ich in München persönlich Vortrag gehalten. Schon kurze Zeit später kommt ein freundlicher Anruf von Herrn Hundt, dem

Deutschland-Repräsentanten: »Herr Schmitt, Sie können fest mit dem Gerät rechnen, allerdings übernehmen wir keine Einbauten.« Hier nun will die Firma Denzel einspringen, und Herr Jaeger wird den Auftrag für den Einbau in Wichita erteilen. Nach der Übernahme der Maschine wird das also die erste Sonderausrüstung sein. Wieder ist ein großer Schritt vorwärts gelungen, aber es werden noch sehr viele solcher Schritte zurückzulegen sein. Der Weg ist lang! Wenn ich die Liste der noch zu bewältigenden Aufgaben und Probleme allein der Vorbereitung und der Organisation täglich durchgehe, dann kommen mir manchmal Zweifel, ob das von mir allein alles zu schaffen ist. Der eigentliche Flug – als eine unerhörte Herausforderung für sich selbst betrachtet – erscheint mir im Gegensatz dazu nicht nur sehr weit entfernt, sondern schon eher als machbar.

22. Da ›oben‹ ist alles anders

Wenn man einmal von den INS-Supersystemen der modernen Langstrecken-Verkehrsflugzeuge mit ihren gekuppelten, automatischen Steuersystemen absieht, so ist die Navigation über dem Polargebiet aus vielen Gründen besonders problembeladen, denn nicht nur das Magnetfeld der Erde, das uns sonst fast überall gute Dienste leistet, ist dort unbrauchbar, sondern es eignet sich wegen der starken Konvergenz der Meridiane im Polbereich für die Navigation mit der wahren Richtung nach Norden nicht.
Wir brauchen andere Bezugspunkte und -linien, nach denen wir uns richten können. Abgesehen von dieser, mehr in den rechnerischen Bereich fallenden Aufgabe, ist eine Unterstützung oder Ergänzung durch terrestrische Navigation nicht möglich, denn die arktische Zone besteht nicht wie die am Südpol aus Festland – mit allerdings relativ wenigen Merkmalen –, sondern ist Eismeer.
Irgendwelche Anhaltspunkte oder künstliche Navigationshilfen gibt es nicht. Als alter Flugzeugführer, der noch auf Doppeldeckern geschult hat und dick vermummt ›überland gegangen‹ ist, muß man unwillkürlich lachen, wenn man an den alten Spruch ›linkes Rad, rechte Schiene‹ denkt. Aber da oben würde einem das Lachen vergehen. Auf meiner Route wird es auf Abertausende von Kilometern eben keine Gebirge, Küstenlinien, Flüsse, Eisenbahnschienen, Funkmasten, Siedlungen, Straßen oder irgend sonst etwas geben, das einen Anhaltspunkt oder eine Auffanglinie bilden könnte. Da ich das Flugzeug auch nicht umbauen kann, wird ebensowenig die astronomische Navigation helfen können, zumal mein Flug mehr als dreißig Stunden mit Tageslicht stattfinden wird – und in der ausschließlich möglichen Flughöhe von maximal 2700 m vermutlich überwiegend in Wolken.
Weil sich aus den angeführten Gründen die normalen Karten nicht für die Naviga-

tion in diesem Gebiet eignen, werden solche mit einem besonderen Gitternetz benutzt. Dessen Linien laufen parallel, sehr im Gegensatz zu den Meridianen, die ja an den Polen in einem Punkt zusammentreffen, ähnlich wie die Schnitze einer Orange. Die parallelen Gitterlinien zeigen theoretisch alle nach Gitter-Nord (›grid nord‹), wie ihre zentrale Leitlinie, die durch die Sternwarte von Greenwich auf dem Null-Meridian verläuft, und als einzige Gitterlinie durch den Nordpol geht. Aber wie alle Parallelen treffen sie sich erst in der Unendlichkeit. Grid-Nord ist nicht der Nordpol, sondern unendlich weit, über den Nordpol hinweg.
Auch dann also, wenn man z. B. auf dem Nullmeridian des normalen Koordinatensystems nach Passieren des Nordpols nun auf dem 180. Längengrad nach Süden fliegt, bewegt man sich nach dem Gridsystem weiterhin nach Grid-Nord. Der Hauptvorteil dieses Systems liegt darin, daß eine gerade Linie auf einer solchen Polarkarte alle Gridlinien unter demselben Winkel schneidet – anders also, als beim Schnitt von Meridianen. In geringen Breiten dienen diese ja dem Absetzen eines Kurses, wo die Konvergenz besonders bei kurzen Strecken kaum eine Rolle spielt. Der Vorteil des Gridsystems für die Navigation in hohen Breiten liegt also klar auf der Hand. Damit soll aber nur angedeutet werden, daß ›dort oben‹ eben alles anders ist.
Das bezieht sich aber nicht nur auf die hier kurz skizzierten Wichtigkeiten für einen Flug, sondern auch auf ganz alltägliche Dinge, die die meisten Menschen gar nicht besonders beachten. So sind in den meisten Bereichen der besiedelten Zonen unseres Planeten die täglichen, aber meist unbewußten Beobachtungen der Erdenbewohner gleich oder aber doch sehr ähnlich.
Für sie geht die Sonne morgens im Osten auf und abends im Westen unter, je nach Jahreszeit früher oder später. Und auf der Nordhalbkugel sehen wir den glühenden Ball um die Mittagszeit im Süden, die Bewohner der Südhalbkugel dagegen im Norden. Dabei entstehen beim Übergang von oder zur Nacht Zeiten des Zwielichts, die schon die kleinen Kinder kennen: Zeit zum morgendlichen Aufstehen oder zum abendlichen Heimgehen vom Spielen. In dieser Zeit verblassen die Farben, die Sonne geht unter den Horizont, Konturen werden undeutlich, daher auch der Spruch »alle Katzen sind grau«. Autofahrer wissen, daß diese Dämmerungszeiten besonders gefährlich sind.
In der Nacht kann man bei der Beobachtung des Sternenhimmels feststellen, daß uns auch hier die Bewegungen der Sterne vom östlichen Himmel über relativ hohe Bahnen zum westlichen Himmel erscheinen. Sowohl in Ländern mit sehr hoher Zivilisationsstufe als auch in Gebieten, in denen weite Bevölkerungsteile nicht einmal eine Schulbildung besitzen, sind diese Grundkenntnisse des Ablaufs von Tag und Nacht und die Beobachtung der Gestirne Selbstverständlichkeiten –, und das reicht weit zurück in die Geschichte der Menschheit.
In den sehr hohen Breiten des Nordens und Südens ist unsere Erde aber nahezu unbewohnt, weil dort wegen der enormen Kälte selbst das Leben von Pflanzen ausgeschlossen ist. Auch diese Tatsache ist allgemein bekannt, und es ist nur zu verständ-

lich, daß es außer Wissenschaftler kaum jemanden in diese Gegenden zieht. Da haben die warmen, tropischen Zonen verständlicherweise absolut mehr Zugkraft. Aus diesem Grunde wissen vergleichsweise nur wenige Menschen um die Dinge in den hohen Breiten, wo das Jahr nur einen langen Tag und eine ebenso lange Nacht hat.

Weil ›dort oben‹ im Nordpolgebiet und ›dort unten‹ in der Antarktis so vieles anders, aber so ungeheuer interessant ist, erlebt die wissenschaftliche Forschung gegenwärtig eine Blütezeit in diesen Gebieten. Zu den Besonderheiten, denen ich bei meinem Fluge begegnen werde, gehört auch der lange Sommertag. Von den etwa kalkulierten zweiunddreißig Stunden Flugzeit werde ich im August nur etwa zwei Stunden in völliger Dunkelheit fliegen. Würde ich nicht in 60 Grad nördlicher Breite starten, sondern im Bereich um 70° N, so käme Dunkelheit überhaupt nicht in Betracht, denn im Sommer geht die Sonne dort nie unter. Sie steht vielmehr unaufhörlich und in relativ geringer Höhe über dem Horizont, mit einem vollen ›Rundgang‹ in 24 Stunden.

In der viele Monate langen Polarnacht ist es aber auch nicht völlig finster, zumal die Nordlichterscheinungen durch die unglaublich starke Reflexion der ewigen Eis- und Schneeflächen alles aufhellen. Zu dieser Jahreszeit ist außerdem unser Erdtrabant oft tagelang als Vollmond am Horizont zu sehen und beleuchtet die wirklich ›schneeweiß‹ reflektierende Eislandschaft des ewig zugefrorenen arktischen Ozeans. Die Himmelskörper bewegen sich auf sehr flachen Bahnen, die nahezu parallel zum Horizont verlaufen.

Zu allen Jahreszeiten erscheint die Schnee- und Eisfläche in bläulich-grünlicher Färbung – gewalttätig und kalt, aber faszinierend – und für uns Menschen, die wir die Wärme für das Leben brauchen, abweisend. Kein Wunder also, daß diese Eisweltemperaturen oft als ›Todeskälte‹ bezeichnet werden, aber am Südpol ist es im Durchschnitt noch erheblich kälter und wesentlich stürmischer. Dort hat man über längere Perioden nicht nur Temperaturen von minus 50° C und Bodenwinde bis zu 150 km/h über Tage hinweg registriert, sondern auch die tiefste auf unserer Erde jemals gemessene Oberflächentemperatur von minus 88° C. Noch gewaltiger aber erscheint wohl die höchste je am Boden festgestellte Windgeschwindigkeit von 360 km/h. – Unvorstellbar!

23. Etwas Denksport

An Denksportaufgaben haben wir alle unseren Spaß, auch die Kinder. Einige betreffen sogar die Probleme im Polarbereich: »Ein Mann läuft eine Stunde nach Süden, dann eine Stunde nach Westen, anschließend eine Stunde nach Norden und befindet sich dann wieder am Ausgangspunkt – wo ist dieser Punkt auf unserer Erde?« Daß das der Nordpol ist, wissen viele nicht zu beantworten. Oder: zwei Flugzeugführer sehen sich gegenseitig und beide stellen fest: »Ich sehe Dich nördlich von mir.« Auch sie begegnen sich also dort ›oben‹. Vom Nordpol aus gesehen zeigen eben alle Richtungen nach Süden, denn an diesem Punkt gibt es kein Ost, Nord und West mehr. Deshalb muß auch für die Navigation ein anderes Bezugssystem benutzt werden: das Gittersystem.

Schließlich kann ein Flugzeug, auch wenn es nicht schnell ist, sogar auf westlichem Kurs die Sonne hinter sich lassen und beim Umkreisen des Pols in einigen Stunden, oder in kürzerer Zeit, die Datumlinie überschreiten. In einem weiten Vollkreis kann man in Kürze alle 360 Meridiane schneiden – also die verschiedenen Zeitzonen bis zu einem ganzen Tag Unterschied –, denn deren Datum ist am Pol in einem Punkt ebenso konzentriert wie die Ortszeiten.

Natürlich erscheinen uns hier einige Dinge etwas spitzfindig, aber sie zeigen doch in frappierender Schärfe, daß unser in niedrigen Breiten entwickeltes Denkschema in vielerlei Hinsicht dort nicht mehr praktisch ist.

In bezug auf diese mehr navigatorisch relevanten Probleme kann sich ein Pilot vorbereiten, aber das ist nicht alles, denn es gibt da auch noch den Wetterfaktor. Er spielt eine unter Umständen entscheidend wichtige Rolle, wenn ein Flug auf Langstrecke über einen Tag lang durch das Zentrum der Polarregion führt.

Uns alle fröstelt es, wenn wir an das ewige Eis in diesen fernen, unendlich groß erscheinenden, menschenfeindlichen Gefilden denken. Wer aber dort oben fliegen will, muß die typischen Wetterbedingungen studieren, vor allem solche, die den Flug gefährden können.

24. Wetter in der Polregion

Zunächst denkt man unwillkürlich an die Vereisung des Flugzeuges, aber die Statistik sagt aus, daß diese Gefahr weit weniger in Erscheinung tritt als angenommen. In den Monaten Juni, Juli und August soll sie in größeren Flughöhen bei etwa 10 % liegen, was sehr gering ist. Die über der Polkappe absinkende Luftmasse ist trocken, und wo nur geringe Luftfeuchtigkeit ist, kann sich kein Eis bilden. Natürlich sind das in der Hauptsache statistische Feststellungen, die erst über die letzten Jahrzehnte reichen, womit gesagt ist, daß ganze Zeitabschnitte unterschiedlich sein können. Die Flieger aller Schattierungen wissen nur zu genau, daß Wetter eben ›wetterwendisch‹ sein kann.

Je länger ein Flug und je ausgedehnter das zu überfliegende Gebiet, desto mehr hat der ›Wettergott‹ Zeit, Änderungen durch Verschiebung von Luftmassen vorzunehmen. Auf Langstrecke fliegt man mit Sicherheit durch verschiedene Systeme und Luftmassen. Für meinen Polflug muß ich damit rechnen, daß ich in bodennahen Schichten alle ungünstigen Bedingungen in Kauf nehmen muß, die irgendwie auftauchen. Die hoch fliegenden Airliner sind buchstäblich darüber erhaben. Bedingungen, die für alle Phasen des Fluges gleichermaßen ideal sind, kann ich keinesfalls erwarten.

In dem für mich in Frage kommenden Höhenband sind die Temperaturen in hohen Breiten im Sommer durchaus mit denen unserer Winterzeit vergleichbar und liegen an der Erdoberfläche bei etwa Null Grad oder darunter. In 3000 Meter Höhe mißt man zwischen minus 10 und 20 Grad. Bei trockener Luft kommt es da selten zu Schwierigkeiten, aber bei Windlagen bildet sich dann das, was man ›blowing snow‹ nennt. Das ist trockener Treibschnee, der über riesigen Gebieten bis zu 150 Meter hochgewirbelt wird und damit die Bodensicht so stark reduziert, daß Starts und besonders Landungen ausgeschlossen sind.

Diese Lage ist typisch für die nördlichen Zonen von Kanada, Alaska und Grönland, natürlich auch die nördlichen Gebiete der UdSSR. Aber überall dort liegen eben für den Notfall auch die einzigen wenigen Landeplätze. Sie sind nicht nur viele Flugstunden voneinander entfernt, sondern noch weiter von der Mitte des Polargebietes. Ich habe solche Wetterlagen schon oft genug selbst erlebt und mußte deshalb schon manchen Flug verschieben.

Weitere Erscheinungen sind ›ice crystal haze‹ (Eiskristalldunst), der sogar auf bestimmten Frequenzen arbeitende Navigationsgeräte erheblich stört (Loran). Während in sehr trockener Luft die Sichtweite über alle Erwartungen gut ist, kann aber durch Auftreten von ›cirro stratus‹ (Eisnadel-Schichtbewölkung) oder ›alto stratus‹ die Schattenwirkung so stark unterdrückt werden, daß der Horizont nicht mehr erkennbar ist. Gleichzeitig ist die Blendung im Sommer durch den hellen Himmel und die weißen Schneeflächen so stark, daß irgendwelche Merkmale oder Kontraste nicht mehr wahrnehmbar sind. Man nennt diesen Zustand ›arctic white out‹. Auch dieses Phänomen ist mir von meinen vielen Flügen über Kanada und Grönland durchaus geläufig. Die konturlose Helle macht jede optische Schätzung unmöglich.

Insgesamt muß in der Polarregion mit vielen, verschiedenen Phänomena und typischen Faktoren gerechnet werden, die in niedrigen Breiten nicht oder nur sehr abgeschwächt in Erscheinung treten. Alle diese Probleme dürfen nicht abschrecken, sondern man muß sie im Gegenteil als eine Herausforderung verstehen. Durch beste Vorbereitung kann man den sehr komplexen Bereich einigermaßen überschaubar machen.

25. Sichtweiten ›von Pol zu Pol‹

Auf vielen meiner Flüge über das ewige Eis Nordkanadas und Grönlands hat mich die unglaubliche Weite der Eis- und Schneefelder, die ja völlig anders ist als die unserer Alpen, der Anden oder des Himalaya-Gebirges, außerordentlich fasziniert. Bei oft glänzender Sicht fliegt man Stunde um Stunde, ohne daß ein Ende abzusehen ist. Es ist eine gewaltige Urlandschaft, die sich in der Unendlichkeit zu verlieren scheint. Wer allerdings in den Düsenflugzeugen in großer Höhe darüber hinwegzischt, kann diese Eindrücke nicht bekommen. Hoch dort oben ist man zu weit entfernt und zu schnell.

Wenn wir in Europa schon einmal Sichten von dreißig bis fünfzig Kilometern haben, sind wir begeistert, und um 100 km ist es sensationell. Die Atmosphäre über dem dicht industrialisierten Europa ist erheblich verschmutzt, und zwar bis in erstaunliche Höhen hinauf. In den Polargebieten gibt es aber häufig Sichtverhältnisse, die wir über unserem alten Kontinent einfach nicht kennen und die wir uns deshalb auch nicht vorstellen können. Das wird natürlich erst deutlich, wenn man einige tausend Meter über dem Terrain fliegt.

Da erinnere ich mich an einen Flug von Goose Bay/Labrador nach Frobisher/Baffin Island, Kanada. Nach meiner letzten Positionsmeldung bekam ich von Moncton Center die Anweisung, auf eine Frequenz mit Frobisher umzuschalten. Gerade hatte ich das letzte Funkfeuer in etwa 8500 m Höhe passiert und bekam trotz der Entfernung von 300 km schon beim Einleitungsanruf Funkkontakt. Gleich danach kam die Antwort und der unglaubliche Zusatz: ›*You are welcome and cleared for an approach.*‹ Natürlich war ich ziemlich erstaunt und glaubte an eine Verwechslung, so daß ich nochmals die komplette Positionsmeldung durchgab, zusätzlich meine Entfernung und die voraussichtliche Ankunftszeit für Frobisher. Die nächste Antwort kam prompt: ›*Yes, we realise, we have no traffic, you are welcome and cleared for straight in approach, call runway in sight.*‹

Nun kann man ja in den verschiedenen Ländern der Erde individuelle und auch komische Anweisungen bekommen, und ich habe da schon einiges erlebt, aber das war nun wieder mal was Neues für mich. Obwohl ich meiner Navigation völlig sicher war, weil ich auf IFR-Flügen außer der Funknavigation wenn möglich auch noch auf der Karte mitkopple, kontrollierte ich nach Sicht nochmals die Konturen der Küstenlinie und meine Position. Dabei entdeckte ich weit, unendlich weit voraus, am Ende des schräg zur Kurslinie liegenden, 230 km langen Fjords, einen kleinen Punkt, mehr Ahnung als Sehen. Das mußte nach meiner Schätzung Frobisher sein, die Sicht also weit über 300 km betragen. Nach einer Weile – ich flog einen schnellen Turboprop – sah ich den Punkt größer werden, und schließlich glaubte ich einen dünnen Strich in der weißen Fläche erkennen zu können. So meldete ich »Runway in sight« und flog und flog in schnellem Gleitflug, aber es schien mir eine Ewigkeit, bis ich schließlich im Endteil war.

Bei solchen extremen Sichtverhältnissen wird das Entfernungsschätzen schwierig.

Am nächsten Tag flog ich weiter nach Grönland und konnte die Küste mit ihren schneebedeckten Bergen und Riesengletschern schon sehen, als ich gerade die letzten Landmarken von Baffin Island überflogen hatte: über 350 km. Natürlich kann man keine Einzelheiten bei der Riesenentfernung erkennen, aber es sind die optischen Wahrnehmungen.

Noch eindrucksvoller war die Situation auf einem anderen Flug, weil die tief stehende Sonne die gewaltige Zackenkette der hohen Berge der grönländischen Küste gelblich beleuchtete. Mein Flug führte mich an der Südspitze dieser größten Insel der Erde vorbei, und ich konnte mich von dem faszinierenden Anblick kaum lösen. Stunde um Stunde bewunderte ich das sich mit wachsender Entfernung verändernde Bild, das die Berge weißgelb und weit im Norden schließlich gelbrot erscheinen ließ. In undefinierbarer Ferne verschwand der Streifen rötlich-grau, wie in der Unendlichkeit.

In Anbetracht solcher Beispiele ist es nicht verwunderlich, daß sich in der Fliegerei solche phänomenalen Ereignisse herumsprechen und sich in den typisch schnodderigen Fachausdrücken niederschlagen. Das sind dann die Sichten ›von Pol zu Pol‹. Bescheiden, wie wir zu Hause damit sein müssen, beziehen wir das schon auf Sichtweiten von mehr als fünfzig Kilometern, und das ist ja auch wirklich bestens! Nun bezieht sich der Spruch ›von Pol zu Pol‹ natürlich auf die geografischen Punkte, obwohl der magnetische Nordpol in der Navigation eine ebenso große Rolle spielt. Da gibt es aber noch weitere Pole, zum Beispiel den ›Eispol‹, der auf der Nordhalbkugel die Position 86° N, 157° W hat und das Zentrum des polaren Eisgebietes darstellt.

26. Entdecker und Forscher am Nordpol

In Jahrtausenden haben die subtropischen und tropischen Zonen unzählige Abenteurer, Eroberer, Kaufleute und regelrechte Expeditionen angezogen. Sie wollten unbekannte Länder, Handelsstraßen oder ganze Erdteile entdecken und erforschen. Ebenso früh haben sich kühne Seefahrer mit für unsere Begriffe primitivsten Fahrzeugen auf die gewalttätigen, unbekannten Meere gewagt. Nur wenige aber zog es in die nördlichen Gebiete Asiens, Europas, Amerikas und Grönlands.

Den Generationen unseres Jahrhunderts blieb es vorbehalten, nicht nur auf dem Mond zu landen – welch unvorstellbare Leistung von Mensch und Technik –, sondern auch die Pole des eigenen Planeten endlich zu erobern und zu erforschen! Dies ist eine verblüffende, fast sensationelle Feststellung!

Die ersten Entdeckungsfahrten in Richtung Norden gehen weit in unsere europäische Geschichte zurück, und es hat nicht an Versuchen kühner Männer gemangelt, mit Schiffen in die kalten Küstengebiete und zu deren Inseln vorzudringen. Schon im neunten Jahrhundert n. Chr. erreichten die Wikinger Island, landeten im zehnten schon auf Grönland und entdeckten um das Jahr 1000 bereits Amerika. Aber erst im sechzehnten Jahrhundert starteten gezielte, von Staaten lancierte Expeditionen in die nördlichen Gebiete Asiens, Europas und Amerikas, um Inseln und Küstengebiete zu vermessen, wozu man sich endlich für weite Erkundungsvorstöße auch von den Schiffen löste. Dabei konnten in den Jahren 1829–1833 John und Ross die Lage des magnetischen Nordpols auf der Halbinsel Boothia fixieren. Unternehmungen, die dem Ziel geographischer Nordpol galten, begannen im Jahre 1773 durch Phipps, dem ähnlich ausgerüstete Gruppen mit den Führern Scoresby 1806 und Buchnan 1818 folgten. Sie alle waren zum Scheitern verurteilt, da sie hofften, ihr Ziel per Schiff erreichen zu können, und so war Parry der erste, der überhaupt eine Chance hatte, denn er wollte die Aufgabe 1827 mit schlittenähnlichen Geräten bewältigen. Er und auch Koldewey unterlagen jedoch mit ihrer geringen Marschgeschwindigkeit derjenigen der südwärts gerichteten Drift, so daß auch sie scheiterten. Immerhin gelang es aber Parry, bis 82° N vorzudringen, und ein halbes Jahrhundert später schaffte es Nares abermals bis zu dieser Breite. 1882 erreichte Greely 83° N, Nansen 86° N im Jahre 1895 und Cagni eine ähnliche Breite an anderer Stelle 1901.

Erst im zwanzigsten Jahrhundert, nämlich 1905, erreichte Peary 87° N und bei einer weiteren Expedition 1909 zusammen mit Henson und vier Eskimos 89° 57′ N. Sie haben als erste in der Geschichte der Menschheit den Nordpol erreicht. Alle diese Leistungen waren unglaublich, wenn man bedenkt, welche Rauheit der zerrissenen Oberfläche sie zu überwinden hatten. Ohne Rückhalt durch Funk oder andere technische Hilfsmittel hatten sie monatelang unter schwierigsten klimatischen Bedingungen zu kämpfen.

Die meisten Vorstöße waren von der nächstmöglichen Landmarke, dem knapp 800 km vom Pol entfernten Kap Columbia an der Nordküste der zu Kanada gehörenden, gebirgigen, riesenhaften Insel Ellesmere ausgegangen. Von dort starteten auch die erst über ein halbes Jahrhundert später unternommenen wissenschaftlichen Expeditionen über die Eisfläche, bis auf wenige Ausnahmen.

Es ist interessant festzustellen, daß schon im letzten Jahrhundert sich auch Luftfahrer auf den Weg gemacht haben. Die Schweden Andrée, Strindberg und Fraenkel stiegen mit ihrem Ballon ›Adler‹ von Spitzbergen auf und scheiterten nach knapp vier Tagen auf dem Eis, durch Eis. Nach ihren Aufzeichnungen war der Ballon unterwegs mehrfach aufgeschlagen, da er im ewigen Nebel durch Ansatz von Eis zu schwer geworden war. Nur das Opfern des letzten Ballastes und auch wertvoller Ausrüstung hatte ihn wieder in die Höhe gebracht. Schon dieses erste Luftfahrtunternehmen war also an Vereisung gescheitert. Die drei mutigen Pioniere kamen auf dem Rückweg über das Eis um.

Als nächste Luftfahrer versuchten sich der berühmte norwegische Arktisforscher Roald Amundsen und Ellsworth mit je zwei weiteren Besatzungsmitgliedern auf ihren Dornier-›Wal‹-Flugbooten N-24 und N-25. Sie starteten am 21. 5. 1925 von Spitzbergen und erreichten eine weit aufgerissene Stelle mit offenem Wasser nach acht Stunden Flugzeit, auf der sie wasserten. Ihre Navigation ergab einen Punkt in 190 km Entfernung vom Pol. Unter Zurücklassung von Ellsworths' Flugboot, das beim schnellen Zufrieren durch Eisdruck zertrümmert wurde, gelang Amundsen der Start von der Eisoberfläche mit allen Mitgliedern der Expedition nach 24 Tagen. Drei Tage lang hatten die sechs Männer mit primitivsten Hilfsmitteln die Eisoberfläche geräumt, um eine notdürftige Startfläche herzurichten. Dieser Flug machte auch das Flugzeug, das diese Strapazen auf dem Eis überstanden hatte, als ›Amundsen-Wal‹ weltberühmt. 1930 und 1931 setzte der Flugpionier Wolfgang von Gronau diese Maschine zur Überquerung des Nordatlantiks via Island ein. Ein kleines Metallstück aus dem Seitenruder dieses Flugzeuges – eingegossen in einen Plastikblock – wurde mir als Geschenk von der Firma Dornier übergeben.

Ein Jahr nach Amundsen starteten Byrd und Bennett mit einem dreimotorigen Fokker-Flugzeug von Spitzbergen, versuchten den Pol zu umrunden und landeten wieder am Ausgangspunkt. In Fachkreisen wird es für ausgeschlossen gehalten, daß sie das geschafft haben, da die Leistungsfähigkeit des Flugzeuges und seiner Ausrüstung außerhalb der notwendigen Bereiche gelegen habe.

Wegen seiner enormen Erfahrungen in der Polarzone wurde dem Forscher Amundsen von Umberto Nobile die Expeditionsleitung zu einer Fahrt mit dem von ihm gebauten Luftschiff ›Norge‹ übertragen, die vier Tage nach der Rückkehr Byrds 1926 von Spitzbergen über den Nordpol nach Teller an der Westküste Alaskas führte. Nach 70 Stunden Fahrzeit für eine Strecke von etwa 4000 km errechnet sich die erstaunliche Grundgeschwindigkeit von 57 km/h.

Als Nobile zwei Jahre später eine weitere Expedition mit Landung am Pol versuchte, scheiterte er wegen schwerer Vereisung der Luftschiffhülle in stürmischem Wetter. Die von den vereisten Propellern weggeschleuderten Eisbrocken hatten außerdem die Hülle vielfach beschädigt. Nur zehn Mitglieder der Besatzung und er selbst konnten nach vierzigtägigem Marsch über das heimtückische Eis durch Einsatz von Flugzeugen gefunden und mit einem Eisbrecher gerettet werden. Die anderen kamen in der Kälte um. Roald Amundsen, der sich mit einem Flugzeug an der Suchaktion beteiligt hatte, blieb seitdem verschollen. Dieser tragische Ausgang der gescheiterten Fahrt der ›Italia‹ hat wegen verschiedener Umstände bei der Rettung noch jahrzehntelang alle Welt beschäftigt.

Eine bedeutende Expedition war die sowjetische im Jahre 1937 unter der Führung von Iwan Papanin und der wissenschaftlichen Leitung von Prof. Otto Schmidt. Die fünf Mann und die zehn Tonnen schwere Ausrüstung der Expedition wurde erstmalig im Lufttransport durch Großflugzeuge von Franz-Josef-Land nach dem Nordpol geflogen. Fortan driftete die Station auf dem Eis südwärts in Richtung Island. Das wissenschaftliche Programm war aufgrund der umfangreichen Ausrüstung weit gesteckt und brachte durchweg gute Ergebnisse. Nach neun Monaten wurden alle Teilnehmer und das Gerät durch einen Eisbrecher wieder aufgenommen. In dieser Zeit waren sie über 2100 km gedriftet, was einer durchschnittlichen Tagesbewegung von etwa 8 km entspricht.

Diese großartig angelegte Expedition hatte aber noch eine zweite Luftfahrtkomponente, denn man nutzte die Möglichkeiten der meteorologischen Auswertungen und sandte regelmäßig die wichtigsten Daten per Funk nach Moskau. So konnten die beiden Piloten Tschkalow und Gromow mit ihren Großflugzeugen aufgrund der Unterlagen der inzwischen etwa 800 km südwärts gedrifteten Station ihre Flüge von Moskau nach der Westküste der USA wagen. Damit hatten sie teilweise die heute etwa an der Nordküste Grönlands und Kanadas verlaufende sogenannte ›Polroute‹ des Linienverkehrs ›vorgeflogen‹.

Zwei Jahrzehnte später überquerte der Amerikaner Blair den Nordpol mit einem speziell ausgerüsteten Langstrecken-Jagdbomber ›Mustang‹. Er war mit der sieben Tonnen schweren Maschine in Bardufoss an der Nordküste Norwegens gestartet und landete mit dem schnellen Vogel nach zehn Stunden und siebenundzwanzig Minuten und 4900 km Flugstrecke in Fairbanks/Alaska.

Erst weit fortgeschrittene Waffentechnik ermöglichte es, zu beweisen, daß in der Zone des polaren Eismeeres sich wirklich weder Inseln noch Festlandähnliche Gebiete wie in der Antarktis befinden. Zwei Atom-U-Kreuzer der US-Navy (›Nautilus‹, 1958) unterfuhren in weiten Bereichen das gesamte Polargebiet, wovon ›Skate‹ 1959 – exakt geführt durch ein mehrfach redundantes Inertial-Navigations-System – die Eisdecke am Nordpol durchbrach und auftauchte.

Erst 1977 erreichte als erstes Überwasserschiff der moderne, mit Atom-Antrieb ausgerüstete, sowjetische Eisbrecher ›Arktika‹ von Murmansk kommend auf einem riesigen, aber geplanten Umweg den Nordpol. Auf dieser lange dauernden Forschungsfahrt wurden umfangreiche Meßprogramme über Meeresströmungen, deren Temperaturen und Salzgehalt bis in große Tiefen durchgeführt.

Im Jahrzehnt davor hatten weitere Landexpeditionen den Nordpol erreicht, so 1968 Plaisted mit drei Kameraden, und zwar erstmals auf Motorschlitten, wohingegen der japanische Einzelgänger Naomi Uemura sich 1978 auf einen Hundeschlitten verließ. Er bewegte sich auf der traditionellen Route von Cape Columbia aus und erreichte sein Ziel nach 34 Tagen. Während dieser Zeit wurde er aus der Luft versorgt und vom Pol samt Hunden mit einem Spezialflugzeug zurücktransportiert.

Lediglich der Engländer Herbert startete 1969 mit einer Viermann-Expedition von Point Barrow an der Nordküste Alaskas. Die umfangreiche wissenschaftliche Ausrüstung wurde auf Hundeschlitten mitgeführt. Zur Vermessung von Meeresströmungen und Durchführung vieler anderer Experimente hielt sich die Forschergruppe vierzehn Monate auf dem Eis auf. Nur durch Abwurf von Versorgungsgütern aller Art aus großen Transportmaschinen wurde diese imponierende Leistung ermöglicht und ließ die Wissenschaftler, nachdem sie den Nordpol hinter sich gelassen hatten, schließlich Spitzbergen erreichen.

Einige weitere Versuche von anderen Personen und Gruppen sind teils weniger bekanntgeworden, teils gescheitert.

Die Geschichte der Erforschung der Arktis wurde besonders bereichert durch die regelmäßigen Erkundungsflüge von viermotorigen Flugzeugen mit Spezialausrüstung. Diese Programme wurden nach dem zweiten Weltkrieg durch die USA, Kanada und die Sowjetunion eingeleitet und umfaßten auch die Wetteraufklärung für militärische Zwecke. Die übereinstimmenden Berichte und Fotos aller Expeditionen wurden durch großflächige Luftaufnahmen aus Forschungsflugzeugen ergänzt.

Sie sagen aus, daß die etwa fünf Millionen Quadratkilometer messende Oberfläche der Polareiskappe unterschiedlich stark ist, und zwar im Bereich zwischen Alaska und dem Pol stellenweise weniger rauh als zwischen neunzig Grad Nord (Nordpol) und Spitzbergen. Zum großen Teil ist sie unvorstellbar uneben, zerklüftet und zerrissen, völlig unregelmäßig zergliedert, und sie driftet mit ihren teils riesigen, teils kleinen Eisfeldern ständig in bisher noch unvollständig untersuchten Strömungen. Diese sind oft so stark, daß Schollen gewaltiger Größe bersten, krachend übereinandergetürmt werden und auf diese Weise kleine Hügel von schroffen, unpassierbaren und wild zerklüfteten Eisbarrieren entstehen. Immer wieder zerreißt die Oberfläche unter donnerartigem Getöse zu riesigen Inseln, wodurch dazwischen tückische Streifen von offenem, tief dunkel erscheinendem Wasser entstehen, die aber innerhalb von zehn bis dreißig Stunden wieder zufrieren. Die Größe der Eisfelder oder -schollen reicht von einigen zig Quadratmetern bis zu Inseln zwischen hundert Metern und zig Kilometern Durchmesser. Die Geräusche, besonders in den stark zerklüfteten Gebieten starker Strömungen, seien permanent, wenn auch verschieden stark. Zusammen mit der urgewaltig erscheinenden, bizarren Eislandschaft würden sie die Vorstellung von der Entstehung der Urwelt erzeugen.

Fotos, die die Berichte der Expeditionen untermauern, zeigen teilweise eine unvorstellbare weite, aber wilde Eis- und Schneelandschaft mit skurrilen Formen, die wohl auch durch starke Winde entstehen. All das ist sehr beeindruckend, wenn man ähnliche Verhältnisse aus kalten Gegenden kennt, und dabei erinnere ich mich an Temperaturen von 40 bis 50 Grad unter Null, die ich verschiedentlich bei Aufenthalten in Baffin Island und Grönland erlebt habe. Wenn man da aus dem Flugzeug steigt, verschlägt es einem zunächst den Atem. Zwar ist die Luft unter diesen Umständen trocken, aber der Auskühlungsfaktor ist schon bei geringster Luftbewegung unerträglich (*chill effect*).

Diese Tatsache ist unumstritten, aber eben deshalb hat es mich immer gewundert, daß Vögel, die ja nur ein dünnes Gefieder haben, solche Temperaturen offenbar leicht vertragen. Dabei sind wohl die Seevögel überlegen, und sie holen ihre Nahrung aus dem Wasser – sofern die Eisdecke das nicht verhindert. Aber ich habe schwarze, große Landvögel beobachtet, Raben, die segelten stundenlang ohne Flügelschlag an den steilen Felswänden von Söndre-Strömfjord und auch bei Frobisher. Soweit das Auge reichte, war nur Eis und Schnee, das Meer total zugefroren – keine Pflanze weit und breit, keine Tiere. Keine Nahrung? Wie diese Flieger das bei den schlimmen Minustemperaturen aushalten, ist mir rätselhaft. Natürlich fragte ich die Leute dort – sie zuckten nur die Schultern und sagten: »Abfälle vielleicht«. Das war freilich nur die eine Antwort.

27. Wetterberatung problematisch

Während ich von allen Bereichen meiner Vorbereitungen klare Vorstellungen entwickelt habe, wie die Probleme anzupacken sind, bleibt aber doch noch eine Lücke, die mir Sorgen macht: die Wetterberatung. Ich will ja nichts dem Zufall überlassen, nicht bei den Vorbereitungen und keinesfalls auf dem Flug. So bearbeite ich alle Teilgebiete nach einer Prioritätenliste, und das sind einige: Notausrüstung, Such- und Rettungsdienst, Navigation, Wetterstatistik, Flugzeugausrüstung, Finanzierung, allgemeine Organisation und Sondergenehmigungen, um nur einige zu nennen. Die Wetterberatung hat noch ein großes Fragezeichen.
Ich will jedes noch so geringe Risiko herausfinden und möglichst eliminieren, denn ich bin kein Abenteurer oder gar Hasardeur. Allerdings muß ich feststellen, daß das Unternehmen allein schon viele Risiken enthält, die man nicht ausgleichen kann –, insofern ist es doch abenteuerlich!
Man kann es auch so ausdrücken: Solche ungewöhnlichen Flüge – eigentlich komplexe Unternehmungen – sind für mich eine verlockende, große Herausforderung, aber ich will nichts dem Zufall überlassen. Mit eiskalter, technisch-wissenschaftlich fundierter Kalkulation und einer jeweils angemessenen Portion Erfahrung, Mut und Willenskraft ist so etwas dann auch zu realisieren.
Schon die Vorbereitungen verlangen ja viel Wissen auf jedem einschlägigen Gebiet – aber auch Durchstehvermögen und Nervenkraft. Wegen noch so kleiner Dinge muß manchmal ein irrsinniger Aufwand getrieben werden. Meistens sind das Widerstände im menschlichen Bereich, auch die von Menschen geschaffenen Gesetze, die ja in jedem Lande unterschiedlich sind. Ja, und ausnahmslos alle sagen: »Wir sind ein Rechtsstaat.« Naturgesetze sind unumstößlich, da kann man mit klaren Größen arbeiten und rechnen –, da gibt es auch keine ›Legislaturperioden‹, in denen neue Gesetze erfunden oder alte geändert werden.
Generell kann ich zufrieden sein, denn ich habe alles im Griff und im Terminplan. Aber *ein* großes Problem ist noch nicht gelöst, und es besteht das Risiko, daß es nicht befriedigend gelöst werden kann. Das ist die Wetterberatung für die gewählte Route.

Nun bin ich kein Anfänger oder Illusionist, denn wer sich schon mehr als vier Jahrzehnte in der dritten Dimension tummelt, der weiß, wovon er redet. Als Motor- und Segelflieger habe ich meine Erfahrungen auf diesem Gebiet in allen Jahreszeiten sammeln können, zum Teil auch auf internationalen Segelflugwettbewerben in anderen Erdteilen. So kenne ich Vor- und Nachteile von typischen Wetterlagen und -erscheinungen dieser Gebiete und ihre Auswirkungen auf die Fliegerei und die Navigation. Ich flog über riesigen Urwaldgebieten, Wüsten und Steppen, entlang oder über die größten Gebirgszüge der Erde, und ich kreuzte die Ozeane. Fast immer war ich allein und auf mich selbst angewiesen. Und ebenso flog ich in kleineren Flugzeugen und daher in niedrigen oder mittleren Flughöhen über Grund. Das bedeutet, daß man in das Wetter hinein muß, um durchzufliegen, nicht darüber hinweg. Meistens flog ich auf Langstrecke zur Überführung von Flugzeugen in alle Erdteile, und die häufigste Strecke war die über den ›Großen Teich‹, wie wir den Nordatlantik nennen. Alle Piloten, die weltweit fliegen müssen, sind sich darüber einig, daß dies die wettermäßig schwierigste Zone der Erde ist.

Nun weiß man, daß da über die ganze Erde ein mehr oder weniger dichtes Netz von Wetterstationen gespannt ist, das auch der weltweit operierenden Luftfahrt zur Verfügung steht. Dazu gehören Stationen auf vielen Inseln der Ozeane und sogar auf Schiffen. Wo aber niemand lebt, keine Schiffe fahren und keine Stationen sind, da hat dieses Netz ein Loch. Die einzige ganz große Leere ist das Polargebiet auf der Nordhalbkugel. Dagegen gibt es selbst auf dem Festland der Antarktis, unserem sechsten Erdteil, seit einigen Jahren wissenschaftliche Stationen vieler Staaten. Aufgrund meiner Erfahrungen in der Langstreckenfliegerei weiß ich, daß schon die Wettervorhersage für Atlantikflüge große Risiken birgt, und zwar auch deshalb, weil die Vorhersagezeit von 15 bis 20 Stunden eine schon fast unerfüllbare Forderung ist. Außerdem wurden in den letzten Jahren verschiedene Wetterschiffe aus Kostengründen stillgelegt.

Wieviel schwieriger muß es da selbst für den besten Meteorologen sein, eine Zone aufzubereiten, die ungeheuer umfangreich ist, über die aber Informationen kaum erhältlich sind: das Nordpolgebiet. Zwar verkehrt täglich eine Linienmaschine auf der sogenannten ›Polroute‹ zwischen Alaska und Europa, aber die Meldungen dieser Flugzeugbesatzungen sind spärlich, und außerdem verläuft die Strecke etwa 500 bis 1000 km südlich des Nordpols.

So ist eine meiner Hauptsorgen die Beratung und die Möglichkeit, an meinem Startplatz Anchorage überhaupt an Informationen heranzukommen. Es müßte sich jemand für eine längere Periode nur um dieses Problem kümmern können, und darüber hinaus müßte er aus sehr dünnen Unterlagen auch noch das Kunststück fertigbringen, eine Vorhersagezeit von mindestens 40 Stunden abzudecken – eine schiere Unmöglichkeit selbst für einen sehr erfahrenen, fleißigen, ja mit allen Wassern gewaschenen Meteorologen – eigentlich schon mehr für einen Wettergott oder wenigstens einen Wetterpropheten.

Die geradezu herausgeforderte Frage lautet: Ja, gibt's denn so jemanden über-

haupt? Das Tolle ist nun, daß ich sagen kann: Ja, den Mann gibt es, und den kenne ich sogar. Ein Idealist ist er obendrein. Er ist ein ganz nüchterner Wissenschaftler, ein wirklich Berufener auf diesem Gebiet: Dr. Walter Schulte.
Viele Jahre lang hat er die deutschen Segelflugmeisterschaften, Deutschlandflüge und internationale Wettbewerbe erfolgreich beraten. Ich erinnere mich noch daran, wie er damals in unseren einfachen Lagern gewirkt hat, morgens immer der erste und immer ruhig und sachlich. Nie hat er versucht, sich als ›Wunderdoktor in Sachen Wetter‹ darzustellen, wie wir es bei solchen Gelegenheiten immerhin schon erlebt hatten. Leistungssegelflieger sind erstklassige und kritische Wetterfachleute, denn ohne dieses Metier begriffen zu haben, könnten sie nicht die hohen Leistungen erbringen. Der Motorflieger hat wenigstens seinen Motor. Der Leistungssegelflieger muß die Energie der Atmosphäre zu nutzen wissen. Deshalb bin ich noch heute mit ganzem Herzen Segelflieger, und ohne meine großen Wettererfahrungen aus diesem Bereich hätte ich es oft schwer gehabt, meine besonderen Leistungen im Motorflug überhaupt zu schaffen.
Die Segelflieger waren auch die ersten Menschen, die die Energie der Atmosphäre bewußt genutzt haben –, und umweltfreundlich sind sie allemal!
Nun denke ich nicht erst seit kurzem an mein Nordpolprojekt. Schon 1975 hatte ich deshalb ein Gespräch mit dem damaligen Generalsekretär des Deutschen Aero Clubs, Wolfgang Trinkaus, und mit Dr. Schulte in Frankfurt. Seit Jahrzehnten verbindet uns ein freundschaftliches Verhältnis, und so legte ich damals mein Projekt mit allen seinen Problemen offen auf den Tisch.
Obwohl die Sache um diese Zeit noch keineswegs spruchreif war, besorgte mir Dr. Schulte schon bald umfangreiches, vor allem statistisches Material, das meine Vorbereitungen in mancher Hinsicht erleichterte –, auch das bessere Verständnis für die großen Schwierigkeiten auf dem Sektor der meteorologischen Streckenberatung wurde gefördert. Ganz klar hatte ich damals zum Abschluß unseres fabelhaft sachlichen Gesprächs aber im Ohr behalten, daß er an einer persönlichen Beratertätigkeit von Alaska aus durchaus interessiert sei. In der Hauptsache sei das für ihn ein Transportproblem, denn zeitlich könne er sich darauf einrichten – er sei jetzt Pensionär. Leider mußte ich damals sagen: »Kommt Zeit, kommt Rat«, denn ich war ja noch weit, weit entfernt von jedweder Realisierbarkeit.

28. Dr. Walter Schulte kommt mit

Gut zwei Jahre später – im Herbst 1977 – sitzen wir wieder in Frankfurt beim DAeC zur Beratung zusammen. Meine Planung befindet sich nun schon in fortgeschrittenem Stadium. Aus verschiedenen Gründen habe ich den Flug in das Ende des möglichen Bereichs des Wetterfensters legen müssen, das zwischen Juni und Ende August liegt. Ich rechne mit Anfang August. Wieder liegen alle Probleme auf dem Tisch, nun auch organisatorische und technische, aber ebenso Flugerfahrungen von meinen gelungenen Weltrekordflügen, zumeist bis in kleine Details. So kann sich Dr. Schulte eine bessere Vorstellung davon machen, was ich in den fünf Wochen direkter Vorbereitungszeit vor Ort alles zu erledigen habe.

Zwar habe ich auf den Tag genau alles vorgeplant und abgestimmt und eine nach meiner Erfahrung genügende Zeitreserve eingebaut, aber natürlich darf ein gewisser Zeitraum nicht überschritten werden. Die schärfste Grenze diktiert hierbei die Wetterstatistik, die der fleißige Meteorologe inzwischen über einen Zeitraum von 20 Jahren ausgewertet hat. Es ist klar zu erkennen, daß das Risiko einer Wetterverschlechterung sehr groß ist. Träte sie nach Mitte August in Erscheinung, so würde sie das ganze Unternehmen unter Umständen für die gesamte Periode des folgenden Winters ausschließen. Aber auch ohne diese Tatsache würde ich nicht etwa wochenlang warten können.

Kaum habe ich meinen scharf gegliederten Vortrag samt Terminplan zu Ende gebracht, erklärt der Wetterexperte: »Wenn ich das Transportproblem lösen kann, gehe ich für eine Woche nach Anchorage und erarbeite für Sie die Streckenberatung!« Dabei lächelt er mich offen an, wie es so seine Art ist.

Obwohl ich es erhofft habe, bin ich baff und begeistert! Das ist ein richtiger Freundschaftsdienst, denn er weiß noch genauer als ich, was er sich da aufgeladen hat: verantwortungsvolle, schwierige Arbeit in einem fremden Land unter unbekannten Bedingungen!

Unmittelbar nach dieser Entscheidung rufen wir einige uns gut bekannte Herren der Deutschen Lufthansa an, um sie von dem Stand der Dinge zu unterrichten. Alle versprechen uns Unterstützung, jeder nach seinen Möglichkeiten.

Er selbst will etwa mindestens fünf Tage vor meinem geplanten Abflugtermin auf der Polroute nach Anchorage fliegen und sich dort täglich mit der Fortentwicklung der Wettersituation über dem arktischen Eismeer auf dem laufenden halten. Die Vorarbeit beginnt bereits in Deutschland, um festzustellen, ob mit den verfügbaren aerologischen und synoptischen Unterlagen die notwendige langfristige Flugwettervorhersage überhaupt darzustellen ist.

Meine unabdingbaren Forderungen an die Wettersituation gehen an fast utopisch klingende Kombinationen, aber ich muß mich ja auf jedem Sektor in Grenzbereiche begeben –, und das gilt für die Technik ebenso wie für die menschliche Leistungsfähigkeit. Wenn man Höchstleistungen anstrebt, finanziell aber lediglich lächerliche Mittel zur Verfügung hat, dann muß man von dieser Basis ausgehen und dafür überall das Äußerste herausholen. Die bis zur Grenze der Leistungsfähigkeit und Festigkeit belastete Serienmaschine ist als Basis im technischen Bereich anzusehen, und die zu erwartende schwierige Phase der Instabilität und schwierigen Steuerbarkeit wird etwa für die ersten zehn Stunden vom kritischen Start über den langen Steigflug bis in den Reiseflug andauern. Ohne Zweifel liegt hier auch die

Spitze der Belastung für den Piloten, der überdies bis dahin schon einen ganzen Arbeitstag von etwa 13 Stunden der intensiven, direkten Vorbereitung für den Flug hinter sich haben wird.
Darüber hinaus muß angenommen werden, daß schon wochenlang vorher eine ungeheure Streß-Situation durchgestanden werden muß. Ohne Pause an den Wochenenden, die als Puffer für Terminschwierigkeiten eingeplant sind, wird die tägliche Arbeitszeit im Durchschnitt 16 Stunden betragen. Dieser Erfahrungswert, den ich aus der Vorbereitungszeit des Lindbergh-Fluges statistisch genau festgehalten habe, bedeutet eine unvorstellbare Belastung, die sich mancher kaum vorstellen kann.
Aus verschiedenen technischen und organisatorischen Gründen muß ich die Startzeit auf etwa 23.00 Uhr Lokalzeit/Anchorage legen, aber dessen ungeachtet liegt in jedem Falle eine Arbeitslast auf mir selbst, die nicht allein am Maßstab der Zeit gemessen werden kann, denn sie belastet auch die Nerven. Zur unmittelbaren Vorbereitung gehören das Wetterbriefing morgens und nochmals kurz vor dem Start, Tanken in zwei Phasen, um die Maschine nicht unnötig lange mit Überlast zu parken, Rechnen eines ungewöhnlich langen Flugplans, Startvorbereitung, Bearbeitung aller Vorschriften für die Rekordakte und viele Nebenarbeiten. Allein das Transportproblem macht genug Schwierigkeiten zwischen den zwei Flughäfen und der Hauptstelle für die Wetterberatung in der Stadt. Insgesamt ist das eine enorme physische Belastung, schon mindestens doppelt soviel wie ein normaler Arbeitstag. Dann erst kommt der Flug selbst!
Wenn man alle diese Bedingungen kennt, dann muß man auch das günstigste Wetter fordern, das überhaupt denkbar ist. Sonst ist der Flug nicht durchführbar. Nüchtern betrachtet heißt das, daß man großen Optimismus aufbringen muß, und ich stelle fest, daß mich mein Freund Dr. Schulte dabei eher noch übertrifft. Fast müssen wir darüber lachen – wir Nüchterlinge –, aber wir verstehen uns voll und ganz. Ohne viel Worte ist es ein von gegenseitigem Vertrauen getragenes Verhältnis. Mit ihm als Berater – das ist meine Überzeugung – ist das komplexe Netzwerk der Konstruktion des Gesamtunternehmens zu einer optimalen Auslegung gereift. Ich kann das schon beurteilen, denn dafür habe ich eine gute Antenne. Da ist es nicht verwunderlich, daß ich mich jetzt schon auf unsere Zusammenarbeit in Anchorage freue. Dieser Tag mit den so fruchtbaren Gesprächen hat meine vorbereitenden Arbeiten ein unerwartet großes Stück vorwärtsgebracht.

29. Wieder mit Lufthansa

Der Tag in Frankfurt bringt auch noch Besprechungen bei der Lufthansa, mit der mich freundschaftliche Beziehungen verbinden. Seit den Vorbereitungen und der Durchführung des Lindbergh-Fluges haben sich diese noch vertieft. Die gute Zusammenarbeit soll nun für diesen Flug fortgesetzt werden. Direktor Alt, selbst alter Pilot, will wieder alle Wege ebnen und die entsprechenden Verbindungen herstellen.
Schon einige Tage nach meinem Besuch bekomme ich einen Anruf vom Chef der Abteilung Streckenführung und Navigation, Prof. Dr. Karwarth. Er ist über mein als etwas unverschämt zu bezeichnendes Vorhaben informiert, und weil er die Probleme navigatorischer Art aus eigener Praxis kennt, will er sich nach dem Stand meiner Kenntnisse, Erfahrungen und Vorbereitungen erkundigen. Wie er mir ausdrücklich versichert, tut er das mit dem Verantwortungsgefühl als Fliegerkamerad, und er bietet mir auch gleichzeitig seine Unterstützung an. Dieses Gespräch ist für mich außerordentlich informativ, denn er berichtet über interessante Erfahrungen bezüglich einschlägiger Problembereiche, die er in seiner langjährigen Praxis als Navigator auf Langstrecke gesammelt hat. Dazu gehören auch Andeutungen über typische Schwächen mancher Geräte und Instrumente.
Da meine Vorbereitungen auf diesem Sektor sehr weit fortgeschritten sind und meine Kenntnisse auf dem Gebiet der Polarnavigation erkennbar auf einem hohen Niveau liegen, kann ich ihn auf Anhieb und in relativer Kürze über den Stand der Dinge informieren. Er bedankt sich für das freundliche Gespräch und macht mich nochmals auf den erheblichen Arbeitsaufwand aufmerksam, den ein Navigator bewältigen muß. Als ohnehin bei einem solchen Flug schon extrem belasteter Pilot würde ich diese Arbeit ja noch zusätzlich übernehmen müssen. Die Funktion des Kreiselsystems solle ich sehr kritisch kontrollieren.
Da ich mir über diese Punkte schon sehr im klaren bin, werte ich die kameradschaftlichen Hinweise als freundliche Bestätigung der Richtigkeit meiner Überlegungen. Zum Abschluß faßt er seine Beurteilung etwa wie folgt zusammen: »Ich bin überrascht über Ihre Kenntnisse und Erfahrungen. Ihre Vorbereitungen erscheinen umfangreich und seriös. Darüber bin ich sehr beruhigt und stehe Ihnen gerne und jederzeit zur Verfügung.« Seine Empfehlung, mich trotz bisher ergebnisloser Suche weiterhin um die Beschaffung eines Astrokompasses zu bemühen, unterstreicht er mit dem Hinweis, mir dabei einige Hilfe geben zu können.
Dieses Instrument, das die Navigation über dem Polgebiet nach dem Sonnenstand mit Uhr und den Tabellen des Air Almanach ermöglicht, ist wie viele andere nach und nach aus dem Betrieb genommen worden, und ist deshalb nicht einmal mehr bei Luftverkehrsgesellschaften anzutreffen. Die modernen Mammutsysteme (INS) machen ja die Arbeit von Navigatoren völlig überflüssig. Mit dem Ende der Lauf-

bahn dieser einst so wichtigen Besatzungsmitglieder auf Langstrecke verschwanden auch der Sextant und dieser Astrokompaß.
Prof. Karwarth schickt mir schon einige Tage später einen Brief mit der Adresse eines Museums für Navigationsgeräte in den USA, wo ich vielleicht noch in den Besitz eines solchen Gerätes gelangen kann. Von der von großem Verantwortungsbewußtsein getragenen Haltung dieses Gentleman bin ich beeindruckt und nehme mir vor, nach dem Fluge ein Nachbriefing mit ihm zu machen.

30. Vortrag in Bonn

Seit der Mensch sich in die Luft erheben kann, gibt es zwischen denen, die das große Glück haben, dazuzugehören und denen, die unten bleiben müssen, mittlere bis gewaltige Unterschiede in der Auffassung über die schönen Dinge des Lebens. Heute kleben manche ihre Anschauungen sogar an die Heckscheibe ihres Wagens: ›Nur Fliegen ist schöner.‹ Mag das vielleicht übertrieben sein, so soll es zumindest andeuten, welches ungeheure Erleben wohl dahinter stecken muß.
Mit wachsender Zivilisation gibt es immer mehr Menschen, die, durch Äußerlichkeiten verlockt und angeregt, sich ein ›Image‹ zulegen. Früher drückte man das einfacher aus und nannte sie Angeber. Welch großartige Sache ist doch die Fliegerei nun gerade für solche Leute –, denn es gibt da keinen Zweifel: Fliegen ist ›in‹! Darunter leiden wir echten Flieger mehr, als wir oft zugeben, und das Gehabe dieser Leute schadet auch der Sportfliegerei ungeheuer – nicht nur bei unseren Mitmenschen, die unten bleiben müssen, sondern auch bei denen, die uns verwalten.
Daß die dreidimensionale Welt der Fliegerei mit ihrer unendlichen Weite sich ohnehin nicht in die Enge der Amtsstuben hineinprojizieren läßt, muß jedem schnell klarwerden, der sich ihr verschrieben hat. – Nun geht ja in dieser Welt der Massen ohne Verwaltung überhaupt nichts mehr – und daß das Generationen vor uns auch schon so empfunden haben, offenbart der Spruch meines alten Physiklehrers, dessen ich mich oft erinnere. Trotz seines Alters hatte er ein erstaunliches Interesse an der Luftfahrt und hatte mit uns Schülern der oberen Klassen durchgesetzt, daß wir einen kleinen Windkanal für den Lehrsaal anschaffen konnten. Wir alle schätzten den alten Herrn sehr, obwohl er uns auch eisern zusammenstauchte, wenn wir mal zu keck wurden. Immer aber sagte er dann anschließend versöhnlich: »Entschuldigen Sie bitte, daß ich geboren bin – soll auch nicht wieder vorkommen – wenn's die Verwaltung erlaubt.« Der gute, alte Meyer war kein Flieger, aber er hat genau das ausgedrückt, was die Flieger manchmal denken (andere Bürger übrigens auch)!
Überall, wo auf dieser Erde Menschen zusammenleben, entstehen auch Spannungen, und wenn man eine Chance sieht sie abzubauen, dann soll man helfen zu ver-

mitteln. Weil mir schon immer daran lag, das aus vielerlei Gründen manchmal gespannte Verhältnis zwischen den Fliegern und der Administration zu verbessern, will ich bei Gelegenheit in der Abteilung Luftfahrt des Verkehrsministeriums in Bonn einen Vortrag über den Lindbergh-Flug halten. Von dort signalisiert man mir Interesse, hat man doch meine Vorbereitungen wohlwollend beobachtet und unterstützt.

Nach meinem Filmvortrag folgt mit den Damen und Herren eine angeregte Diskussion, in der sehr aufgeschlossen über alle relevanten Bereiche der Flugzeugführung, Flugeigenschaften, Sonderausrüstung, Festigkeit, Navigation und Wetter unter den extremen Bedingungen eines Rekordfluges gesprochen wird. Alle sind durch die angenehme Atmosphäre sichtlich beeindruckt, und die Beteiligung an der freimütigen, versändnisvollen Aussprache über verschiedene Ansichten bei der Beurteilung von Problemen bei Flügen an der Grenze der Leistungsfähigkeit von Mensch und Material ist erstaunlich. Von den Vertretern der verschiedenen Fachbereiche werden sogar Anregungen gegeben, und mein neues Projekt wird durchweg wohlwollend betrachtet.

Ich bin fest davon überzeugt, daß dieser Vortrag und die offene Diskussion für beide Seiten als wertvoll gesehen werden müssen und das gegenseitige Verständnis fördern werden.

31. Programmpunkte für USA

Auf meiner Hauptcheckliste kann ich im Laufe des Winterhalbjahres den größten Teil derjenigen Punkte abhaken, die langfristig zu organisierende Vorgänge betreffen. Ein Schlüsseltermin ist das Übernahmedatum der voll IFR-ausgerüsteten Beechcraft Bonanza V 35 B am 24. 7. 1978. Noch in der gleichen Woche soll die Einfliegerei abgeschlossen, die Maschine durch Ausbau aller Luxusteile erleichtert und die sagenumwobene Präzisionskreiselkompaßanlage C-12 von Sperry bei der Firma United Beechcraft eingebaut werden. Ohne Pause soll es dann weitergehen mit dem Einbau der Kurzwellenstation bei Collins in Cedar Rapids und der Überführung nach Norwood an der Ostküste. Dort wartet die Zusatztankanlage und befindet sich mein Depot mit Zusatzgeräten und Instrumenten aller Art, Überlebenspack, Notsender und Kleinteilen.

Die navigatorischen Unterlagen und Berechnungen und ganze Gruppen von Checklisten für den Flug stecken in Klarsichthüllen und bilden übersichtlich zusammengefaßt fast ein Handbuch. In meinem Zimmer sieht es zu dieser Zeit manchmal aus wie bei einer Verpackungs- und Speditionsfirma, aber glücklicherweise nimmt meine Familie aus Rücksicht kaum Notiz davon.

Bevor die letzten Wochen der direkten Vorbereitungen vor Ort in den USA anlaufen, habe ich noch einen Flug mit der LH auf der sogenannten Polroute von Hamburg nach Anchorage vorgesehen, um die Reichweite verschiedener Küstenfunkfeuer zu prüfen und wenigstens diese weit südlich des Pols entlang der Küste vorbeiführende Strecke mit allen navigatorischen Bedingungen kennenzulernen. Zu diesem Zweck ist mir ein Platz im Cockpit der DC 10 zugesichert worden.

In Anchorage will ich mich dem Stationsleiter der Lufthansa vorstellen und außerdem die Verbindung zu allen Dienststellen aufnehmen, mit denen ich zu tun haben werde, also Wetteramt, Flugsicherung, Luftfahrtverwaltung, Such- und Rettungszentrale der USAF und Flugberatungsstelle. Keinesfalls werde ich diesmal annehmen, der für den Export zuständige Zoll wisse über das Verfahren mit einem selbstabfliegenden Flugzeug Bescheid. Das Theater in New York Kennedy Airport habe ich nicht vergessen.

Anschließend werde ich nach Washington fliegen und einige Dienststellen und die AOPA-Zentrale besuchen. Sehr in der Nähe an der Küste liegt die kleine Hafenstadt Annapolis, in der ich nach dem Museum mit dem Astrokompaß fahnden will. Für den Rückflug schließlich habe ich den Auftrag, eine Bonanza von Wichita nach München zu überführen, und natürlich werde ich daraus einen Trainingsflug machen: nonstop von Gander/Neufundland nach München. Für die 5000 km lange Strecke werde ich voraussichtlich 20 Stunden benötigen – gerade richtig, um meine eigene Leistungsfähigkeit erneut und das von mir verbesserte Tanksystem zu überprüfen.

Diese Reise ist als letzte zur indirekten Vorbereitung des Gesamtunternehmens geplant. Dann wird es langsam ernst mit der letzten Runde.

32. ARD will filmen

Meine strenge Stabsarbeit hat sich gelohnt, alles läuft wie an dem berühmten ›Schnürchen‹. Ich bin ›on time‹. Da ergibt sich überraschend noch eine weitere Aufgabe. Der bekannte Filmautor des NDR-Hamburg, Günter Brinkmann, will mit mir das gesamte Unternehmen für einen Fernsehfilm aufnehmen. Sein Name hat in der deutschen Sportfliegerei einen guten Klang, und durch seine Serie ›*Die Erben Lilienthals*‹ und sein Buch ›*Sportfliegerei heute*‹ ist er überall bekannt.

Nach dem OUV-Treffen der Amateur-Flugzeugbauer in Speyer 1978 besteht er darauf, gleich nach seinen dortigen Dreharbeiten zu mir nach Heidelberg zu kommen, um schon mit den ersten Szenen zu beginnen. Da er seit mehr als 35 Jahren selbst ein begeisterter Sportflieger ist und ich in 25 Jahren einige Erfahrung als 16-

mm-Schmalfilmamateur besitze, kommen wir schnell zu einem vernünftigen Plan. Der Titel liegt gleich fest: ›Allein über den Nordpol.‹
Er macht den Vorschlag, daß ich mit meiner Bolex auf dem Fluge filmen und den Ton auf meinen kleinen Kassettenrekorder konservieren soll. Obwohl mir das einen Riesenspaß machen würde, bringe ich doch meine Bedenken zum Ausdruck, denn ich werde raummäßig ebenso ausgebucht sein wie gewichtsmäßig, und wenn ich an die Arbeitslast denke, dann kann ich nur mit Sarkasmus feststellen: »Ja, ich bin Kapitän, Copilot, Navigator und Bordingenieur, da verdiene ich mit vier Gehältern eigentlich schon genug, aber nun auch noch Kameramann, Regisseur und die Gage als Filmstar –, das ist Wucher und zuviel für einen bescheidenen Mann. Was wird denn da meine Gewerkschaft sagen?« Wir lachen uns schief –, aber am Ende werde ich wohl doch noch weich werden, obwohl ich weiß, daß es nicht darzustellen ist. Wir werden sehen.
Schließlich muß ich mich ja auch bei allen Vorbereitungen für das Team bereithalten, das schon eine Woche vorher mit mir zusammentreffen soll, um dann auch in Anchorage den Abflug zu filmen. Und diese Vereinbarung machen wir schon fest. Vom Filmen mit dem ZDF kenne ich diese Arbeit und den Zeitaufwand zur Genüge. Das geht oft an die Nerven, denn schließlich ist man kein Filmstar, sondern hat ›so nebenbei‹ eine ungeheure Aufgabe zu bewältigen.
Trotz aller Bedenken sage ich gerne ›Ja‹. Die Sache ist hochinteressant und Günter Brinkmann ein Mann von Format – und mit Idealen. Günstigerweise lerne ich gleich den Regisseur Fritz Gebhard kennen, der als Team-Chef mit hinübergehen wird. So haben wir Gelegenheit, das ganze Programm abzusprechen und einen Termin für den ersten Treffpunkt in Boston Logan Airport festzulegen. Mit solchen Männern gleich ›Nägel mit Köpfen‹ zu machen, das ist ganz nach meinem Geschmack und sicher ein gutes Omen für die Zusammenarbeit.

33. Erinnerungen an Oshkosh

Weil ich in den letzten Jahren nicht mehr viel gefilmt habe, freue ich mich nun trotz der Arbeitsüberlastung auf meine eigene Filmarbeit mit der Bolex. Mein letzter zusammenhängender Film stammt von einem Besuch in Oshkosh/Wisconsin, USA. Dort findet jedes Jahr das große Fest der Sportfliegerei und der Amateurflugzeugbauer der USA statt. Ohne Frage ist es das bedeutendste Ereignis dieser Art in der Welt.
Es ist schon einige Zeit her, daß mein Freund Dr. Winfried Rudloff zusammen mit einem Arzt außer seinen Flugzeugen für die Segelflugschule noch einen Fieseler-Storch besaß. Anläßlich der Überführung einer Maschine war ich in Gary am Mi-

chigansee zwischengelandet, und wir machten einige freche Flüge mit diesem wundervoll restaurierten Oldtimer, der ganz in den Originalfarben und -zeichen der alten Luftwaffe (Afrika) zurechtgemacht war. So flog ich in fünf Metern Höhe neben Motorschnellbooten über der Riesenwasserfläche, fuhr die Klappen aus und reduzierte Motorleistung und Geschwindigkeit so stark, daß ich, nur noch mit 40 km/h fliegend, von den Flitzern leicht abgehängt wurde. Natürlich dachten die immer: »Jetzt fällt er runter«, und dann winkten sie wie die Verrückten, denn wir flogen ja in der Originalaufmachung des letzten Krieges. Dort in den USA stört sich nämlich niemand daran – im Gegenteil, und das sollte ich noch erleben.
Am Abend vor meinem Abflug klönten wir bei einem Glas Milch am Strand, und Winfried löcherte mich förmlich, doch in drei Wochen mit ihm nach Oshkosh zu fliegen, zur großen Air Show. Ich konnte zusagen, denn das wollte ich schon immer mal machen. Und da ich um diese Zeit einen Auftrag hatte, war ich pünktlich zur Stelle. Gleich neben dem in den Farben des Afrika-Korps gespritzten ›Storch‹ stellte ich die Maschine ab.
Wie alle Piloten, die schon zig Jahre fliegen, war ich beim Anblick eines so alten Flugzeuges wie elektrisiert. Es kribbelte in den Fingern. Obwohl diese alten Typen in den Eigenschaften und Leistungen ihrer Klasse kaum je übertroffen worden sind, hat man sie nach dem Zweiten Weltkrieg massenweise verschrottet, überall auf der Welt. Das wurde schon oft bereut.
Nur wenige sind übriggeblieben, und zu diesen Weltkriegstypen, die noch geflogen werden, gehören Spitfire, Hurricane, Mustang, Corsair, Messerschmitt Bf 109, Thunderbolt, Marauder, Ju 52, B-17, B-24 und viele andere. Mehrere Clubs in den USA halten solche Flugzeuge in ihren Originalfarben flugfähig und pflegen sie mit Enthusiasmus, obwohl das sehr kostspielig ist.
Der bekannteste Verband ist die ›Confederate Air Force‹ Harlingen/Texas, wo etwa 70 dieser Veteranen noch ständig geflogen werden. Diese und auch noch ältere Modelle aus der Zeit zwischen 1925 und 1940 kann man jedes Jahr in Oskosh auch im Fluge bewundern, neben einigen hundert von selbstgebauten der Experimental-Klasse. Diese werden unter erleichterten Zulassungsbedingungen erstellt, mit der Auflage allerdings, keine Passagiere zu befördern. Durch diesen Prozeß inspirieren die Konstrukteure den modernen Flugzeugbau mit einer Vielzahl von neuen Ideen und in der Praxis bereits erprobten Konstruktionen.
Mein Freund Winfried hatte sich für Oshkosh zur Vorführung und Ausstellung des Fieseler ›Storch‹ gemeldet, ich wußte davon nichts. Am Morgen nach meiner Ankunft machten wir die Maschine startklar. »Flieg Du«, sagte er, »aber dafür mußt Du in Oshkosh den steilstmöglichen Anflug machen und eine Punktlandung auf der Kreuzung der beiden Landebahnen hinlegen. Ich übernehme den Funksprech.« Grinsend mahnte er mich noch dazu: »Du kannst den Apparat besser und frecher fliegen als alle anderen hier.« Ich hatte nämlich am Abend vorher mal gezeigt, was man mit dem Ding alles machen kann –, früher sagte man dazu »was 'ne Harke ist«. Manche Zuschauer sollen aufgeregt gerufen haben: »Jetzt stürzt er ab.«

– So waren wir uns schnell einig, und schon saß ich vorn am Knüppel nach dem alten Motto: »So gern es mir leid tut.«

Der ›Storch‹ hatte bei Gelegenheit einen elektrischen Anlasser bekommen. Nur zwei Sekunden Druck auf den Knopf, und schon brubbelte der brave Argus AS 10 C wie ein Uhrwerk im Leerlauf. Es war eine Pracht. Bald waren wir in der Luft, und im Tiefflug ging es zuerst über den Michigansee an Chicago vorbei und dann über die grünen Gefilde von Wisconsin gen Norden.

Kurz vor Oshkosh nahm Winfried das Mikrofon und meldete uns an, mit der Bitte um Freigabe für einen supersteilen ›Spezialanflug‹ und eine ebensolche Landung auf der Kreuzung. Wie angewiesen waren wir noch 2000 ft hoch, aber schon im Gegenanflug und beinahe querab zur Landebahnkreuzung, als schon die clearance kam: »*Landing as requested.*« Sofort drehte ich ein, kurbelte die Klappen heraus und lag schon in einem extrem steilen Kurvenslip. Wegen der dichten Verkehrslage überwachten wir dabei zu dritt wie die Habichte den Luftraum. Der ›tower operator‹ war durch die unerwartet schnelle Reaktion und den ›Spiralsturzanflug‹ doch überrascht und jagte nun die vielen Pipers, Cessnas und Experimentals aus der Gegend. Dann aber kommentierte er bewundernd unsere immerhin angemeldete und genehmigte Blitzaktion. In einer für alle Zuschauer unerwarteten Schnelligkeit hatte ich die Maschine schon nach einer gedämpften Sacklandung auf der Kreuzung punktgenau zum Stehen gebracht. Danach hörte ich nur das schallende Lachen meiner beiden Mitflieger –, die waren richtig aus dem Häuschen. Mir hatte das auch Spaß gemacht und den Männern auf dem tower offentsichtlich ebenfalls: »*Never seen a dive landing like this one, congratulations, it was terribly beautiful.*«

Nur wenige Sekunden später standen drei Jeeps vor uns, einer mit Kameraleuten, und wir bekamen Anweisung, einem besonders gekennzeichneten Fahrzeug zu folgen. Wegen der Hitze stellte ich die Tür hoch, ließ uns die Luft des Propellerstroms ins Gesicht blasen und genoß das satte Geräusch des herrlichen Argus-Motors. Aus den drei Jeeps war inzwischen eine ganze Flotte von Begleitfahrzeugen geworden, während wir sehr zügig die große Startbahn hinunterrollten. Überall schnurrten Kameras, um den ›seltenen Vogel‹ einzufangen. Der vor mir fahrende ›Follow me car‹ hatte schließlich so ein Tempo angeschlagen, daß ich nun abhob und in 50 Zentimeter Höhe hinterherflog. Das riß die Tausenden von Zuschauern entlang der Bahn zu begeisterten Winkaktionen hin, denn welch anderes Flugzeug kann so etwas? Ja, »*never seen before*«!

Mitten im riesigen Ausstellungsgelände hielten wir – zwischen einigen Grumman-Martlet, B 25-Michell und nicht fern von einer Boeing B 29-Superfortress. Auf Zeichen eines Einweisers stellte ich den Motor ab. Soweit war alles wunderbar verlaufen, aber nun wurde es für mich ernst. Um uns herum hatte sich in Sekundenschnelle eine Menschenmenge versammelt, und kaum waren wir ausgestiegen, da hielt schon ein Jeep mit großem Lautsprechermast neben mir, und ein strahlender Hüne hielt mir ein Mikrofon vor den Mund. Ich konnte nur denken: Was soll das? Mit Fairneß meine Verblüffung überspielend, stellte er mich nun vor: »Ladies and

Gentlemen« – wieder klatschte die Menge –, »der gerade die Sturzfluglandung gemacht hat, ist Oberst Schmitt von der German Air Force Reserve. Er kämpfte als Jagdflieger der Luftwaffe auf den berühmten Flugzeugen Messerschmitt one-O-nine und Focke-Wulf, und er wird Ihnen nun einiges über den Einsatz des sagenhaften Fieseler-Storch erzählen!« Natürlich war ich völlig platt und überrumpelt – auch über die Beförderung –, aber mein Freund Winfried grinste mich so an, daß ich nun wußte, was los war –, und dann prasselte schon wieder der Applaus der begeisterten Zuhörer auf mich ein, und alle riefen »*Speak, speak!*« Es war wie im Zirkus.
Ich muß wohl einen roten Kopf bekommen haben, reagierte aber so, wie es sich für einen Jagdflieger gehört und fing sofort an: »Meine lieben Fliegerfreunde ...«, dann erzählte ich vom Einsatz des Flugzeuges, das ja vor allen Dingen für die Rettung von notgelandeten Besatzungen und zum Verwundetentransport an der Front eingesetzt worden war. Kaum hatte ich mit einigen spaßigen Einlagen meinen speech beendet, brandete erneut Beifall auf, und es hagelte von persönlichen Einladungen von allen Seiten. Leider konnten wir nur einen Tag bleiben, weil ich am nächsten Tag abfliegen mußte. Diese netten Leute meinten es wirklich ernst und bedauerten wie wir, daß wir nicht annehmen konnten.
Dann erlebten wir dieses Fest der Flieger mit seinen Vorführungen von Düsenjagdstaffeln mit Kunstflug im Verband, simulierte Tiefangriffe von Mustangs, Seahawks – da flogen majestätisch alte Ford Trimotors, da zischten Lightnings vorbei und Invaders. Aber auch verrückte Sachen: Kunstflug eines Doppeldeckers mit in einem Gestell angeschnallten ›Girl‹ auf der oberen Fläche. Dennoch verlief alles in einer tadellosen Ordnung.
Stundenlang gingen wir durch die Reihen der ausgestellten ›Selbstgestrickten‹, zu denen immer mehr Flugzeuge der ›scale 1 : 3‹ gehören: wundervoll modellierte Mustangs, Spitfires und FW 190. Alle haben einen VW-Motor und fliegen fabelhaft. Von weitem kann man sie von den größeren Originalen kaum unterscheiden.
Auf dem Teilemarkt werden zigtausend gebrauchte und neue Teile von Flugzeugzellen angeboten, Luftschrauben, Instrumente, Fahrwerke, Motoren. – Man kann zwar von Oshkosh erzählen, aber als Flieger muß man es erlebt haben – möglichst mehrere Tage. Es ist einmalig auf der Welt –, und es ist sicher das ›Mekka‹ der Sportflieger.
Abends flogen in kurzer Zeit einige hundert Flugzeuge ab –, etwa alle 10 bis 15 Sekunden erfolgte ein Start. Die Disziplin war großartig, und jeder paßte auf, daß ja nichts passieren konnte. Das ist das Entscheidende: Selbstverantwortung fördern, Überreglementierung vermeiden. Es war eine überzeugende Demonstration.
Mit einem Kurzstart verabschiedeten wir uns, und dann ging es wieder im Tiefflug in die Nacht hinein. Nachtlandung auch in Gary, wo der *tower* natürlich schon geschlossen war, aber das stört hier niemanden und ist legal. Alle Beleuchtungen sind in Betrieb oder können über einen speziellen Code durch Drücken des Mikrofon-

knopfes auf einer bestimmten Frequenz eingeschaltet werden. Wir brachten unseren fabelhaften ›Storch‹ in sein Nest.
Natürlich nahm ich mir vor, bei nächster Gelegenheit einige Tage für Oshkosh zu reservieren. Mit der Filmausbeute war ich ebenso zufrieden wie mit dem Erlebnis dieses Tages. Oshkosh ist eine Reise wert!

34. Einige Definitionen

In meinen Beschreibungen kommen immer wieder Begriffe vor, die Sportfliegern durchaus geläufig sind, und wenn Laien unsere Sprache oder manche verrückten Abkürzungen nicht verstehen, so ist des Rätsels Lösung am Ende des Buches zu finden. Ich habe aber Gründe, auf einen Begriff näher einzugehen, der eigentlich durch logische Rückschlüsse leicht zu verstehen ist: ›Langstreckenflug‹. Aus Erfahrung weiß ich aber, daß hier ein großes Durcheinander der Meinungen herrscht. Sehr häufig hört man von so bezeichneten Flügen mit Sport- oder Reiseflugzeugen, die in ferne Länder führen. In der Mehrzahl dieser Fälle handelt es sich um das Zurücklegen vieler kleiner Streckenabschnitte von jeweils etwa 500 bis 800 km. Entfernungen in diesen Bereichen nennt man Kurzstrecken, die zusammengezählt natürlich eine große Summe ergeben können. Das ist so ähnlich wie beim Geld. Man kann mit diesem Verfahren der Koppelung von vielen Kurzstrecken natürlich auch ferne Ziele erreichen, z. B. von Europa nach Afrika, Asien und Australien fliegen. Langstreckenflüge sind das aber nicht.
Der Begriff ›Mittelstrecke‹ umfaßt dann Entfernungen von 1000 bis etwa 2500 km, und als ›Langstrecke‹ bezeichnet man Streckenlängen von mehr als 2500 km. Im militärischen und im zivilen Bereich gilt diese Definition ›Langstrecke‹ gleichermaßen, und die Flugzeuge, die zur Bewältigung solcher Distanzen bis zu 10000 km oder mehr mit Nutzlast eingesetzt werden, nennt man zivil ›Langstreckenflugzeug‹ oder militärisch etwa ›Langstrecken-Aufklärer/Bomber‹.
So ist es nicht verwunderlich, daß je nach Anforderung der Benutzer sich typische Auslegungen ergeben haben, wobei trotz Berücksichtigung vieler anderer Kriterien aber letzten Endes die Fähigkeit für die Bewältigung bestimmter Streckenlängen zum Ausdruck kommt. Das sind eben dann die ›Kurzstreckenmaschinen‹ wie Boeing 737, Douglas DC 9 und andere. Typische ›Mittelstreckenflugzeuge‹ sind die Boeing 727, Airbus 300, und bei ›Langstreckenmaschinen‹ sind es die bekannten Douglas DC 8, DC 10, Boeing 707 und 747 (Jumbo), Lockheed Tristar, um nur einige zu nennen. Bestimmte Versionen einiger Typen sind für verschiedene Streckenlängen einsetzbar.
Es gibt da aber noch mehr Begriffe in der Luftfahrt, deren Erklärung sicher interes-

sant ist. Einen Ausdruck, den man in den USA oft hört, ist ›Transkontinentalflug‹. Er besagt lediglich, daß ohne Zwischenlandung z. B. von New York nach Los Angeles oder San Francisco geflogen wird, oder von Miami nach Seattle, oder auch von Kairo nach Kapstadt. Diese Bezeichnung ist typisch für Flüge über große Kontinente und beinhaltet durchweg ›Langstreckenflüge‹, denn die Entfernungen sind alle erheblich über 2500 km.

Sehr viele Verwechslungen und Mißinterpretationen hat der Begriff ›Transatlantikflug‹ gebracht, obwohl gerade hier die Sache eigentlich besonders klar sein sollte. Allein die Wortbildung sagt das aus. Wie beim Transkontinentalflug versteht man hier die Bewältigung des Atlantik in einem Flug, meistens übrigens wegen des Massenverkehrs nach USA/Europa des Nordatlantik.

Nicht gemeint mit diesem Begriff sind die Hüpfer von Insel zu Insel, mit der Überquerung der Davisstraße und Zwischenlandung in Grönland, dem Überqueren dieser größten Insel der Erde und der Dänemarkstraße mit Landung in Island und schließlich der Norwegischen See mit Landung in England und dem Passieren der Nordsee zur Landung auf dem alten Kontinent.

Hier gilt durchaus die Definition von ›Kurz-/Mittelstrecke‹. Ein wirklicher Transatlantikflug führt z. B. von den typischen Absprunghäfen New York, Boston, Bangor oder Gander direkt nach Shannon/Irland, London, Paris, Frankfurt oder Kopenhagen, und das gleiche gilt natürlich umgekehrt. Bei diesen Entfernungen sind das dann auch ›Langstreckenflüge‹. Die Insel-zu-Insel-Flüge mit Zwischenlandungen und dem Überqueren verschiedener Meerbusen, Meeresstraßen, der Nord- oder Ostsee oder des Kanals sind also weder ›Langstreckenflüge‹ noch ›Transatlantikflüge‹. Der Atlantik wird ja auch gar nicht überquert, sondern man fliegt sozusagen am Rand um ihn herum.

Noch gewaltiger, was die Weite des Raumes – weniger das Wetter – anbetrifft, sind die Verhältnisse im Stillen Ozean. Seine Größe entspricht der Summe der Flächen aller Erdteile zusammengenommen. Mit seinen Dimensionen hat er sogar dem modernen Luftverkehr große Schwierigkeiten gemacht. Wie groß, geht schon daraus hervor, daß bis vor wenigen Jahren lediglich die Langstreckenbomber Boeing B 52 dieses Pensum nonstop geschafft haben. Speziell für diese Route wurde dann die Boeing 747 SP (›special performance‹) mit verkürztem Rumpf und einer Reichweite geschaffen, die die Strecke San Francisco oder Los Angeles nach Tokio ohne Tankstop abdeckt. Bei Flugzeugüberführungen von den USA nach Australien mit Zwischenstops auf verschiedenen Inseln ist bei der ungeheuren Größe des Stillen Ozeans allerdings nicht von gekoppelten ›Kurzstrecken‹ die Rede, denn jeder ›Hop‹ mißt etwa 4000 km, und das ist eindeutig die Kategorie ›Langstrecke‹, nicht aber ›Transpazifikflug‹. Den schaffen bis jetzt nur B 52 und Boeing 747 SP.

35. Haben Sie keine Angst?

Wie oft werde ich gefragt: »Haben Sie keine Angst?« Nun, ich finde, daß mir allein deshalb der Frager vielleicht schon imponieren kann. Wer sich nämlich solche Gedanken macht, hat erkannt, daß wohl fast ausnahmslos alle Menschen schon bange Situationen durchlebt haben. Manche Menschen brauchen sogar Mut dazu, diese Frage überhaupt zu stellen, denn viele fürchten sich davor, für ängstlich zu gelten oder in einem Angstzustand erkannt zu werden.

Angst ist eine ganz natürliche Schutzreaktion der Kreatur und deshalb auch keine Schande. Feigheit ist etwas ganz anderes, und es steht fest: Wer nie Angst hat, braucht kaum Mut für irgendeine Handlung oder einen Entschluß. Ohne aber nun in die Philosophie über dieses Thema einzusteigen, soll ich ja die Frage beantworten, die sich natürlich immer auf meine Fliegerei bezogen hat: »Haben Sie denn nie Angst?« Natürlich hatte ich schon. Schließlich kenne ich die vielen Risiken und Gefahren, speziell bei den großen Flügen. Nur ein Verrückter wüßte es vielleicht nicht. Aber ein Lügner dürfte wohl sein, wer behauptet, das Gefühl von Angst sei ihm völlig unbekannt.

Besonders von meiner Atlantik-Langstreckenfliegerei mit kleinen ein- oder zweimotorigen Flugzeugen kenne ich die vielen Schwierigkeiten, die man mit dem Wetter und mit der Technik haben kann. Ich weiß, was es heißt, durch schwere Gewitterfronten fliegen zu müssen – ohne Ausweichmöglichkeit. Ich kenne nächtelanges Fliegen mit nur einem Motor, allein über dem Atlantik, im Instrumentenflug ohne Autopilot in schwerer Turbulenz, mit Vereisung, oft ohne auch nur eine Minute zwischen Start und Landung aus den Wolken herauszukommen und dabei Funkausfall, oder Blitzschlag, oder Antennenverlust im Eis, oder komplettem Ausfall der Navigationsgeräte, oder Fahrtmesserausfall, oder Bordnetzausfall und Kabelbrand, oder Motorstörung, oder Triebwerkausfall mit Zweimotorern und zusätzlicher Motorstörung auch beim zweiten Motor. Kriegseinsätze mit Bauchlandungen oder zweimaligem ›Aussteigen‹ sind ein anderes Kapitel.

Wichtig ist, daß man diese Situationen mit Nervenkraft und Seelenstärke übersteht und daß man aus diesem Kampf nicht geschwächt, sondern gestärkt hervorgeht. Aber gerade nach Erlebnissen dieser Art braucht man immer mehr Mut als jemals zuvor, um große Unternehmungen anzupacken und durchzuführen. Und manchmal sitzt die Angst schon vor einem im Flugzeug. Dann braucht man wirklich Mut – schon beim Einsteigen. Wenn man dann diese verschiedenen, inneren Prüfungen über viele, viele Jahre in den verschiedensten Situationen durchgemacht und bestanden hat, dann wird man immer schweigsamer und bescheidener. Schon oft wurde ich vorwurfsvoll gefragt, warum ich mich immer mehr zurückhielte.

Nun, ich habe die Frage beantwortet. Aber ich gestehe, es fällt mir schwer, über die Hintergründe mehr als dies anzudeuten.

Aus rein technischen Gründen und auch wegen der allgemein großen Verantwortung, besonders bei extrem ausgelegten Vorhaben, bereite ich alle meine Flüge bis ins kleinste Detail vor. Nur so kann man eine gehörige Portion der vielen Risiken ausgleichen, so daß die Sache wenigstens kalkulierbar wird. Wenn man also mit großem Arbeitsaufwand und Akribie sich selbst um alles kümmert und mit Penetranz doppelt und dreifach kontrolliert, dann hat man einen Teil der Schlacht schon gewonnen. Diese Einstellung muß man zu den Dingen haben, wenn man ein Vorhaben wie den Nordpolflug durchziehen will. Glück braucht man dann auch noch, aber rechnen darf man darauf keinesfalls. Aberglauben mag schon manchen beschlichen haben, der häufig in Gefahr kommt, aber ich bin der Überzeugung, daß die meisten Menschen, die einsam handeln und standhaft bleiben müssen, davon nicht entscheidend beeinflußt werden, ich jedenfalls absolut nicht!

36. Wetten 50:50

Obwohl ich über die gesamte Periode der Vorbereitungszeit für den Nordpolflug, also in der Hauptsache seit dem Lindbergh-Flug, nur mit denjenigen über dieses Thema spreche, die damit unmittelbar befaßt sind, tickt der Buschtelegraf mein Vorhaben bald in alle Richtungen. Nun braucht man ja ohnehin schon eine gehörige Portion Durchsetzungsvermögen und Zähigkeit, um so ein Projekt allein durchzuziehen, und ich bin froh, diese Eigenschaften zu besitzen.
Neben den Hindernissen aber, die direkt aus dem Arbeitsprozeß resultieren, gibt es auch noch induzierte Widerstände, hervorgerufen durch Geschwätz von Laien und – was viel schwerer wiegt – durch unqualifizierte Kommentare von sogenannten Fachleuten. Bedrückend ist es auch, wenn man feststellen muß, daß im Hintergrund sogar Neid oder Mißgunst lauern – auch von Leuten, die mit der Fliegerei nicht das geringste zu tun haben. Dann muß man solche Dinge mit Fairneß überspielen, auch wenn man sie überhaupt nicht versteht. Die Enttäuschung über die offensichtlich allzu menschliche Eigenschaft des Minderwertigkeitskomplexes selbst bei hochintelligenten Personen in manchmal sogar fabelhaften Positionen empfinde ich dennoch. So wird man geradezu gezwungen, den Respekt vor Leuten mit Titeln und Rängen zu verlieren. Ob die Betreffenden das wissen?
Völlig wurscht ist es mir hingegen, als ich erfahre, daß mir manche das Können für diesen sicher schwierigen Flug nicht zutrauen und daß sogar Wetten abgeschlossen werden. Maximal schätzt man meine Chancen 50:50. Man müßte ein Wettbüro haben. Was für Sorgen müssen manche Leute doch haben!
Glücklicherweise registriere ich die negativen Dinge nur am Rande, denn die positiven überwiegen, und der Fortschritt ist unübersehbar. Schließlich ist die Vorarbeit geschafft, der arktische Sommer hat begonnen. Meine Terminplanung ist so

genau, daß sie für die letzten zehn Wochen für fast jeden Tag mit der entsprechenden Reserve bereits festgeschrieben ist. Ich muß darauf vertrauen, daß der ›count down‹ dann nach Plan verlaufen wird.

Leider schlafe ich in dieser Zeit oft sehr unruhig oder gar nicht – ich fühle die große Verantwortung für alle meine Absprachen. Da muß ja noch allerlei ablaufen, bis ich in Anchorage an den Start gehen kann – ein ganzes Unternehmen nämlich, vor dem eigentlichen Unternehmen!

37. Mit LH – DC 10 nach Anchorage

Der Lufthansa-Flug LH 650 nach Anchorage ist gebucht. Zuerst kommt der kleine Hops von Frankfurt nach Hamburg. Nach dem Tankstop melde ich mich bei Kapitän Häußler, der schon informiert ist und dem ich in kurzen Worten meine Wünsche vortrage. Er stellt mich der Cockpit-Crew vor und gibt mir Kopfhörergarnitur, Sauerstoffmaske und Unterlagen seines Flugplans. Kartenmaterial und Frequenzlisten habe ich selbst mitgebracht, damit ich gleich meine Eintragungen machen kann. Es geht mir darum, die Reichweite verschiedener Funkfeuer auf Spitzbergen, in Nordkanada und Alaska, der Consol-Stationen auf der Bäreninsel und Jan Mayen praktisch zu prüfen. Zwar ist meine Ausrüstung weniger leistungsfähig als die der DC 10, und ich werde auch entscheidend tiefer und viel weiter nördlich fliegen, aber ich kann mir doch ein Bild machen. Um das auch optisch von den Küstenstreifen machen zu können, hoffe ich auf gute Sichtverhältnisse, denn ich will ja auch die Grenze des Packeises erkennen können.

Schließlich interessiert mich die Praxis der Gridnavigation mit INS, die an Bord der DC 10 mit dem dreifach redundanten System einschließlich aufgeschaltetem Autopilot natürlich ein gewaltiges bißchen anders aussehen wird als das, was ich zu tun haben werde, nämlich alles ›handgestrickt‹ und selbstgerechnet.

Alle drei Männer sind in jeder Weise zuvorkommend, kameradschaftlich und erfüllen mir jeden Wunsch. Ihr Interesse an meinem Vorhaben ist echt, und wir diskutieren die Probleme in sachlicher Weise. Bei der Landung in Anchorage bekomme ich den richtigen Eindruck von der Länge der beiden Parallelbahnen, von denen allerdings die 06 L einen recht holprigen Eindruck macht. Das kann man schon mit dem bloßen Auge erkennen. Die dritte Bahn kommt für meinen Überlaststart nicht in Betracht, denn sie ist mit 1445 m viel zu kurz –, aber die RWY 24 L wird eine Schlüsselrolle für den Rekordflug haben.

Auf dem Flug habe ich alle Informationen sammeln können, die ich mir gewünscht habe, wenn wir auch weit südlich meiner vorgesehenen Streckenführung dem typischen ›airliner-track‹ gefolgt sind.

Beim Aussteigen wartet schon der LH-Stationsleiter auf mich. Ein Hüne kommt auf mich zu und stellt sich vor: »Weißhuhn.« Wie sich gleich zeigt, ein ruhiger, sehr hilfsbereiter Mann, der jeden kennt und alles weiß. Zwar bin ich müde, aber wenn ich den Tag voll nutzen will, habe ich noch viele Leute zu besuchen. So erscheine ich nach einer Stunde schon wieder auf dem Flughafen und tauche bei allen einschlägigen Dienststellen auf: Zoll, Luftfahrtverwaltung, Flughafenverwaltung, Flugsicherung, Wetterbüro, Dispatch; und ich sehe mir auch oben vom Tower nochmals die ganze Anlage an. Leider muß ich feststellen, daß die Flugsicherungsberatungsstelle (FSS) und das Wetterbüro für Alaska am Merrill Airfield untergebracht sind, und das bedeutet eine Autofahrt von 15 Minuten.
Als ich schließlich dort meine Wünsche vortrage, verweist man mich an das zentrale Institut ›National Oceanic and Atmospheric Administration‹ mitten in der Stadt. Nur dort wird das ›internationale Wetter‹ gemacht. Auch am großen internationalen Flughafen liegen lediglich Informationen für einige Standardstrecken der Liniengesellschaften nach Japan oder Europa im 200- und 300-mb-Bereich vor. Weiß der Teufel, eine solche Dislozierung bedeutet Weltrekord. Wenn das kein gutes Omen ist!
Ich bin enttäuscht, denn nun kann ich meinem Freund Dr. Schulte nur wenig erfreuliche Dinge für seinen Arbeitsbereich vortragen. Allerdings kann ich feststellen, daß alle Leute ausnahmslos freundlich sind und jede nur mögliche Unterstützung versprechen. Bei der SAS, die im Wechsel mit Lufthansa den Vorbereitungsdienst für die Standardstrecken durchführt, bekomme ich auch die ersehnten Karten.

38. Streik in Alaska

Zufrieden mit dem schnellen Abschluß der Arbeiten will ich unverzüglich weiter nach Wichita, aber da gibt's inzwischen Neuigkeiten. »Schon mal was von Streik gehört?« fragt eine freundliche Stewardeß mit süßsaurer Miene. Auf Tage ist alles ausgebucht – und jetzt kann ich mir auch endlich die Masse der Passagiere in der Halle erklären. In Riesenschlangen warten sie an den wenigen Schaltern der Fluglinien, die hinüber in das Hauptgebiet der USA fliegen. Glücklicherweise werden die Strecken nach Kanada nicht bestreikt, so kann ein Teil über Umwege wenigstens ausweichen.
Die Stimmung ist geladen und es riecht muffig. Plärrende Kinder, Hunderte von Touristen, die mit Sack und Pack in die beginnenden Ferien fliegen wollen. Die Leute tun mir leid. Die Sache ist sauber arrangiert von der Gewerkschaft, ausgerechnet in der Zeit, in der es am stärksten trifft – die Schwächsten natürlich, die

kleinen brav arbeitenden Leute. Nun stehe ich erst einmal vier Stunden bis in die Nacht in der Schlange, bis ich wenigstens für den kommenden Morgen einen Platz auf der Warteliste ergattern kann.

Mit verschiedenen Umwegen und Umsteigestationen auf dem Ticket kann ich endlich am Nachmittag einsteigen. Seit meiner Abfahrt von Heidelberg bin ich nun schon vierzig Stunden pausenlos an der Arbeit oder auf den Beinen. Ärgerlich, aber ich mache das Beste daraus: Training für Streß und Geduld!

Endlich bin ich in Seattle, und wieder habe ich nur einen Platz auf der Warteliste, aber weil ich mich im Gegensatz zu den anderen Wartenden mühsam wachhalte, kann ich ihn in einer günstigen Minute in eine feste Buchung umwandeln. Es sind nur noch 30 Minuten Wartezeit bis zum Einsteigen, aber die Müdigkeit ist zu stark. Ich nicke ein. Plötzlich werde ich durch ein an mir vorbeistürmendes Pärchen aufgescheucht. Die beiden klettern über die bereits geschlossene, niedrige Schranke. Alarmiert blicke ich auf die Uhr – verdammt, ich habe nur noch Sekunden. Mit einem Satz bin ich über die Barriere und renne im Hundertmeter-Tempo durch den Einsteigegang – da wird gerade die Kabine geschlossen. Der Manager schüttelt nur den Kopf, prüft meine Bordkarte und murmelt etwas wie »damned tourists«. Recht soll er haben, aber er läßt mich noch rein. Das muß ausgerechnet mir passieren! Am nächsten Vormittag komme ich endlich nach abermaligem Umsteigen in Wichita an. Ich will nur noch ins Hotel, duschen und schlafen. Aber da habe ich die Rechnung ohne den Wirt gemacht. Das bestellte Zimmer ist wegen meiner Verspätung von 24 Stunden bereits vergeben worden, das Hotel ist ausgebucht. Alle Hotels sind überbelegt wegen einer großen Tagung. Das Theater kenne ich gut genug. Nach penetrantem Warten bekomme ich ein Zimmer ab 12.00 Uhr mittags in Aussicht gestellt, also bin ich wieder auf der verdammten Warteliste. So gehe ich ausgiebig frühstücken. In 70 Stunden habe ich lediglich zwischen Alaska und Wichita einige Nickerchen in meinem Sitz gemacht. Bei heißem Milchkaffee und den Spiegeleiern denke ich so vor mich hin: Das fängt ja gut an mit meinem Abonnement auf Wartelisten und Training in Streß und Geduld!

39. Vorbereitungen vor Ort

Schon am nächsten Morgen übernehme ich die zu überführende Bonanza und bespreche mit dem Vizepräsidenten von Beech, Michael Neuburger, das Gesamtprogramm für den Nordpolflug. Mit meinem Terminplan auf dem Tisch bestätigt er mir, daß nach aller Voraussicht mit Verzögerungen in der Produktion nicht zu rechnen ist. Ich will ja schon in fünf Wochen wieder hier sein, um die Rekordmaschine zu übernehmen.

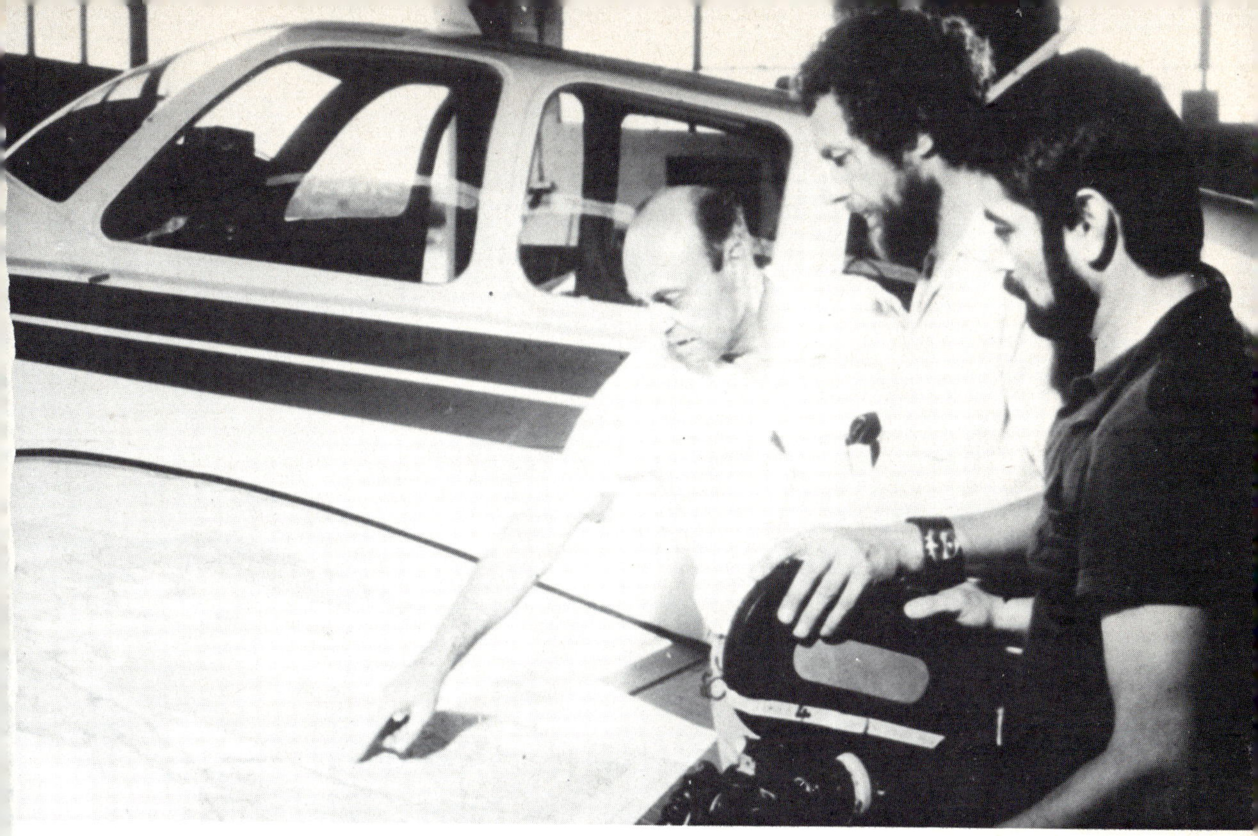

Filmen mit ARD. Ich erläuterte die Route: Kameramann Jürgen Martin und Heimo Salinger.

Vor dem Abflug nach Cedar Rapids mit Steve Manning und Joe Posnik.

Wetterberatung vor dem Flug nach Seattle.

Zerfetzte, aus der Verankerung gerissene Flugzeuge nach dem Tornado in Cedar Rapids.

Der Wirbelsturm legte diese zweimotorige Cessna 337 auf den Rücken.

Weitere Orkanopfer.

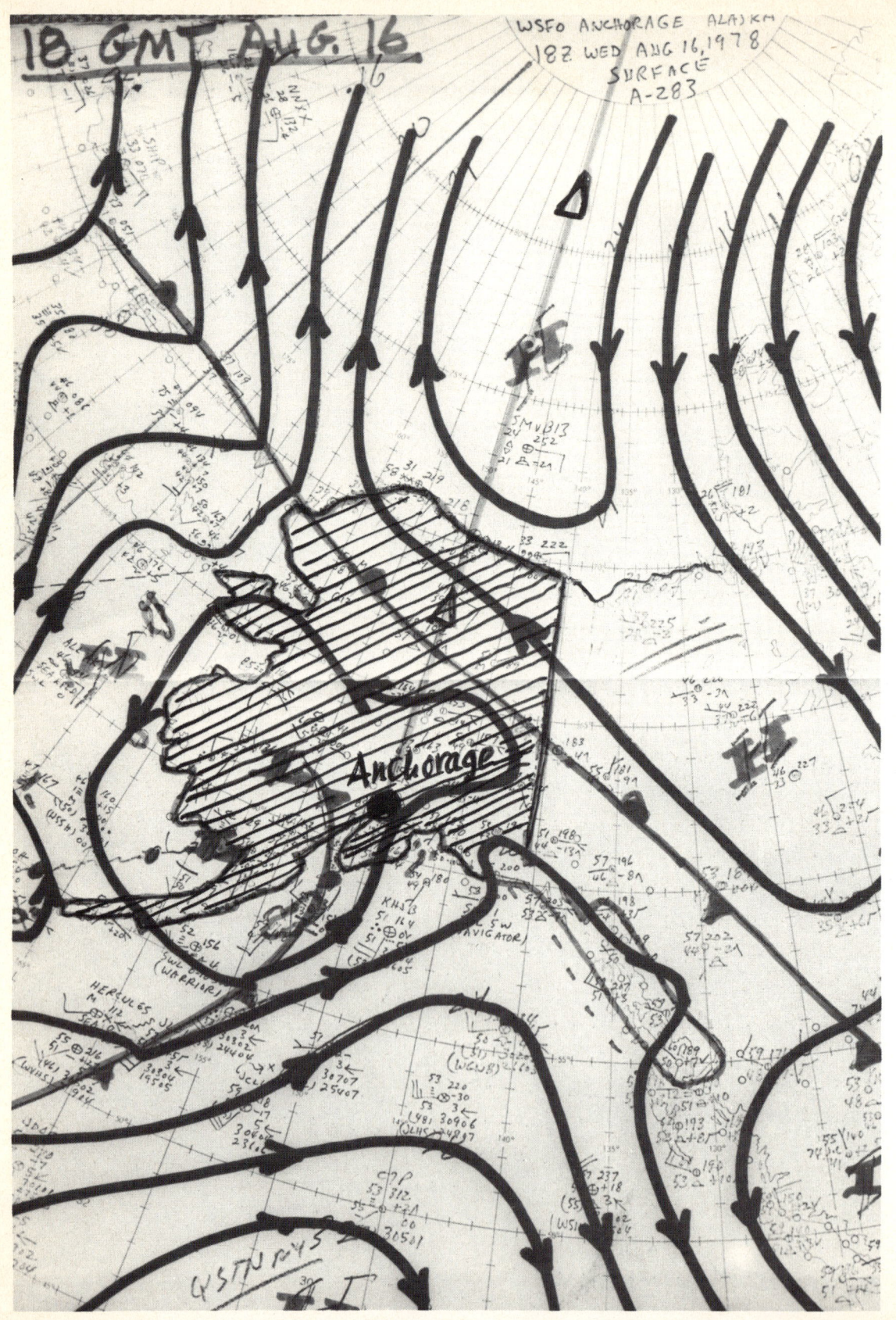

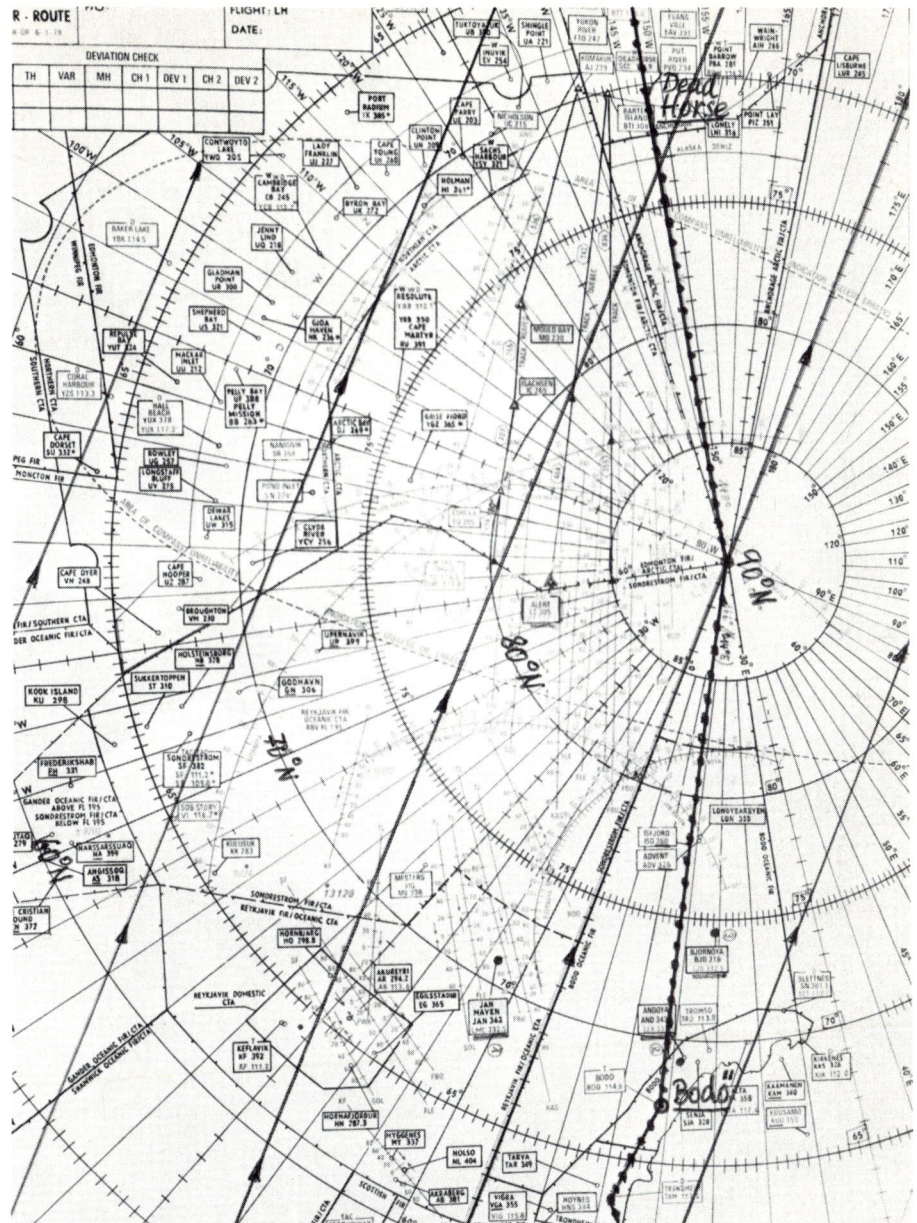

Übersichtskarte der Lufthansa mit Gitternetz (Gridlinien).

Linke Seite: Wetterkarte von Alaska.

. 51 . 090 090 V35B R ID 39 1632:00
16 12 DEHIB MAH PANC EDDM 21DMD 19 08 78 DUPE
BJ L 140 EDDM

PRIORITY INDICATOR – Indicateur de priorité
ADDRESSEE(S) INDICATOR(S) – Indicateur(s) destinataire(s)
EDDM ZP
≪≡
FILING TIME – Heure de dépôt
ORIGINATOR INDICATOR – Indicateur d'origine ≪≡
SPECIFIC IDENTIFICATION OF ADDRESSEE(S) AND/OR ORIGINATOR – Identification précise du (des) destinataire(s) et/ou de l'expéditeur

1 DESCRIPTION
6 AIRCRAFT IDENTIFICATION – Identification de l'aéronef
8 FLIGHT RULES AND STATUS – Règles de vol et caractère spécial du vol
≪≡(FPL – D-EHIB – VFR-IFR ≪≡

9 NUMBER AND TYPE OF AIRCRAFT – Nombre d'aéronefs et type
10 EQUIPMENT – Equipement: COM NAV SSR
– BONANZA V35B – S / S / C ≪≡

13 AERODROME OF DEPARTURE – Aérodrome de départ
TIME – Heure
FIR BOUNDARIES & ESTIMATED TIMES – Limites de FIR et heures prévues
– PANC 0800 → 72 N 148 25W FIR PANC 1320
≪≡

15 SPEED – Vitesse
LEVEL – Niveau
ROUTE
– 0140 F100/F090 → ANC BGQ DCT TKA
V 436 SCC 72 N 148 25 W 75 N 148 25 W 80 N 148 25 W 85 N 148 25 W
NORTH POLE 85 N 1420 E 82 N 1420 E 80 N 1420 E 75 N 1420 E
6914 N 1420 E BOO A7 FBU A9 FFM B1 DKB MUN ≪≡

17 AERODROME OF DESTINATION – Aérodrome de destination
TIME – Heure
ALTERNATE AERODROME(S) – Aérodrome(s) de dégagement
– EDDM 1600 → ENBO ENFB EDDH EDDF ≪≡

18 OTHER INFORMATION – Renseignements divers
– EST SCC 1235 72 N 148 25 W 1320 75 N 148 25 W 1440 80 N 148 25 W 1650
85 N 148 25 W 1900 NORTH POLE 2110 85 N 1420 E 2318 82 N 1420 E 0035
80 N 1420 E 0126 75 N 1420 E 0332 6914 N 1420 E 0600 BOO 0650
DEPARTURE TIME IN HOURS MINUTES AND SECONDS TO EDDM ZP FOR TRY OF WORLD CLASS RECORD) ≪≡

19 SUPPLEMENTARY INFORMATION – Renseignements complémentaires
ENDURANCE – Autonomie
PERSONS ON BOARD – Personnes à bord
EMERGENCY & SURVIVAL EQUIPMENT – Equipement de secours et de survivance
– FUEL Carburant/ 36 → POB/ 1 → RDO/121.5 → 243
EQUIPMENT – Équipement
LIFE JACKETS – Gilets de sauvetage
FREQUENCY – Fréquence
POLAR Polaire → DESERT Désertique → MARITIME → JUNGLE → JACKETS Gilets → LIGHT Lampes → FLUORESCEIN Fluoresceine → RDO
DINGHIES – Canots
COLOUR – Couleur
NUMBER – Nombre
TOTAL CAPACITY – Capacité totale
OTHER EQUIPMENT – Équipement divers
DINGHIES Canots → COVER Couverture
→ RMK/
NAME OF PILOT-IN-COMMAND – Nom du pilote commandant de bord
Signature of Pilot-in-Command or Designated Representative – Signature du pilote commandant de bord ou de son représentant désigné
) ≪≡ SCHMITT
28-0081
7-76

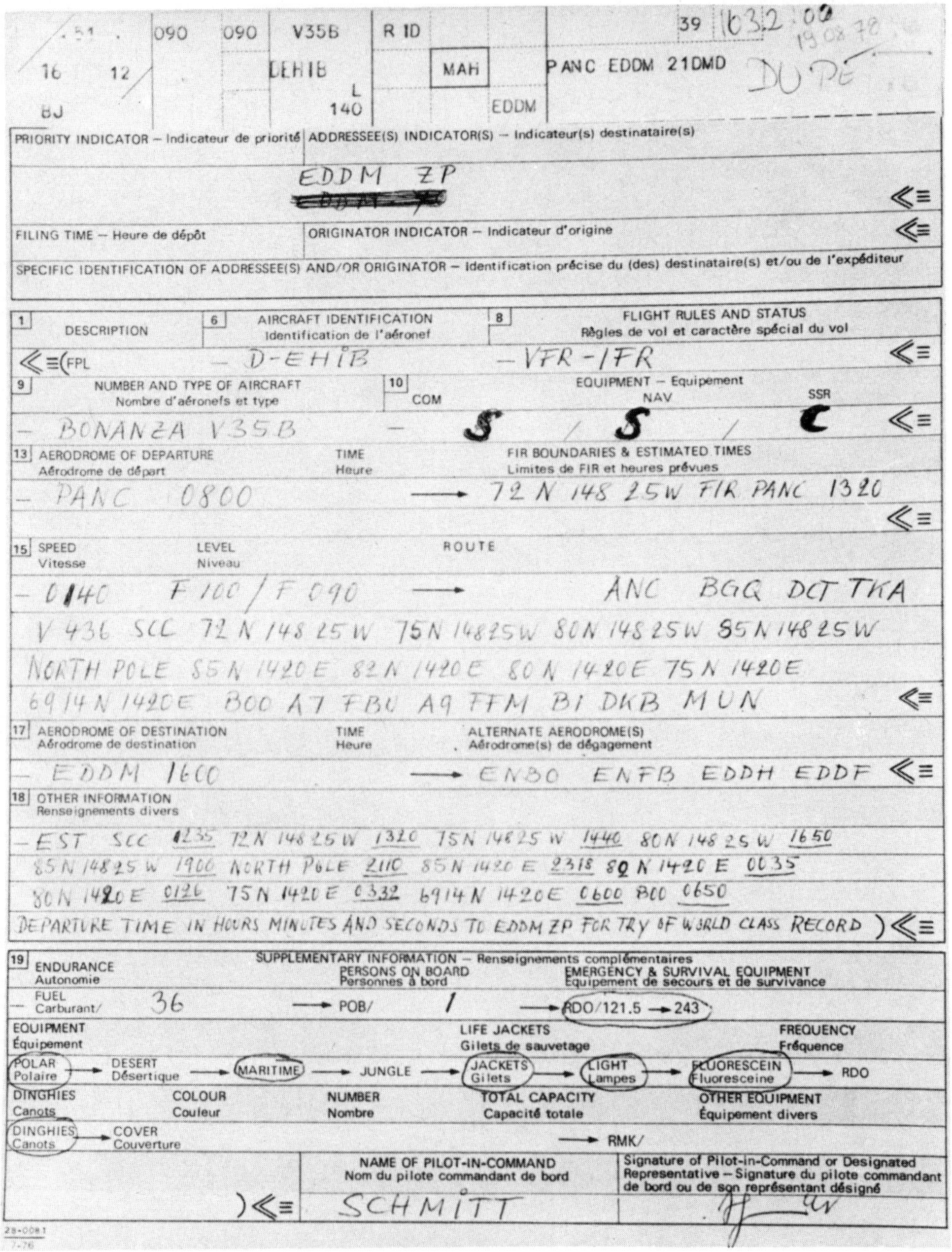

Der offizielle ATC-Flugplan für den Nordpolflug.

Unser Wetterexperte Dr. Walter Schulte in Aktion.

Tanken in Anchorage/Alaska.

Elefant und Mücke. Die Rekordmaschine vor der DC-10 ›München‹ der Lufthansa in Anchorage.

Die D-EHIB neben dem Lufthansa-Jumbo.

Der Besuch bei United Beechcraft und ein Telefonat mit Herrn Jaeger in München klären die letzten Fragen zum Einbau des Kreiselkompasses. Die Elektronikwerkstatt hat ein solches Gerät noch nie gesehen, aber es ist vom Werk vorgesehen, über Telefon eine direkte Unterstützung durch einen Ingenieur aus Phoenix/Arizona bereitzustellen. Alles ist bestens eingefädelt.

Eigentlich will ich schon am nächsten Morgen nach Cedar Rapids abrauschen, aber das Wochenende macht mir einen Strich durch die Rechnung. So lege ich einen Stop in Aurora ein, um meinen alten Freund und Kriegskameraden Robert Hupe zu besuchen, der für einige Tage aus Brasilien hier ist.

1963 waren wir beim internationalen Segelflugwettbewerb in Elmira/N.Y. zusammen geflogen. Nach Südafrika war das damals mein dritter, großer Wettbewerb, den ich als Mitglied der Segelflugnationalmannschaft bestritt. Die Ka 6 war zu dieser Zeit die beste Standardmaschine. Das Zeitalter der GFK-Superflugzeuge war noch nicht angebrochen. Voller Tatendrang stellten wir damals fest, daß wir Alten das Fliegen nicht verlernt hatten.

Er war als Ingenieur mit dem Aufbau eines neuen Werkes bei São Paulo beschäftigt und schon 20 Jahre bei Caterpillar. Während des Krieges waren wir zusammen auf A/B-Schule und auf der Jagdfliegerschule gewesen, aber dann zu verschiedenen Geschwadern versetzt worden. Aus der amerikanischen Presse waren ihm meine Weltrekordflüge bekannt, und nun sitzen wir zusammen mit seiner Frau Hannchen, die ich schon aus der Kriegszeit kenne.

Er ist hingerissen von der Idee meines Nordpolfluges und kommentiert das kurz und scharf: »Laß Dir nur nicht bange machen –, wir Alten schaffen das!« Wir sind die einzigen unserer Crew, die den Krieg überlebt haben, und beide sind wir fliegerisch aktiv. Als Hobby betreibt er mit einem Freund eine Segelflugschule und nimmt regelmäßig an Meisterschaften teil. Jeden freien Tag hängt er sich stundenlang in den Himmel, jetzt mit einer LS 1, demnächst mit einer LS 3, die er schon bestellt hat. Für uns ist das alles ein Beweis dafür, daß die Fliegerei ein Jungbrunnen ist, und noch etwas stellen wir fest: das Gefordertsein hält elastisch, nicht das Gammeln!

Leider haben wir nur einen Tag, und am Sonntagabend lande ich schon in Cedar Rapids. Am Montag reicht eine Stunde für die Besprechung bei Collins mit Terminabsprache für den Geräteeinbau. Und schon bin ich wieder in der Luft auf dem Wege nach Boston, einer Entfernung wie von Frankfurt nach Istanbul. Das sind so mittlere bis lange amerikanische Tagesstrecken mit Kleinflugzeugen. Für Ferrypiloten sind das kleine Fische. Wie oft muß ich in den USA mit einer kleinen Maschine sieben oder acht Stunden am Tag fliegen, um irgendwo etwas zu erledigen. Ohne Flugzeug geht das bei den Entfernungen gar nicht.

Kurz vor Feierabend großes Hallo bei der Belegschaft von Wiggins in Norwood, wo seit vielen Jahren meine Tanks eingebaut werden. Diesmal wird es sehr schwierig sein, denn es müssen Tanks mit einem Volumen von 1140 Litern für die Rekordmaschine entworfen werden. Während meine Maschine für den Zwanzigstundenflug vorbereitet wird, rechnen »Hutch« und ich die Tankgrößen und entwerfen die Schaltanlage. In den letzten Jahren habe ich da vieles verbessert, so daß jetzt mehr gefördert werden kann. Nach zwei Tagen intensiver Arbeit bis in die Nacht fliege ich schon weiter nach Gander.

40. Prüfstecke Boston – Gander

Auf dieser 1700 km langen Strecke waren mir schon einige Zwischenfälle passiert. Einmal flog ich mit einer kleinen Piper bei schönem Wetter über einer geschlossenen Wolkendecke. Diese Schichtbewölkung war relativ dünn, und nach der Vorhersage sollte in dem dünnen Zeug kein Eis zu erwarten sein. Nach über fünf Stunden eines angenehmen Fluges in der Aprilsonne bekam ich Anweisungen der Radarkontrolle, die mich schon in 9000 ft direkt auf die ILS führten und der ich dann für den Instrumentenanflug folgen sollte – sofern ich die Signale empfangen würde. Kaum war ich im sehr flachen Sinkflug auf dem ›glide path‹ in die Wolken eingetaucht, fing schon die Eisbildung an. Zwar hatte ich früh genug die ganze Heizleistung durch die Defrosterdüsen auf die Frontscheibe gelenkt, aber schon nach wenigen Minuten wurde der Eisansatz so stark, daß nur noch ganz unten ein kleines Loch übrig blieb.

In kurzer Zeit hatte die Maschine soviel Eis aufgenommen, daß ich den ›controller‹ bat, mir einen steileren Anflug zum schnelleren Durchstoßen der Wolkendecke zu genehmigen. Terrain, Wolkenuntergrenze und Null-Verkehrslage hätten das erlaubt. Noch bevor ich aber überhaupt eine Antwort bekam, wurde die kleine Maschine plötzlich von einem starken Schütteln in der Zelle erfaßt, das nach meiner sofortigen Diagnose keinesfalls von der Luftschraube oder vom Motor verursacht sein konnte. Der lief trotz des sicherlich inzwischen vereisten Propellers und dessen Unwucht ruhig.

Der Fahrtmesser zeigte 130 kts. Da entdeckte ich bei einem kurzen Blick nach links draußen den Übeltäter. In hoher Frequenz wirbelte eine drei Zentimeter dicke, weiße Wurst in Rotationsbewegung. Das war die von der linken Flügelspitze zur Seitenflosse gespannte Antenne für das Kurzwellengerät. Die eigenartigen Rotationsbewegungen hatten sie zum Zerreißen gespannt, so daß ich sofort die Leistung zurücknahm, um die Geschwindigkeit abzubauen – in der Hoffnung, das verrückte Biest zu beruhigen und zu entspannen. Aber da hörte ich schon den gedämpften Knall und dann ein Klappergeräusch.

Es war kein Wunder: der Draht war gerissen, und zwar an der Flügelhinterkante. So schleppte ich also nun die Eiswurst an der Seitenflosse hinter mir her. Ich dachte nur sarkastisch: aha, daher der Name ›Schleppantenne‹. Eigentlich war die Situa-

tion alles andere als lustig, denn es schnurrte und klapperte ganz schön, und ich konnte nur hoffen, daß sich die Eisgirlande nicht um irgendeine Steuerfläche schlang.
Leistung setzen, Fahrt halten, auf dem Gleitweg bleiben, Mißgeschick dem Controller melden. Das Eis war weiter angewachsen, denn ich flog noch immer in dem Gewölk. Dann endlich durch die letzten Fetzen. Raus war ich, aber von ›Durchblick‹ nach vorn war keine Rede. Die Frontscheibe war bis auf das winzige Loch dick vereist. Vom ›outer marker‹ ab mußte ich zeitweise slippen, um zu sehen, wo die Landebahn war. Zu allem Überfluß ging's noch durch einen dichten Schneeschauer. »*Cleared to land*«, hatte man mir schon vor dem ›marker‹ zugerufen, aber das war bei dem völlig verschneiten Flughafen in meiner Situation nicht so einfach zu befolgen. Gut, daß wir als alte Doppeldeckerflieger geübt hatten, bis ›zur Grasnarbe‹ zu slippen. Es wurde eine butterweiche Landung –, und gefroren habe ich bestimmt nicht. Mir war ganz schön heiß geworden!
Auch das Rollen hatte es in sich, aber beim Abstellen auf dem Zollparkplatz wurde ich dann belohnt: Die Sonne schien mir direkt ins Gesicht – der April hatte mich ganz schön veräppelt!
Nie wieder habe ich genehmigt, mir eine HF-Antenne vom Leitwerk zur Flügelspitze zu installieren, was sehr gerne gemacht wird. Wegen der Antennenlänge wird das von den Elektronikern vorgezogen, aber der Luftwiderstand ist enorm, und wie gesehen, kann ein anderes Problem noch größer werden. Aus diesem Grunde hatten wir bei Collins auf meinen ausdrücklichen Wunsch hin die Antenne für die Lindbergh-Bonanza in einem möglichst stumpfen Winkel vom Kabinendach über die Leitwerksspitze zur Rumpfseitenwand laufen lassen.
Die bei der Versuchsabteilung vorgenommenen Vermessungen der Antennenabstrahlung ergaben dann tatsächlich rundum erstaunlich gute Werte, und ich war den quer zur Flugrichtung gespannten Draht los. Für einen Aerodynamiker ist ja jedwedes ›Antennengeweih‹ ohnehin ein rotes Tuch. Querlaufende Drähte kann man nur als den Versuch werten, aus dem Flugzeug einen Drahtverhau zu machen. Der Widerstand dürfte bei ungünstiger Lage und gleichen Längen denen eines Flügels entsprechen ... brrr!
Bei einem anderen Flug war ich ebenfalls noch hoch auf meiner Reiseflughöhe mit einer Freigabe zum Sinkflug und Instrumentenanflug. Den Beginn sollte ich irgendwann nach eigenem Ermessen gestalten und melden. Da ich noch weit weg war, hielt ich wegen der günstigen Höhenwinde und wegen Vereisungsgefahr in den Wolken meine Höhe noch weitere 10 Minuten bei. Dann schaltete ich in aller Ruhe die Hähne des Zusatztanksystems und drehte den damals noch verwendeten Haupthahn zu. Zwar schien der mir verdächtig leichtgängig, aber das wollte ich am Boden noch überprüfen.
Mein Abstieg war gemeldet, und schon war ich in die Turbulenz der cumuliformen Bewölkung eingetaucht. Vereisung stellte sich nicht ein, aber ich nahm jetzt doch die Fahrt erheblich zurück, denn es beutelte die Maschine ganz schön herum. Nun

macht mir Turbulenz physisch überhaupt nichts aus, dazu bin ich auch heute noch viel zu sehr begeisterter Segelflieger, aber bei Flugzeugen mit zusätzlichen Tankanlagen in der Kabine ist die Schwerpunktwanderung des schwappenden Kraftstoffs eine zusätzliche Belastung für deren Halterung und die Zellenstruktur. Außerdem wird das Steuern erschwert.

Inzwischen hatte ich meine nächste Höhenstufe erreicht, und ich wollte gerade zum Mikrofon greifen, als mir eine Benzinfontäne von unten ins Gesicht spritzte. Nach Luft schnappen, Augen zudrücken und die Hand nach unten, um den Strahl abzudecken war schnellste Reaktion. Seltsam, wie rasch das geht. Mit zugekniffenen Augen kontrollierte ich den künstlichen Horizont, die ILS-Anzeige und die wichtigsten Instrumente, drückte einen Putzlappen auf den Benzinhahn und wischte mit dem Taschentuch die Augen aus. Steuern mußte ich aber auch noch. Seitenfenster auf, daß es nur so rauschte, aber es stank fürchterlich nach Sprit. Glücklicherweise konnte ich gleich wieder sehen.

Aus meinem immer bereitliegenden Miniwerkzeug holte ich schnell zwei verstellbare Zangen und drehte die Dichtungsmutter zu. Sie hatte sich beim Drehen klemmend mehr und mehr gelöst. All das ging in Minutenschnelle, so daß weder ich noch anderer Verkehr in Gefahr geraten war, zumal ich unter Radarführung flog. Es reichte gerade noch für die Meldung, daß ich Schwierigkeiten hätte, und dabei ging der Anflug weiter.

Als ich ausstieg, stank ich gräßlich nach Sprit, hatte Kopfschmerzen und Brechreiz. Die Kabinentür ließ ich offen, obwohl es leicht regnete. Als ich durch den Zoll ging, fragte mich der Beamte: »*Something wrong?*« Tatsächlich war ich blaßgrau im Gesicht – und ich muß ihm wohl sehr gestunken haben. Ich mir auch!

Am nächsten Tag wurde weitergelüftet, denn der ganze Boden unter den Tanks war überflutet gewesen. Die Reparatur konnte ich selbst vornehmen. Wieder frisch, startete ich zum Nachtflug nach Shannon. Mit starkem Rückenwind konnte ich die 3400 km lange Strecke in zehn Stunden zurücklegen. Das war also ein echter ›Langstreckenflug‹, und ein ›Transatlantikflug‹ war es auch, nach den geltenden Definitionen. Damals standen auf dieser Route noch zwei Wetter- und Navigationsschiffe, die ein starkes Funkfeuer (NDB) an Bord hatten und die auf Anfrage auch Radarhilfe gaben. Heute ist die Navigation ohne sie schwieriger geworden.

Nun lag es natürlich nicht etwa an der Strecke Boston–Gander, daß ausgerechnet dort häufiger Zwischenfälle passieren – auch bei anderen Piloten, die nach Europa überführen. Siehe auch meine Notlandung in Bangor. Diese Strecke ist nämlich angenehm zu fliegen, denn das Gelände ist flach, und die Navigationshilfen sind auf der ersten Hälfte gut. Der zweite Teil bringt allerdings Zwischenräume von 240 bis 300 km bei gemixter Bestückung von NDB und VOR.

Es liegt vielmehr daran, daß etwa in den ersten 15 Stunden an einem neuen Flugzeug sich kleine Unzulänglichkeiten offenbaren, über die man auch gern Bescheid weiß, bevor man über den ›großen Teich‹ fliegt. Manchmal können solche Fehler harmlos sein, aber sie können auch schwerwiegende Folgen haben –, eigentlich sollten sie jedoch überhaupt nicht vorkommen, weder früher noch später! Glücklicherweise ist Gander eine Zentrale mit guten Reparatur- und Wartungsbetrieben, denn dort verkehren die interessantesten Verkehrsflotten und Flugzeugtypen, angefangen von den exotischen Amphibien und Buschflugzeugen über Turboprops bis zu Jets aller Größen und Schattierungen aus Ost und West. Besonders die russischen Typen verfügen nicht über genügend Reichweite, und da sie von allen Ländern Osteuropas geflogen werden, sieht man dort Zulassungen aus Polen, der DDR, der Sowjetunion, der Tschechoslowakei und anderen. Sie alle fliegen Gander zum Tankstop an.

Wenn ich auf ›Langstrecke‹ gehe, also etwa 10 bis 15 Stunden fliegen muß, esse ich sehr wenig – in den letzten 12 Stunden davor vielleicht nur einige trockene Keks, aber ich trinke viel Milch, meistens gemischt mit etwas Kaffee. Transatlantikflüge, die fast immer von Gander ausgehen, trete ich ziemlich mager an. Als ›Marschverpflegung‹ halte ich mir etwa zwei Liter Milch und eine Schachtel Keks bereit, trinke aber unmittelbar vor dem Einsteigen noch einen halben Liter. Um den Magen nicht zu belasten, verteile ich das Universalgetränk in kleinen Dosen auf eine lange Zeit, hingegen bringe ich die Kekse meistens mit nach Hause. Da der Körper in der trockenen Höhenluft bei der Atmung und Verdunstung durch die Haut viel Flüssigkeit verliert, ist es zur Versorgung der Organe wichtig, genügend Flüssigkeit zu sich zu nehmen. Auf diese Weise habe ich nie Schwierigkeiten mit der Hygiene, erledige aber regelmäßig vor dem Abflug die wichtigsten Gänge.

Allerdings sind wohl über alle Normalität hinaus die Menschen individuell verschieden veranlagt, und ich bin offensichtlich in dieser Hinsicht mit meinem ›corpus‹ gut dran. Ausgewogenheit spielt ja in jedem Haushalt eine große Rolle, und wenn da unvernünftig gehandelt wird, kann schwerer Schaden entstehen. So gibt es denn auch überall Haushaltsprobleme – beim Staat, in der Natur, zu Hause und auch in unserem Körper.

Sehr viel Zeit nehme ich mir vor Langstreckenflügen für die Wetterberatung, und in Gander dürfte eine der besten Beratungsstellen der Erde sein. Darüber sind sich die weltweit operierenden, erfahrenen Überführungspiloten einig. Wir sind sehr froh darüber, denn gerade der Nordatlantik kann ja ein Teufel mit den bösesten Überraschungen sein. Wenn die Informationen so dünn wären, wie ich sie einmal vor einem Überflug der Sahara bekommen habe, dann wäre das mehr als bedenklich. Damals, in der Hitze der primitiven Wetterbude, sagte mir der Experte mit süffisantem Mienenspiel: »*May be good – ah, ah – may be not good.*« Mehr hatte er nicht zu bieten, auch keine Karten oder sonstige Unterlagen, aber ohne seine unterstempelte Bestätigung für diese ›Wetterberatung‹ hätte mir der ›officer‹ auf dem Büro nebenan meinen Flugplan nicht angenommen.

Hier in Gander ist das dagegen vorbildlich, allerdings sollte man immer und überall die eigene Erfahrung in die Interpretation einarbeiten –, und das tue ich gerade. Für meinen jetzt angesetzten, letzten Trainingsflug vor dem Nordpolunternehmen lassen die Unterlagen eine hohe Grundgeschwindigkeit erwarten. Weil ich nach dem Nonstopflug am Nachmittag in München landen will, starte ich erst gegen 23.00 Uhr Ortszeit. Genau zehn Stunden später liegt der Atlantik schon hinter mir, und nach weiteren sieben Stunden setze ich den gelben Vogel auf die Landebahn von München-Riem. Es war wirklich nur ein Routineflug ohne jede Schwierigkeit. Allerdings geht es mir danach mit allen Dingen zu langsam: das übliche Spießrutenlaufen durch Grenzpolizei, Paßkontrolle, Zoll, Rampenkontrolle, bis man endlich etwas für den eigenen corpus tun kann, zur Toilette. Bei der Administration ist man ja nicht Mensch, sondern lediglich Nummer.

Da war ich nach irgendeinem langen Flug einmal in Not, sehr sogar. Mit Einverständnis der Grenzpolizei rannte ich in das vom Parkplatz weit abgelegene Gebäude, um den Ort noch zu erreichen. Der Eifer des Beamten an der Sperre aber und besonders seine unnatürliche Gelassenheit ärgerte mich, als er süffisant fragte: »Warum so eilig, auf die Sekunde kommt es doch nicht an«, und dann »Wo ist Ihr Ausweis?« Da platzte ich in meiner Not heraus: »Wenn Sie mich nicht augenblicklich durchlassen, dann zeichne ich Ihnen mein Monogramm gleich hier vor Ihren Schalter.« Ich habe mich zwar etwas deutlicher ausgedrückt, jedenfalls rannte ich durch und erreichte das Ziel in letzter Sekunde –, auf die kommt es eben doch oft an! Zehn Minuten später schlenderte ich unbeschwert zurück, und natürlich entschuldigte ich mich. Inzwischen war auch der letzte Pfennig des Groschens im Denkgefach des Ordnungshüters gefallen. Nachsichtig ließ er mich passieren. Ohne Ausweis! Man sieht auch an diesem Beispiel, wie spannend die Langstreckenfliegerei sein kann. Glücklicherweise ist es nicht immer gefährlich.

Mein gerade beendeter, letzter Trainingsflug vor dem Nordpolunternehmen ist genauso gut gelaufen wie die Vorbereitungen in USA, deshalb will ich gleich nach Hause. Vom Bahnhof rufe ich Herrn Jaeger von der Firma Denzel an. »Maschine klar, in 17 Stunden direkt von Gander nach München, Ölverbrauch dreiviertel Liter, Schlüssel und Papiere beim Importeur. Ich rufe morgen an.« Den Intercity erreiche ich mit Schwung, aber nur knapp –, das ist immer so und wohl meine Spezialität! Mein Abteil ist leer, das ist nicht immer so, aber ich bin froh darüber, denn ich war ja mal wieder 34 Stunden pausenlos voll beschäftigt gewesen. So lege ich mich lang hin und muß wohl gleich eingeschlafen sein. Kurz vor Stuttgart wache ich auf und hole mein deutsches Kleingeld heraus. Kaum hält der Zug, rase ich zur nächsten Telefonzelle, um meine Frau anzurufen. Sofort fragt sie: »Wo bist Du?« – »In Stuttgart auf dem Bahnhof, bin in 90 Minuten zu Hause, Kuß.« »Ich hab's gespürt, daß Du in der Nähe bist, seit heute mittag.« Das ist typisch. Sie ist ein starker, tapferer Mensch. Die Zuhausegebliebenen haben es besonders schwer!

Was ich mit nach Hause bringe, kann sich sehen lassen. Meine Organisation steht. Und alle, die damit zu tun haben, halten zur Sache. Nun beginnt der Endspurt, zuerst hier am Schreibtisch. In vier Wochen geht es dann auch in USA in die Endrunde.

41. Meine Auffassung von Sport

Leider verlangt Organisationsarbeit viel Sitzfleisch am Schreibtisch. Ein älterer englischer Flieger sagte mir einmal: »Now, I fly a desk.« Wenn ich im Flugzeug sitze und selbst fliege, macht mir das wenig aus, wohl aber am Schreibtisch. Auch im Sport müssen viele Regeln beachtet und Papier bearbeitet werden. Dazu gehört die Vorbereitung der Rekordakte. Diesen Papierkrieg nehme ich sehr genau, denn nicht das kleinste Pünktchen darf Fragen aufwerfen, sonst stünde die Anerkennung in den Sternen. Es sind mir auch aus neuerer Zeit mehrere Fälle bekannt, die mit Recht abgelehnt worden sind.
Weil ich diese Dinge immer mit Genauigkeit studiert und abgewickelt habe, gab es bei Anerkennungen meiner Rekorde auch im Segelflug nie die geringsten Zweifel. Natürlich ist auch ein Rekorddiplom nur ein Stück Papier, und ich vertrete die Auffassung, daß es auf die Leistung ankommt – vor einem selbst, und auch, wenn sie anonym bleibt. Der preußische Grundsatz ›mehr sein als scheinen‹ entspricht meiner tiefsten Überzeugung.
Dagegen halte ich den immer wilder wuchernden Bazillus von ›show‹ und Angeberei für ebenso schlimm wie den der Dummheit. Beide werden nie auszurotten sein. Im Gegenteil gibt es genügend Kräfte, die an deren Verbreitung geradezu interessiert sind. Geschäftemacher und Medienpolitiker haben in den letzten Jahrzehnten geradezu Seuchen gezüchtet und verführen die Menschen dazu – unglücklicherweise sind die Jungen am anfälligsten –, sich dem flitternden Selbstbetrug wie einer Droge hinzugeben. Leistung ist nicht so sehr ›in‹ –, so tun als ob, das ist es, was als reizvoller dargestellt wird.
Bei den Behinderten oder Leistungsschwachen muß ja angesichts solchen verlogenen Gehabes das gesunde Selbstbewußtsein geradezu unter die Räder kommen. Glücklicherweise ist es nur in wenigen Sparten so, aber in einigen werden ›Berufssportler‹ von einer Show-Industrie und cleveren Managern verschaukelt oder gar verkauft wie eine Ware. Da machen sogar Vereine mit und manchmal Politiker! – Ich halte *das* nicht für menschenwürdig, und wie oft wird das Wort ›Menschenwürde‹ heute benutzt! Natürlich weiß ich, daß ich damit eine kontroverse Meinung zu den fanatischen Anhängern verschiedener Massen-Schau-Sportarten vertrete, aber muß man denn üble oder gar unwürdige Entwicklungen akzeptieren, nur weil die Vernunft und der gesunde Menschenverstand keine Massenartikel sind?
Diese Probleme haben mich immer brennend interessiert, denn sie betreffen besonders die aufwachsende Jugend. Vorbildliches Verhalten ist das, was die jungen Menschen sehen wollen, und was ihnen auch imponiert. In unserer Welt von cleverness, Egoismus und dem Kampf von politischen Gruppen um Einfluß auf die Unerfahrenen ist die Jugend in diesem Trubel mehr denn je verunsichert. So ist der Weg für die eigene Zukunft oft schwer zu finden, und die Zahl der Verwirrten und

Verirrten ist erschreckend. Nur zu oft fühlt sich die Jugend durch verlogene Parolen verschaukelt und in ihrer ideellen Auffassung getäuscht.

Aufgrund unserer Lebenserfahrung müssen wir Älteren uns immer wieder bemühen, dieser Tendenz entgegenzutreten. Es ist eine Sisyphusarbeit, aber glücklicherweise gibt es viele Sportvereine und -verbände mit zahllosen Idealisten, die den Trubel der Vermarktung nicht mitmachen, sondern durch ihr Vorbild entgegensteuern. Viele Menschen sind in der Lage, Vorbild zu sein –, und wie im Sport gilt auch im Berufsleben: wer gefordert wird, bringt Leistung und kann darauf sein natürliches Selbstbewußtsein aufbauen. Er wird nicht nötig haben, durch Angeberei anderen und sich selbst etwas vorzumachen. Solche Menschen kommen auch nicht in Gefahr, sich Traumzustände zu wünschen, die nur Drogen versprechen.

Diese Dinge gehen mir oft durch den Kopf, wenn ich an die über unser ganzes Land verteilten Segelfluggruppen und Flugsportvereine denke. Sie sind wirklich Oasen des sozialen Friedens und Schulen für den Gemeinschaftsgeist. Tausende von ehrenamtlichen Werkstattleitern, Fluglehrern, Jugendleitern und Vorständen stellen sich mit bewundernswertem Idealismus unseren Jugendlichen aus allen Kreisen mehrmals in der Woche zur Verfügung. Gar mancher hat in der Segelflieger-Werkstatt einen Beruf entdeckt, und wenn man bedenkt, wie die Mehrzahl der Mitglieder denen, die in der Berufsausbildung noch kein Geld verdienen können, freiwillig unter die Arme greift, so ist das vorbildlich und sozial: die Jungen zahlen geringere Beiträge und Fluggebühren. Da werden nicht viele Worte gemacht, sondern ehrenamtlich gearbeitet.

Um so verwunderlicher ist es, daß der Flugsport häufig als eine Tätigkeit von reichen Leuten, Snobs und Playboys bezeichnet wird. Gerade das Gegenteil ist der Fall, wie die Statistik ausweist, und sogar Politiker haben das zu ihrer Verwunderung schon feststellen können. Die ungeheure Aufbauarbeit, die die Luftsportbewegung nach dem Kriege geleistet hat, kann nur Respekt erheischen, zumal die bitteren Jahre des Flugverbots bis 1952 gedauert haben. Keine andere Sportart hatte alle ihre Sportgelände verloren und solche brutalen Restriktionen zu überleben. Nur die Triebfeder des Idealismus war in der Lage, einen solchen Wiederaufbau zu schaffen.

42. Endspurt mit Freund Heinz

Langsam aber stetig bekommt mein Arbeitszimmer wieder seine normale Ordnung zurück. Alle größeren Ausrüstungsgegenstände sind verpackt oder als Luftfracht schon unterwegs nach Boston. Die mir gut bekannten Leute vom Lufthansa-Frachtkontor werden die Stücke ausnahmsweise über die übliche Frist hinaus bis zu meiner Ankunft festhalten.

Die letzten Berichtigungen für meine Navigationshandbücher Jeppesen sind eingearbeitet, und die verschiedenen Routensätze für das Nordpolargebiet und ein ganzer Packen von Spezialkarten sind vorbereitet.
Während der ganzen Vorbereitungszeit hat mich mein Freund und Segelfliegerkamerad Heinz Berberich in besonderer Weise selbstlos unterstützt. Immer bevor ich nach den USA mußte, saßen wir kurz zusammen. Ich gab ihm einen Lagebericht über die Gesamtsituation, aber auch über Details. Das hatte sich bei der Organisation für den Lindbergh-Flug schon sehr bewährt, denn ich bat immer um seinen Rat und um die Kritik seines gesunden Menschenverstandes. Anhand einer Liste wichtiger Ansprechpartner hatte er dann immer in der Zwischenzeit mit großem Geschick für mich eintreten und wichtige Informationen zu festgelegten Terminen weitergeben können.
Er ist der Prototyp eines Mannes, der mit ruhiger Selbstverständlichkeit nach dem Grundsatz lebt und handelt: mehr sein als scheinen. Er wird auch diesmal wieder die Fäden von seinem Büro aus in den Händen halten, um notwendige Initiativen zu ergreifen, solange ich in den USA die letzten Endspurt-Wochen pausenlos unterwegs sein werde. Laufende telefonische Verbindung bis unmittelbar vor meinem Start ist abgesprochen. Auf meinen Freund kann ich mich ebensogut verlassen wie auf mich selbst, und aufgrund seiner brillanten Auffassungsgabe kann er sich blitzschnell in eine Situation hineindenken, obwohl ihm die rein technische Seite in meinem Beruf absolut nicht geläufig ist. Nicht nur in dieser Zeit habe ich ihm viel zu verdanken.

43. Der Astrokompaß

Wieder war ich mit der LH unterwegs nach New York. Auf meinem Einzelsitz im Heck der 747 konnte ich sechs Stunden in Ruhe arbeiten. In den Abfertigungshallen des Kennedy-Flughafens ist es drückend heiß, und der Durchgang bei der aufgeblähten amerikanischen Zollkontrolle kostet wieder einmal mehr Zeit als meine Fahrt von Heidelberg zum Flughafen Frankfurt. Eigentlich ist es mir schleierhaft, warum ausgerechnet die Amerikaner, die sonst einen flüssigen Luftverkehr abwickeln, solche Methoden anwenden. Aber das ist es ja gerade: der Zoll macht ja den Luftverkehr gar nicht – er behindert ihn bloß!
In Europa mit seinen vielen Grenzen wäre dieses schikanöse Verfahren tödlich, aber die Bürger würden sich das auch nicht gefallen lassen. Dort drüben hat man verschiedentlich mehr die Hände vor der Administration an der Hosennaht, als sich viele Europäer vorstellen können – vor allem die Deutschen. Ein amerikanischer Geschäftsmann, der viel in der Welt herumfliegt, kommentiert neben mir stehend die Sache so: »*That is a shame for the nation.*«

Im ungmöglichen Sommerklima von New York streife ich mit Irene Müller durch Manhattan und besorge mir noch Navigationshandbücher, Air-Almanach und Karten. Vom Büro der US Air Force Reserve melden wir meine Ankunft in Anchorage bei der dortigen SAR-Einheit an, und ich mache noch einen Besuch bei deutschen Presseleuten und DPA.

Nach zwei Tagen Hektik und vielen Kilometern Fußmarsch durch die staubigen und hitzeflimmernden Straßenschluchten der ›dirty city‹ fliege ich nach Washington, wo ich von meiner Cousine Christa und ihrem Mann Fred samt Familie abgeholt werde. Bei einem von ihm speziell gemixten ›whiskey sour‹ gebe ich Fred einen Lagebericht mit Terminplan für die Wochen bis zum großen Flug. Mit seinen vielen Verbindungen hatte er mir schon oft Hilfestellung gegeben. Zum Schluß meiner Ausführungen sieht er mich etwas sorgenvoll an und sagt amerikanisch kurz: »Na, denn viel Vergnügen.« Ich weiß genau, was er damit sagen will. Damit ist dieses Thema beendet.

Am nächsten Tag bin ich schon früh mit seinem Wagen unterwegs nach Annapolis, jenem kleinen Städtchen im altenglischen Stil an der verästelten Chesapeake Bay. Dort soll in einer kleinen Hafenstraße der Laden sein, der – halb ein Museum für alte Navigationsinstrumente – mir von Prof. Dr. Karwarth empfohlen worden war. Zwar habe ich keine Adresse, wohl aber eine Ansprechstelle in einer Firma für Bootszubehör. Aber da gibt es unzählige, denn Tausende von Privatyachten liegen in dieser Bay und im Hafen. Trotz der verwinkelten Straßen in der unamerikanisch wirkenden Altstadt finde ich den ›shop‹ im Handumdrehen. Ich habe da so eine Nase für Werkzeugläden, Geschäfte für Navigationsgeräte, Karten, optische Geräte und Waffen. Die ziehen mich an wie ein Magnet. So geht es wohl der Damenwelt mit Mode- und Schuhgeschäften.

Der Barackenladen ist vollgestopft mit allem aus der Seefahrt, was seit Hunderten von Jahren der Navigation gedient hat. Zwischen den tausend Gerätschaften taucht der Inhaber auf, ein sympathischer, älterer Herr aus dieser Salzluftbranche, ein Enthusiast, wie sich herausstellt. Schnurgerade steuere ich mit meiner Frage nach dem Astrokompaß auf ihn zu. »*Yes*«, sagt er kurz, »*like new.*« Ich bekomme nasse Hände, als ich das makellose Gerät aus dem Kasten hole. »*How much?*« »*Two hundred ten.*« Das ist ein fairer Preis, denn das Ding gilt in Fachkreisen als ein Stück für Liebhaber, und der Mann vor mir ist einer. Sofort bezahle ich meine Eroberung und erstehe noch einige Dinge für mein Überlebenspack. Wenn nur die Zeit nicht so drängen würde, und dazu noch die strikt eingeteilten Finanzen!

Schon am Abend sitze ich in der 727 über Chicago nach Wichita. Pünktlich drehen wir in den Endteil der RWY 19 R. In USA wird wegen Zeit- und Kraftstoffersparnis häufig nach Sichtflugregeln angeflogen, obwohl die Linienmaschinen natürlich nach IFR fliegen, wie überall. Das zu bestimmten Tageszeiten oft geringe Verkehrsaufkommen ist allerdings die Voraussetzung. Von meinem Fensterplatz kann ich genau die lange Lichterkette ausmachen, die durch die Stadt geht: die ›Kellog‹ mit den Hotels, ›down town area‹ querab der kleine Cessna-Platz neben der riesigen McConell Air Force Base mit dem Boeing-Werk, in dem die riesigen achtstrahligen Langstreckenbomber B 52 gewartet und umgebaut werden. Voraus schiebt sich der ›Mid Continent Airport‹ in den Ausschnitt des kleinen Fensters. Das ist der große, zivile Flughafen mit dem Werk von Lear-Jet und Cessna auf der anderen Seite. Interessant ist dies: Trotz Propellerlärm und Düsenpfeifen Tag und Nacht meckern die Einwohner nicht, sondern sind stolz auf ihre enorm konzentrierte Flugzeugindustrie.

44. In Wichita

Bei strahlender Sonne komme ich auf ›Beech Factory‹ an. Das ist der Name des eigenen Werkflugplatzes. Michael Neuburger übergibt mir unter Blitzgeflimmer der Pressefotografen die Schlüssel für den bildschönen Vogel, den man extra vor der ›flight lounge‹ für das Fernsehen aufgestellt hat. In dieser Hinsicht sind die Amerikaner sehr rege und clever. Natürlich müssen wir die Szenen einige Male wiederholen, bis jeder zufrieden ist. Wir schwitzen in der Sonne. Alle sind nett wie immer, aber ich dränge auf Abbruch, denn das Einflugprogramm ist noch nicht absolviert und dabei ergeben sich erfahrungsgemäß Verzögerungen. Vorzugsweise spinnt ein Instrument oder die Avionik.
In der Tat spielt der Kreiselhorizont verrückt, – ausgerechnet ein neuer Typ, mit dem aus der Serie noch keine Erfahrungen vorliegen. Daß so ein Neuling in die Rekordmaschine eingebaut wurde, macht mich etwas ärgerlich. Auch nach der Reparatur benimmt sich das Gerät nicht anständig, ein Tauschinstrument kann der Hersteller aber nicht offerieren. Da ich die Maschine so nicht abnehmen kann, schlage ich einen unorthodoxen Weg vor, der üblicherweise gegen die Verfahrensregeln verstößt.
Ich will die D-EHIB – das ist ihr Kennzeichen – wenigstens zum ›Mid Continent Airport‹ überführen, um bei United Beech in der Zwischenzeit die Sperry-Anlage C 12 einbauen zu lassen. Das dauert sowieso mehrere Tage, und bis dahin könnte ja ein neuer Horizont von der Fabrik beschafft werden. Mit meinem scharfen Terminplan kann ich mir Zeitverluste von mehreren Tagen einfach nicht leisten. Das hieße ja, die Reserve gleich am Anfang nur mit Warten und Däumchendrehen zu verbraten. Wegen der besonderen Situation wird meinem Vorschlag zugestimmt, und wir vereinbaren die Fortführung der Testflüge und die endgültige Übernahme für die folgende Woche. Das ausgesuchte Team und die Sperry-Anlage warten schon auf meine Ankunft
Da ich ein Freund von Wärme bin, habe ich oft über den nur mittelmäßig warmen, aber verregneten Sommer 1978 in Deutschland geschimpft. In dem topfebenen

Kansas ist es der heißeste, den ich je dort erlebt habe, und während die Spezialisten im wohlgekühlten ›avionic shop‹ die Kabelstränge löten und die verschiedenen Komponenten zum Einbau vorbereiten, schwitze ich in der stickigen Luft der Halle.

Um Zeit zu gewinnen, baue ich alle unnötigen Teile schon hier aus, während die Maschine zur Vermessung bereit steht. Beech hat auch diesem vorgezogenen Verfahren zugestimmt, und so werden mit einem Lastwagen alle ausgebauten Teile in Kisten und Kartons zurück ins Werk transportiert. Alles, was eine Kabine wohnlich macht, demontiere ich ungerührt, ja, ich suche mit Akribie auch nach den kleinsten Teilen und scheue keine Mühe, um nur möglichst viel Gewicht loszuwerden. Es ist eine rigorose Abmagerungskur, bei der ich alles über eine Waage gehen lasse und dann auf einer Liste mit der Position für ›weight and balance‹ registriere. Da sind die drei Sitze, Teppiche, Abdeckungen, Dämmplatten, Armlehnen, Haltegriffe, Gurte, Verkleidungen, Aschenbecher, Laufschienen, Gepäcknetz, Zubehör, Kleinteile und Hunderte von Schrauben und Muttern. Alles wandert in verschiedene Kisten und Kartons.

Auch ich bin bei der Hitze in einer Abmagerungskur. An diesen beiden Tagen mag ich nichts essen, nur trinken. Die Hitze ist zwar trocken, aber schier unerträglich. Nur ein Riesenventilator bläst wie ein ›Miefquirl‹ die Hallenluft durch die Kabinentür. Am Freitag abend ist die Arbeitswoche vorüber, und ich habe deshalb die Befürchtung, die nächsten beiden Tage zu verlieren, aber die beiden Spezialisten sind von meinem Unternehmen so begeistert, daß sie mit mir zusammen auch am Wochenende in der Werkstatt arbeiten wollen.

Die King-Zentrale schickt einen Bereitschaftsingenieur, der den inzwischen reparierten Horizont installiert. Mit Hilfe meiner Teileliste mache ich mich an eine neue Leergewichtsbestimmung für die arg ausgerupfte Maschine. Sie wiegt nur noch 900 kg. Mit diesem Ergebnis, und weil ich nun auch in dem gekühlten Raum arbeiten kann, ist mir wohler. An den angespannten Gesichtern meiner fleißigen Arbeitskollegen kann ich aber unschwer ablesen, daß da irgendein Problem versteckt ist. Ihre Mienen sind bedenklich düster, und sie gehen mehrmals die komplizierten Zeichnungen des Handbuches durch. Wenn ich allein die vielen Stecker mit ihren zig Anschlüssen sehe! Schließlich haben sie noch nie eine solche Anlage gesehen, aber daß sie nicht nur äußerst kompliziert ist sondern auch ebenso empfindlich, das kann man schon auf dem Gehäuse der Kreisel ablesen. Dort steht mit großen Lettern: ›*handle like an egg!*‹

Etwa fünf Minuten brauchen die Kreisel zum Warmlaufen, um dann mit zigtausend Umdrehungen eine stabile Plattform für die Digitalanzeige zu bieten. Auf ein zehntel Grad genau, also vierstellig, wird der Kurs ähnlich wie bei einem Kilometerzähler dargestellt. Dabei werden acht verschiedene, typische Fehlerquellen von freilaufenden Kreiseln, auch bei verschiedenen Beschleunigungen auf die Anlage, durch einen elektronischen Computer ausgeglichen. Die Abweichung soll weniger als 0,7 Grad pro Stunde betragen, eine Quote, die sogar erfahrenen Navigatoren die

Zweifelsfalten auf die Stirn treibt. Die Sperry-Leute garantieren aber diese Angaben ausdrücklich und selbstbewußt – allerdings nur für den C 12, nicht für die Vorgänger-Typen.

Weil der Fehler nicht aufzufinden ist, wird nun per Telefon der Sperry-Ingenieur zu Rate gezogen. Obwohl er gerade am Fernseher ein Baseball-Spiel ansieht, reißt er sich los und bringt schon nach einer Stunde einen neuen Kontrollkopf mit. In Amerika will das etwas heißen: Baseball am Wochenende!

Aber es ist wie verhext. Einmal angedreht, läuft die Anzeige wild drauflos und bleibt erst nach genau 180 Grad Differenz wieder stehen. Langsam fallen uns die Augen zu – und den Technikern nichts Entscheidendes mehr ein. Über den spannenden Sucharbeiten ist es im Handumdrehen Mitternacht geworden. Eine wiederholte Prüfung der Anschlüsse und Stecker soll jetzt der letzte Versuch sein, – und siehe da, dort findet sich schließlich der Übeltäter in Form eines Metallspans, der sich immer erst dann verbog und in dem Zig-Polstecker einen Kurzschluß verursachte, wenn er nach der Leitungsprüfung beim Anziehen der Überwurfmutter eingeklemmt wurde. Man kann ihn nur mit einer starken Lupe erkennen. Nun strahlen wir alle wie Kinder vor einem Zauberkünstler.

Bis zu diesem Augenblick kam die Stromversorgung mit 115 V bei 400 Hz aus dem Netz der Elektronikwerkstatt. Das Bordnetz der Bonanza gibt aber nur 24 V Gleichstrom ab, so daß nun noch der Umformer möglichst kompakt in das Bordsystem integriert werden muß. Diese Anlage funktioniert auf Anhieb. Aber was wird passieren, wenn ich einen Generatorfehler bekomme? Ich habe ja nur einen Motor und einen Stromerzeuger. Während der zwanzig Stunden über der Eiswüste muß ich ja wenigstens unter diesen Umständen noch die Richtung halten können, aber das kann in der Polarzone eben nur der Kreiselkompaß. Mit dem Bordnetz allein werde ich noch das Kurzwellengerät in Betrieb halten können, um einen Notruf abzusetzen, denn dazu werden 24 V benötigt. Der Präzisionskreisel aber braucht 115 V und 400 Hz Wechselstrom.

Nun hat das Kreiselsystem der ultraempfindlich reagierenden Plattform aber eine bestimmte Mindestdrehzahl (etwa 60 000), um fehlerfreie Anzeigen liefern zu können. Zuzuführende elektrische Leistung und Frequenz haben aber nur geringe Toleranzbereiche, deshalb sorgt ein Sicherheitssystem dafür, daß bei zu starker Abweichung die Anlage abgestellt und festgelegt wird.

Würde dieser Vorgang durch Ausfall des Generators hervorgerufen werden, so wäre ich bar jeder Orientierungsmöglichkeit, also muß für eine Zeitspanne von mindestens fünf Stunden durch eine Notstrom-Anlage dieser Ausfall hinausgezögert werden. Mit einer Nickel-Cadmium-Batterie ausreichender Kapazität, die durch ein Relais bei Spannungsverlust des Bordsystems innerhalb einer halben Sekunde die volle Versorgung unabhängig übernehmen kann, ist dieser Gefahr vorgebeugt. Natürlich wird auch diese Batterie ständig nachgeladen, koppelt sich aber bei einem solchen Vorgang gleichzeitig ab, so daß die Bordbatterie für die Benutzung der Funksprechgeräte und anderer wichtiger Instrumente separat zur Verfügung steht, allerdings äußerst begrenzt. Durch den unverzüglich eingeleiteten Schaltvorgang wird vermieden, daß die Drehzahl der Kreisel absinkt oder ungenaue Anzeigen zustande kommen.

Für uns alle ist es die reine Freude, als nach Anschluß dieses Notstrom- und Schaltsystems die Gesamtanlage die Anforderungen in jeder Funktion erfüllt. Mir kommt es vor wie an Weihnachten, wenn die elektrische Eisenbahn zum ersten Mal läuft. Die Elektroniker sagen es anders: »Als wenn wir das Baseball-Spiel gewonnen hätten.« Wir meinen jedenfalls das gleiche. Alle haben ihr Brot ehrlich verdient – es ist lange nach Mitternacht!

Was die Anlage dann am nächsten Morgen vorführt, ist sagenhaft. Bis mittags dauert der schwierige Einbau, denn die Plattform muß in Schnellfluglage horizontal und natürlich genau parallel zur Längsachse installiert werden. Alles ist fertig mit angeschlossener Außenbordbatterie. Wir wollen sehen, ob alles läuft, und sind gespannt wie gestern nacht. Nach fünf Minuten Anlaufzeit ziehen wir die Bonanza durch die leere Halle und wieder zurück zum Ausgangspunkt. Die Digitalanzeige schnurrt nur so, aber bei dem schnellen Durchlauf der Ziffern kann man sich einfach nicht vorstellen, daß alles mit rechten Dingen zugeht.

So überprüfe ich die Anlage mit der Maschine in fester Position und tippe mit dem ausgestreckten Zeigefinger nur seitlich gegen das Heck. Natürlich kann eine Ablenkung in der Richtung unter diesen Umständen nur gering sein, denn im Stand geben die Gummireifen des Fahrwerks nur einen sehr geringen Spielraum. Alle schauen wie gebannt auf den Kontrollkopf: »rrr – rrr – rrr – tik – tik – tik – rr.« Mit diesem leisen Geräusch läuft die Anzeige beim Antippen um einige Ziffern vor und beim Loslassen wieder zurück. Start der Anzeige 127,6°, nach Rücklauf wieder 127,6°: sagenhaft, fast unglaublich, aber wahr. Als echte Männer spielen wir noch ein bißchen, nach dem alten Spruch: »Wenn Männer spielen, sind sie gesund!« Mit dieser Anlage will ich den Flug schon machen. Ich bin begeistert von Genauigkeit und Notschaltautomatik!

Endlich kann die Maschine raus zum Testflug. Natürlich fliegt sie sie sich in dem ausgerupften Zustand laut, und leider muß der Kreiselhorizont erneut gewechselt werden, denn er läuft schon nach wenigen Minuten wieder aus der richtigen Lage. Dagegen benimmt sich die Sperryanlage mustergültig. In Kansas kann man so etwas auch auf dem Flug kontrollieren, denn alle Straßen und Feldwege sind genau nach geographisch N/S und O/W ausgerichtet.

Nach der Landung auf ›Beech Factory‹ übernehme ich die Maschine nun endgültig auch papiermäßig. Alle ausgebauten Teile werden mit Luftfracht verschickt. Schließlich tat es auch der erneut getauschte Horizont. Endlich nach sieben Tagen harter, aber interessanter Arbeit kann ich alle Klamotten einpacken. Das Ingenieurteam von Collins hat schon zweimal ungeduldig angerufen und nach meiner Ankunftszeit gefragt. In Cedar Rapids stehen sie also schon in den Startlöchern. Erleichtert starte ich bei schönstem Wetter, aber schon nach einer Stunde gerate ich

in schwerste Gewitter und habe Funkausfall. Nach der Landung sehe ich mir nachdenklich Hagelschäden an einigen geparkten Maschinen an.
Bei Collins stürzen sich am nächsten Morgen vier Ingenieure und zwei Elektriker auf den Vogel. In der Rekordzeit von nur einem Tag schaffen sie die trickreiche Arbeit, obwohl nun wegen der Sperry-Anlage die Installation unter Raumnot erfolgen muß. Die Vermessung der Abstrahlungsleistung bestätigt die günstige Verlegung der Antenne für die Anlage 718 U-5, obwohl das V-Leitwerk hier einige Probleme wegen seiner niedrig liegenden Flossenspitze erzeugt. Gegenüber dem Einbau des gleichen Systems in der Weltrekordmaschine 1977, wo alle Teile hinter der Kabine dicht zusammen untergebracht werden konnten, müssen wegen der größeren Anzahl von einzubauenden Kabinentanks alle Komponenten soweit wie möglich nach vorn verlegt werden. Die Schwerpunktverhältnisse werden uns ohnehin noch Probleme aufladen. So setzen wir die automatisch arbeitende ›antenna coupler unit‹ möglichst weit nach vorn auf eine Leichtmetallbrücke unter das Dach. Nach Abschluß der trickreichen Arbeiten stelle ich befriedigt fest, daß wir die kalkulierte Einbauzeit um eineinhalb Tage unterschritten haben. Die Verspätung von Wichita ist also wieder aufgeholt.

45. Neue Probleme

Die komplizierten elektronischen Geräte sind nun komplett installiert und funktionieren, daß es eine Pracht ist. Indessen ist auf dem Flug nach Norwood der Wurm drin. Diesmal ist es nicht der Kreisel-Horizont, der nun einwandfrei liegt, hingegen zeigt die Überprüfung der wichtigsten Leistungsstufen zwischen 45 % und 65 %, daß kein Zeiger dort stehenbleibt, wo er soll. Der Durchflußmesser fluktuiert um zwei bis drei Gallonen pro Stunde und zieht unabänderlich den Zeiger des Drehzahlmessers bei kleiner Verzögerung periodisch mit hin und her. Natürlich sind es nicht die Instrumente, die etwa falsch anzeigen, sondern die Systeme, die nicht richtig regeln. Die Differenz in der Drehzal beträgt 100 U/min, aber der Fehler liegt wohl an der Kraftstoffregelung. Außerdem ist die Kabine wegen einer leichten Undichtigkeit an den Kraftstoffleitungen unangenehm parfümiert. Im stillen richte ich mich zwar einerseits schon auf einigen Ärger und Verzögerungen ein, aber andererseits bin ich froh darüber, daß die Würmer sich jetzt schon regen. Unmittelbar vor dem großen Flug oder gar über den Eiswüsten selbst – das wäre kaum auszudenken! Dies und die Tatsache, daß ich bei Wiggins auf erstklassige Fachleute für jeden Bereich rechnen kann, tröstet mich immerhin. Jedenfalls aber wird mir einmal mehr deutlich, daß die Termine sehr knapp bemessen sind. Das widerspricht meinen bisherigen Erfahrungen. Bin ich vielleicht bei der Vorbe-

reitung dieses Unternehmens zu optimistisch gewesen, oder ist das Projekt doch weit komplexer als ich angenommen habe?
Freie Tage wird es jedenfalls bestimmt nicht geben, auch nicht an den Wochenenden, aber das schreckt mich nun wieder überhaupt nicht. Wenn nur alle mitmachen. Nachts erst lande ich in Norwood und parke die Maschine gleich vor »meiner« Halle. Der Lieferwagen von Wiggins steht an der vereinbarten Stelle, und ich finde auch gleich den Schlüssel. Mit frischer Milch, meinem mitgebrachten Brot und einem Stück Käse komme ich endlich zu meinem ersten Essen im Hotelzimmer. Acht Stunden reine Flugzeit und eine Zwischenlandung sind auch ein gutes Tagesprogramm. Es ist schon nach Mitternacht. »Gute Nacht ihr Sorgen,« denke ich, »bis morgen.« Man muß sich auch mal entspannen dürfen.
Bei Wiggins steht die D-EHIB schon in der Halle, daneben die vier Tanks aus verzinktem Stahlblech. Die Inhalte variieren zwischen 130 und 420 Litern, und die Formen von groß und dick bis dünn und bizarr. Jeder Tank besitzt ein Filter und neben dem Einfüllstutzen ein Entlüftungsrohr. Die Verteilung erfolgt über ein zentrales Schaltsystem für die Kabinentanks mit drei Hähnen und insgesamt acht Wahlpositionen und führt über den bordeigenen Dreistellungshahn in die Kraftstoffanlage mit ihren zwei Flügeltanks. Zur Versorgung des Motors kann direkt aus den Kabinentanks entnommen werden, wobei der überschüssige Kraftstoff aus dem Rücklauf in den rechten Flügeltank gefördert wird. Deshalb muß für Start und die erste Flugstunde zunächst aus diesem Flügeltank entnommen werden, damit bei der Versorgung aus den Kabinentanks die aus dem Rücklauf kommende Überschußmenge dort aufgenommen werden kann. Es muß allerdings wieder rechtzeitig zurückgeschaltet werden, denn sonst geht der Sprit aus dem Rücklauf wegen Überfüllung des Flügeltanks durch die Entlüftung über Bord.
Aus diesem Grunde, wegen des Gewichtsausgleichs und der Verbrauchskontrolle muß über die Entnahmezeiten genau Buch geführt werden. Aber da ist noch ein weiterer Grund für eine möglichst günstige Reihenfolge in der Entnahme aus den Kabinentanks: die Gewichtsverlagerung soll eine aerodynamisch optimale Fluglage gewährleisten, sonst wächst wegen ungünstiger Anstellwinkel der Widerstand und führt zu geringerer Reisegeschwindigkeit. Der linke Flügeltank wird erst ›angezapft‹ wenn alle anderen restlos leergeflogen worden sind. Eine Inhaltsanzeige für das Zusatzsystem existiert nicht.
Im Laufe vieler Jahre habe ich Verbesserungsvorschläge eingebracht und vieles im Detail ausgefeilt. Diesmal müssen wir an die Grenzen des Möglichen gehen, um räumlich, gewichtlich und schwerpunktmäßig keine Punkte zu verschenken. Weitere Voraussetzungen sind beste Startbedingungen mit günstigsten Werten für Luftdichte, Temperatur und Wind. Durch einen Start in Seehöhe um Mitternacht von der 3,3 km langen Startbahn in Anchorage sind einige Werte vorgegeben. Alles zusammen ist eine Synthese von Technik, Taktik, Erfahrung und Berechnungen, aber auf einige unbekannte Größen muß man dennoch gefaßt sein.
Jetzt geht es erst einmal an den Einbau, und dafür müssen alle bereits montierten

Sonderausrüstungen wieder heraus, also die Collins-Kurzwellen-Station und auch das Präzisions-Kompass-System von Sperry. Mir ist nicht ganz wohl dabei, obwohl ich hoffe, daß wir alles funktionstüchtig wieder hineinbringen, was die Experten mit viel Mühe und technischem Aufwand installiert haben.
Bei einer Affenhitze und in einem Geduldspiel sondergleichen bekommen wir schließlich alle Tanks in die Kabine, aber der Platz reicht nicht aus, um sie in die vorgesehene Position zu bringen. Zwar fehlen nur wenige Zentimeter, aber auf die kommt es eben an. Da ist nichts zu machen, – wir müssen zwei Tanks abändern, auch wenn wir in allen Sprachen fluchen. Der vorderste wird bei Vergrößerung des Volumens in zwei Teilen hergestellt und der hinterste wird etwas verkleinert. Insgesamt wird sogar etwas mehr Tankraum dabei herauskommen, aber dafür werden zwei Tage draufgehen. Die Druckfestigkeit muß auch noch nachgewiesen werden, und außerdem kostet es wieder mehr Geld.

46. Der Fernsehfilm

Wegen des Auftauchens so vieler Probleme bin ich nun richtig in Zeitnot geraten und muß deshalb täglich neue Checklisten für das Tagesprogramm erstellen. Leerlaufzeiten kann ich nicht hinnehmen. Arbeit gibt es ja genug, nur fehlen im Augenblick die Tanks, und bevor die nicht eingebaut sind, geht es nur mühsam vorwärts. Lediglich der Einbau des zweiten Radiokompasses kann abgeschlossen werden, und ich kümmere mich mit Hochdruck um die Kraftstoffanlage des Motors. Zunächst haben wir alle Leitungen auf Durchgang geprüft und den verplombten Kraftstoffverteiler auseinandergenommen. Unter einer starken Lupe entdecken wir kleine Rillen und Grate am Führungskolben. Nach Rücksprache mit dem Gebietsrepräsentanten der Firma Continental-Motors wird uns erlaubt, dieses Teil in der eigenen Werkstatt zu polieren, nach Kontrolle wieder einzubauen und das Gerät zu plombieren.
Im fehlerhaften Zustand konnte die Reglereinheit nicht fein genug reagieren, um die exakte Benzinmenge zuzuteilen. Nach einem Probelauf und Abnahmeflug ist alles wieder bestens, wie es sein muß. Kaum haben wir die Bonanza wieder in der Halle, zeigt mir ein Blick auf die Terminliste, daß ich mich mit Tempo nach Boston auf den Weg machen muß, um die Drei von der ARD am Flughafen abzuholen. In einem Telefonat mit Hamburg war das genau abgesprochen, aber in der Hitze und dem Termindruck hätte ich das beinahe vergessen.
Die Lufthansamaschine ist schon eine Weile da, als ich keuchend in der Empfangshalle auftauche. Gleich kann ich Fritz Gebhard begrüßen, aber er sagt mir, es gäbe Schwierigkeiten mit dem Zoll wegen der unzähligen Kamerateile. Einige Num-

mern auf der Liste stimmen nicht genau, so daß eine neue Akte angelegt werden muß. Die drei armen Kerle sitzen nun auf der Sünderbank, und wir müssen so lange warten, bis der letzte Passagier dieses Fluges durchgecheckt ist.
Endlich ist die Hürde der Administration genommen. Mir geht es da besser, denn meine Papiere stimmen, und die Zollmänner kennen mich, so daß ich mein Paket ohne Verzögerung übernehmen kann. Vollgeladen mit mehreren Kameraausrüstungen, meinen Geräten und in bester Laune brause ich die Rennstrecke zurück nach Norwood. Draußen gießt es Gewitterströme, drinnen machen wir Witze. Natürlich werden wir bei Wiggins mit Überschwenglichkeit begrüßt, wo man sich noch gut an das letzte Jahr erinnert, als das ZDF hier war. Nach dem Abladen der vielen Koffer, Kisten und Kästen fahre ich die Drei ins Hotel. Sie wollen einen Mietwagen nehmen und später noch einmal auftauchen. Ich stürze mich gleich wieder an meine Arbeit.
Später halten wir eine Konferenz ab und nehmen Kontakt zu Woroneff auf, der mit seiner Cessna 206 schon im letzten Jahr die Filmoperateure des ZDF geflogen hat. Gleich begutachten wir seine Maschine, denn der Kameramann will wissen, welche Möglichkeiten er hat. Die sind, wie er nun findet, glänzend, denn zwei große Seitentüren können ausgehängt werden und außerdem ist eine große Bodenluke eingebaut. Woroneff kribbelt es schon wieder in den Fingern nach unserer Verbandsfliegerei, und ich freue mich natürlich auch. Trotz zügiger Fortschritte habe ich dennoch ab und zu Bauchweh, denn die Verspätung beträgt jetzt schon zwei Tage, und die geänderten Tanks sind noch immer nicht gekommen. Wenn es dann hoch hergeht mit der Arbeit, und ich soll auch noch für die Aufnahmen bereitstehen, dann wird das viel Nerven kosten.
Glücklicherweise entwickelt sich schnell ein freundschaftliches Verhätnis, und die Filmmänner erkennen auch, unter welch großer Belastung ich in jeder Hinsicht stehe. So verhalten sie sich bei allen Aufnahmen trotz der typischen Penetranz doch recht rücksichtsvoll, und wenn sie Pause haben, helfen sie bereitwillig, wo sie können. In Kürze sind wir ein vorbildliches Team von vier Männern geworden, die alle wissen, worauf es jedem, seiner Aufgabe entsprechend ankommt.
In den wenigen Tagen ist unsere Halle aber auch fast zu einem Mekka geworden. So ein Unternehmen spricht sich eben doch sehr schnell herum, und täglich kommen zig Besucher. Die Leute von Wiggins sind stolz darauf, daß sie als zuverlässige Ausrüster gelten und erklären gern unser Projekt. Mir gefällt das weniger, denn es stört die Arbeit. Wenn man weiß, daß auf dem Platz über hundert Flugzeuge stationiert und vier große Wartungsfirmen etabliert sind (auch ein Amphibienbauer ist dabei), dann kann man sich den ›Durchgangsverkehr‹ vielleicht eher vorstellen. Jedenfalls aber ist die Zusammenarbeit mit den Elektrikern, Mechanikern und Elektronikern geradezu lobenswert, und Hutch sorgt dafür, daß es uns an nichts mangelt. Die Fernsehmänner bekommen schon am ersten Tag ihren Tisch mit elektrischen Anschlüssen und Ladegeräte für ihre Batterien, ja sogar ihren eigenen abschließbaren Raum für die wertvollen Geräte. Alle lesen uns die Wünsche von den Augen ab.

Endlich kommen die Tanks. Schon von weitem höre ich aus der Nachbarhalle das hohe Geräusch beim Abladen. Die Spannung geht von neuem los: Wird alles passen? Statt vier sind es nun deren fünf. Alle Experten stehen um uns herum und wollen sehen, wie das geht. Der große Ventilator bläst schon kräftig, denn bei der Hitze ist es kaum auszuhalten. In der Kabine schwitzt Joe Posnik. Man muß sich vorstellen, daß nicht nur alle Tanks millimetergenau an ihren Platz müssen, sondern auch anschließend die Anschlüsse und Leitungen. Als wir endlich – oh Wunder – alle fünf Behälter plaziert, und Joe rechtzeitig kurz vorher herausgezogen haben, können wir uns kaum vorstellen, daß da ein größeres Wesen als eine Maus noch hineinpaßt.
Joe, der Schlangenmensch schafft das! Er hatte schon früher fast alle Installationen für mich gemacht. Am Nachmittag ist er fertig und lacht grimmig, total zerschunden und verschwitzt. Man muß sich vorstellen, bei 43° im Schatten in dem engen Rumpf, auf dem Rücken, die Beine verdreht oben auf den Tanks, den Kopf nach unten ...! Er ist der Held des Tages. Aber der ist noch nicht herum. Die Tanks werden noch mit Stahlseilen festgezurrt, dann füllen wir in jeden 35 Liter für eine Dichtigkeits- und Funktionsprobe, zuerst ohne Pumpen, dann mit laufendem Motor. Ist es ein Wunder, daß alles einwandfrei funktioniert? Joe grinst und sagt: »Wenn ich das mache, dann ist es auch OK!« Man muß ihm wirklich beipflichten. Er ist ein überdurchschnittlich intelligenter Bursche, der gerade seinen Privatpilotenschein gemacht hat und schon auf CPL schult.
Nun haben wir alle eine Pause verdient. Die meisten gehen nach Hause, – Feierabend. Die Nachtschicht bleibt, ich auch. Dann trinke ich einen Liter Milch und arbeite weiter. Mit dem großen Ventilator blasen wir uns frische Luft herein. Draußen vor den offenen Hallentoren prasselt gerade ein Gewitterschauer herunter. Eine herrliche Abwechslung und Erfrischung. Mit Bill, dem Elektronikmeister und einem Elektriker gehen wir an die Rückrüstung zunächst der Notstromanlage vor dem Hauptholm, – etwa in der Position hinter meinen Beinen beim Sitzen auf dem Tankvorbau.
In Wichita habe ich ja nur drei Sitze herausgenommen, denn ich mußte noch auf einem hierher fliegen. Diesen letzten habe ich gestern auch noch ausgebaut. Er geht als Luftfracht zurück ins Werk. Der linke Tank ist so ausgelegt, daß ich darauf sitzen kann. Die Sitzfläche ist ein passend geschnittenes Stück Schaumstoff, das ich aufklebe, die Lehne ist eine geformte, eingetuchte Recaro-Platte. Fertig! Die Gurte sind natürlich benutzbar.
Erst am nächsten Morgen kann ich die Rückrüstung der gesamten Kurzwellenstation mit Montage der Brücke abschließen. Wegen der bereits eingebauten Tanks mit ihren Haltevorrichtungen ist das selbst für eine ›Schlange‹ eine Sträflingsarbeit. Wir arbeiten abwechselnd, aber länger als jeweils fünf Minuten hält es keiner in dem Loch aus. Die Anschlüsse der ›black boxes‹ für die empfindliche Kreiselanlage und deren Montage geht schneller und leichter von der Hand.
Wieder kommt der Moment großer Spannung: wird noch alles funktionieren? Wir

warten auf eine Pause zwischen den Gewitterschauern, dann schieben wir die Maschine aus der Halle bis auf das Vorfeld. Während ich mich wie ein Schlangenmensch hineinwinde, verlegen die Elektriker 100 m Kabel für den Anschluß der Außenbordversorgung. Alles klar? Bill gibt mir das Zeichen OK. Bordnetz ein, alle Sicherungen ein und Kontrollampe der Kompaßanlage an, Schalter auf ›ein‹. Schon hört man hinten im Rumpf das leise, sirenenartige Geräusch der anlaufenden Kreiselmotoren. Bill steckt hinten mit seinem Kopf und einigen Meßgeräten im vollgestopften Gepäckraum und prüft. Nach fünf Minuten drehen und schieben wir die Maschine hin und her, und ich nehme verschiedene Einstellungen am Kontrollkopf vor. Dann kommt die Umschaltung von Hand auf die Notstromanlage und schließlich die automatische: Bordnetz aus, – ›klik‹, schon hat das Relais geschaltet und das rote Kontrollicht kommt an. Alles läuft prächtig! Kompaß aus. Der nächste Check – die Kurzwellenanlage. Während der anderen Prüfungen ist sie schon vorgewärmt. Ich wähle die Frequenz von ›Rockwell flight test‹ in Cedar Rapids. Ein Knopfdruck auf den Schalter am Steuerhorn für meinen *Heatset*, – ›klik-klik-klik-rrr‹ – schon ist die Frequenz eingetunt.

›*Rockwell flight test, Rockwell flight test, this is Delta-Echo-Hotel-India-Bravo on six six five nine, how do you read?*‹

Prompt kommt die Antwort: ›*DEHIB, Rockwell flight test, loud and clear how me, your position please.*‹ ›*Loud and clear also, position on ground Boston area for system check, will call in flight again, thank you, out.*‹

Das läuft ja bestens! Ich gebe OK-Zeichen nach draußen und rufe nun Gander Radio mit gleich gutem Erfolg.

Rein mit der Maschine in die Halle. Alles ordnen, einräumen. Das Flugzeug muß nun auf die Waage, um einmal in diesem Rüstzustand leer gewogen zu werden, und anschließend einmal voll beladen. Die drei Flugzeugwaagen mit ihren Auflaufkeilen stehen schon bereit, der Tankwagen parkt vor der Halle. Mit acht Mann schieben wir die D-EHIB auf die Waage, arretieren und justieren. Alle Ausrüstungsgegenstände werden nun genau an ihren Platz gebracht. Schlauchboot, Schwimmweste, Überlebenspack, Notsender, Navigationshandbücher und -unterlagen, Astrokompaß, Medikamententasche, Verpflegung, Kamera, Filme und vieles andere. All dies ist vorn unterzubringen, denn ich muß es zur Hand haben. Der Kälteschutzanzug wird mir im Fluge als Isolation an der linken Bordwand dienen, denn die Verkleidung habe ich ja aus Gewichtsgründen herausgenommen. Weitere Notsignalmittel, Pelzkleidung, Notverpflegung und Zubehör verstaue ich hinter den Tanks zwischen den Stahlkabeln der Halterung. Sie sind für den Fall einer Notlandung auf dem Eis gedacht. Nach Wägung und Bestimmung des Schwerpunktes im Rüstzustand beginnt das Tanken unter großer Vorsicht mit dem Feuerlöschfahrzeug in Bereitschaft vor der Halle. Zum Schluß steige ich ein und schließe die Tür. Wieder wird gewogen, doch nicht zu leicht befunden, merke: Pilot mit auf der Waage!

All das geschieht natürlich unter den hellen Lampen der Filmleute, die ausgiebig ihre Kameras schnurren lassen. Aussteigen, Enttanken. Wir sind mit den Werten zufrieden, denn mit dem Gewicht liegen wir noch unterhalb der von Beech für die FAA genehmigten Grenze, bis zu der die verantwortlichen Ingenieure die strukturelle Festigkeit garantieren. Auch der Schwerpunkt liegt klar im vorgeschriebenen Bereich, allerdings wegen der großen Gewichtskonzentration mit gefüllten Tanks etwas höher als üblich. Das werde ich schon beim Rollen, besonders aber beim Start und im Steigflug in bezug auf die Flugeigenschaften berücksichtigen müssen. Mit diesen Arbeiten geht der Tag zu Ende, aber alle sind mit den Ergebnissen sehr zufrieden.

Inzwischen sind Anweisungen vom NDR/ARD-Hamburg da, die besagen, daß die Aufnahmen abgeschlossen werden sollen. Schließlich kostet jeder Tag Geld, und deshalb können nicht beliebig viele Tage angehängt werden. Wenn möglich, soll das Team schon morgen nach Anchorage fliegen, dort sondieren, filmen und auf meine Ankunft warten. Auch Dr. Schulte wartet auf Nachricht, ob er nun endlich nach PANC (Anchorage) aufbrechen soll. Ich stimme allem zu, – er soll kommen und die drei sollen sich auf den Weg zum Startplatz machen. Auf diese Weise können die vier sich treffen, und jeder kann seine Arbeit aufnehmen. Ich werde noch hart hier arbeiten müssen, um den Anschluß nicht zu verpassen.

Nachts schlafe ich schlecht oder gar nicht. Vor ein Uhr morgens komme ich nicht ins Bett, und um sieben bin ich schon wieder an der Maschine. Schließlich trage ich für alles die Verantwortung, und wir liegen erheblich hinter dem Terminplan. Zu früh wäre kein Schaden, denn dann läge eine Verschnaufpause für mich drin, aber zu spät ist belastend für die Beratertätigkeit von Dr. Schulte wegen der ohnehin schon weit vorgeschrittenen Jahreszeit, die überhaupt eine Zeitpressung für meinen Flug bedeutet. Sogar Günter Brinkmann in Hamburg und die Teamkameraden stehen wie auf glühenden Kohlen. All diese Belastungen sind zu viel auf den Schultern eines Mannes, der ja seine ganze Konzentration eigentlich ausschließlich auf den großen Flug ausrichten sollte. Manchmal denke ich: »Du Dummkopf, mußt Du Dir das alles freiwillig aufladen? Du weißt doch aus Erfahrung, wie komplex ein solches Mammutunternehmen ist!«

Jetzt heißt es für mich einmal mehr: Ruhig Blut und durchhalten!

47. Ab nach Cedar Rapids

Morgens trennen wir uns. Fritz fährt mit dem Team nach Boston, um nach Anchorage zu fliegen. Meinen schweren Blechkoffer nehmen sie zu dem Riesengepäckhaufen der Kameraausrüstung, denn in der Bonanza ist kein Platz mehr dafür. Dr.

Schulte befindet sich schon in der Luft an Bord der Lufthansamaschine Frankfurt-Hamburg-Anchorage. Ich bleibe zurück in Norwood.

Zunächst rolle ich zur Kompensierfläche, um den Magnetkompaß mit und ohne eingeschaltete elektrische Geräte zu überprüfen und die Deviationstabellen anzulegen. Wie immer klebe ich die an die Seitenwand des rechten Kabinentanks. Es folgen mehrere Bodenläufe, aber natürlich will ich wissen, wie alle Systeme in der Luft unter der Belastung von Beschleunigungskräften funktionieren. Allein diese Testflüge und Verfahren mit den anschließenden Nacharbeiten dauern einen ganzen Tag.

Noch in der Nacht mache ich mich an die Daten für die Zulassung, damit die Unterlagen schon morgen früh bei der FAA auf dem Tisch liegen können. Die umfangreiche Ausrüstung macht die Berechnungen schwieriger und langwieriger, und bei diesem Papierkram hilft mir Hutch noch in der Nacht. Die Zulassung selbst wird morgen schnell über die Bühne gehen, denn das Büro ist am Platz, und die Beamten kennen mich seit vielen Jahren. Aber alles braucht eben doch seine Zeit, und die ist bei mir jetzt sehr knapp – aber auch das Geld.

Es geht an die Rechnung. Hartgesotten lese ich die Ziffern –, und fast falle ich um. Nach genauer Kontrolle muß ich aber die Richtigkeit bestätigen. Die Summe liegt jedoch so weit jenseits des kalkulierten Rahmens, daß ich Schulden machen muß. Die vielen Änderungen und Reparaturen war nicht vorauszusehen gewesen. Ein solches Unternehmen liegt einfach außerhalb jeder Norm, ganz gleich, welchen Bereich man auch betrachtet. Wiggins jedenfalls akzeptiert die Zahlung nach dem Flug, damit ich noch Bargeld unterwegs und in Anchorage habe. Weiß der Teufel, es kann ja noch Probleme geben! Schließlich habe ich noch zweiunddreißig Stunden zu fliegen und dabei über achttausend Kilometer zurückzulegen. Allein das ist ja schon ein Unternehmen für sich!

Es lastet ein ungeheurer Druck auf mir: Verspätung, Geldknappheit und das Warten der Freunde in Alaska. Keinesfalls darf ich jetzt etwas überstürzen oder mich gar aus der Kontrolle laufen lassen. Ich muß unbedingt eiserne Ruhe behalten. Es geht ja doch nichts ohne mich. So rede ich schon mal mit mir, wenn es an allen Ekken zugleich drückt. Nun läßt sich das zwar leicht sagen, aber es fällt doch schwer, auch danach zu handeln. Und auch das denke ich oft: später wird es sich dann bei Kaffee und Kuchen leicht erzählen lassen. Ohne meine Checklisten, die ich täglich neu erstelle, hätte ich die Übersicht jedenfalls längst verloren, und der Zeitverlust wäre dann katastrophal geworden.

Endlich bin ich soweit. Die Maschine, der Motor, die Geräte, das Tanksystem –, alles ist bestens. Wie immer, klebe ich nun auf beide Seiten der Motorhaube das Schild ›Heidelberg‹ und diesmal dazu eine ›3‹ für den dritten Weltrekord. Meine Tochter bereitet das jedesmal gut vor. Mit der ›Heidelberg 3‹ will ich als erster mit einem einmotorigen Leichtflugzeug den Nordpol überfliegen – und nach den bisherigen Strapazen kommt mir das im Augenblick gar nicht mehr so schwer vor. Mit einem Anruf bei Fritz Gebhard melde ich mich für eine Landung in Anchorage in drei Tagen an. Dr. Schulte ist schon angekommen und bereits in Aktion. Auch ich gehe nun endlich auf Strecke: Tanken, Einsteigen. Alle Wigginsleute stehen Spalier vor der Halle und winken zum Abschied mit gekreuzten Fingern – soll heißen, wir halten die Daumen! Ich habe für zwanzig Stunden Sprit an Bord und etwa elf Stunden Flugzeit bis Cedar Rapids kalkuliert. Die Collinsleute wissen Bescheid für den Fall, daß sich Schwierigkeiten ergeben würden. – Die Maschine liegt wie ein schweres Brett in der Luft, aber alle Systeme funktionieren mustergültig. Zur Kontrolle des Sperrysystems und seiner stündlichen Abweichung lasse ich das Gerät natürlich mitlaufen. Unter Berücksichtigung der Änderung der örtlichen Mißweisung ist diese Überprüfung allerdings erst nach vielen Stunden möglich, wenn überhaupt.

Ursprünglich hatte ich vorgehabt, in einem Nonstop-Flug von Boston bis nach Anchorage zu fliegen. Wegen der ungeheuren Belastung von über dreißig Stunden Flugzeit unmittelbar vor dem großen Flug habe ich mich dann entschlossen, drei große Etappen mit lediglich zehn bis elf Stunden Flugzeit pro Tag zu absolvieren. Auf diese Weise gewinne ich den Vorteil der täglichen Kontrolle mit Reparaturmöglichkeiten zwischen den Flügen. Diese Entscheidung war richtig, zumal ich auf die erstklassige Unterstützung von Collins rechnen kann.

Nun fliege ich schon fast fünf Stunden nur in den Wolken und dabei entdecke ich, daß die Anzeigen von Horizont und Wendezeiger sich nicht entsprechen. Die Maschine schiebt und hängt, – natürlich auch mit eingeschaltetem Autopiloten. Das ist nicht gerade die feinste Abwechslung im Instrumentenflug. Der Kreiselhorizont spinnt also wieder. Sofort lasse ich mir eine größere Höhe geben, weil ich weiß, daß die Warmfrontbewölkung bis zum Boden reicht. Bei Erreichen von knapp 14 000 Fuß bin ich ›on top‹. Der vermutete Fehler bestätigt sich, aber seit dem Steigflug stinkt die Kabine nun erheblich nach Sprit. Das hat mir gerade noch gefehlt! Durch die stundenlangen Vibrationen muß sich eine Undichtigkeit eingerüttelt haben. Das kommt vor, aber die Frage, wie ich die Stelle in der vollgestopften Maschine finden soll, erzeugt bei mir schon jetzt Horrorgedanken.

Für die Situation hat der Controller sehr schnell funktioniert, denn er wußte nur von meinen ›difficulties‹. Auf meine Anfrage wegen des aktuellen Wetters auf der Strecke kommt er schon nach einer Minute zurück und gibt mir die beruhigende Nachricht, daß von Chicago bis zum Zielflughafen Sichtwetterbedingungen herrschen. Aber er will auch von mir etwas wissen, nämlich meine Reichweite – die sei doch wohl nicht ausreichend, wenn ich schon fünf Stunden von Boston unterwegs sei – und bei dem Gegenwind!

Solche Fragen bekomme ich oft gestellt, auch über Europa. Wenn ich z. B. von Gander nach München durchfliege, und die hören von einem einmotorigen Typ, der schon fünfzehn Stunden in der Luft ist, dann ist das für mich immer ganz lustig und eine willkommene Abwechslung. Hartnäckig, aber freundlich fragt mein Controller noch einmal nach meiner Gesamtausdauer. Lakonisch antworte ich:

»*Twenty hours*«. Er lacht laut ins Mikrofon: »*Oh boy, oh boy, – and which registration is Delta?*«
Immerhin ist D-EHIB ganz eindeutig keine amerikanische, die haben N und eine Ziffer. »*Germany*«, sage ich und füge hinzu: »*This is a ferry flight.*«
Aber er läßt nicht locker: »*But this is the wrong direction*«.
Auch da kommt meine Antwort prompt: »*I have a HF-installation at Collins factory, Cedar Rapids*«. Nun ist er zufrieden und wünscht »*Have a nice flight back home, Germany is a nice country.*«
Da nun alles ohne weitere Zwischenfälle abläuft, habe ich Zeit, nochmals an das nette Gespräch mit den Leuten von Cleveland Center zu denken. Diese Art Kontakte mit privaten Einlagen sind ja eigentlich nicht gestattet, bei geringem Verkehr aber durchaus üblich. In den USA ist nämlich ein erstaunlich großer Prozentsatz der Flugsicherungsleute selbst häufig in der Luft, und deshalb wissen sie weit besser als viele ihrer Kollegen in Europa, daß ein Pilot nicht allein Funksprech zu betreiben hat und immer sofort antworten kann. Da muß geflogen, navigiert, gerechnet, eingestellt, geprüft, beobachtet... und-und-und werden. Dazu kommt, daß viele Nebengeräusche die Verständigung oft erheblich stören. Die Burschen drüben wissen das, denn viele haben sogar IFR-Lizenz. Bei uns in Europa ist man meistens rein bodengebunden, ja, manche lassen das die Piloten auch absichtlich spüren. Während man dort überwiegend die große Flexibilität und das Interesse schnell erkennt, wird man über dem alten Kontinent eher steif behandelt. Nicht selten so, als sei die Fliegerei für die Kontrolle da und nicht umgekehrt. Für manche – so hat man oft den Eindruck – bedeutet hier ›Dienst‹ eine komplexerzeugende Demütigung. Glücklicherweise sind wir in unserem Lande da gut dran, aber in Europa gibt es schon recht schwierige Zonen. Nun bin ich ja überzeugter Europäer, und ich weiß natürlich sehr wohl, wo die Amerikaner ihre Schwächen haben. Bedauerlicherweise werden aber besonders gern diese nachgeäfft, wohingegen die vorbildlichen Dinge und Verhaltensweisen oft nicht einmal erkannt werden.
Glücklicherweise habe ich in der Höhe von Chicago das Frontsystem hinter mir, und es stehen nur noch freundliche Cumuli der Rückseite herum. Im Norden kann ich bei glänzender Sicht den Michigansee überblicken. Schnell erhalte ich die Freigabe runter auf 10 000 ft. Ich habe ja kein Sauerstoffgerät an Bord, flog aber vier Stunden in 4300 Metern Höhe. Bei langen Flügen schlaucht das deutlich.
Nach zehn Stunden Flugzeit taucht bei glänzender Sicht unter wolkenlosem Himmel Cedar Rapids vor mir auf, und um den Flug abzukürzen, ›cancele‹ ich den Flugplan. Den ›tower operator‹ bitte ich um einen Anruf bei Collins mit der Ankündigung meiner Landung in zehn Minuten. Ich möchte gleich in die Halle. Obwohl der Platz gerade Linienverkehr hat, kommt die Antwort schnell: man warte schon auf mich, und dazu erkundigt sich der Tower »*are you familiar?*« So sind die Leute dort immer hilfsbereit, wenn ein Fremder kommt oder Rollanweisungen erbeten werden.
Gleich nach dem Abstellen schlängele ich mich aus meinem Gehäuse und begrüße

die Ingenieure und den immer hilfsbereiten Hallenmeister. Die Techniker machen fragende Augen, aber ich kann sie beruhigen. Das HF 718 ist fabelhaft in Ordnung. Wohl will ich aber sofort telefonieren. Im Laufschritt wetze ich in die Zentrale, denn es ist schon spät am Tage. Glück muß man haben, ich erwische gerade noch den verantwortlichen ›field engineer‹ für Kreiselgeräte. Nach kurzer Schilderung des Problems sagt er seine Ankunft für den nächsten Mittag zu – ich soll alles vorbereiten, einschließlich eines Druckluftanschlusses. Sämtliche Prüfgeräte und Reduzierstücke will er mitbringen.

Bis zu seiner Ankunft will ich das Problem mit dem Kraftstoffleck gelöst haben. Inzwischen ist es Nacht geworden, aber meine Maschine steht schon wohlgeborgen in der Collins-Halle. Am Tag zuvor hat die Front, die ich heute überflogen habe, ihre Spuren hinterlassen. Fünf Flugzeuge, darunter zweimotorige, wurden völlig zerstört. Ein Tornado war über das Hallenvorfeld gerast und hat dabei alle diese Maschinen aus ihren Bodenverankerungen gerissen und zerfetzt. Auch die Maschine der Collins-Sportfluggruppe ist mit vielen weiteren Flugzeugen beschädigt worden. Sogar der Turm verlor eine große Planscheibe. Wäre ich einen Tag früher hier angekommen, dann wäre die stolze Weltrekord-Bonanza jetzt vielleicht ein zerfetzter Trümmerhaufen, denn gestern war die Halle wegen Reparaturen überfüllt. So bin ich nun etwas getröstet über meine Verspätung.

Schon sehr früh morgens rolle ich die Heidelberg 3 in die Beech-Halle, damit wir ohne Zeitverzug mit der Suche nach dem Leck beginnen können. Wieder habe ich Glück mit dem Mechaniker. Er ist selbst Sportflieger und geradezu hingerissen von meinem Vorhaben. Meine feine Nase macht es tatsächlich etwas leichter, solche geringen Undichtigkeiten aufzuspüren. Mit einem langen Draht und einem Stück Schaumstoff tasten wir alle Verbindungsstücke ab und finden nach Stunden einer wahren Schinderei die üble Stelle. Meine Nase ist für diesen Fall unbezahlbar. Dafür habe ich leider keinen Riecher für Geld.

Zum Nachziehen einiger Überwurfmuttern braucht man in diesem Rüstzustand dreimal abgekröpfte Finger, ebensolche Spezialschlüssel, die wir erst zurechtbiegen und -schweißen, und außerdem Kraft in den Handgelenken, denn für den Unterarm besteht keine Bewegungsfreiheit. Es geht nur mit gegenseitiger Ablösung weiter, und als wir fertig sind und meine Schnuppernase auch bei Druckerzeugung in der Leitung keinen Geruch mehr feststellen kann, lachen wir darüber: »Alles aus dem Handgelenk und mit dem kleinen Finger!« Laut plumpsend fällt mir der berühmte Stein vom Herzen. Wenn wir es nicht hätten finden können... es ist unvorstellbar, aber ich hätte wirklich wieder alles herausreißen müssen!

Kaum sind wir fertig, sehe ich schon eine Mooney vor die Halle rollen. Es ist der Ingenieur von King. In einem freudigen Spurt laufe ich ihm entgegen. Aber welche Überraschung erst, als er mich anlacht und wir uns erkennen. Vor Jahren war ich bei einem Werksbesuch einen Tag lang mit ihm zusammen gewesen. Seine Maschine ist vollgepackt mit Spezialkoffern und Geräten. Bange frage ich nach der voraussichtlichen Dauer des Gerätewechsels. »Wenn alles glatt geht, zwei bis drei

Stunden. Wir haben in der letzten Nacht extra noch ein Gerät für den Rekordflug fertiggestellt, denn wegen der gerade erst angelaufenen Serie ist keines am Lager.«
Ich sehe auf die Uhr und habe Hoffnung, daß wir es bis spätestens 18.00 Uhr schaffen werden.
Er geht jedenfalls gleich mit großem Arbeitstempo zu Werke, und ich assistiere so gut es geht. Alle Anschlüsse für Luft, Drehstrom und Gleichstrom sind gut vorbereitet, so daß er auch sogleich seine Prüf-Koffergeräte anschließen kann. – Nach drei Stunden ist alles vergessen, und ich mache sofort einen ausgiebigen Probeflug. Das Instrument läuft einwandfrei. Auch kann ich mit meiner kritischen Nase nicht den geringsten Kraftstoffgeruch erschnuppern. Natürlich habe ich auch die Collinsstation noch einmal überprrüft, denn hier ist der letzte Ort für irgendwelche Wünsche. In Alaska kann ich nichts mehr erhoffen. Wir Kraftstoffschnüffler und der King-Mann fühlen uns gleichermaßen als ›Kings‹ des Tages. Kaum habe ich den Motor abgestellt, verabschiedet sich schon der tatkräftige Mooney-Pilot. Irgendwann, irgendwo wollen wir mal ein Glas Bier zusammen trinken. Ich bedanke mich, das war vorbildlicher Service! Fünf Minuten später ist er schon in der Luft. Natürlich habe ich schon gestern abend die Lage nach Anchorage gemeldet. Alle treten sorgenvoll und ungeduldig von einem Bein auf das andere. Günter Brinkmann hat schon die zweite Verlängerung genehmigt. Obwohl die auch wissen, daß solche Verzögerungen oft unvermeidlich sind, ist offenbar die Grenze bald erreicht. Aber das ändert nichts – ich tue mein Bestes, zaubern kann ich nicht. Mein Freund Günter tat ebenfalls sein Bestes, aber auch er kann nicht zaubern. Es wird schon klappen. Ich melde nur noch: ich komme!

48. Weiter nach Seattle

Bei herrlichem Wetter bin ich für meinen elfstündigen Flug schon früh in der Luft, wohlwissend allerdings, daß ich kurz vor Seattle eine ausgeprägte Front mit vielen Cumulonimben werde durchfliegen müssen. Stunde um Stunde vergeht gleichförmig über dem flachen Gelände geringster Besiedelung. Nicht eine Wolke steht am Himmel. Die regelmäßige Kontrolle aller Geräte, Instrumente und Systeme ergibt nur Normalität, beste Funktion. So muß es sein! Es macht endlich Spaß, in einem mit technischem Gerät so gut ausgerüsteten Flugzeug zu fliegen. Ich habe auch mehrere sehr gute Uhren für genaue Navigation an Bord, – zwei große Borduhren mit Stoppeinrichtung und die Omega-Flightmaster an meinem Handgelenk.
Die ist für solche Zwecke ausgelegt und bestens geeignet, denn ein dritter Zeiger informiert über die Weltzeit, nach der wir ja überall fliegen. Das Ding ist zwar schwer und groß, aber schon seit langer Zeit ist es mein Traum gewesen. Nun sind ja solche

Träume in den verschiedensten Variationen nicht gerade billig, weder die der Damenwelt, noch die der Männer. Bei mir ist da ein Tick für perfekte technische Geräte, wie Funkgeräte, Navigationsinstrumente, Foto- und Filmapparate, schnelle Motorräder, Waffen, – und Uhren. Allein Ausstellungsräume und Geschäfte ziehen an, und so blieb ich auch schon mal an Uhrengeschäften stehen und beäugte mein Traumstück.
Eines Tages nahte mein 50. Geburstag – ja, das war noch ein schönes Alter! Meine Familie und die meiner Frau und natürlich viele Freunde und Verwandte aus nah und fern feierten mit mir. Am frühen Morgen nach dem gelungenen Fest war unter der Mithilfe der Kinder das Schlachtfeld wenigstens etwas aufgeräumt – wir durchaus aber auch. Wir waren richtig aufgedreht, und meine hübsche Tochter eröffnete mir feierlich, daß da noch ein Paket für mich wäre. Nun halte ich ja von solcher Auspackerei überhaupt nichts, aber an diesem Morgen mußte ich mich fügen. Also packte ich aus – zehn Hüllen, alle wohlverschnürt, versteht sich! Ich wurde ungeduldig: »Was soll denn die Kinderei mit mir altem Mann von nunmehr über fünfzig?« Die lachten sich halb schief, aber ich mußte weitermachen: zehn weitere Hüllen. Das Ganze war wie ein Kunstwerk. Dann kam ein ganz kleines Kästchen, drinnen mein Traum, die Flightmaster. Ich war völlig schimmerlos und deshalb absolut überrascht. Bei uns allen war die Freude überschwenglich, und wir haben noch ganz schön weitergefeiert. – Eigentlich war die Uhr ein Luxus, aber bei meinem Beruf hatte ich auch mir selbst gegenüber eine glaubhafte Rechtfertigung. Meine beiden über dreißig Jahre alten, aber erstklassigen Glashütte-Fliegeruhren der alten Luftwaffe hätten mich sicher auch überlebt. –
Die riesigen Cumulonimbus-Wolken am fernen Horizont unterbrechen meine Gedanken. Dort vorn, an den vielen über dreitausend Meter hohen Bergen der Rocky Mountains wachsen sie bis in die oberste Atmosphäre hinauf und bilden an verschiedenen Stellen einen Amboß. Von weitem sieht das prachtwoll aus, knallig blauer Himmel, schneeweiß quellende Blumenkohlwolken und tiefschwarze Löcher und Streifen. Grandios, aber gefährlich! Schnell komme ich näher und ebenso schnell wächst die Wand vor mir hoch, unten zucken die Blitze heraus. Dennoch läßt sich erkennen, daß Lücken den Zusammenhang unterbrechen. Das macht die Sache nach meiner Einschätzuung tragbar. Ich lasse mir die ›clearance‹ für 14 000 Fuß geben.
Das macht die ›Heidelberg 3‹ relativ leicht, denn ich habe ja schon etwa 300 kg Kraftstoffgewicht verloren. Schnell bin ich nun heran und tauche in die ersten Riesen ein. Vorsorglich habe ich schon alle losen Teile eingepackt oder verzurrt. Dann prasselt es mit einer solchen Intensität, daß ich die Stimme des braven Motors nicht mehr hören kann. Indessen versprechen die Instrumente beste Ordnung unter der Haube, unter der jetzt auch die Wassermassen eindringen. Es beginnt der Ritt auf der gewaltigen Thermik, die uns hochreißt und die kleine Maschine danach wieder hinunterstürzt, mit einer Härte, daß es auch einen Hartgesottenen zur Bewunderung der Systeme veranlaßt, die das alles aushalten. Zunächst geht das zehn Minu-

ten, dann wird es heller und ›peng‹ ist das Motorgeräusch wieder da. Ich bin raus aus den schweren Schauern, nun zwischen einigen schwarz erscheinenden Türmen wie in einem Riesenkessel.

Da fragt mich der Controller nach Turbulenz, Niederschlag und Flugbedingungen. *»Severe turbulence, heavy thunderstorms, no ice, in and out isolated Cbs«*, antworte ich. Ob ich weiterfliegen will, möchte er wissen. Ja, bei mir ist alles OK. Man muß genau wissen, ob man sich und der Maschine diese Belastungen zumuten darf.

Nach einem Teufelsritt von einer Stunde Dauer habe ich die Front durchflogen. Zwischendurch gebe ich der Kontrolle immer wieder kurze Wetterinformationen, wenn nicht die Verbindung wegen statischer Aufladung kurzzeitig unterbrochen ist. Jetzt fliege ich über eine schöne gebirgige Landschaft unter blauem Himmel. Alles wirkt fast unschuldig und von bösem Wetter unberührt. Allerdings drohen von weitem noch vereinzelte Gewittertürme und schießen ihre Blitze aus der schwarzen Untergrenze zur Erde. Vorn links taucht Seattle auf und dahinter die riesenhafte Bucht, rechts davon – im Norden – Peine Field Everett. Ausgerechnet im Anflugsektor der ILS steht so ein gewaltiger, dunkel drohender Turm, durch dessen Schauer ich nun anfliegen muß. Radargeführt komme ich mehr schwimmend als fliegend bis zur Landebahn.

Unter diesen Bedingungen ist die Orientierung am Boden so schlecht, daß ich nach dem Abrollen von der Landebahn halten muß. Der Mann vom Turm gibt mir fabelhafte Anweisungen, um den großen Parkplatz zu finden. Das einzige, was ich seitlich noch gesehen habe, sind die riesigen Hallen von Boeing, in denen die 747 (›Jumbo‹) gebaut wird. Irgendwo zwischen Hunderten von Pipers, Cessnas und anderen im abrauschenden Wasser stehenden Vögeln parke ich meinen braven Dampfer. Der Wolkenbruch ist verebbt, die ›Heidelberg 3‹ verankert.

Weit und breit ist keine Seele zu entdecken. Kein Wunder bei dem Wetter, das hier seit Stunden gewütet haben muß. Zufällig kommt ein Wagen vorbei. Der Fahrer bittet mich, seine Maschine verankern zu helfen. Danach setzt er mich in einem zwar billigen, aber sehr abgelegenen Motel ab. Schnell bringe ich meine wenigen Klamotten auf das Zimmer und erscheine gleich wieder am ›front desk‹. Ich will nach Alaska telefonieren. *»We are very sorry, the line is broken.«* Das war das Gewitter, hier sind ja alle Leitungen oberirdisch.

Alles läuft nun wieder schief. Zwar bin ich früh auf dem Platz, aber erst um neun Uhr kann ich tanken, es ist Sonntag. Der Wetterfrosch der FSS auf Seattle International Airport gibt mir eine unmögliche Wetterlage mit schwerer Vereisung auf 60 % der Strecke, starke Gegenwinde und schwere Turbulenz für die ganze Distanz bis PANC (Anchorage). Laut ›pilot reports‹ sollen mehrere zweimotorige Maschinen in eine Notlage geraten sein. Für niedrig fliegende Maschinen wird kein Flugplan angenommen. So entschließe ich mich, wenigstens das Wetterbüro aufzusuchen, um mir anhand der Reports, Daten und der verschiedenen Karten selbst ein Bild von der Lage und der Entwicklung für morgen machen zu können.

Eine freundliche Pilotin will mich mit ihrem Wagen zum anderen Flughafen fahren. Aber so leicht soll auch dieses Unternehmen nicht laufen. Unterwegs auf freier Strecke schüttelt sich die alte Klapperkiste plötzlich wie ein zorniger Esel und der Motor bleibt stehen. Mit lautem Pfeifen zischt ein Dampfstrahl aus der Motorhaube. Kolbenfresser? Jedenfalls zeigt der Ölmeßstab nur noch an der Spitze eine teerartige Schmiere. Meine kühne Fahrerin lacht ungerührt und holt einen großen Wasserkanister aus dem Kofferraum. Dessen Inhalt schütte ich nach einer Periode der Abkühlung in den Kühler. 300 Meter weiter ist glücklicherweise eine einsame Tankstelle, wo ich acht Büchsen Öl einkaufe. Rein mit dem Elixier, und tatsächlich läuft der arme Hund von Motor wieder. Das Öl ist nun mein Einstand, und die stolze Besitzerin lacht mich an: »Die Kiste ist zwar alt, aber sie tut es bestimmt noch eine Weile.« Tatsächlich fahren wir an diesem Tag noch über siebzig Meilen, aber ich empfehle ihr dann doch, mit Flugmotoren nicht ähnliche Versuche anzustellen. Ob sie meine Worte ernst genommen hat, vermag ich nicht zu ergründen, denn sie lacht immer nur – ein sonniger Typ! Von Ökonomie hat sie jedenfalls keine Ahnung. Oder findet sie vielleicht immer Piloten, die ihr das Öl kaufen?
Was ich von den Meteorologen auf dem Flughafen erfahre, läßt mich für den nächsten Tag hoffen. So bereite ich alles vor und telefoniere ausführlich mit den Freunden in Alaska. Die hatten sich schon Sorgen gemacht.

49. Ankunft in Alaska

Diesmal ist das Wetter beim Start weniger schön. Schon im ersten Turn des Abflugverfahrens mit Radarunterstützung, etwa dreißig Sekunden nach dem Abheben, tauche ich in die Wolken und komme für die nächsten sechs Stunden auch nicht mehr heraus. Bei Vereisung lasse ich mir die geringstmögliche Höhe geben, was bei der Hauptstrecke über dem Pazifik recht günstig ist. So läuft alles glatt auf diesem nun letzten, langen Flug zur Überprüfung aller Systeme. Es ist eine Pracht – früher sagten wir: es flutscht. Mit dem Collins-Gerät spreche ich wie am Telefon mit Anchorage; die Digitalanzeige des Sperry-Kreisels ist unverändert faszinierend genau, aber natürlich fliege ich bei den hiesigen geringen magnetischen Mißweisungswerten noch immer nach der Anzeige des King-Tochterkompasses. Dieses Gerät kann man auch von ›slave mode‹ auf ›free gyro‹ umschalten, aber in der freien Stellung läßt es sich für meine Zwecke nicht einsetzen, weil die Abweichung unregelmäßig ist und mehr als etwa 20 Grad je Stunde beträgt. Das ist für solche Systeme normal. Der luftgetriebene künstliche Horizont, der bisher soviel Sorge gemacht hat, benimmt sich nun ebenfalls tadellos.
Als Belohnung für die harte Arbeit der letzten Wochen werfe ich den Blick auf das

einmalige Panorama bei glänzender Sicht nach Passieren des Frontensystems über der Küste. Zwei Stunden lang ziehen die Fünftausender der gewaltigen Gebirgskette der St. Elias Mountains an meiner rechten Flügelspitze vorüber, und ich werde nicht müde, meine Bolex schnurren zu lassen, um das herrliche Bild für das Fernsehen einzufangen. Alaska begrüßt mich mit den Chugach Mountains, ihren unglaublich weiten Tälern und einer farbenprächtigen Küste. Dann taucht die riesenhafte Bucht des Cook Inlets auf. Über zehn Stunden anstrengenden Fluges habe ich nun hinter mir, aber ich bedaure nicht, daß ich noch immer mehr entdecke. Ich könnte noch stundenlang weiterfliegen.

Von Anchorage bekomme ich die Freigabe für den ILS-Anflug auf die Landebahn 06 R. Auch hier herrscht fabelhaftes Wetter, aber der Verkehr auf dem großen internationalen Flughafen ist gleich Null. Da ich vor dem Start meine voraussichtliche Ankunftszeit per Telefon durchgegeben habe, werden die Wartenden durch Verbindung zur Flugsicherung meinen jeweiligen Standort laufend abrufen können. Vielleicht stehen sie schon auf dem Turm, um zu filmen. Die langen Rollwegstrecken würden ihnen auch noch nach meiner Landung Zeit genug verschaffen, um inzwischen zu meinem Parkplatz zu fahren. Davon gibt es viele. Alle haben unglaubliche Dimensionen und sind gefüllt mit amphibischen Flugzeugen, die vom betriebsamsten Wasserflughafen der Erde ›Lake Hood‹ über eine große Rampe direkt auf die Parkflächen rollen können.

Der ›tower operator‹ heißt mich willkommen und verrät mir nichts Neues, als er hinzufügt, ich würde schon sehnsüchtig erwartet. Mir geht es ebenso, kein Wunder, daß ich nun erleichtert und mit ziemlichem Tempo über die großen Rampenflächen zu meiner angewiesenen Parkposition rolle. Dort stehen sie schon: der Riese von LH-Stationsleiter Bengt Weisshuhn, Fritz Gebhardt, Jürgen Martin und Heimo Salinger. Freund Dr. Schulte ist nicht dabei. Wie ich vermutet habe, sind meine Funkgespräche auf Tonband und die Landung auf dem Film, und nun halten sie auch mein Herausschlängeln aus der Kabine aktuell fest. Dann folgt das Riesenhallo der Begrüßung wie eine Entladung der großen Spannung der letzten Tage. Alle sind erleichtert und voller Hoffnung, daß nun alle Hindernisse überwunden und hinter uns sind. Ich muß erst einmal in Stichworten berichten, was alles los gewesen ist. Vor allem aber räume ich meine Sachen aus und verankere die Bonanza. Zuerst das Roß, dann der Reiter! Wie in alten Zeiten.

Drüben in der Lufthansa-Station wartet mein treuer Wettermann. Er hat sich schon große Sorgen wegen der Entwicklung gemacht und ist nun richtig erleichtert, mich endlich gesund hier zu sehen. Gerührt umarmt er mich. Dann berichte ich. Es ist eine richtige Freundesrunde fern von zu Hause unter dem Dach unserer Lufthansa. Fast symbolisch! In klaren Gesprächen wird jeder über alles informiert, was nur irgendwie von Belang ist. Leider sieht es mit dem Wetter nicht gut aus, aber wir gehen nicht mehr in die kleinsten Details, denn ich bin nach dem strammen Tag mit drei Stunden Vorbereitung und elf Stunden Flugzeit doch ziemlich abgespannt. Duschen will ich, die neue Checkliste für morgen zusammenstellen und schließlich

auch etwas trinken und essen – und schlafen! Fritz G. hat da eine schöne Überraschung bereit. Weil die Hotels, wie alles in Alaska, sündhaft teuer sind, hat er für uns vier eine Wohnung gemietet, die billiger ist. Wir haben drei Schlafzimmer, ein Wohnzimmer, zwei Duschräume und eine Küche mit allem Drum und Dran, und das in einer ruhigen Gegend außerhalb der Stadt. Das ist genau nach meinem Geschmack. Dr. Schulte ist als Gast im Lufthansa-Hotel untergebracht.
Nach dem Duschen hauen wir gleich ein Dutzend Eier in die Riesenpfanne, dazu gibt es Schwarzbrot mit Butter und deutsches Bier. Was für ein Luxus! Anschließend plauschen wir noch über die Erlebnisse der letzten Tage und machen unsere Absprachen für die nächsten Filmarbeiten. Ziemlich müde fallen wir in die Betten.

50. In Anchorage

Den ersten Tag in Anchorage habe ich mir so eingeteilt, daß ich zunächst das wichtige Wetterbriefing von meinem treuen Freund bekomme, und dann die weit auseinanderliegenden Dienststellen von Zoll, Tower, Flugplanung, Flugsicherung und Such- und Rettungsdienst besuche. Das ist wirklich ein Tagespensum, denn außer den Besprechungen sind große Entfernungen zu bewältigen. Die genannten Stellen liegen nämlich verteilt auf den drei Flughäfen Anchorage International, Merril Field und Elmendorf Air Force Base, und das Gebäude des nationalen Wetterbüros liegt mitten in der Stadt. Dort hat man unserem Dr. Schulte ein eigenes Zimmer mit Telefonanschluß gegeben und ihn in aller Form auch offiziell im Kreise seiner Kollegen willkommen geheißen. Das ist wirkliche Gastfreundschaft! Im übrigen ist er durch sein bescheidenes und liebenswürdiges Auftreten im ganzen Institut gern gesehen und wird als ein vorbildlicher Repräsentant unseres Landes gelobt und geachtet. Man liest ihm die Wünsche an den Augen ab.
So werden auch wir dort begeistert begrüßt. Fritz erhält sofort jede Unterstützung für seine Aufgabe, alles für das Fernsehen festzuhalten. ›German Tee Vee‹ ist wie ein Zauberwort. Alle arbeiten richtig mit, und wir sagen ihnen ganz klar, daß sie unserer Meinung nach auch dazugehören. Ich denke wirklich so, denn ohne die Wetterorganisation wäre solch ein Unternehmen fast undenkbar, – nur denke ich auch: hoffentlich kommt noch das Wetter, das richtige natürlich.
Etwas später tauchen wir nochmals bei den Wetterleuten auf. Die drei wollen mit ihrem ganzen Gerät für morgen schon alles vorbereiten, wenn das erste, große ›briefing‹ durch Dr. Schulte unter Beteiligung der alaskischen Wetterexperten stattfindet. Die enthusiastisch helfenden Amerikaner haben in der kurzen Zeit sehr klar erkannt, daß wir, das heißt Dr. Schulte als Wissenschaftler, die Männer vom ARD und ich, eine freundschaftlich zusammenarbeitende Gruppe sind, die bescheiden

aber selbstbewußt ihr Land vertreten. Das muß ihnen ebenso imponiert haben wie der hochgesteckte Rekordversuch über den Nordpol. Sie als Wetterexperten für diese unwirtlichsten Gebiete dieser Erde können sehr gut beurteilen, wie schwer es sein wird, dieses Unternehmen zum Erfolg zu führen, und sie machen auch keinen Hehl daraus, stirnrunzelnd ihre Bedenken wegen der unsicheren Wettervorhersagemöglichkeiten kund zu tun. Oh, wie sehr ich das selber weiß! Aber sie zögern auch nicht, von sich aus jede nötige Verbindung zu anderen wichtigen Dienststellen, selbst durch persönlichen Einsatz, zu erleichtern.

Ähnlich verläuft der Besuch bei der FSS auf Merril Field. Dieser Flughafen der allgemeinen Luftfahrt, auf dem Hunderte von Flugzeugen stationiert sind, liegt auf der anderen Seite der Stadt. Kaum habe ich mich angemeldet, kommen alle Chefs der verschiedenen Ressorts zusammen, und wir halten ein richtiges Meeting aus dem Stegreif ab, in dem jeder uns alle nur erdenklichen Hilfen anbietet. Mein Unternehmen und mein Name haben sich überall schnell herumgesprochen.

Das ist eines der imponierenden Fakten in den USA: wenn einer den Mut hat, etwas Außergewöhnliches zu unternehmen, besonders im sportlich-technischen Bereich, dann ist es beinahe Ehrensache, daß man nach Vermögen behilflich ist. Dort imponiert das Herausragende noch immer, und der ›Unternehmer‹ ist des höchsten Respekts sicher. Ist er dann außerdem auch Amerikaner, dann hat er automatisch die Sympathie des ganzen Landes, des ganzen Volkes, der Regierung und aller Medien hinter sich. Groß und schützend weht das Sternenbanner über ihm. Und wehe dem, der daran zweifelt!

Einzig dastehend ist diese Haltung freilich nicht, denn genau das gleiche wird einem Sowjetmenschen in seinem Vaterland widerfahren, – aber auch ebenso jedem Franzosen, Polen, Engländer, Israeli, Perser, Japaner oder Brasilianer und Kanadier, um wahllos nur einige zu nennen. Davor kann man nur Respekt haben!

Und bei uns? Ja, da ist es geradezu opportunistisch modern geworden, alle natürlichen nationalen Gefühle lächerlich zu machen oder als bösen Chauvinismus zu verteufeln. Armes, zerrissenes Deutschland. Diese Gedanken gehen mir unwillkürlich durch den Kopf, wenn ich an meine weltweiten Erfahrungen solcher Art erinnert werde.

Mit den Damen und Herren der FSS ist vereinbart, daß ich den internationalen Flugplan am frühen Nachmittag des Abflugtages aufgebe. Die Flugsicherung sagt mir absolute Priorität vor dem anderen Verkehr zu und will eine von mir noch auszuarbeitende, spezielle Abflugroute unter Sichtflugbedingungen gewähren, weil es aufgrund der Leistungsdaten der überladenen Maschine nicht möglich sein wird, die IFR-Mindesthöhe von 11 000 ft bis zum Passieren der Täler im Norden der Stadt zu erreichen.

Für die ersten 6000 ft habe ich vierzig Minuten kalkuliert, die zweite Stufe wird bis 10 000 ft weitere vierzig Minuten Steigzeit verlangen. Während dieser langen Zeit mit gewichtsbedingter, geringer Steigleistung muß ich über dem hindernisfreien Cook Inlet bleiben, das zwar entgegengesetzt zu meiner Hauptflugrichtung liegt,

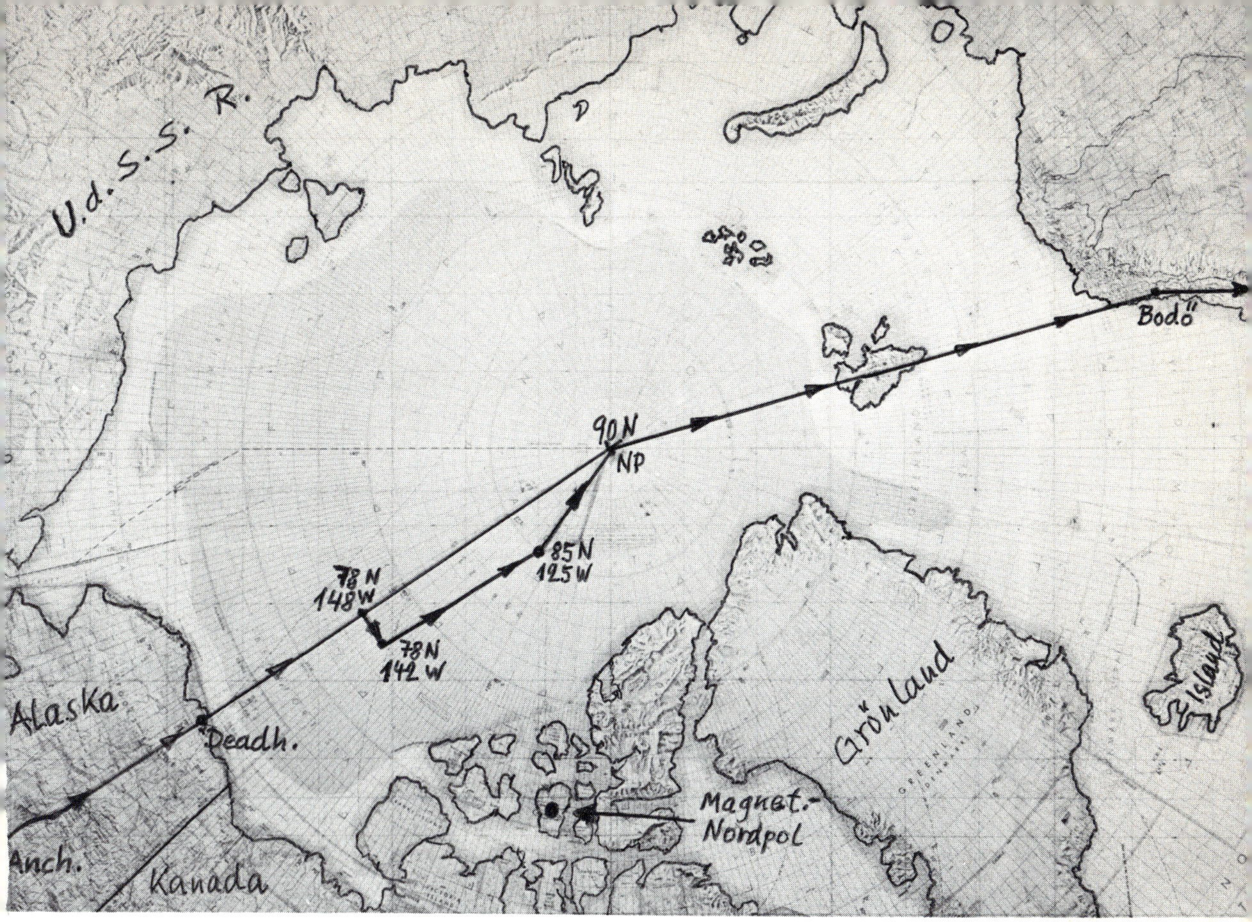

Die Polroute mit der Kursänderung bei 78° Nord wegen Motorstörung und der Rückkehr zum geplanten Kurs.

Bei Filmflügen für das ARD über der Pazifikküste von Alaska.

Der Urahn aller modernen Reise-Tiefdecker mit Einziehfahrwerk der Zeit nach 1945: die Bf 108 ›Taifun‹ von Willy Messerschmitt flog schon überall seit 1934, als üblicherweise noch Doppeldecker gebaut wurden. (MBB-Messerschmitt)

Filmflug über dem Cook-Inlet.

Packeis vor der Küste Nordalaskas.

Nach fast 33 Stunden Flugzeit wohlbehalten in München-Riem gelandet.

Kopfhörer ab.

Meine Frau ist gekommen.

Interview mit Fritz Gebhard vom NDR/ARD.

Vor lauter Tanks kaum Platz zum Sitzen oder Ein- und Aussteigen.

Nach Empfang und Rummel muß ich noch Vortrag halten.

Telegramm des Verkehrsministers.

Mit meiner Frau
und Elly Beinhorn-Rosemeyer.

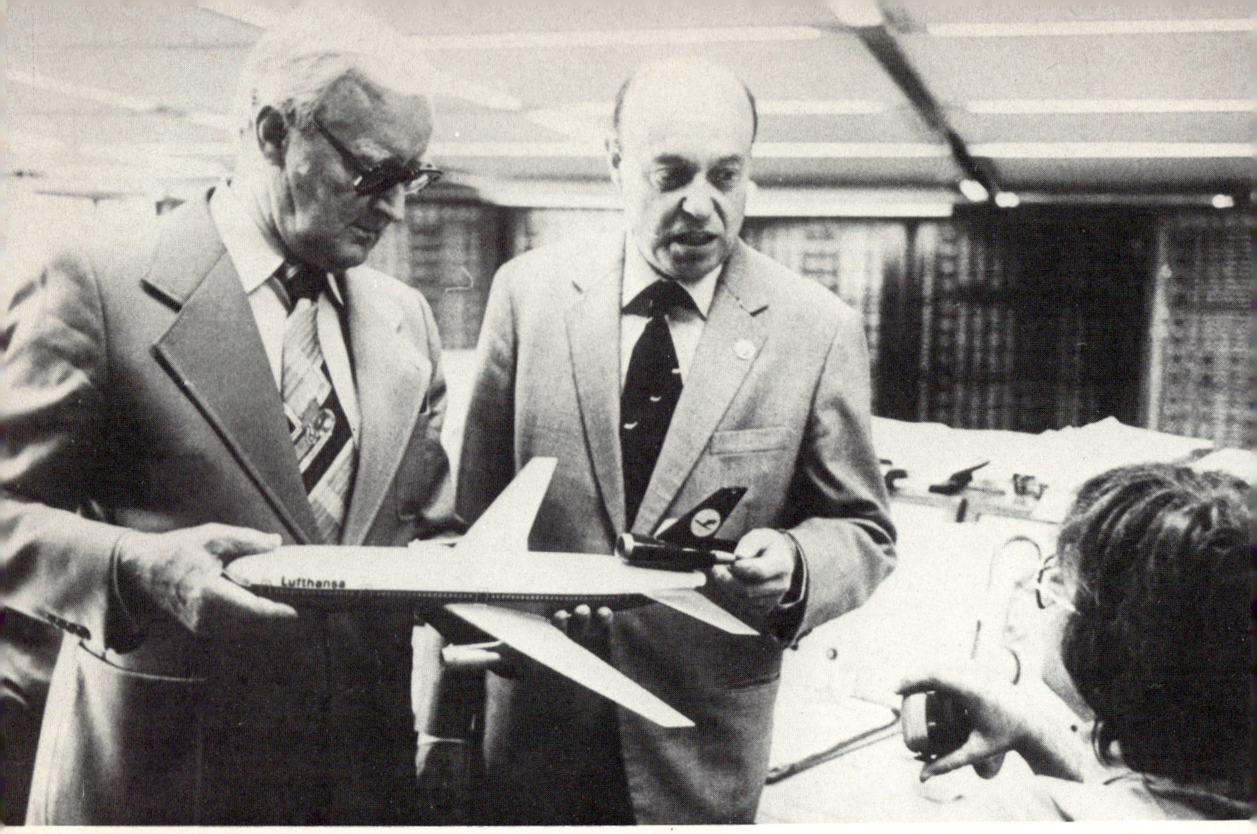

Bei der Lufthansa-Nachrichtenzentrale auf Rhein-Main mit Direktor Alt und einem Modell der LH-DC 10 ›München‹.

Vortrag ›Nordpolflug‹ in Bonn (vorn Hanna Reitsch).

aber wegen seiner Breite von 50 Kilometern turbulenzfrei sein wird und keine nennenswerten Schräglagen bei der Kehrtkurve fordert. Wenn ich über den nächtlich schwarzen Wassern des Pazifik 6000 ft erreicht haben werde, soll ich weiterhin unter Sichtflugregeln das VOR Anchorage passieren und dann nach Norden drehen, um die Hochtäler der Alaskakette zu durchfliegen. Flugsicherungsmäßig ist also alles geklärt.

Wettermäßig muß für das Absolvieren des ganzen Verfahrens allerdings gute Sicht herrschen, nahezu Windstille und wolkenloser Himmel. Ein Abflug in den Wolken ist für diese Route weder navigatorisch akzeptabel, noch von der Flugzeugführung her in dieser wenig stabilen Grenzsituation der Überladung möglich. Turbulenz kann aus dem zweiten Grunde überhaupt nicht akzeptiert werden. Allein schon diese unabdingbaren Forderungen verlangen unter der Voraussetzung guter Wetterkenntnisse eines erfahrenen Piloten speziell noch für diese Gegend eine große Portion Optimismus.

Aber damit nicht genug, denn der Flug ist ja nicht schon nach Erreichen von 10 000 ft beendet, und deshalb müssen noch weitere Mindestforderungen gestellt werden. Diese interessieren allerdings nur mich und die Wetterexperten, wohingegen der erste Teil als Begründung für die erbetene, besondere Abflugroute vorgetragen wird. Alle für dieses Verfahren wichtigen Leistungsdaten gebe ich zu Protokoll und erkläre auch die erheblich eingeschränkten Flugeigenschaften in dieser Phase. Dies fördert das Verständnis für verschiedene Zwänge. Alle Flugsicherungsleute sind sehr daran interessiert, die Probleme zu kennen, damit sie entsprechend vorbereiten und operieren können, aber man merkt ihnen auch an, daß sie Freude daran haben, mitzuwirken. Ich habe allen Respekt vor ihrem verantwortungsbewußten und fürsorglichen Mitdenken und ihrer Bereitschaft, ohne tausend Anträge und Papierkrieg die Wege unbürokratisch zu ebnen.

Für den erhofften Fall, daß alle erforderlichen Voraussetzungen einigermaßen erfüllt werden, lege ich die Startzeit für 23.00 Uhr Ortszeit, entsprechend 08.00 Uhr Z fest, was wegen der entspannten Verkehrslage um Mitternacht mit Erleichterung aufgenommen wird. In diesen Breiten um 60 Grad Nord ist es im August völlig nachtdunkel, aber wir stehen gerade kurz vor der Vollmondperiode. Das wäre für den Start und das schwierige Abflugverfahren einschließlich dem Durchfliegen der Hochgebirgstäler nach Sichtflugbedingungen eine Idealsituation. In dieser Beziehung habe aber nicht nur ich Befürchtungen. Auch mein so optimistischer Freund und Wetterexperte runzelt die Stirn. Wir haben ja schon Mitte August, und da ist es da oben schon sehr spät für solche extravaganten, komplexen Wetterwünsche. Auch mit längerer Wartezeit läßt sich nichts mehr besser machen.

So entwickelt sich im engeren Kreis schnell das geflügelte Wort: »Beeilung Freunde, der nächste Winter kommt bestimmt – auch am Nordpol!« Wir haben also noch Humor und lachen darüber, aber mir wird doch langsam ernst zumute. ICH muß ja fliegen. Ich bin natürlich auch optimistisch. Ich muß es ja sein, sonst wäre die Last der Verantwortung nicht zu tragen.

Fortlaufend beobachten wir auch das örtliche Wetter, und am 16.8.1978 verbinden wir ein großes Wetterbriefing mit Fernsehaufnahmen, an dem auch die Presse teilnimmt. Die Leute sind froh, endlich einmal Abwechslung bieten zu können. Alaska ist eben doch weit von den übrigen USA abgelegen und überdies dünn besiedelt.

Obwohl ich mit meinen Vorbereitungen noch nicht fertig bin, sieht es für die nächstfolgende Nacht mit der Wetterentwicklung günstig aus. Es ist also an der Zeit, meine Erkundungsflüge bis zur Alaskakette durchzuführen. Ich will das Gelände am Tag gesehen haben, bevor ich nachts im Sichtflug durch Hochtäler navigieren muß. Auf diesen Flügen begleitet mich das ARD-Team mit einer präparierten Maschine, und es gelingen tolle Aufnahmen von dem imposanten Gelände bei eindrucksvollem Schauerwetter. Alaska hat da ganz besondere Reize. Einerseits ist es wild und gewaltig, andererseits kann es mit seinen riesigen, einsamen Weiten auch gleichförmig wirken. Überall sind unzählige Seen. Große Ströme und wilde Gebirgsketten durchziehen das Riesenland. Da ist nichts von Lieblichkeit in der Landschaft.

Nach der letzten Landung entwickelt sich das Wetter eindeutig negativ für den großen Flug, aber trotz Regen und starkem Wind wollen wir einige Aufnahmen neben der DC 10 der Lufthansa machen, die gerade von Tokio gekommen ist und nun für den nächsten Flug nach Hamburg beladen wird. Um den Größenvergleich zu dem dreistrahligen Jumbo deutlich zu machen, schieben wir meinen Winzling von Rekordmaschine unter den Flügel. Man könnte die Bonanza in jedem der drei Triebwerke platzmäßig leicht unterbringen, denn das Hecktriebwerk entspricht z. B. der Rumpfgröße der alten DC 3! Als gutes Omen nehme ich die Tatsache, daß die riesige Maschine der Lufthansa auf den Namen ›München‹ getauft ist und nun die kleine ›Heidelberg 3‹ unter ihren Fittichen hat. Ich will ja nach München fliegen, also weiter als der große Vogel, der nach Hamburg soll.

Ziemlich naß und durchweicht sind wir nach diesen eindrucksvollen Aufnahmen, aber dennoch guter Dinge, denn ich habe wegen des schlechten Wetters mindestens einen Tag gewonnen, um zur SAR-Zentrale nach Elmendorf Air Force Base zu fahren. Sollten mich die Wetterbedingungen zum früheren Abflug pressen, so könnte ich in Konflikte geraten.

51. Beim SAR-Elmendorf

Ohne Umwege finden wir sofort den Weg zur Militärbasis, denn wir sind ja in Anchorage schon wie zu Hause. Am Hauptgebäude, in dem der Gefechtsstand untergebracht ist, erwartet mich ein junger Offizier, der mich direkt in den geheiligten

Raum führt und den Stabsoffizieren vorstellt. Mein Name ist in Verbindung mit dem ›Lindbergh Memorial Flight‹ bereits bekannt. Auf Bitte des Offiziers vom Gefechtsstandsdienst halte ich einen Vortrag über mein geplantes Unternehmen und streife kurz meine berufliche Tätigkeit als Testpilot, damit man sich ein Bild von meinem Erfahrungsstand machen kann. Auf den großen Wandkarten erläutere ich die Route und nenne auch Leistungsdaten der modifizierten Maschine und deren Sonderausrüstung.

Alle Anwesenden sind selbst Piloten, haben meinen Stegreifvortrag mit Spannung verfolgt und sind sichtbar beeindruckt. Kaum habe ich das letzte Wort gesprochen, fragt man mich unumwunden nach Einzelheiten, jeder auf seine Art. Alle wünschen mir ›good luck‹ und geben offenherzig ihrer Freude Ausdruck, mir für ein so wagemutiges Unternehmen Rückendeckung geben zu können. Trotz dieser unkomplizierten Art, die so erfrischend sein kann, ist allen klar, daß hier eine Sache anrollen soll, die ernst zu nehmen ist. Zunächst möchte der Offizier vom Dienst noch einige Details über meine Notausrüstung wissen, die ich schnell nach einer Liste aufzählen kann. Schließlich fragt er – selbst etwa im Alter von 35 Jahren – wie ich das denn mit 54 Lenzen auf dem Buckel überhaupt schaffen will und ob ich mir über die unglaubliche Belastung in jeder Hinsicht im klaren sei. Meine Antwort ist kurz: »*I am in a current training with ferry flights, transatlantic.*« Darauf hebt er nur beschwichtigend die Hände und anerkennt lächelnd: »*Oh, I understand.*«

Auf meine Bitte erläutert er mir in einem Vortrag die Aufgabe seiner Einheit, ihre Ausrüstung und Leistungsfähigkeit, soweit sie meine Streckenführung außerhalb Alaskas über dem Nordpolargebiet betrifft. Diese Teilstrecke ist maximal 5000 km lang, und man würde zu ihrer Bewältigung etwa 20 Stunden Flugzeit benötigen. Erstaunlich ist für mich, daß nur relativ wenige Lockheed C-130 Hercules mit Sonderausrüstung zur Verfügung stehen, denn das zu betreuende Gebiet ist ja riesenhaft. Allein in den letzten zehn Jahren hat diese Einheit, die auch über Hubschrauber verfügt, über dreitausend Menschen aus Notlagen innerhalb Alaskas gerettet. Das ist bewundernswert, denn dieses Gebiet mißt etwa 1100 x 1100 km, und seine Natur und sein Klima sind von großer Wildheit und Härte gekennzeichnet. Auf einer Spezialkarte kann man an den vielen Stecknadeln sogar Schwerpunkte von Rettungsaktionen in verschiedenen Gebieten erkennen. Ich hoffe, daß es nicht nötig wird, auch für mich eine Markierung anzubringen.

»In Ihrem speziellen Fall werden wir nicht erst auf eine Notmeldung oder den Überfälligkeitstermin warten, sondern jetzt schon ein Formular ausfüllen, nach dem wir anhand Ihrer Route, der Leistungsdaten, der Ausrüstung und der letzten Positionsmeldung sofort vorgehen können, wenn wir Rückschlüsse auf eine Notlage ziehen. Bitte lassen Sie uns bei Abgabe Ihres internationalen ATC-Flugplans sofort eine Kopie durch die FSS übermitteln und rufen Sie uns vor dem Start auf Kurzwelle für einen Radio-Check an. Damit wir wissen, wann Sie die Küste überfliegen, halten Sie uns zu dieser Minute nochmals auf dem laufenden, auch über Ihre zu dieser Zeit aktuelle Grundgeschwindigkeit.«

Das ist alles sehr konkret und vernünftig. Ich mag solche klaren Aussagen. Schon nach zehn Minuten haben wir das umfangreiche Formular lückenlos vorbereitet, und es werden alle Daten gleich computergerecht codiert. Anschließend werde ich über das Vorgehen der Einheit im Notfall unterrichtet.

Zu einer bestimmten Zeit nach der letzten Positionsmeldung mit Zugaben, die sich aus verschiedenen Faktoren ergeben und die das Ausbleiben der nächst folgenden Meldung berücksichtigen, würde eine der beiden besonders ausgerüsteten Langstrecken-Hercules mit einem Spezialistenteam und für vierundzwanzig Stunden Kraftstoff an Bord starten. Nach Erreichen des definierten Suchgebietes würde die Suche nach den Funkzeichen des Notsenders aufgenommen. Dieses ELT habe ich in zweifacher Ausführung an Bord, – eines fest im Heck der Maschine, das zweite im Notgepäck. Beide sind für Flüge über solchen Gebieten vorgeschrieben und können sowohl von Hand eingeschaltet werden als auch automatisch durch schockartige Beschleunigungen, wie sie bei Notlandungen vorkommen.

Das von den USA zu überwachende Gebiet reicht bis zum Nordpol, aber auf Anforderung von anderen Ländern, die ebenfalls nördlich ihrer Küste Überwachungsstreifen bis zum Nordpol übernehmen, wird gegenseitige Hilfe gewährt. Es sind dies Kanada, Grönland, Island und Norwegen. Nach Lokalisierung der Notlandestelle, die der schwerigste Teil sein dürfte, werden nach Peilung oder nach Sicht drei Mann mit dem Fallschirm abgesetzt, und zwar auch dann, wenn keine Bodensicht herrscht. Mit ihrer Spezialausrüstung können sie sich gegenseitig finden, den Notsender einpeilen und ebenso die zusätzlich an einem großen Lastenfallschirm abgesetzte aufblasbare, schwimmfähige Iglu-Insel. Zu deren Ausrüstung gehört eine starke Kurzwellenstation, warme Kleidung, Schwimmwesten, Verpflegung für zehn Personen für 14 Tage und eine bis ins kleinste Detail sorgfältig zusammengestellte Ausstattung mit Werkzeug, Medikamenten u.ä.

Die in Warteposition kreisende Hercules-Maschine fliegt erst ab, wenn von der abgesprungenen Bodentruppe per Funk die Bestätigung kommt, daß die Suche erfolgreich und die Abwurflast voll funktionstüchtig ist. Damit sind Suchtrupp und Gerettete für 14 Tage oder länger autark, so daß die Maschine nun sofort den Rückflug antritt, und zwar direkt zur Ausgangsbasis, sofern es die Kraftstoffreserve erlaubt. Innerhalb der folgenden Tage fliegen dann aus Sicherheitsgründen mindestens zwei Großhubschrauber, die jeweils von einem Hercules-Tankflugzeug periodisch in der Luft nachbetankt werden, direkt zur Notlandestelle. Dort wird gelandet. Wegen Amphibienauslegung kann auch gewassert werden. Dann werden die Geretteten, die Fallschirmspringer und die komplette Notausrüstung aufgenommen. Danach fliegen die Hubschrauber die nächste große Basis an, während die Tanker-Flugzeuge direkt nach Elmendorf zurückfliegen. Sagenhaft!

Nach unseren modernen Erkenntnissen ist das zwar alles durchaus logisch, zumal militärische Einheiten über die notwendigen technischen und personellen Mittel verfügen, aber es ist dennoch imponierend. Ich drücke dem Major meine Hochachtung aus und frage natürlich: »Wieviel Aktionen dieser beschriebenen Art haben

Sie im Polareis schon durchführen müssen?« Prompt kommt seine Antwort: »Keine bis jetzt – da oben fliegt ja niemand. Aber wir üben diesen Einsatz laufend über Alaska.« Bis dahin hat das Gespräch eine sehr interessante, aber typisch amerikanisch lockere Note. Nach einer absichtlich eingelegten Pause von einigen Sekunden fügt er nun pointiert hinzu: »Wenn bei Ihnen etwas schiefgehen sollte, holen wir Sie raus – das ist sicher!« Darauf streckt er mir seine Hand hin – die ich spontan ergreife – und lächelt bei den Worten: »Wir sind stolz darauf, Ihrem kühnen Unternehmen Rückendeckung zu geben.«
Muß ich betonen, daß ich beeindruckt bin? Dankbar für die Aufgeschlossenheit und die in diesem Ausmaß kaum erwartete Bereitschaft, mich so entscheidend zu unterstützen, verabschiede ich mich. Gleichzeitig lädt man mich offiziell ein, bei Gelegenheit in Elmendorf einen Besuch abzustatten und zu berichten.
Auf der Rückfahrt erzähle ich taufrisch die sensationellen Neuigkeiten und beschreibe die freundliche Atmosphäre des Gesprächs. Fritz ist daraufhin entschlossen, sofort eine Filmerlaubnis zu beantragen, wenn morgen keine Möglichkeit zum Abflug bestehen sollte. In der Tat wird sie einige Stunden später telefonisch und unbürokratisch gewährt.
Kaum zurück aus Elmendorf klopfe ich an die Zimmertür meines Freundes. Dr. Schulte ist schon auf meinen Besuch präpariert, und auf dem Bett, den Sesseln, dem Tisch und auf dem Boden liegen unzählige Wetterkarten bereit. Zunächst bekomme ich eine Übersicht für die Beurteilung der Gesamtstrecke in der Entwicklung für die nächsten 24 Stunden. Daraus ergibt sich ganz klar eine durchschnittliche Gegenwindkomponente von fünf Knoten (9 km/h) für die Gesamtstrecke bis München. Zwar ist das nicht gerade erfreulich, aber diesen Einfluß habe ich in den Berechnungen für meine Reserven bereits berücksichtigt. Allerdings ist das auch gleichzeitig die Grenze des Möglichen.
Für die Phasen von Start und Steigflug erwartet er dagegen eine, verglichen mit der bisherigen Lage, geradezu günstige Entwicklung, und besonders dieser Bereich hat die absolute Schlüsselrolle für den großen Flug. Diese Gesamtlage wird gekennzeichnet sein durch den Abzug eines Tiefs über Alaska in östlicher Richtung im Laufe des morgigen Tages, so daß sich für kurze Zeit eine Hochdruckbrücke wird bilden können, und zwar zwischen einem Hoch von 1035 mb über dem nördlichen Pazifik und einem anderen über der Beaufortsee von 1025 mb.
Das große, flache Tiefdruckgebiet über der Hudson Bay und Nordgrönland war seit Tagen stationär, und wird – so hofft er – auch weiterhin seine Position halten. Es ist durch eine geschlossene, mehrschichtige Bewölkung gekennzeichnet, die sich bis nördlich der Nordküste Grönlands erstreckt, aber auf meiner viel nördlicher liegenden Route nur sehr abgeschwächten Einfluß haben wird. Das ist außerordentlich wichtig, denn Vereisung kann ich mir absolut nicht leisten, weil die kleine Maschine keinerlei Enteisungsanlagen besitzt, weder für die Zelle noch für den Propeller.
Für den Streckenteil Nordpol – Spitzbergen ist die Aussicht besser, weil hinter ei-

ner nach Osten abziehenden Okklusion für die folgenden Tage wenigstens vorübergehend ein Hochdruckeinfluß in Aussicht steht. Nun bin ich für diesen Bereich weniger mißtrauisch, denn ich würde mich ja immer mehr der Grenze des normalen, maximalen Startgewichts nähern und könnte unter diesen Umständen dann auch Reiseflughöhen bis 15 000 ft mühelos verkraften. Andernfalls würde ich unter der Wolkenbasis sehr tief über See fliegen.

In jedem Falle habe ich mit Hilfe von Küstenfunkfeuern akzeptable Navigationsmöglichkeiten, und irgendwelchen Vereisungszonen würde ich ausweichen können. Das Wettergeschehen, zumal in dieser späten Jahreszeit und in hohen Breiten, enthält nun einmal viele Imponderabilien. Mit dieser Belastung habe ich mich abzufinden, und das habe ich auch schon lange einkalkuliert. Ich erkenne aber auch, daß diese Tatsache Dr. Schulte innerlich belastet. Gerade er als erfahrener und anerkannter Wissenschaftler weiß nur zu genau, daß bei einer Basis von unvollständigen Informationen nur unter großen Mühen Gesamtübersichten zu konstruieren sind, und infolgedessen eine Vorhersage nur relativ wenig Zuverlässigkeit beinhalten kann. Durch die zu fordernden ungewöhnlich langen Vorhersagezeiten von 12 bis 24 Stunden für den ersten Streckenteil bis zum Nordpol und etwa 45 Stunden bis München erscheint das endlich als eine fast unlösbare Aufgabe.

Natürlich hat er das noch besser gewußt als ich, aber dennoch hat er alle Arbeit und Verantwortung auf sich genommen und will in sportlicher Loyalität und mit Beharrlichkeit zum Gelingen des Unternehmens beitragen. Als Abschluß seines informativen Vortrags faßt er zusammen: die Gegenwindkomponente von 5 kts kann ich bereits kalkulieren. Zweitens beurteilt er die Lage für die von mir festgelegte Startzeit von 23.00 Uhr Lokal = 08.00 Uhr Z für den kommenden Tag als besonders günstig, jedoch nur für eine kurze Zeitspanne, so daß er die Vorbereitung für den endgültigen Abflug mit dem Donnerstag, 17. 8. 1978, vorschlägt. Nach der Weltzeit ist das Freitag, 18. 8. 1978. Als Information gebe ich ihm nun die schnell kalkulierte Flugzeit von etwa 32 Stunden unter diesen Bedingungen an, damit er für die Erarbeitung der morgigen Vorhersage einen aktuellen Blockwert hat.

Obwohl ich nach diesem ereignisreichen und langen Arbeitstag ohne Mittagessen nun eigentlich müde sein müßte, bin ich nach dieser Besprechung eher aufgedreht, denn es ist jetzt klar, daß der kommende Tag und die darauf folgende Nacht das wohl letzte ›Wetterfenster‹ in diesem Jahr bringen werden. Die wichtigsten Vorbereitungen habe ich an den beiden vergangenen Tagen hier in Anchorage abgeschlossen. Der morgige wird nichts anderem dienen als dem Wetterbriefing, Flugplanrechnen, Absprachen mit der Flugsicherung, Beladen, Betanken, Telefonieren mit Deutschland und vielen kleinen Arbeiten.

Wir vereinbaren eine Hauptwetterbesprechung um die Mittagszeit und eine zweite direkt vor dem Einsteigen, dann bedanke ich mich und wünsche meinem Freund eine gute Nacht ohne Sorgen wegen des Wetters. Draußen hupen die drei zum Abholen. Es ist schon spät. Kaum eingestiegen, sage ich kurz und klar: »Morgen nacht ist es soweit, es geht los!« Alle sind begeistert und erleichtert, denn wir stehen ja wie auf glühenden Kohlen.

Während Fritz schon die Bratpfanne schwingt und zu brutzeln anfängt, stürze ich mich auf meine Pläne und den Rechenschieber. Mit tausend Zahlenspielen im Kopf setze ich mich zum Essen, aber es gelingt mir in der kameradschaftlichen Runde, völlig abzuschalten. So schmeckt es auch besser. Dann besprechen wir den Plan für den ganzen Tag, denn wir dürfen keine Zeit verschenken. Jetzt und gleich will ich aber zu Hause anrufen, um wieder ein Lebenszeichen zu geben. Meine Frau weiß ja nichts über die Schwierigkeiten und die Entwicklung. Das Warten muß schrecklich sein, auch wenn sie immer ungefähr wußte, wo ich war. Anrufe aus New York, Washington, Wichita, Norwood, Cedar Rapids und jetzt vor dem Abflug aus Anchorage – das ist alles. Jetzt habe ich für sie eine ganze Liste von Daten und wichtigen Informationen, aber dann sprechen wir über uns und die Kinder.

Sie wird gleich danach meinen Freund Heinz Berberich alarmieren, bei dem alle Nachrichten zusammenlaufen. Nach einer Liste wird er dem Deutschen Aero Club und vielen anderen Ansprechpartnern meinen voraussichtlichen Starttermin melden und meine Absicht, daß ich auf Kurzwelle mit der Deutschen Lufthansa in Frankfurt stündlich in Verbindung treten werde. Gleichzeitig kann er den Abflug von ARD und Dr. Schulte ankündigen, die sich auch auf den Weg nach München machen. Da ich selbst fast anderthalb Tage in der Luft sein werde, haben alle anderen genügend Zeit, sich darauf einzurichten. Auch die drei werden es mit Umsteigen in Hamburg schneller schaffen als ich und können dann mit polierten Linsen wieder bereitstehen. Am Schluß des langen Telefonats frage ich noch »Kommst Du nach München?« »Soll ich?« haucht sie, und dann wie üblich: »Ich weiß, daß Du vorsichtig bist, bitte gehe kein unnötiges Risiko ein.« Ich verspreche es. Aber selbst ohne unnötige Risiken birgt der Flug natürlich eine Menge Unwägbarkeiten. Dennoch verstehen wir uns genau. Wie immer wird sie diszipliniert warten – und zuversichtlich.

Draußen rauschen die Schauer durch die Bäume vor dem Haus, – das Balkonfenster ist offen. Zum x-ten Mal rechne ich die Länge der Startrollstrecke aus und lege endgültig die Abhebegeschwindigkeit fest: 120 Knoten (222 km/h). Bei der zu erwartenden Windstille werde ich die Startbahn 24 L (244° links) beovrzugen. Für den Überlaststart werde ich bei der voraussichtlichen Außentemperatur zwischen + 10° und + 15°C und einer durchschnittlichen Bahnhöhe von 30 m ideale Bedingungen haben. Alle sonstigen Berechnungen habe ich viele Male überprüft, und bei den drei Flügen mit insgesamt 32 Stunden Flugzeit hat sich auch erwiesen, daß die Schwerpunktlage in Ordnung ist und die kalkulierte Eigengeschwindigkeit stimmt. Freilich war die Überlast bisher geringer.

Tief in Arbeit versunken, habe ich nicht gemerkt, daß das örtliche Datum inzwischen gewechselt hat – es ist ein Uhr morgens. Zur Entspannung gehe ich auf den Balkon und sehe hinauf zum Himmel. Dort ziehen langsam die Wolken der Rückseite nach Osten, und ab und zu lassen sie den Mond hervorscheinen. Eine ganze

Weile beobachte ich das Naturschauspiel. Das beruhigt, aber es macht mich auch nachdenklich. Wer wie ich über dem nächtlichen Atlantik in seinem winzigen Gehäuse schon oft erlebt hat, wie sehr man sich in der Einsamkeit des Himmels dem Lenker des Schicksals näher fühlt als den Menschen auf der Erde, der ahnt, daß dort oben mehr ist als nur das Wetter. So beobachte ich einerseits nüchtern das Wettergeschehen nach drei verschiedenen Himmelsrichtungen, andererseits philosophiere ich vor mich hin. Ein heftiger Schauer scheucht mich wieder zurück zu Rechenschieber und Tabellen. Ich muß mich beeilen, die Nacht ist nur noch kurz. So deponiere ich alle Utensilien für den Flug nach einer genauen Liste in einer Zimmerecke. Alles andere kommt in meine beiden Blechkoffer, die zusammen mit dem Riesengepäck der ARD per Lufthansa nach München gehen sollen. Um zwei Uhr liege ich endlich erleichtert im Bett. In einundzwanzig Stunden sollen die Räder der ›Heidelberg 3‹ vom Boden Alaskas schon abgehoben haben. Wird es mir gelingen, sie 32 Stunden später wieder sanft auf die Betonbahn von München-Riem zu setzen?

52. Dreizehn Stunden Arbeit vor dem Start

Mein Frühstück besteht wie immer aus einem Glas Milch mit einem Schuß Kaffee. Wie viele haben schon über dieses ›kastrierte‹ Getränk gelacht, indessen ist mir das völlig gleichgültig, denn es schmeckt mir, und ich kann damit leicht einen halben Tag aushalten. Ich bin überzeugter Milchtrinker, – das hat die Milchindustrie bisher nicht entdeckt.
Um neun Uhr haben wir schon unsere ganze Habe im Auto verlastet. Sogar das Waschzeug habe ich weggepackt, denn das brauche ich nicht mehr bis München. – Nun bin ich ja in den letzten Wochen gut eintrainiert, nach festgelegten Tagesplänen zu arbeiten, aber heute nehme ich das fast auf die Minute genau. Der vielleicht kürzeste Zeitabschnitt, aber der gleichzeitig wichtigste Termin ist die abschließende Wetterberatung für die Gesamtstrecke um 12.00 Uhr. Nach den sich daraus ergebenden Werten muß ich dann drei Seiten umfassende, eigene Flugpläne rechnen, und aufgrund der sich ergebenden Überflugzeiten der unzähligen Koordinaten habe ich den internationalen ATC-Flugplan zu erstellen. Dieses amtliche Papier soll bis spätestens 15.00 Uhr bei der Flugsicherung auf Merrill Field vorliegen, denn die verschiedenen Stellen von Flugkontrolle und SAR-Elmendorf wollen alle notwendigen Daten möglichst früh in ihre Planung einbeziehen können. Man will mir die absolute Priorität ohne allzu große Nachteile für den übrigen Verkehr sicherstellen.
Aufgrund der Wetterunterlagen wird schon einige Stunden vor der festgelegten

Startzeit die bereits angekündigte Hochdruckbrücke wetterbestimmend werden. Um Mitternacht werden wir uns genau in der Mitte des langsam durchwandernden Hochdruckkeils befinden, so daß am Boden absolute Windstille zu erwarten ist. Bei völliger Wolkenlosigkeit wird die ohnehin zu erwartende, erstklassige Sicht durch den Vollmond noch klarer in Erscheinung treten. Eine so glänzende Lage habe ich mir nicht einmal im Traum vorgestellt – hoffentlich wird es auch wahr! Gegenüber gestern nacht zeigt die Gesamtwetterübersicht in der Entwicklung nur Änderungen im Bereich Island, der für meinen europäischen Streckenteil Wirkung haben könnte. Die Gegenwindkomponente für die Gesamtstrecke wird eine durchschnittliche Grundgeschwindigkeit von 137 Knoten (255 km/h) erlauben. Meine mögliche Flugausdauer berechne ich mit 35 Stunden, zuzüglich einer Stunde, die eventuell unterwegs unter günstigen Flugbedingungen noch zusätzlich herauszuholen ist.

Dr. Schulte mildert die Tatsache, daß nördlich von 85°N mit geschlossenen Wolkenschichten zu rechnen ist, ab und schätzt, daß die verschiedenen Schichten separiert und als solche auch erkennbar sein werden. Dennoch ist das ein großes Handicap, denn in den Schichten selbst wird Vereisungsgefahr bestehen. Das muß ich leider in Kauf nehmen und darauf hoffen, daß ich freie Zonen zwischen den Schichten finde. Man kann außerdem kaum darauf hoffen, für eine so lange Strecke in diesem Bereich jemals ausschließlich und überall beste Bedingungen anzutreffen.

Für morgen, also auf dem nordeuropäischen Streckenteil, muß ich mit stratiformer Bewölkung rechnen, die am 19.8. nach Osten abziehen wird. Südlich davon werde ich dann in das Frontsystem eines Tiefdruckgebietes einfliegen, dem aber ein kleines Hoch mit ziemlicher Bewegungsgeschwindigkeit folgt und damit schnell wetterbestimmend werden kann. In Mitteleuropa, also für den Rest der Strecke, wird sich der Hochdruckeinfluß verstärken und bei trockenen Luftmassen bis zur Landung in München günstige Bedingungen bringen. Allerdings muß ich ab Norwegen mit starken Quer- oder gar Gegenwinden rechnen.

Während meiner ›Schularbeiten‹ mit Flugplanrechnen und der Abwicklung von administrativen Verfahren mit Zoll und Flugsicherung bringen die drei Unermüdlichen noch die Filmszenen auf dem Gefechtsstand in Elmendorf in den Kasten, so daß wir uns pünktlich um 13.00 Uhr zu einer kleinen Pause treffen. Ganz gegen meine sonstige Praxis esse ich auch eine Kleinigkeit, und wir besprechen den Terminplan für den Nachmittag und die Filmarbeiten für heute nacht vor dem Start. Wieder an der Maschine, fülle ich drei Liter Milch in sechs Plastikflaschen, die in einem Hartschaumblock vorn auf dem rechten Tank unter dem Instrumentenbrett mit Klebeband fixiert werden. Diese ›Flüssigkeitsbatterie‹ ist neben einer Schachtel Babykeks meine Bordverpflegung für den ganzen Flug. Notrationen und Pelzkleidung sind hinter den Kabinentanks zwischen den Halteseilen verzurrt.

Kaum bin ich fertig, steht schon der Tankwagen da. Ich fülle zunächst die drei großen Kabinentanks, weil deren Füllstutzen so knapp unter dem Kabinendach liegen, daß das Betanken in der Dunkelheit schwierig werden kann. Um die Maschine nicht zu lange zu belasten, werde ich den Rest erst kurz vor dem Start auffüllen. Mit Hilfe von Bengt Weisshuhn (seine Interpretation ›white chicken‹) läuft alles ohne Verzögerung und wie ein Uhrwerk. Dann taucht sogar noch ein Beauftragter des Gouverneurs von Alaska auf und überreicht mir das Walroßabzeichen nebst Urkunde. Damit bin ich berechtigt, bei jedem Besuch Alaskas Unterstützung zu erheischen. Das ist wohl mehr symbolisch gemeint, aber eben deshalb ein Zeichen freundschaftlichen Respekts.

Solange es noch hell ist, gehe ich mit größter Ruhe an das Verstauen der vielen Ausrüstungsteile, die ich während des Fluges sofort greifen können muß. Genaugenommen ist da überhaupt kein Platz mehr, also bleibt mir nichts anderes übrig, als das Zeug sorgfältig um meine Füße herum zu garnieren und irgendwie gegeneinander zu verkeilen: zwei Taschenlampen, Schlauchboot, Astrokompaß, Signalpistole und Munition, Notleuchten, Notsender, Ersatzmikrofon, Werkzeugtasche, Bolex-Filmkamera mit 10 Filmrollen, Tonbandgerät, Klebebandrollen, Pumamesser, Überlebenspack, Medikamententasche, Flugzeughandbuch und viele kleine Dinge. Das wohlgeordnete Pack mit Karten, vielen Checklisten, Kniebrett mit meinen Flugplänen, Rechenschieber und Navigationsunterlagen muß rechts auf dem Tankvorbau hinter der ›Milchbatterie‹ Platz finden.

Außerdem muß ich noch zwei Weitsicht- und eine Sonnenbrille unterbringen, am einfachsten mit Klebeband an der linken Bordwand. Griffbereit lege ich die Schwimmweste oben auf den Tank, auf dessen Vorsprung ich sitze. Zu dieser pingeligen Arbeit brauche ich zwei Stunden, denn schließlich muß ich ja jedes Stück mit sicherem Griff sofort erreichen können – also auch im Kopf haben, wo es liegt. Schon wieder hält der Tankwagen vor der Maschine. Wie die Zeit vergeht! Das Volltanken bis zum Rand dauert eine weitere Stunde, und zum Teil muß ich mit flexiblen Verlängerungsstücken arbeiten, weil an zwei Füllstutzen fast nicht heranzukommen ist. Solche passenden Reduzierstücke habe ich mitgebracht. Nach Schließen der Flügeltankverschlüsse fülle ich deren Vertiefungen mit Hartschaum auf und klebe sie 30 cm breit über die ganze Flügelnase ab. Dadurch wird bei stärkerer Vereisung das Anwachsen von langen, widerstanderzeugenden Eisgebilden an diesen exponierten Stellen verhindert. Da die Maschine auf einer nach hinten abschüssigen Plattform steht, sichere ich während der Betankung das Heck durch Unterstellen eines Holzbalkens gegen Herunterfallen.

Damit die letzten Luftblasen aus den Winkeln heraus können, müssen die vordersten Tanks unter dem Instrumentenbrett in Schnellfluglage gefüllt werden. Meine freundlichen Filmmänner heben auf mein Kommando das Heck in die Höhe, – und blupp-blupp-blupp tönt es in den Tanks. Die Luft ist heraus, und ich kann dreißig Liter mehr aufnehmen. Wegen des Ölverbrauchs habe ich keine Sorgen, denn der war bisher erstaunlich gering.

Anders ist das mit dem Geld. Durch die vielen zusätzlichen Kosten bei Ausrüstung und Reparaturen bin ich nun so abgebrannt, daß ich schon allein deshalb unbedingt abfliegen muß. Nach Zahlung der Tankrechnung von 350 $ bin ich nun restlos pleite, was ich aus Spaß auch deutlich demonstriere. Allerdings ist mir das im Augenblick völlig wurscht, denn ich werde ja hier ohnehin nichts mehr ausgeben. In München nach der Landung kann ich darüber lachen, und auf dem Flug brauche ich nichts – Kantine an Bord!

Durch Zeitungsartikel, die Fernsehaufnahmen im Wetterbüro und den ›Buschtelegraf‹ hat sich natürlich in der Stadt mein Abflug nicht mehr geheimhalten lassen, und da der Flughafen nicht abgezäunt ist, sind die Folgen bald sichtbar. Schon jetzt stehen Zaungäste herum, natürlich auch die Presse und viele Piloten mitsamt Familien. Alle sind bewaffnet mit Kameras und Blitzern. Auch ich würde mich dafür interessieren, wenn ein anderer einen solchen Versuch wagen würde. Als die Menge schließlich unübersehbar anschwillt, bitte ich vorsorglich bei der Flaghafenverwaltung um einige Fahrzeuge mit Polizei, denn ohne Kontrolle kann das beim Abrollen gefährlich werden.

Die Maschine ist nun fertig präpariert, so daß ich vorschlage, nochmals in die Stationsleitung der Lufthansa zu fahren. Dr. Schulte hat im Laufe des Nachmittags die letzten Informationen über die Wetterentwicklung eingeholt und verarbeitet. Ich beokomme eine ganze Mappe mit Unterlagen: Bodenwetterkarten für alle Bereiche, Höhenwetterkarten 850 mb und 700 mb mit Vorhersagekarten für 12 h und 24 h, die ›significant‹ WX Polarmeer und Grönland sowie die 24 h TAF aller internationalen Flughäfen an der Strecke in Europa. Desgleichen liegen bei: Vorhersagekarten für 24 h, 48 h und 72 h in 500 mb und 18 h und 24 h TAF für den Bereich Nordmeer. Für schnelleren Überblick hat er noch einige spezielle Karten für mich gezeichnet, z. B. Winde in 700 mb und viele andere. Wir arbeiten sie in einer Stunde durch.

Auch ich habe mir eine spezielle Karte für den Start gezeichnet. Sie enthält verschiedene Markierungen, um in Sekundenschnelle volle Übersicht über die verbleibende Startlänge zu haben. Eigentlich kann ich die Daten auswendig. Die erste Markierung erreiche ich nach 640 Metern – das ist die Kreuzung zur Startbahn 31, die zweite, nämlich den Rollweg zur Parallelbahn 24 R nach weiteren 1160 m. Danach bleiben mir weitere 1521 m bis zum Ende, wobei ich eine unmerkliche Steigung von zehn Metern in Betracht ziehen muß. Insgesamt hat die Bahn eine Länge von 3321 m. Ich nehme mir vor, schon nach Passieren der zweiten Markierung den Rollscheinwerfer auszuschalten, um meine Augen so früh wie möglich an die Dunkelheit zu gewöhnen. Der strahlende Vollmond wird das erleichtern.

Die letzten Informationen sind gespeichert und die Unterlagen dafür in einer Sammelmappe wohlgeordnet. Ein Anruf beim Tower und im Center legt klar, daß dort alles gut gelaufen ist, und man bestätigt mir erneut die absolute Priorität. Die angemeldeten fünf Linienmaschinen, die während meiner Abflugzeit ankommen, werden Wartepositionen angewiesen bekommen, bis ich die Zone verlassen habe. Mit Flugkapitän Röffen, der die DC 10 der Lufthansa morgen nach Hamburg steuern wird, habe ich einen Zeitplan vereinbart und ihm alle Daten meines Flugplans

bei der Station hinterlegt. Er kennt auch meine Freunde pesönlich, die mit ihm nach Hamburg fliegen werden: Dr. Schulte und die drei von der ARD.
Gleich nach meinem Start wird ein Telex an die weltweit operierende Lufthansa-Kurzwellenstation in Frankfurt (Weißkirchen) mit allen nötigen Daten abgehen. Nach meinen Berechnungen werde ich den ersten Funkkontakt mit Kapitän Röffen allerdings erst aufnehmen können, wenn ich den Nordpol schon passiert habe. Alles ist gut im Griff, so daß ich meinen Begleitern zurufe: »Auf geht's!«

53. Es geht los

Mit einer ganzen Autokolonne fahren wir an hundert parkenden Flugzeugen vorbei hinüber zu meinem Standplatz. Die Nacht ist glasklar. Hell spiegelt der glänzende Lack der ›Heidelberg 3‹ im Mondlicht. Um sie herum stehen schon die Fahrzeuge der Vorfeldkontrolle, der Polizei und ein Löschwagen der Platzfeuerwehr. Blaue, rote und gelbe Signallichter blitzen, leider aber auch Blitzlichter der Presse. Es wimmelt von Zuschauern, die sich allerdings zurückhalten.
Während ich meine ersten Außenchecks unter Zuhilfenahme einer Taschenlampe beginne, werden verschiedene Scheinwerfer und Kamerastative in Stellung gebracht. Bald ist der Standplatz hell ausgeleuchtet, und ich muß noch einmal ein bißchen mitmachen, Händeschütteln und ähnliche Szenen für den Fernsehzuschauer zu Hause. Dann aber lasse ich mich durch nichts mehr aufhalten. Ich habe jetzt absolut keinen Sinn mehr für solche ›Kinkerlitzchen‹.
Die erste der vielen harten Stunden ist angebrochen. Fertig mit der Vorflugkontrolle – der Ölspiegel steht etwas über der Voll-Marke, alle Tankdeckel sind fest zu, die hinteren Anschlüsse der vielen Kabelbäume fest und der Gepäckraum verschlossen. Dauernd schnurrt die Kamera neben mir, aber man arbeitet rücksichtsvoll, und das Flutlicht kommt mir zugute. Beim Durchdrehen der Luftschraube von Hand spüre ich nochmal die überdurchschnittlich hohe Kompression, und ich freue mich über die körperliche Betätigung. Es wird die letzte sein für die vermutlich nächsten 33 Stunden!
Jetzt heißt es einsteigen. Wie eine Schlange winde ich mich langsam und vorsichtig auf meinen ›Sitz‹ und suche tastend einen Platz für die Füße zwischen den vielen gestauten Gerätschaften. Damit die Gurte nicht herumschlenkern, bis ich fertig eingerichtet bin, schnalle ich mich sofort an und nehme die Navigationstasche herein, die noch auf dem Flügel steht. Dann heißt es »Türe schließen«. Das muß ich kritisch überprüfen, denn in der Luft könnte ich das nicht mehr nachholen. Jetzt kann wenigstens nichts mehr hinausfallen. Die Mappe mit den Wetterunterlagen, Bezinverbrauchsprotokoll, Frequenzlisten und allen Navigationsunterlagen für die eu-

ropäische Seite verstaue ich an der rechten Bordwand. Dafür kommen die Unterlagen für den Start auf mein Kniebrett, und auch die Sichtflugkarten für den Steigflug müssen her. Zwischendurch prüfe ich mit meiner feinen Nase die Kabinenluft: kein Spritgeruch, also ist alles dicht.

Leider geht nun draußen der Zauber los, den ich befürchtet habe und der bei Nacht für mich kritisch werden kann. Die Reporter und die Amateure blitzen um die Wette, und einige clevere kommen sogar an die Kabine und blitzen mir ins Gesicht. Ich werde richtig böse und schreie sie durch das geöffnete Wetterfenster an. Wegen der starken Blendung kann ich ja nun erst nach einiger Zeit wieder meine Instrumente und Schalter sicher interpretieren. Das kostet wertvolle Zeit, auch Nerven, die ich für wichtigere Situationen brauche. Die Polizei greift jetzt ein und drängt die Dummköpfe und Egoisten zurück. Bei mir verschwinden langsam die Flecken auf der Netzhaut und die Nerven glätten sich. Schließlich habe ich schon mehr als 13 Stunden konzentriert gearbeitet –, und Übermenschen gibt es ja bekanntlich nicht. Nochmals prüfe ich die Tankschaltung und die Anschlüsse der Notstromanlage des Kreiselsystems. Beide müssen von der ›Ablagerung‹ der vielen Utensilien zu meinen Füßen frei gehalten werden. ›*All checks completed.*‹ Ich bin bereit zum Anlassen.

Ein Zeichen nach draußen: »Propeller frei«. Ich starte den Motor. Er kommt sofort, aber der kräftige Luftstrom hebt das Leitwerk so stark an, daß das nun freie Stützholz umfällt. Unmittelbar darauf wird das Heck durch das ausfedernde Bugrad zu Boden gedrückt – bums! Eine unangenehme Lage. Mit etwas mehr Leistung hebe ich das Heck wieder an und rolle unter der blitzschnell funktionierenden Assistenz von Fritz und einem zweiten Helfer hinauf auf den ebenen Vorfeldbereich. Endlich steht die Maschine nun ohne Schwierigkeiten auf ihren drei Rädern. Fritz kommt ans Fenster und informiert mich: kein Schaden am Rumpf, nur einige Kratzer und eine Beule – alles OK. Jetzt erst merke ich, daß mein Herz einige Touren schneller klopft. Wie konnte das nur passieren? Die Maschine ist einwandfrei beladen, und so hatten wir sie in Norwood auch auf den drei Waagen, um den Schwerpunkt genau zu bestimmen. Aber der sehr hoch liegende Schwerpunkt mit den zum Platzen gefüllten Tanks auf dem nach hinten abschüssigen Standplatz hatte sie gerade so an die Grenze der stabilen Lage gebracht, die dann beim Anlassen überschritten wurde. Jetzt steht sie einwandfrei, und ich mache nun in aller Ruhe meine Arbeit: Funk- und Navigationsgeräte ein, auch das Collinsgerät und den Sperry-Kompaß, denn beide brauchen ›Warmlaufzeit‹ und müssen vor dem Start überprüft werden.

Ein letzter Austausch von Winkzeichen – alle zeigen mit dem Daumen nach oben. Also alles in Ordnung. Ich melde mich beim Tower. Das Eskortfahrzeug und die D-EHIB bekommen die Freigabe zur RWY 24 L. Mit eingeschalteten Scheinwerfern und geringer Geschwindigkeit rolle ich los. Hinter mir strahlen die Scheinwerferbatterien der ARD und das Blitzgewitter der Fotografen. Aber die stören mich jetzt nicht mehr. Bald werde ich ganz allein sein.

Respektvoll halte ich großen Abstand zum Eskortfahrzeug, denn die Bremsen der schwer beladenen ›Heidelberg 3‹ können nur noch mühsame Reaktionen produzieren. Auf der kilometerlangen Strecke habe ich genügend Zeit, alle Zwischenprüfungen der Systeme vorzunehmen. Besonders die Zusatzausrüstung verlangt weitere Kontrollen, und so lasse ich den Motor jeweils etwa eine Minute lang aus jedem der Kabinentanks entnehmen und schalte alle acht Stellungen der Zusatzschaltung durch. So verschwinden die letzten Luftblasen aus dem Leitungssystem, und ein Leistungsabfall beim Umschalten kann später nicht vorkommen. Sehr wichtig ist das für den hintersten Tank, da ich ihn schon in der kritischen Phase des langen Steigfluges nach etwa 30 Minuten Flugzeit ›anstechen‹ will. Ich schalte zurück auf den rechten Flügeltank.

Wie schwerfällig ist nun der elegante Vogel – wie eine voll gemästete Gans – aber er läßt sich noch straff steuern, wenn er auch hart auf dem unebenen und zerschundenen Betonvorfeld rollt. Die Instrumentenbeleuchtung habe ich soweit als möglich heruntergedreht, um meine Augen an die Dunkelheit zu gewöhnen. Alle Zeiger stehen richtig, nur die Öltemperatur muß noch etwas steigen. Natürlich rolle ich mit geöffneten Kühlklappen, aber die werde ich schon gleich nach dem Start schließen, um den Widerstand zu reduzieren. Bei meiner hohen Geschwindigkeit im flachen Steigflug gibt es da keine Kühlprobleme, auch nicht für die Zylinderköpfe. Alles ist vorher erprobt.

Wir sind da. Der Begleitwagen hat gestoppt, gibt Blinkzeichen und prescht dann nach rechts weg. In angemessenem Abstand hält er Wache. Vom Tower kommt die Anweisung zum Rollen in die Startposition mit der Information: »*No traffic at this time, you have priority.*« Ich erbitte die Uhrzeit, die ich mit Stunde, Minute und Sekunde als *Zulu-time* bekomme, und außerdem den Luftdruck für die Höhenmessereinstellung. Sofort stelle ich meine drei Uhren und den Höhenmesser, richte die Maschine genau auf der Bahnmittellinie aus und stelle den C-12-Präzisionskompaß auf das genaue ›Grid-heading‹ ein, denn das ist meine letzte Referenz für den gesamten Flug. Die magnetische Richtung ist 244°, damit überprüfe ich den kleinen ›Whisky-Kompaß‹ und das ›slave gyro system‹. Die Mißweisung ist 26°E, so daß sich als wahre geographische Richtung 270° ergibt. Auf das ›Grid-System‹ übersetzt, nach dem ich ja fliegen werde, sind das 060° Grid-heading. Dabei ist die westliche Länge von 150° berücksichtigt.

Mein Sperry C 12 ist schon warmgelaufen, so kann ich am Kontrollkopf für die Fernsteuerung alle Daten einstellen: ›*mode selection*‹ auf DG (›directional gyro‹), ›latitude selector N‹ (nördliche Halbkugel), ›latitude control‹ auf 61°N, dann die genaue Kurseinstellung 060,0 Grad. Im Fluge muß ich nach Passieren von je zwei Breitengraden nord- oder südwärts die Einstellung nachjustieren. Zur Überprüfung von Einstellung und Funktion rolle ich eine leichte S-Kurve vorwärts und richte erneut auf der Mittellinie der Startbahn aus. Die Digitalanzeige stimmt auf ein zehntel Grad genau.

Nun der Motor. Der läuft in allen Teillastbereichen und beim Abbremsen tadellos.

Kann ein Motor überhaupt besser laufen? Alle Systeme funktionieren ohne Ausnahme prächtig, so daß ich jetzt die Such- und Rettungszentrale auf Elmendorf AFB rufe. Abmeldung beim Tower für zwei Minuten. Der Mann auf der HF-Wachfrequenz antwortet sofort und ist bereits voll informiert. Stichwort ›Nordpolflug‹. Wir vereinbaren weiteren Kontakt beim Passieren der Küste in vier Stunden.

Zurück auf UKW bekomme ich nun die Freigabe für die Strecke und meine Spezialabflugroute, – eine lange ›clearance‹ von Anchorage über den Nordpol nach München, ›VFR-departure‹ bis zum Erreichen von 11 000 ft, dann IFR. Nach dem Zurücksprechen fragt der gute Mann, ob ich schon fertig bin. Ich weiß, alle sind gespannt, wie mein Start verlaufen wird, und viele stehen auf dem Turm. Am Ende der Bahn warten Fritz und seine Männer mit den Kameras. Nochmals überprüfe ich die Instrumentenanzeigen – ich darf nichts vergessen! Trimmcheck, – ich bin fertig. Es ist höchste Zeit: 08.00 Uhr Zulu. Lande-Scheinwerfer an, Staurohrheizung an: »*Ready to go.*«

54. Nachtstart

»*Delta-Echo-Hotel-India-Bravo, wind calm, cleared for take off.*« Zügig gebe ich Leistung bis Vollgas, überfliege die Instrumente. Zäh wie von tausend Teufelchen zurückgehalten rollt die Bonanza an. Mehr Lärm als Beschleunigung! Alle meine Sinne sind angespannt – ich kontrolliere die Richtung, die Instrumente, höre kritisch das Brummen, fühle die Steuer an Händen und Füßen, ja schnuppere aufmerksam, ob Benzingeruch sich verbreitet.

Mühsam kommt der schwere, geplagte Vogel auf Fahrt, aber er läßt sich kinderleicht geradeaushalten. Die Maschine ist träge in jeder Richtung. Die starke Reibung durch die unter großem Gewicht platt gedrückten Reifen läßt nur langsam nach. Endlich nimmt die Rollgeschwindigkeit so viel zu, daß der Anpreßdruck wegen des nun wachsenden Auftriebs geringer wird.

Da kommt die erste Kontrollmarke, die Kreuzung der Startbahn 31/13. Schon bin ich darüber weg. Etwa 800 m habe ich hinter mir. Die Nadel des Fahrtmessers nähert sich der 70 – fast die normale Geschwindigkeit zum Abheben mit leichter Maschine. Jetzt brauche ich mindestens 105 KIAS (195 km/h), aber ich will unbedingt einen gehörigen Fahrtüberschuß haben, auch mehr Druck auf den Rudern.

Noch immer rollt die Maschine hart, aber da passiere ich schon den Rollweg zur Parallelbahn, und der Zeiger wandert kontinuierlich weiter. Kühlklappen zu. Noch habe ich 1500 m bis zum Ende der Bahn, und nun kommt der Ruderdruck. Rollscheinwerfer aus – mit Landescheinwerfer und Vollmond ist es hell genug für den letzten Teil des endlos lang erscheinenden Starts. Dort vorn kommen die roten Lampen, das Ende der Bahn. Ich fühle, daß sie jetzt abheben will. Die Nadel hat die 110 passiert, aber ich halte die Maschine noch leicht am Boden und lasse sie dann fast von selbst bei 120 Knoten in ihr Element.

Die roten Lichter huschen knapp unter mir durch, Startbahnende! Schon befinde ich mich über den nachtschwarzen Wassern des Pazifik. Schnell wieder ein Blick zu Fahrtmesser, Höhenmesser, Variometer. Ich brauche mindestens 400 ft (120 m) Höhe, um erst dann den Fahrwerkhebel hochzustellen, denn bei Beginn des Einziehvorganges öffnen sich zunächst die Abdeckklappen und erzeugen größeren Widerstand. Im Normalfall ist das kaum spürbar und wird von niemandem beachtet, aber das hier ist mitnichten ein Normalfall.

Jetzt habe ich die Höhe und etwas Fahrtüberschuß, Fahrwerk ein. Das dauert etwa vier Sekunden, und tatsächlich fängt die Maschine an, um die Hochachse zu schwingen. Scheinwerfer aus. Der Start liegt endlich hinter mir, und schon bin ich mitten drin im zweiten Problem, dem Steigflug. Die äußeren Bedingungen sind ideal, aber es ist dennoch schwierig, die Maschine in einer gleichmäßigen Steigfluglage für eine Steigrate von 400 ft/min zu halten. Peinlich genau muß ich darauf achten, daß die Fahrt keinesfalls 120 KIAS unterschreitet, denn bis zur Abreißgeschwindigkeit bleiben vielleicht 10 kts. Aber auch nach oben sind es nur etwa 5 kts, sonst steigt die schwere Kiste nicht mehr. Außerdem neigt sie auf den geringsten Druck im Höhensteuer zur Überreaktion, so daß ich die Idealgeschwindigkeit nur mühsam halten kann. Immerhin ist aber die Steigrate seit dem Verschwinden des Fahrwerks auf 500 ft/min angewachsen, weit besser also, als ich gewagt habe, zu erwarten. Freilich fliege ich mit voller Startleistung, aber die wird mit wachsender Höhe durch Absinken des Ladedruckes abnehmen.

Noch immer halte ich den Kurs der Startbahnrichtung und bin froh, daß mich im Funk bisher niemand gestört hat. Jetzt gebe ich Höhe und Position durch. Die größte Spannung ist vorüber, wenn auch die Kontrolle der so überladenen und schwerfälligen Maschine meine ganze Aufmerksamkeit fordert. Alle Instrumentenanzeigen behaupten beste Ordnung in den Systemen. Der Kraftstoffdurchfluß liegt bei 23 g/h (87 l/h). Draußen sehe ich vereinzelt Lichter, und ich erkenne auch die Konturen der Bergkuppen rings herum. An einer Stelle spiegelt silberhell die Wasseroberfläche. Ich bin froh, daß es windstill und dadurch turbulenzfrei ist. Acht Minuten nach dem Start leite ich eine unmerkliche, weite Kurve über dem hier etwa 30 km breiten Meerbusen ein – dem Cook Inlet – um nach dem Riesenbogen wieder in Richtung Flughafen beziehungsweise ANC-VOR auszurollen. Die Steigrate liegt bei nun 300 ft/min. Meiner Berechnung nach muß ich nach etwa 40 Minuten Steigzeit über dem Wasser bei mindestens 6000 ft Höhe das Funkfeuer und den Startplatz passieren, um endlich auf Kurs zu gehen.

In der Zwischenzeit waren übrigens mehrere Linienmaschinen angekommen, die entsprechende Anweisungen erhielten. Von der Kontrolle bekam ich fortlaufend deren Höhe und Position. Jeder wurde unterrichtet und war über die Lage im Bil-

de. Fünfundzwanzig Minuten nach dem Start habe ich nun insgesamt etwa 90 Liter aus dem rechten Flügeltank verbraucht, da ist es Zeit zum Umschalten, was man sonst im Steigflug nicht praktiziert. In diesem Sonderfall und bei diesem erprobten System ist das bei vollen Tanks ein eindwandfreies Verfahren, sofern die Leitungen blasenfrei sind. Diese Entlüftung hatte ich ja vor dem Start durchgeführt und geprüft. Langsam taste ich mich zum Wahlschalter, überprüfe die Stellung auf den hintersten Tank ›ON‹, schalte den Ferryhahn um und warte in gebückter Haltung – Hand am Schalter, Blick auf dem Durchflußmesser, Ohr ›am‹ Triebwerkgeräusch. Nichts ändert sich, und nun werde ich solange auf dem Tank Nr. 5 fliegen, bis er ›trocken‹ ist. Das wird die Schwerpunktlage entscheidend verbessern, denn die Füllung dieses Tanks hat sie an die hintere Grenze des Möglichen gebracht.
Sonst bin ich auf solchen Flügen immer froh, wenn der Verbrauch gering ist und der Durchflußmesser beste ›Ökonomie‹ signalisiert. Jetzt habe ich in dieser Richtung »zwei Seelen in meiner Brust«, weil der Motor im Steigflug über 20 g/h (75 l/h) verbraucht. Die überladene Maschine wird dadurch ziemlich schnell erleichtert, und vor allem der Schwerpunkt wandert stetig vorwärts in eine entscheidend günstigere Position.
Nach genau 40 Minuten überfliege ich den Startflughafen und setze Kurs auf das VOR ›Big Lake‹. Knapp danach durchsteige ich bereits die 7000-ft-Marke, also ist die durchschnittliche Steigrate besser als kalkuliert. Das befriedigt mich sehr, aber die Nervenbeanspruchung der letzten Stunde war ungeheuer. Das spüre ich jetzt deutlich. Ich bin wie ausgelaugt und will versuchen, so bald wie möglich autogenes Training zu machen. Zu viele Dinge sind noch zu beachten, bis ich endlich die Reiseflughöhe erreicht haben werde und dann auf Instrumentenflug übergehen kann. Die Steigrate sinkt nun drastisch ab, aber ich befinde mich auf dem Kurs in Richtung Nordpol. Es ist ein übler Kompromiß, die ersten 40 Minuten den Sprit lediglich für das ›Höhemachen‹ verbraten zu müssen, weil man sonst die erste ›Gebirgshürde‹ nicht nehmen kann, und dafür nicht einen Kilometer in Zielrichtung zurücklegt. Noch kämpfe ich um jeden Meter Höhe, um durch die Hochtäler zu kommen – ja, ich fange an zu zweifeln, ob die Maschine das in diesem Überladezustand überhaupt schafft. Werde ich vielleicht noch einmal für 30 Minuten in einem Riesenkreis Steigflugübungen machen müssen, ohne einen Kilometer vorwärts zu kommen?
Endlich, nach insgesamt 80 Minuten Steigzeit mit höchstmöglicher Leistung erreiche ich die Marke: der Höhenmesser zeigt 10 000 ft. Aber die letzten 1000 Fuß waren eine trickreiche Angelegenheit, denn ich mußte in minutenlangen, flachen Schwingungen fliegen, um mich Stück für Stück hochzuhangeln. Auch jetzt lasse ich die volle Leistung stehen, denn die ›Heidelberg 3‹ schwebt nur unsicher in dieser Höhe, – torkelt mehr als sie fliegt, und manchmal muß ich sie einfach schwingen lassen. So nähere ich mich nun zusehends dem vorn sichtbaren gewaltigen Gebirgszug. Das Steuerhorn halte ich wie ein rohes Ei, wie wir es schon als Flugschüler vor über 40 Jahren gelernt haben. Ganz langsam, fast unmerklich, bekommt die Ma-

schine eine höhere Geschwindigkeit, was ihre Fluglage stabilisiert. Der Kraftstoffverbrauch ist noch immer hoch. Ich muß bald reduzieren, denn ich werde jeden Liter Sprit nötig brauchen.

55. Flug über Alaska

Die höhere Eigengeschwindigkeit hat sich stabilisiert, so daß ich nun an die Gemischregulierung gehe. Damit hole ich den Verbrauch auf 14 g/h (53 l/h) zurück. Die Bonanza liegt nun zufriedenstellend stabil bei übersichtlicher Wetterlage, die in entscheidendem Maße dazu beiträgt. Zelle und Motor sind wohlausgetrimmt. So kann ich meine Bereitschaft zum Übergang in den Instrumentenflug an ›Anchorage Center‹ melden. Die fragen sofort, wie es mir geht und gratulieren, daß ich es schon soweit geschafft habe. Natürlich ist auch denen klar gewesen, daß Start und Steigflug unvorstellbare Hürden für die Einleitung des großen Fluges sein würden. Sie wünschen mir viel Erfolg. Wir bleiben auf dieser Frequenz in Kontakt.
Endlich komme ich zu meinen Eintragungen im *flight log* und auf der Tankkladde – die Maschine mit der linken Hand steuernd. Jetzt, nachdem endlich der Sekundenstreß vorüber ist, habe ich dafür Zeit. Aber dann geht meine Aufmerksamkeit wieder nach draußen, denn obwohl ich einige tausend Fuß über den Hochtälern dahingleite, kommen mir die Bergriesen ziemlich nahe und fast bedrohlich vor. Die Sicht ist fantastisch. Im fahlhellen Licht des Mondes blinkt der ›König von Alaska‹, der über 6000 m hohe Mt. Mc Kinley, zu mir herüber. Mit meiner kleinen ›Blechbüchse‹ bin ich für ihn ein Winzling – da unten in nur 3000 m Höhe. Beim Passieren der hohen Kette der Alaska Range halte ich meinen brummenden Nachtvogel sorgfältig mit je drei Fingern beider Hände, denn der leichte Hauch von etwa 10 km/h Seitenwind erzeugt genügend Verwirbelungen zwischen den unheimlichen Bergriesen, um uns schwanken zu lassen. So halte ich die Zügel locker und lasse die sensible Maschine ruhig etwas taumeln, wie sie gerade mag. Sie steigt und sinkt auch etwas, aber korrigierende Ruderausschläge würden nur Widerstand und Fahrtverminderung erzeugen.
Im Funksprech ist schon seit geraumer Zeit alles tot. Kein Verkehr. Ich bin allein hier oben in der Alaska-Nacht, nur ein winziges Teilchen unter dem unendlichen Gewölbe des Himmels. Für einige Sekunden empfinde ich dankbar die Größe des Augenblicks. Mehr als diese paar Sekunden kann ich mir nicht gönnen, denn man darf nicht gegen die Gesetze der Natur verstoßen. Jedes Versäumnis des Piloten ist ein Verstoß und kann irreparable Folgen haben.
Zwar habe ich ununterbrochen Arbeit und eine große Aufgabe zu lösen, und über fünfzehn Stunden stehe ich schon unter hoher Belastung, aber dennoch fühle ich

mich jetzt frisch. Darüber bin ich selbst verwundert, denn so zwischendrin – vor einer halben Stunde etwa – da habe ich für einige Minuten doch deutlich eine gewisse ›Matschigkeit‹ gefühlt. Nicht nur der Motor lief pausenlos mit äußerster Kraft, auch alles, was der Pilot der ›Heidelberg 3‹ in den ersten 100 Minuten seit dem Start geleistet hat, war tatsächlich Höchstleistung.
Das Flugzeug, der Motor, die Ausrüstung, alles ist eine Pracht. Das Triebwerk ist sicher das beste, das ich jemals in irgendeiner Bonanza geflogen habe. Es gibt in jeder Serie mal einen sogenannten ›Ausreißer‹ –, das ist auch in der Automobilindustrie bekannt. Dort ist unter hundert Autos auch mal ein ganz schneller, starker dabei. So einen Motor habe ich wohl erwischt.
Frequenzwechsel. Von unten flimmern einige tausend Lichtpünktchen zu mir herauf. Das ist Fairbanks in der großen Schleife des *Tenana River*. Ich überprüfe den Sperry-Kompaß und mache Navigation. Vor allem schaffe ich mal Ordnung: also weg mit den Sichtflugkarten, den Abflugunterlagen und Checklisten für den Start – her mit den Karten für den letzten Teil der Kontinentalstrecke und die Navigationskarte für das Polarmeer. Ich will ein bißchen hineinsehen, bevor ich an der Küste ankomme. Vorausdenken und Vorausarbeiten ist ein wichtiger Grundsatz in der Fliegerei. Dann wieder ein Blick über alle Instrumente, die Tankschaltung. Es gibt keine Pause!
Erfreut stelle ich fest, daß ich auf die Minute genau nach meinen Berechnungen des Flugplans die Funkfeuer passiere. Bei den schwierigen Schätzungen und der Vorausbeurteilung für den Steigflug mitsamt Umweg und in Anbetracht vieler Imponderabilien bei einer so ungewöhnlichen Lage kommt mir das wie ein Wunder vor. Bin ich so gut, oder ist es Zufall? Die Lösung wird wohl irgendwo dazwischen liegen, jedenfalls ist das Ergebnis beruhigend.
Unten tauchen Hunderte von schwarzen, großen Punkten auf. Das ist die weite Niederung mit dem Bett des reißenden Yukon River. Im Mondlicht bekommt die Landschaft etwas Unwirkliches, Märchenhaftes. Weit vor mir kann ich schon die nächste Bergkette erkennen. Es sind die 2500 m hohen Gipfel der Andikott-Berge. Schließlich fliege ich über sie hinweg und habe das Gefühl, man könne sie greifen, so nah erscheinen sie bei der ausgezeichneten Sicht. Das sind wieder spannende Minuten, bis ich schwankend und schaukelnd auch diese Hürde im wahrsten Sinne des Wortes genommen habe.
So langsam fliege ich in die Morgendämmerung ein. Vor mir breitet sich die unendliche Weite und Einsamkeit des Küstenstreifens aus. Tausende von Seen blinken matt im Grau des frühen Tages. Das Gelände sieht trostlos aus. Soweit das Auge reicht, wirkt die Gegend menschenleer, und sie ist es wohl auch. Zwischen unzähligen Seen und Tümpeln schlängeln sich kleine Flüsse durch die Tundra zur Küste. Es sind Hunderte solcher Adern, und am Horizont kann ich jetzt die Küste erkennen. Es beginnt der Polartag, bei dem im Sommer in hohen Breiten die Sonne nie untergeht.
In der Ferne tauchen die Wasser des Eismeeres auf, bedeckt mit vielen kleinen und

großen Schollen. Weiße Dampffahnen von irgendwelchen Industrie- und Hafenanlagen steigen ziemlich steil in die Höhe. Das signalisiert mir, daß der Wind nur schwach weht. Aber die Richtung ist klar und nicht anders als erwartet: NW. Dr. Schulte hat etwa 8 km/h angegeben.

Vier Stunden bin ich jetzt in der Luft, und natürlich bin ich gespannt, welche Grundgeschwindigkeit ich auf dem letzten Teil erreicht habe. ›Deadhorse DME‹ gibt mir eine Anzeige von 128 Knoten (237 km/h). Dennoch stimmt die Gesamtzeit vom Start bis zu diesem Funkfeuer. Nach dem ATC-Flugplan habe ich nur eine Minute Verspätung, aber ich bin ja auch erst um 08.01 Uhr Zulu gestartet, also auch mit einer Minute Verspätung. Mit der vorberechneten Flugzeit von vier Stunden und fünfunddreißig Minuten bis Deadhorse bin ich also mit der Kalkulation auf die Minute genau: um 12.36 Z überfliege ich die Station. Nach der Lokalzeit ist es jetzt 03.36 Uhr.

Darf ich mich über diese Tatsache bei den vielen Unwägbarkeiten freuen? Ja, aber ich bin dennoch mit meiner augenblicklichen Grundgeschwindigkeit nicht zufrieden. Außerdem gebe ich mir einen ›Tritt ins Kreuz‹, denn solche Dinge wie Kalkulation und Pünktlichkeit müssen Selbstverständlichkeit sein und dürfen nicht euphorisch betrachtet werden. ›Daumenpeilungen‹ passen ohnehin nicht in solche Konzepte. Zum Teufel also mit diesen Selbstzufriedenheiten. Mehr Nüchternheit! Auf dem letzten Teil meines Anfluges auf das UKW-Drehfunkfeuer habe ich nochmals die Anzeige des Sperry-Kreisels überprüft. Zwar ist das nun wirklich nur eine ›Daumenpeilung‹, denn das läßt sich in der Luft so genau nicht durchführen. Aber es ist die letzte Möglichkeit, den Generalkurs zu kontrollieren. Von nun an muß ich mich für etwa zwanzig Stunden der Zuverlässigkeit dieses Gerätes anvertrauen. Ich kann nur schätzen, daß die Abweichung bis jetzt maximal ein Grad pro Stunde betragen hat, aber auch das ist eben wegen der erfreulich geringen Rate nur schwer festzustellen. Der Wind und die Wetterlage über Alaska haben jedenfalls 100 % gestimmt und ich bin ›on time‹.

Das ist eine gute Absprungsituation für den Flug über das Eis. Aber da sind noch andere positive Feststellungen: der Motor läuft gleichmäßig, und die wahre Eigengeschwindigkeit beträgt nach einer Justierung für geringfügig höhere Leistung jetzt genau 140 KTAS (259 km/h). Allerdings liegt der Durchfluß damit etwas höher als kalkuliert. Das war so genau nicht berechenbar, denn für solche extremen Überladezustände gibt es weder Tabellen noch Erfahrungswerte.

Sehr günstig hat sich die Gewichtsabnahme und die Schwerpunktverlagerung ausgewirkt, eine echte ›Erleichterung‹ also für ›Mensch und Maschine‹. In der Tat liegt der Gesamtkraftstoffverbrauch in den jetzt knapp fünf Stunden Motorlaufzeit seit dem Anlassen bei etwa 80 Gallonen (300 Liter), also 215 kg. Wegen des sehr hohen Verbrauchs in den ersten zwei Stunden ist das wahnwitzig viel, wenn man bedenkt, wie weit ich noch kommen will. Aber das ist natürlich genau kalkuliert, und der Stundenverbrauch wird von jetzt ab sehr viel geringer sein. Die stetige Abnahme wird so den Gesamtdurchschnitt einschneidend und entscheidend verringern.

Dennoch wird bei weiteren Reduktionen der Leistungseinstellung die Eigengeschwindigkeit gleich bleiben.

Als besondere Entlastung für mich empfinde ich beim Steuern der Maschine ihre nun deutlich stabilere Lage nach dem Leerfliegen des hintersten Tanks. Das Fliegen bis zu zwanzig Stunden ohne Autopilot habe ich schon vielfach exerziert; da wird es mir auch für 24 Stunden nichts ausmachen. Erfreulich ist die Tatsache, daß wegen der Schwerpunktverlagerung der Anstellwinkel für den Reiseflug günstiger geworden ist. Der geringere Luftwiderstand verbessert die Eigengeschwindigkeit bei geringerem Kraftstoffverbrauch. Obwohl die Längsstabilität schon erheblich zugenommen hat, ist sie vom Normalbereich noch weit entfernt, und so werde ich noch etwa zwanzig Stunden sehr aufmerksam auf Höhenhaltung und gleichmäßige, widerstandsärmste Geschwindigkeitshaltung achten müssen. Das bedeutet ›handgestricktes‹ Fliegen bis zur norwegischen Küste. Dort werde ich etwa das normale maximale Fluggewicht erreicht haben, so daß ich dann den Autopiloten zu meiner Unterstützung einschalten kann.

Da ich vereinbart habe, mich bei Passieren der Küste mit der aktuellen Überflugzeit bei der Such- und Rettungszentrale in Anchorage zu melden, setze ich jetzt meinen Funkspruch auf Kurzwelle ab und gebe die geschätzte Überflugzeit für den Nordpol an. Für den Normalfall ist der Pol die Grenze des Gebietes, für das diese Einheit zuständig ist. In etwa neun Stunden will ich diese bedeutende Marke überfliegen, also etwa um 21.10 Uhr Z. Danach werde ich automatisch zur nächstfolgenden SAR-Stelle weitergereicht, ähnlich wie bei der Flugsicherung. Das Collins-Gerät funktioniert wie am Telefon: »*Have a safe flight and a happy landing at Munich, good luck*«, ist die Antwort von SAR-Elmendorf Air Force Base. Ich fliege übrigens immer mit ›head set‹, also einer gut sitzenden Kopfhörergarnitur mit Mikrofon. Dadurch werden die Geräusche des Motors entscheidend gedämpft, und zwar auch am Knochen hinter dem Ohr, so daß man die Lautstärke erheblich herunterdrehen kann. Weil ich außerdem fast immer allein fliege, ist es leichter, mit dem Finger am Steuerhorn den Knopf zu drücken und zu sprechen, als erst das Mikofon mit der Hand von der Mittelkonsole abzuhängen und an den Mund zu führen. Ohne Frage ist auch die Tonqualität der Kopfhörer weit besser als die der Lautsprecher im Dach.

56. Über dem Eismeer

Seit Passieren von Dead Horse fliege ich nun nach Grid-Navigation, kontrolliere aber meinen Vorhaltewinkel gegen den Seitenwind noch, solange es geht, über die VOR-Anzeige. Mein ›grid track‹ ist 148°, obwohl ich natürlich nach geographisch

Nord fliege, also auf einem rechtweisenden Kurs von 360°. Bei der geringen Windstärke erfliege ich minus zwei Grad, also unverändert ein Wert wie bisher. Das ergibt ein ›grid heading‹ von 146°. Die Windvorhersage von Dr. Schulte läßt darauf schließen, daß das bis etwa 85°N so bleiben wird und dann variabel bei eher geringerer Windgeschwindigkeit. Der Wind macht mir also bei dem geringen Druckgefälle keine Sorgen, wohl aber Wolkenbildung und Vereisung. Sie ist die Pest in der Fliegerei.

Nach der Vorhersage sollen die weiter im Norden in Erscheinung tretenden Wolkenschichten deutlich abgegrenzt sein. Bis jetzt ist lediglich am Horizont verstärkter Dunst erkennbar. Schließlich kann ich auf dünne, schleierartige Wolkenbildung schließen, deren Mächtigkeit jedoch schwer zu schätzen ist.

Das Meer – die Beaufort See – wirkt langweilig und grau. Ohne die geringste Dünung ist das Wasser spiegelglatt, aber im Norden kann ich schon deutlich das Zusammenwachsen der vielen Eisschollen erkennen. Einige wenige Schiffe lagen vor der Küste. Seitdem ist es trostlos leer dort unten. Die Außentemperatur in meiner inzwischen gewechselten, geringeren Flughöhe von Flugfläche FL 090 (9000 ft) bleibt mit minus 6°C unverändert. Zwar ist die Fläche FL 110 günstiger für den Kraftstoffverbrauch im Verhältnis zur Reisegeschwindigkeit, aber es ist für den Piloten eine ungeheure Belastung, mehr als zehn Stunden in 3300 m Höhe fliegen zu müssen. Ein Sauerstoffgerät führe ich nicht an Bord, denn es wäre gewichtlich einfach nicht mehr zu verkraften gewesen. Nun bin ich zwar in dieser Hinsicht gut trainiert und deshalb auch weniger empfindlich als andere, aber die Ermüdung nimmt schneller zu als in geringerer Höhe.

Dieses Problem ist in der Fliegerei anders zu beurteilen als in den Bergen, wo man sich körperlich normal oder unter Belastung bewegt, denn ein Pilot muß ja sitzen und kann den Kreislauf nicht genügend in Schwung bringen. Dennoch wird von ihm ununterbrochen hohe Spannkraft und geistige Konzentration gefordert. Einige Sekunden falsches Rechnen oder Reagieren kann böse Folgen haben, deshalb ist Sauerstoffmangel bei dieser Tätigkeit gefährlich. Aus diesem Grunde gibt es bestimmte, international gültige Vorschriften, die sich aus der Erfahrung entwickelt haben.

Unten wächst das Eis zusammen und bildet nun eine geschlossene, rauhe Fläche, die gelegentlich von großen Rissen unterbrochen ist. Die UKW-Navigationsinstrumente haben ihre Tätigkeit aufgekündigt und zeigen mit den pendelnden Flaggen an, daß ich ab jetzt für die gewaltige Strecke über das Eismeer keinerlei brauchbare Navigationshilfe mehr zur Verfügung haben werde. Was ich nicht mehr brauchen kann, schalte ich ab. Der Funksprech auf UKW ist sozusagen tot. Aus dieser menschenleeren Zone kann man mit der Zivilisation nur noch über Kurzwelle in Verbindung treten. Mit meiner Kopfhörergarnitur bin ich in ständiger Hörbereitschaft. Die UKW-Radios stehen auf Lautsprecher, eines auf der Internationalen Notfrequenz 121,5, das andere auf 127,3 für den Fall, daß ein Airliner wider Erwarten in dieser Zone aufkreuzen sollte. Flugkapitän Röffen, der die DC 10 der

Lufthansa nach Hamburg fliegen wird, hat mit mir die Bereitschaft auf den gleichen Frequenzen vereinbart.
Bis jetzt ist der Äther tot, sowohl auf UKW als auch auf Kurzwelle. Ich bin allein über der Eiswüste. Erst gegen 21.00 Uhr Z, also in etwa acht Stunden, wird die DC 10 mit meinen Freunden an Bord von Anchorage starten. Zum hundertsten Mal habe ich die Instrumente überprüft, meine Checks gemacht. Alles steht bestens. Die King-Kompaßanlage habe ich auf ›free gyro‹ gestellt und führe sie manuell der Anzeige des Sperry-Systems nach. Der magnetische ›Whisky-Kompaß‹ spinnt; mal dreht er einige Runden, mal steht er schief.
Die Beobachtung des Wetters, in das ich einfliege, beschäftigt mich mehr und mehr. Ich bin gespannt und eher skeptisch, denn ich fliege langsam in eine sehr dünne Schichtbewölkung ein, deren Grenze nicht definierbar ist. Noch kann ich durch das dünne Zeug die Eisoberfläche erkennen, aber langsam verschwinden die Konturen. Um mich herum ist alles weiß in weiß. Die Horizontlinie ist völlig verschwunden, und ich schwimme nun wie in einer undefinierbaren, hellen Suppe. Die Luft ist völlig ruhig. Ohne das einwandfreie Laufen des künstlichen Horizontes könnte das auf die Dauer kritisch werden. Sorgen genug hat mir gerade dieses Instrument ja schon gemacht.
Ständig kontrolliere ich den Verbrauch und reduziere auch mal die Leistung geringfügig, damit die Eigengeschwindigkeit bei 140 Knoten bleibt. Das spart Benzin – von Stunde zu Stunde mehr. Auf der Verbrauchs- und Tankkladde registriere ich Schaltzeiten und Stundenverbräuche. Keinesfalls darf es mir passieren, daß durch zu spätes Rückschalten auf den rechten Flügeltank Kraftstoff über die Entlüftungsleitung über Bord geht. Wegen solcher Unachtsamkeiten hat es schon Notlandungen bei Überführungsflügen gegeben. Mir ist das zwar noch nie passiert, aber man muß wach sein, um nicht eines Tages zu diesem Kreis zu gehören.
Draußen nimmt die Helligkeit langsam ab. Die ›Heidelberg 3‹ brummt gleichmäßig durch undurchsichtiges Grau. Die Wolken sind also dichter geworden – und siehe da, ich entdecke die ersten Eiskristalle am Rand der Frontscheibe. Verdammt, daß das nun doch kommt, dieses verfluchte Eis. Auch die Flügelnase zeigt einen hauchdünnen Streifen. Es wird vermutlich langsam gehen, aber es wird wachsen, bis der Widerstand wächst und der Auftrieb kleiner wird. Auch der Propeller wird pausenlos Eis aufnehmen, sein Wirkungsgrad damit abnehmen. Mit intensiver Beobachtung versuche ich, Abgrenzungen einer Wolkenschicht zu entdecken, aber da ist nichts – nur Grau, gleichmäßiges Grau, nicht die geringste Kontur.
Meine Positionsmeldung ist fällig. Endlich wieder eine Verbindung, aber das ist nur ein nüchternes Zahlenspiel. Es wird dunkler und dunkler, also nimmt die Mächtigkeit der Bewölkung nach oben zu. Auch das Eis nimmt zu. Nach einem Frequenzwechsel stehe ich jetzt mit den Kanadiern in Funkverbindung. Die Station heißt Cambridge Bay, ist etwa 1700 km von meiner augenblicklichen Position entfernt und liegt an der Südküste von Victoria Island, einer großen Insel vor der kanadischen Küste. Ich bin froh, daß die Ausbreitungsbedingungen für den Kurz-

wellenverkehr bis jetzt gut sind. In der Polarregion werden sie sehr viel häufiger und intensiver gestört als in niedrigeren Breiten.

Die Frontscheibe ist nun schon fast zugewachsen mit dünnem ›rime ice‹, und das kleine Rohr für das Außenthermometer links unter der Seitenscheibe hat ein langes, zackiges Nasenprofil bekommen. Der Eisstreifen an der Flügelnase ist breiter und dichter geworden. Da inzwischen auch die Geschwindigkeit um fünf Knoten zurückgegangen ist, setze ich etwas mehr Leistung. Das ist nicht so schlimm, wenn es nicht für zehn Stunden nötig wird, denn noch immer ist der Eisansatz relativ unbedeutend. Allerdings kann das nach einiger Zeit meine Spritreserve auffressen, so daß die Ankunft in München fraglich würde.

Meine Augen versuchen vergeblich, das milchige, konturlose Zeug zu durchdringen. Röntgen-Augen müßte man haben! Natürlich studiere ich zwischendurch die Wetterkarten, aber aus der Gesamtdarstellung ist Genaues so nicht herauszulesen. Das war ja das Handicap bei der Beratung. Diese verdammte, unbekannte Polarzone. Nicht ohne Grund sind so viele vor mir mit zweimotorigen Flugzeugen gescheitert. Einmotorig in einem Leichtflugzeug hat es bisher noch niemand gewagt!

Bis zum Pol sind es noch etwa 1700 km. Unter günstigen Bedingungen sind das noch sechseinhalb Flugstunden – und wieviel unter diesen ungünstigen? Wie lange wird der Eisansatz noch zunehmen? Wird er aufhören? Soll ich kehrtmachen?

Zunächst entschließe ich mich, weiterzufliegen. Da habe ich schon wesentlich schwierigere Situationen durchgestanden. In dieser Jahreszeit bleibt über dem Nordatlantik die Möglichkeit, tiefer zu fliegen, um unter die Nullgradgrenze zu kommen. Aber hier in der Polarzone liegen die Temperaturen auch in Meereshöhe unter Null Grad. Bei der aktuellen Tiefdrucklage, in der ich herumschwabble, könnte sie vielleicht etwas höher liegen, aber das ist sehr vage. Da es keine Eisberge in dieser Zone gibt, könnte ich also zur Not auf 1000 ft (300 m) heruntergehen. Dort wären Motorleistung und Schwebeleistung zwar größer, aber dafür auch der Kraftstoffverbrauch. Die Ökonomie wäre also dahin, aber es ist eine Alternative, die ich vorübergehend akzeptieren müßte.

Könnte ich das Eis dort unten nicht los werden, oder würde es bis dahin entscheidend anwachsen, so müßte ich den Flug abbrechen und versuchen, vielleicht in Mould Bay zu landen. Der Platz ist etwa 750 km von meiner Position entfernt, also in etwa dreieinhalb Stunden zu erreichen. Natürlich werde ich mich dazu entschließen, den Flug fortzusetzen, wenn die Lage nicht zu schwierig oder gar gefährlich wird, denn dann kann ich wenigstens Spitzbergen oder Bodö in Nordnorwegen erreichen, um dort aufzugeben. Der Zielort wäre zwar dann nicht erreicht, und auch der Weltrekord wäre zum Teufel, aber meine wichtigste Zielvorstellung wäre wenigstens erfüllt: ich hätte bewiesen, daß man mit einem einmotorigen Leichtflugzeug und einfachen Navigationsmitteln meteorologisch und navigatorisch schwierigste Strecken bewältigen kann. Als Nebenprodukt hätte ich immerhin als Erster mit einem solchen Leichtgerät den Nordpol überquert. Diese beiden Punkte waren ja wichtige Gründe für dieses Unternehmen.

57. Es wird kritisch

Kein Wunder in dieser Lage, daß ich nun die Eisbildung ebensooft kontrolliere wie meine Instrumente. Auf der Flügelnase klebt nicht mehr die schmale Eisleiste, sondern da ist immer schneller wachsend ein dicker Wulst entstanden. Nach dem Eisvorsprung an dem Abschirmblech der Flügelspitze zu urteilen, muß die Stärke bei mindestens zwei Zentimetern liegen. Am Fahrtmesser kann ich ablesen, wie schnell die Geschwindigkeit abnimmt. Trotz der erhöhten Leistung ist die Anzeige von 123 auf 110 kts heruntergegangen.
Aus Erfahrung weiß ich, daß diese Tendenz nun rapide zunehmen wird, denn der Anstellwinkel muß jetzt größer werden, um die Höhe zu halten, aber damit wächst auch die Eisfläche drastisch an. Der Propeller verliert weiter an Zugleistung.
Da geht es auch schon los mit der Unregelmäßigkeit. Immer wieder schüttelt die unwuchtig gewordene Luftschraube den Motor. Man kann das Eis fast wachsen sehen. Ebenso schnell nimmt die Fahrt ab. Ich schiebe Leistung nach, aber das Schütteln wird stärker, und die Fahrtmessernadel steht nun bei 100 kts. Gespannt horche ich auf jedes Geräusch. Das Pfeifen in der Lüftungsanlage ist ein typisches Indiz für das Zufrieren der Lufthutze. Noch läuft der Motor regelmäßig wenn er sich auch rauher und lauter anhört. Ich setze die Drehzahl herauf, und dabei schüttelt er sich geradezu beängstigend. Laut klappernd haben sich nämlich dabei Eisbröckchen von der Luftschraube gelöst, was logisch ist, aber nun geht auch die Leistung zurück. Motorstörung?
Das hat mir noch gefehlt. Ich überfliege die Instrumente – Fahrtmesser auf 90 kts, also erst mal nachdrücken, Fahrt aufholen – bloß nicht runterfallen wie ein Anfänger! Die Motorüberwachungsinstrumente sind in Ordnung, aber Durchflußmesser und Ladedruck gehen gelegentlich zurück. Danach kommt die Leistung wieder, aber nur zögernd. Ich versuche mit verschiedenen Einstellungen der drei Hebel ihn zur Raison zu bringen, aber das ist leicht gesagt. Das Schütteln stört mich jetzt kaum noch, denn das kommt einwandfrei vom Propeller mit seinem ungleichen Eisansatz. Schlimm und kritisch ist, daß nun mit immer kürzer werdenden Perioden die Leistung heruntergeht. Nach meiner Überlegung kann es nur Kraftstoffmangel sein, keinesfalls die Zündung. Verdammt: die Tankentlüftung! Die könnte zugefroren sein! Sofort schalte ich auf den rechten Kabinentank. Schon einige Zeit flog ich mit elektrischer Zusatzpumpe. Die hat zuerst ausgleichen können, bis es auch mit der nicht mehr zu schaffen war, genügend Förderdruck zu halten.
Sofort entschließe ich mich, mit einer Kursänderung von fast neunzig Grad auf Mould Bay zuzusteuern. Jede Minute, die der Motor noch arbeitet, die Maschine noch fliegt, will ich mich näher an die Küste heranarbeiten. Im Notfall kann jeder Kilometer Entfernung entscheidend sein – und jeder Meter Höhenreserve. Die elektrische Pumpe lasse ich weiterlaufen. Bahnneigungsflug mit 120 KIAS, Höhenmesser 7000 ft. Der Motor läuft wieder regelmäßiger, aber ich öffne noch zu-

sätzlich den Einfüllstutzen oben auf dem Tank neben meiner Schulter, denn die zentral geführte Entlüftungsleitung der Kabinentanks ist trotz günstiger Verlegung wahrscheinlich auch zugefroren. Fahrthalten, das ist das halbe Leben – der wahrscheinlich älteste Fliegerspruch!

Jetzt habe ich wieder Überblick, also raus mit dem Funkspruch. Cambridge Bay antwortet auf der Stelle. Ich melde meine Schwierigkeiten mit starker Vereisung und der Motorstörung – und dann wundere ich mich über meine ruhige, geschäftsmäßige Stimme. Aber weiter: ich habe Kurs auf Mould Bay gesetzt – leichter Bahnneigungsflug, um die Fahrt halten zu können – Höhe 6000 Fuß, Position 78° Nord, 148° West. Die Bestätigung kommt sofort, aber auch die Frage: »*Are you declaring emergency?*«

Ich überfliege die Instrumente. Der Motor läuft mit hoher Leistung wieder gleichmäßig, nur ab und zu geschüttelt durch die vereiste, unwuchtige Luftschraube. Meine Antwort: »*Negative, but stand by, please.*« In der Tat, der Motor läuft wieder richtig, wenn ich auch langsam Höhe aufgeben muß. Und das Eis? Ich muß sehen, daß ich es los werde. Ruhig Blut und kühlen Kopf bewahren ist jetzt genau so wichtig. Man muß in der Lage bleiben, klare Beurteilungen zu erstellen und vernünftige Entscheidungen zu treffen. Ich bin froh, daß ich meine Ruhe behalten habe. Wenn man alle Hände voll zu tun hat, vor allem aber wenn Chancen auf Erfolg bestehen, kommen kaum Angstgefühle auf – nur das Herz schlägt schneller. Alles ist gut an der Maschine, auch die Systeme in der Maschine. Der Sperry-Kompaß steht wie eine Eins. Mit dem hervorragenden Collins-Radio kann ich die so wichtige Funksprechverbindung halten. Die ganze Technik funktioniert einwandfrei. Nur das verdammte Eis – die Entlüftungen zugefroren, draußen auf den Nasen von Flügel und Leitwerk eine schrecklich dicke Kruste – etwa drei bis vier Zentimeter. Das ist einfach zu viel. Dem Motor geht es jetzt besser, aber vorhin ging es ihm wie einem Anfänger, der aus einer Flasche trinken will, aber keine Luft nachblubbern läßt. (Der kann saugen, soviel er will, da kommt nichts mehr.) Zwar schüttelt der Motor immer wieder, wenn Eisbrocken vom Propeller fliegen, und das überträgt sich auch auf die ganze Zelle, aber es ist nicht gefährlich. Das Triebwerk selbst läuft jetzt gleichmäßig und leistungsstark.

Cambridge Bay kommt wieder herein und schlägt vor, alle 20 Minuten Kontakt aufzunehmen. Das beruhigt beide Seiten. Herrlich, wie die Kameraden mitdenken. Noch immer fliege ich auf Mould Bay zu. Auf meiner Karte mache ich genaue Eintragungen für die Navigation. Der Höhenmesser zeigt 5000 ft, das Außenthermometer minus 5°. Wenn es nicht wärmer wird, muß ich noch tiefer gehen. Mit so viel Eis kann ich mich auf die Dauer nicht halten. Mindestens eine Stunde will ich diesen Kurs halten und auf diesem Wege alle Versuche vornehmen, um das Eis loszuwerden. Zwar hat das Eis in den letzten zehn Minuten nicht mehr zugenommen, aber der Ansatz ist das Äußerste, was eine Maschine noch ertragen kann. In diesem Zustand befinde ich mich permanent in einer kritischen Grenzlage, so daß eine weitere, kleine Schwierigkeit – wie mit der Spritversorgung – die geringe Reserve auf-

fressen würde. Das ist das ›Obenbleiben‹. Im Augenblick kann ich den Vogel nur mit voller Leistung halten.
Plötzlich höre ich laut und klar den Einleitungsanruf einer Herkules-Maschine der US Air Force an die Militärbasis Thule auf Nordgrönland. Mit spitzen Ohren registriere ich das ganze Gespräch, das da in 1700 km Entfernung geführt wird. Zum Schluß kommt das aktuelle Landewetter: Windstille, leichter Regen und plus fünf Grad Celsius. Ich bin wie elektrisiert und melde nach Cambridge Bay, daß ich nun weiter auf 1000 Fuß absinken werde. Die bestätigen unverzüglich.
Runter also im gestreckten Bahnneigungsflug. Schade zwar um die schöne Höhe, aber zum Teufel mit den Minusgraden und dem verfluchten Eis. Wenn die in Thule – zwar weit weg, aber in der gleichen Luftmasse – im selben Tiefdrucksystem mit seiner extrem flachen Druckverteilung derart hohe Bodentemperaturen haben, warum soll es hier nicht auch so sein? In wenigen Minuten werde ich es wissen. Noch immer fliege ich in einem grauen Wolkenbrei ohne jede Kontur, was mir beweist, daß die Beurteilung beim Einflug in dieses Zeug richtig war. Abgegrenzte Schichten waren also nicht vorhanden, und damit war unsere Einschätzung vor dem Start falsch. Besser gesagt, es war gar nicht möglich, ohne Sondenaufstiege klare Unterlagen zu erhalten. Das ist eines der großen Risiken dieses Fluges.
Da kommt schon die nächste Enttäuschung. Beim Passieren von 3000 Fuß lese ich noch immer –2°C ab. Noch bin ich in den Wolken, muß aber noch weiter runter. 2000 Fuß: Null Grad, in den Wolken. Weiter runter – schwupp, knapp vor der 1000 Fuß-Marke bin ich unten heraus. Die Thermometeranzeige klettert jetzt schnell auf plus zwei Grad und bleibt schließlich bei plus drei Grad stehen. Wahrscheinlich bin ich früher in warme Schichten eingetaucht, als das Thermometer anzeigen konnte. Das Schutzrohr war zu dick zugeeist. Jetzt fliege ich in 300 Meter Höhe knapp unter der kaum erkennbaren Wolkenuntergrenze. Stück für Stück platzt jetzt die verhaßte Eiskruste ab, und es klappert ganz schön im ›Karton‹. Das sind die Eisteile vom Propeller. Es ist eine tolle Stimmung in der kleinen Kabine. Sofort reguliere ich eine günstige Leistungsstufe ein. Der Motor brummt wieder, daß es eine Pracht ist. Meldung an Cambridge: 1000 ft, +3°C, Motor läuft gleichmäßig, Flugzeug eisfrei, ich setze neuen Kurs. Die Bodenstelle bestätigt, erbittet aber einen neuen Flugplan mit allen Daten. Das ist klar, und ich habe mein Zeug schon aus der Tasche geholt: Karte, Kursdreieck, Zirkel. Ich wähle einen Kurs parallel zum ursprünglichen, den ich später noch ändern will, wenn alles gut geht. Aber auf diesem engen Sitz, auf einem DIN A4-Kniebrett, mit der linken Hand die Maschine steuern und dabei die Karte hin- und herfalten, das ist eine artistische Leistung. Ja, über Abwechslung und Arbeitslosigkeit kann ich nicht klagen. Wenn ich da an die Fragen der Presseleute denke: »Sind Sie da nicht dauernd am Einschlafen bei der Langeweile?« Diese Leute denken eben in anderen Dimensionen – und in dieser Beziehung vielleicht auch an manche Fernsehprogramme. Die knallharte Wahrheit hier oben sieht anders aus.
Nach einer halben Stunde habe ich die wichtigsten Daten für den neuen Flugplan

zusammen. Ich habe ja nur an eine kurze Teilstrecke gedacht und werde dann wieder nach Norden weiterfliegen. Cambridge akzeptiert. Ich bin nun wieder optimistisch und habe auch alle Kladden wieder in Ordnung gebracht. Die Kraftstoffkalkulation sieht allerdings dunkelweiß aus.
Das Wichtigste ist für mich jetzt die volle Leistungsfähigkeit des Flugzeuges. Draußen ist alles Eis verschwunden. Die Frontscheibe ist klar, so daß ich nun auch die Heizung herunterdrehe. Mir ist richtig heiß geworden. Wie schön doch ein sauberes Flugzeug aussieht – und wie schnell es fliegt! Wieder kann ich reduzieren, und nun auch einmal einen Blick nach unten werfen, auf das ewige Eis des Polarmeeres.
In kräftigen Strömungen bildet es seltsame Formationen, wirft sich übereinander, bildet Risse, türmt sich an manchen Stellen zu kleinen Barrieren hoch. Aber ich sehe auch grünliche Lachen in riesigen Eisblöcken. Das muß Schmelz- oder Regenwasser sein. Es sieht so unwirklich aus, daß ich meine Bolex heraushole und zwei Rollen drehe – also geht es mir wieder recht gut. Manche Erscheinungen kann ich mir nicht erklären, wie eine eigenartig violett schimmernde, große Lache auf einer ebenen Eisfläche. Wenigstens habe ich sie jetzt auf dem Film.
Als die kritische Lage nach dem langen Abstieg mit dem stotternden Motor etwas abgeflaut war, habe ich übrigens meine Eindrücke in einigen Minuten auf Tonband gesprochen und alle meine Sorgen und auch die Verbitterung über die Lage festgehalten. Glücklicherweise ist das jetzt schon überholt. Ich bin wieder auf Kurs, und ich bin fest entschlossen, alles Mögliche und Vernünftige zu unternehmen, um den Flug doch noch zu einem erfolgreichen Ende zu führen. Auch mit einem Teilerfolg will ich zufrieden sein.
Die Benzin-Situation sieht nämlich nicht so begeisternd aus, denn ich habe durch die Vollgasfliegerei mit vereister Maschine und dem Zacken von neunzig Grad quer zu meiner Kurslinie sehr viel von meiner Kraftstoffreserve verbraten. Nach der Kalkulation ist das die Menge für drei Stunden bei Sparleistung, so daß unter günstigen Umständen maximal eine Stunde Überschuß bleiben wird. Sollte noch einmal etwas dazwischen kommen, dann ist es ausgeschlossen, München zu erreichen. Aber man darf sich nicht selbst bange machen, – noch habe ich ja eine lange Flugzeit vor mir. Allerdings darf ich mir auch nichts vormachen. Ich muß taktisch so klug wie möglich fliegen, und ökonomisch dazu! Also muß ich unbedingt wieder größere Höhen aufsuchen, denn hier unten kann von Wirtschaftlichkeit keine Rede sein. Zu lange ›gurke‹ ich schon im ›Parterre‹ herum. Tatsächlich bin ich schon über zwei Stunden seit meiner Positionsmeldung bei 78° Nord, 142° West, tief geflogen, und bis jetzt ist es gleichbleibend düster geblieben. Keinesfalls will ich wieder Eis aufpicken, lieber bleibe ich hier unten.
Eine weitere halbe Stunde ist um, und mir kommt es so vor, als würde es langsam heller, oder ist es nur Wunschdenken? Immer wieder beobachte ich kritisch die Helligkeitswerte und glaube, daß es ganz langsam heller wird. Mein Fotobelichtungsmesser bestätigt es, und so werde ich jetzt richtig ungeduldig. Ich muß drin-

gend Bezin einsparen, und so entschließe ich mich zum Steigflug mit hoher Geschwindigkeit und kleiner Steigrate. Hoffentlich bleiben wir eisfrei – Probieren geht über Studieren! Weil die Boanza schon erheblich leichter geworden ist, steigt sie recht zügig. Von Cambridge Bay werde ich sofort freigegeben, denn ich bin ja völlig allein hier oben über dem Eis. Staffelung also, mit wem denn? Nur langsam verschwindet die Oberfläche des Eismeeres im Dunst, aber mit wachsender Höhe wird es auch heller. Von einer Wolkenuntergrenze ist nichts zu bemerken, und auch von Eisansatz keine Spur, dafür ist das Zeug zu dünn. Aber die Blendung wird immer stärker, denn jetzt ist alles weiß in weiß. Es ist eine unangenehme Helligkeit für die Augen, indessen sind das für den Flug ohne Eis glänzende Anzeichen. Bei minus fünf Grad ist der Dunst nicht vereisungsträchtig. In Flugfläche 90 angekommen, setze ich endlich wieder reduzierte Leistung für 140 kts Eigengeschwindigkeit und verarme das Gemisch mit der größten Sorgfalt.
Trotz der erfreulichen Helligkeit ist die Stellung der Sonne nicht auszumachen. Der Einsatz des Astrokompasses kommt also nicht in Frage. Gleichwohl fühle ich mich mit dem sauberen Kurssteuern, fleißigen Mitkoppeln und Rechnen völlig sicher auf dem gewählten Kurs. Meine nächste Positionsmeldung wird bei 85°N und 125°W erfolgen. Mit dem stundenlangen Tieffliegen nach der Motorstörung, dem Vollgaskampf im Eis und dem erneuten Steigflug habe ich mehr als den Reservesprit für vier Stunden verbraten. Die Reserve ist also jetzt absolut Null. Da muß ich schon Glück haben – statt Gegenwind also Rückenwind – um überhaupt noch anzukommen. Hier herrscht Windstille, ›Variable at three‹.

58. Nordpol

Inzwischen befinde ich mich auf Kurs Nord, das heißt mit ›Grid heading‹ 125° und in der Hoffnung, genau auf diesem ›Gridtrack‹ zu sein. Mit Nullwind, der mich seit Stunden umgibt, muß das genau stimmen. Die Polkarte, auf der ich ständig nacharbeite, ist schon ziemlich verzeichnet und ›verbraucht‹, aber diese Tätigkeit macht mich sicher und verbessert die Vorstellungskraft. An Bord ist alles hundertprozentig, auch Kondition und Stimmung, und da habe ich mir nach dem Streß von 26 Stunden, die ich jetzt ununterbrochen arbeite, einen Schluck aus der Pulle verdient. Das Steak und der Milchkaffee von gestern sind längst ›verdunstet‹. So trinke ich den Rest der Milch aus einer Flasche der ›Milchbatterie‹. Das sind noch 250 ccm. Für fünf Minuten habe ich ›Freiwache‹, wie man es auf Kriegsschiffen ausdrückt, denn man ist ja weiterhin im Dienst. Ich auch. Das ist zu wenig Flüssigkeit für die bisherige Zeit, aber ich habe es einfach nicht geschafft in dem Trubel, einfach vergessen. In kleinen Schlucken trinke ich die Flasche leer. Das erfrischt.

Der Uhrzeit nach muß nun der Flug LH 653 in der Luft sein. Schon seit einiger Zeit ist der Kontakt auf der Kurzwelle unterbrochen, aber dafür wird es heller und heller. Für 22.00 Uhr haben wir vereinbart, uns gegenseitig zu rufen, doch es tut sich nichts. Nach meiner Koppelnavigation muß ich etwa um 22.05 Uhr den Pol erreichen, also mit einer Verspätung von 55 Minuten gegenüber dem Flugplan. Von dort führen dann alle Kurse automatisch nach Süden, aber mein neues Gridheading wird dann 166° sein. Mit einer leichten Rechtskurve werde ich die ›Heidelberg 3‹ darauf ausrichten. Nach der Zeit muß ich den Nordpol jetzt überfliegen. Einerseits bin ich nun glücklich, die große Wendemarke erreicht zu haben, andererseits ist es bedauerlich, daß ich den Astrokompaß nicht für die Überprüfung zu Hilfe nehmen kann.

Unverändert stecke ich in den Wolken. Immerhin wird es unaufhörlich heller, und eine halbe Stunde später komme ich oben heraus, raus aus den letzten Fetzen. Über mir dehnt sich der blaue Himmel. Es kommt mir wie ein Wunder vor. Nur rechts etwas höher steht eine dünne Wolkenschicht quer zur Flugrichtung.

Her nun mit dem Astrokompaß! Die Sonne steht hinter mir, es ist 22.40 Uhr. Links und rechts auf jeder Flügeloberseite sehe ich die scharfen Schatten des V-Leitwerks, ziemlich symmetrisch. Die Sonne steht hier am Nordpol tief über dem Horizont – für mich nun endlich einmal sichtbar. Um den Astrokompaß in die Sonne zu bringen, muß ich nach links drehen - ich sitze ja an der linken Bordwand. Zweimal fliege ich für einige Minuten Gridheading 120°. Nach meinem ›Besteck‹ muß ich genau auf dem Track von 166° G sein. Allerdings ist es ohne stabile Plattform sehr schwierig, eine genaue Einstellung vorzunehmen. Immerhin scheint es sicher, daß ich vor etwa 45 Minuten den Pol überflogen haben muß.

Meine Meldungen setze ich nun bei ›Iceland Radio‹ ab, aber dieser Kontakt ist nicht nur sehr gestört, sondern über längere Zeit völlig unterbrochen. Dagegen kommt das erste Gespräch mit Kapitän Röffen zustande. Er hat Dr. Schulte und das Fernsehteam an Bord.

Hier entwickelt sich nun ein Mißverständnis in der Kommunikation, dessen Ursache rekonstruierbar ist. Als ich schon mit Island in Verbindung stehe und nun wohlgemut auf Spitzbergen zusegle, sitzt Dr. Schulte niedergeschlagen in seinem Sessel. An Bord der DC 10 ist nicht klar genug verstanden worden, daß ich bei 78°N meinen Kurs aus einer Notsituation heraus um 90° geändert habe, um sogar eventuell in Mould Bay zu landen und den Flug abzubrechen. Er hat es so verstanden, daß ich eine Fehlentscheidung durch falsche Interpretation der Wettersituation getroffen hätte und deshalb in schlechteres Wetter eingeflogen wäre. In der Tat wäre mein Handeln unter normalen Umständen unbegreiflich gewesen. Kein Wunder also, daß er während des ganzen Fluges untröstlich ist. Zweitens habe ich meinen Kurs danach ja wieder geändert, um den Pol zu überfliegen. Das ist also demnach nicht durchgedrungen oder mit der Zwischenflugplanung nach meiner Notsituation verwechselt worden. Erklärlich ist das schon, denn in dieser Zeit sind die Ausbreitungsbedingungen auf KW erheblich schlechter, und so kann ich denn

auch ebensowenig verstehen, wie mein Partner von ›Iceland Radio‹, nämlich nichts. So weiß zu dieser Zeit niemand etwas über diese Mißverständnisse, denn sie ergeben sich auch nicht aus den aktuellen Gesprächen über Funk. Wir erfahren das alles erst nach dem Fluge. Glücklicherweise ist der Verlauf des Fluges in keiner Weise dadurch beeinflußt worden.
Leider muß ich nun durch eine okklusionsähnliche Wolkenbildung hindurchfliegen und bekomme schnell Eis. So kritisch wie vor vielen Stunden kann es kaum noch einmal werden, weil ich jetzt leichter bin, aber ich muß wieder mit Vollgas fliegen. Die Höhe kann ich halten, aber ich verbrauche wieder viel, viel Sprit. Mit der Kalkulation sieht es nun finster aus, denn unter diesen Umständen ist jetzt klar, daß ich nicht mehr bis München kommen kann. Fast ist es mir schon gleichgültig, daß ich den Nordpol überflogen habe. Ist denn alles gegen mich? Wieder einmal merke ich, wie der Streß und diese Enttäuschungen an den Nerven zerren. Man muß schon hartgesotten sein, um das alles durchzustehen. Dabei hilft mir wiederholt autogenes Training. Es ist für mich eine entscheidende Hilfe – und dann auch ein Schluck Milch.
Meine Grundgeschwindigkeit dürfte in der letzten Zeit nicht höher als etwa 135 Knoten liegen, denn ich habe ja wieder Eis verkraften müssen. Jetzt fliege ich in der Sonne, so daß diese Kruste in der trockenen Luft durch Sublimation dünner und dünner wird. Tröstlich ist mir die unermüdlich tadellose Funktion aller Systeme. Und der Motor brummt, daß es Freude macht. Jetzt, mit fast verschwundener Eisschicht, kann ich ihn wieder ökonomisch einstellen. Benzin sparen, das ist mein höchstes Gebot.

59. Kurs Spitzbergen-Norwegen

85°N habe ich hinter mir, und die Maschine liegt so stabil, wie noch zu keiner Minute vorher auf diesem Flug. Die Luft ist völlig turbulenzfrei. Für mich ist das Grund genug, um wenigstens den ›heading mode‹ (Kurshaltung) einzuschalten, damit ich nicht allein für das genaue Richtunghalten soviel Konzentration verschwenden muß. Mit der ständigen, manuellen Nachführung der entsprechenden Komponenten des ›King Gyro‹ ist das einfacher für mich. Die Anzeige des Sperry-Kreisels ist maßgebend: 166°G.
Langsam und zögernd kommt jetzt eine pendelnde Anzeige am Radiokompaß auf das Consol-Funkfeuer der Bäreninsel und von Jan Mayen, deren Zeichen ich im Kopfhörer schon eine ganze Weile identifizieren kann. Mit 140 kts Eigengeschwindigkeit fliege ich auf Spitzbergen zu. Das sonst stark strahlende Funkfeuer ist aber ohne Zweifel abgeschaltet. Trotz wiederholter Versuche ist es mit keiner

meiner beiden tadellos arbeitenden Anlagen zu empfangen. Statt dessen ermöglicht mir die Kreuzpeilung der beiden eingestellten Funkfeuer nun zum ersten Mal, meine Position einigermaßen zu berechnen. Ich bin gut auf meinem Gridtrack. Drei Stationen arbeiten in einem schnellen Wechsel innerhalb von drei Minuten nacheinander, so daß ich die Peilungen in kurzen Zeitabständen mehrmals wiederholen kann. Die Stationen heißen Björnoya, Andoya und Jan Mayen, von denen die zweite allerdings kaum Reichweite hat und auf meinem Kurs fast in Deckung mit der Bäreninsel liegt. Meine Kreuzchen auf der Karte ergeben ganz klar: Ich bin genau auf 166°G-track. »Was Du schwarz auf weiß besitzt...« So muß meine Navigation doch gut und genau gewesen sein – und etwas Glück ist wohl auch noch dabei.

Nebenbei mache ich aber noch eine Feststellung, die mich stutzig macht. Seit 85°N habe ich nämlich kontinuierlich eine starke Radarechoanzeige auf dem Transponder, aber für Spitzbergen ist eine solche Station nicht veröffentlicht. Flugzeuge oder Schiffe können es ebensowenig sein wie eine andere Insel. Trotzdem nehme ich es als ein günstiges Zeichen, denn irgendjemand hat mich auf dem Radarschirm. Von LH 653 höre ich, daß man mich weit querab inzwischen überholt hat. Auf Anfrage bei Kapitän Röffen wegen des Transponderechos kann er mir nur sagen, daß ihm als Kenner der Strecke eine Anlage in dieser Gegend nicht bekannt ist. Er blättert sogar in seinen Unterlagen nach, – seine Antwort: »Nichts veröffentlicht oder bekannt.« Seltsam!

Bei bester Sicht erkenne ich weit vor mir eine von Bergen hochgestaute Bewölkung. Das kann nur Spitzbergen sein. Bei der sagenhaften Sicht ist eine Entfernungsschätzung sehr schwierig. Immer klarer tauchen die Berge der Nordkette auf – eine wunderschöne Gebirgslandschaft mit rotbraunem Stein, weiß bedeckt mit Schnee. Meine Bolex ist schon wieder in Aktion. Um 03.20 Uhr passiere ich endlich Isfjord und werde von dort unerwartet auf UKW angesprochen: Man habe mich registriert, und ich sei genau auf Kurs gewesen. Auch das ist seltsam, denn die haben gar kein Radar, und ich habe in meiner Höhe mit denen absolut nichts zu tun. Es ist nämlich die Towerfrequenz des Flughafens. Mein Partner ist ausschließlich Bodö-Radio an der norwegischen Küste auf Kurzwelle, dem ich den Vorgang melde. Auch er findet den Vorgang seltsam und will ihn untersuchen.

Mit Hilfe der ersten Landmarken kann ich jetzt einwandfrei feststellen, daß die Windvorhersagen genau gestimmt haben. Die Kraftstoffsituation macht mir allerdings Sorge. So lasse ich mir auf Kurzwelle das Platzwetter von Bodö geben. Meine ursprüngliche Absicht, dort zu landen, wird nun bestärkt, denn ich bekomme über LH 653 eine Vorhersage für die Kontinentalstrecke zwischen Norwegen und München. Die Windverhältnisse auf dieser langen Strecke werden die Entscheidung bringen, und nach den gegebenen Meldungen werde ich mein Ziel nicht erreichen: starke Gegen- und Seitenwinde.

Wie immer in solchen Fällen, verhalte ich mich flexibel, zumal die Tanks ja noch Sprit haben, aber ich rechne, rechne zweifach. Damit allein werde ich allerdings

Nach der anschließenden Diskussion mit dem Präsidenten des Clubs der Luftfahrt Dr. Theodor Benecke und dem Generalsekretär Hans Bambey.

Zahnarzt Rainer Kirste, mein freundschaftlicher Berater für Fernflüge in medizinischer Hinsicht.

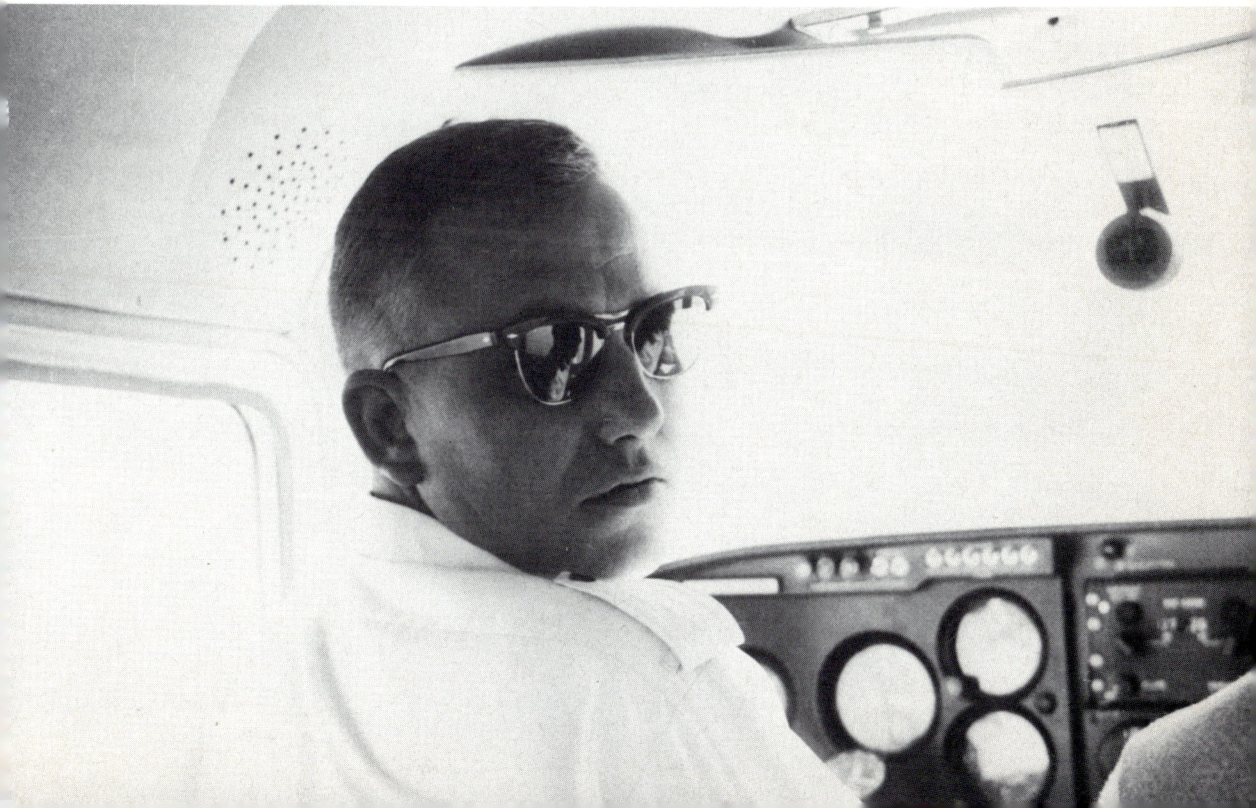

Eddi Jaeger-Booth von der Firma Beech Denzel GmbH/Augsburg vor der Weltrekord-Bonanza A 36 TC.

ARD beim Filmen in Heidelberg, l. Christof Hampe, 2. v. r. Carsten Diercks.

Das silberne Lorbeerblatt des Bundespräsidenten.   Die Urkunde.

Geschenk der Firma Dornier für den Nordpolflieger: ein eingegossenes Blechstück des Nordpol-Dornier-Wal von Amundsen.

Ein Dokument aus der Pionierzeit der Fliegerei!
Mit dem berühmt gewordenen Flugboot Dornier Wal N-25 erreichte der Forscher Roald Amundsen am 21. 5. 1925 den Nordpol. – Mit der gleichen Maschine (registriert als D-1422) startete am 18. 8. 1930 der Flugpionier Wolfgang von Gronau zu der historischen Atlantiküberquerung List – New York.

In der Redoute Bad Godesberg bei der Verleihung durch den Bundespräsidenten Carstens. (Kleinsorge)

Interessante Dimensionen. Torben Henze (Aero Club Heidelberg), noch als 1. Offz. auf Boing 747 bei der Lufthansa vor dem Bugrad des Boing ›Jumbo‹.

Günther Brinkmann, bekannt durch die Fernsehserie ›Die Erben Lilienthals‹/ARD vor seinem Motorsegler RF-5.

Mit dem Wasserflugzeug über New York.

Über dem Hafen von Manhattan.

Mit Günter Pöschel vor der Rekordmaschine ›Lake Buccaneer‹ (vor dem Flug und der Ausrüstung).

Begleitmaschine Cessna 310 mit dem Piloten Richard Reinig und dem Team der Zeitschrift ›Stern‹ in Newcastle.

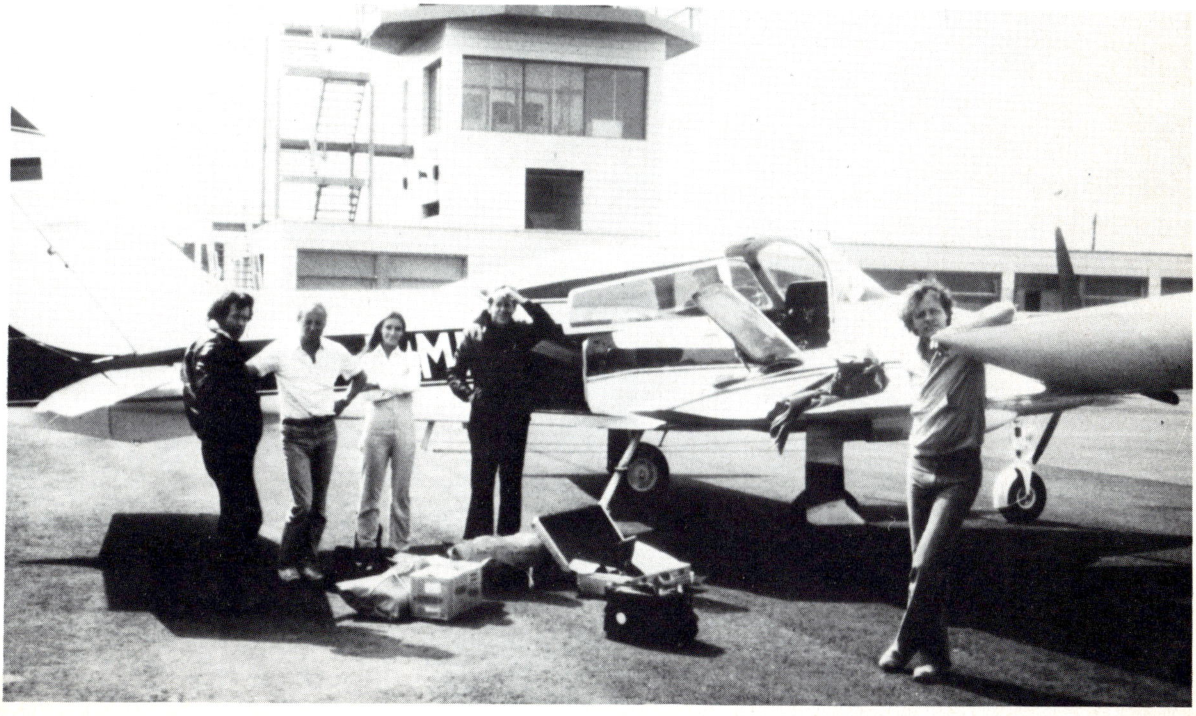

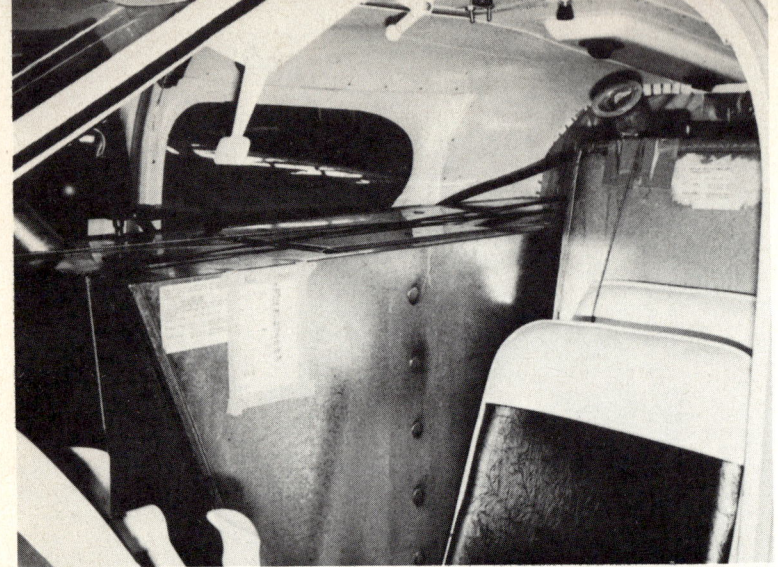

Zwei große Tanks neben und hinter meinem Sitz, oben die Hebel für Gas und Propellerverstellung.

Instrumentierung der Lake, rechts des Pumpensystem.

Bootskörper und Einziehfahrwerk des Lake-Amphibiums.

nicht zu einem entscheidenden Ergebnis kommen. Ich brauche meßbare Werte, und die kann ich erst erhalten, wenn ich in den Bereich von Bodö-DME komme. Mit einer exakten Grundgeschwindigkeitsanzeige kann ich meine Berechnungen erheblich realistischer gestalten. Noch nie habe ich auf einem Flug so viel gerechnet und pausenlos gearbeitet, und deshalb bin ich wohl auch nicht müde, – eher aufgedreht. Aber ich habe Durst und greife eine Milchflasche. Enttäuscht muß ich sie gleich wieder zurückstellen. Der Inhalt ist dick geworden und schmeckt bitter. Trotz des langen Fluges über das Eis, in dem Eis und mit Eis auf dem Flugzeug hat sich das nicht einmal symbolisch oder respekterheischend auf die Frischhaltung übertragen. Die Milch ist sauer – ich auch. Jetzt werde ich Durst haben bis München – oder vielleicht bloß bis Bodö? Der ›lange‹ Durst wäre mir jedenfalls lieber!
Seit einiger Zeit habe ich auch guten Funkkontakt mit der Lufthansa-Bodenstation in Frankfurt. Von dort werde ich freundschaftlich mit Informationen versorgt. Überhaupt kann ich mit meinen weltweiten Erfahrungen nur ein großes Loblied auf die Lufthansa-Organisation singen, und das gilt auch für die sprichwörtliche Pünktlichkeit ihrer Flüge. In diesem Zusammenhang kann ich einen amerikanischen Geschäftsmann zitieren, der weltweit operierend, fast bei jeder unserer Terminvereinbarungen mir ausdrücklich versprach ›lufthansalike‹ pünktlich zu sein. Früher sagte man ›pünktlich wie die Uhr‹ Wir beide haben uns übrigens immer genau danach gehalten.
Alle dreißig Minuten spreche ich nun mit »Lufthansa Frankfurt«. Die Ausbreitungsbedingungen auf Kurzwelle, die zeitweise im Polbereich so kritisch waren, sind jetzt hervorragend. Ich muß mich nur von Bodö abmelden, ein paar Knöpfe drehen, und schon spreche ich mit meinem Lufthansa-Partner wie am Telefon, – ja, ich erkenne ihn schon an der Stimme. Jetzt fragt er mich, wie es mir geht, denn er kennt meine Spritsorgen. Meine augenblickliche Lage ist unerfreulich, denn ich fliege erneut in eine Frontlinie hinein und nehme viel und schnell Eis auf. Die eingelagerten Gewitter schütteln die ›Heidelberg 3‹ so kräftig durch, daß ich die ›Schlaglochsituation‹ per Funksprech laut fluchend kommentiere. Und wir Flieger sind dabei ja nicht gerade zimperlich. Da tönt es ganz unvermittelt in meinem Kopfhörer: »Wollen Sie mal mit Ihrer Frau sprechen?«
Natürlich bin ich überrascht, aber meine Schrecksekunde ist kurz: »Ja, bitte.« Schon Augenblicke danach höre ich ihre Stimme laut und klar, leider aber auch nur kurz. Natürlich sage ich, »Es geht mir gut, alles in Ordnung.« Trotzdem bin ich sicher, daß sie mein Fluchen und die Kommentare über die miserable Situation vorher mitgehört hat. Jedenfalls fühle ich mich glücklich. Das Gespräch ist während des unerfreulichen Sinkfluges durch schwarze Wolken mit viel Eis und Turbulenz eine erfreuliche Unberbrechung. In FL 050 angekommen, habe ich endlich teilweise Sicht auf das offene Meer, und in nur wenigen Minuten schmilzt das Eis von meinem geplagten Flugzeug bei den erheblichen Plustemperaturen dahin. Zu dieser Zeit verabschiede ich mich dankend von Kapitän Röffen, der seine DC 10 im Sinkflug auf Hamburg zusteuert.

Dort wird Günter Brinkmann sein Team empfangen und während der Umsteigezeit ausfragen können. Dr. Schulte kann aufgrund der Wettermeldungen ein Bild von der meteorologischen Gesamtsituation geben. Kapitän Röffen wird ihn über die ernste Kraftstoffknappheit unterrichten, die auch eine Landung in Hamburg nicht ausschließt. Jedenfalls muß er entscheiden, ob er das Team weiter nach München fliegen läßt.
Ich habe jetzt andere Sorgen. Für jeden Augenblick erhoffe ich eine verbindliche Anzeige der Flagge auf dem VOR-Anzeigegerät, dessen Nadel immer nervöser zuckt. Diese spannende Zeit kenne ich von vielen Flügen, besonders vom Lindbergh-Gedächtnisflug, auf dem ich auch große Kraftstoffsorgen hatte. Diesmal ist der Flug aber mit allen seinen Bedingungen wesentlich schwieriger und anstrengender – überhaupt kein Vergleich!
Da endlich steht die Nadel für einige Sekunden, und auch die Flagge bleibt ebensolange auf TO. Jetzt kann die Küste nicht mehr allzuweit sein. Und da leuchtet sogar die Digitalanzeige des DME auf. Zwar verschwindet sie wieder einige Male, aber ich weiß, daß ich in einigen Minuten zuverlässige Anzeigen bekommen werde. Die Spannung wächst. Wie wird meine Grundgeschwindigkeit sein? Wie stark wird der Wind sein, und von wo kommt er? Ich brauche diese Werte, um meine Entschlüsse fassen zu können. Die Spannung kann kaum größer sein!

60. Rechnen, Rechnen

Nach dem Erkennen der Frontlinie habe ich schon vor einiger Zeit um plus drei Grad auf dem Sperry-Kompaß vorgehalten. Wenn auch die Nadel des VOR noch stark schwankt, so kommt doch ein mittleres Radial von etwa 360° heraus. Ich müßte also, wenn sie sich so stabilisiert, genau auf meiner Kurslinie sein. Da kann ich nur feststellen: Na also, es stimmt alles bei der Navigation, sogar mein geschätzter Vorhaltewinkel hat gepaßt. Bei 142 kts Grundgeschwindigkeitsanzeige bleiben die Leuchtziffern des DME stehen, und noch 84 NM (155 km) sind bis Bodö zu fliegen.
Schon habe ich den Rechenschieber in der Hand. Meine wahre Eigengeschwindigkeit beträgt 138 kts, also habe ich eine Rückenwindkomponente von vier Knoten. Es werden wieder Entschlüsse fällig, aber diesmal fällt es mir nicht schwer: Weiterfliegen! Umwege wegen Fehlern in der Navigation habe ich nicht gemacht – das befriedigt mich sehr. Vielmehr kann ich aus allen Tatsachen während des Fluges schließen, daß ich immer exakt auf den berechneten Kurslinien war.
Meine Absicht, keinesfalls in Bodö zu landen, melde ich – nun schon auf UKW – an

die Flugsicherung. Dort hat man mit dieser Möglichkeit schon gerechnet. Natürlich wissen die von meinem Rekordversuch und gratulieren mir kameradschaftlich zum Gelingen des Hauptteils der schwierigen Aufgabe. Ich bedanke mich, aber ich empfinde diese echt dargebotenen Freundlichkeiten fast als Vorschußlorbeeren, und das mag ich nicht. Das hat nichts mit Aberglauben zu tun, aber noch habe ich ja allerhand vor mir. Wäre ich überhaupt gescheitert, so hätte ich mich jedenfalls in der guten Gesellschaft hervorragender, und zum Teil weltbekannter, Piloten befunden – etwa einem Dutzend an der Zahl. Kein einziger hat es jemals mit einem Leichtflugzeug geschafft, auch nicht mit zweimotorigen. Jetzt weiß ich, warum und kann das gut beurteilen und verstehen. Die Anforderungen an Mensch und Material, an Können, Entschlußkraft und Durchhaltevermögen, aber auch an Vorbereitungsintensität sind unvorstellbar groß – vom Glück insgesamt, besonders aber vom Wetter, einmal ganz abgesehen. Es ist wohl eine Gnade, es schaffen zu dürfen. Ja, das ist es, – darüber bin ich mir hier schon im klaren. Wer anders kann das schon begreifen?

Die netten Leute von Bodö machen nun das Angebot, mir Abkürzungen zu geben, wo es etwas bringt. Das nehme ich sofort mit Heißhunger auf, obwohl bei der Führung der Luftverkehrsstrecken hier nicht allzu viel herauszuholen ist. Vielleicht sind es nur wenige Minuten, aber die sind mir Gold wert. So bitte ich auch gleich darum, diesen meinen Wunsch an die nächste Stelle weiterzugeben. »Geht OK«, antworten sie.

Von nun an mache ich mir das Leben leichter und lasse die brave Bonanza durch den Autopiloten steuern und die Höhe halten. Nach Passieren der Front habe ich nun bei herrlicher Sicht einen Ausblick auf die einmalig schöne Bergwelt Norwegens mit ihren vielen gewaltigen Fjorden. Bis ich die von links in spitzem Winkel auf meinen Kurs zulaufende Küstenlinie schneiden werde, bin ich dann fast 24 Stunden in der Luft und auf schwierigen Kursen durch teuflisches Wetter unterwegs. Trotz schwerer Belastungen haben bis jetzt alle Systeme und das Flugzeug sich von der besten Seite gezeigt, und eine ganz entscheidend wichtige Anlage, die selbst von erfahrenen Fachleuten bezüglich ihrer Zuverlässigkeit und Präzision skeptisch betrachtet worden war, hat sich bestens bewährt: der Präzisionskreiselkompaß C-12 von Sperry. In den mehr als 24 Stunden Laufdauer hat er eine Abweichung von nur acht Grad gezeigt, was im Schnitt 0,3° je Stunde bedeutet. Seine Bezeichnung hat das Gerät also ehrlich verdient. Ohne einen Kreiselkompaß darf man Flüge dieser Art nicht wagen.

Meine zwischenzeitlich nach Checkliste aufgezogenen Uhren zeigen einheitlich 08.06 Uhr Z, als die Flagge auf dem VOR-Instrument wechselt. Noch mehr interessiert mich jetzt die von mir als zunehmend erkannte Grundgeschwindigkeit, die mir das DME zehn Minuten später, gut stabilisiert, mit 145 kts offeriert. Sofort reduziere ich auf 45 % Leistung, um mich möglichst lange vom Wind schieben zu lassen, – und das bei geringstem Kraftstoffverbrauch. Der Durchfluß liegt nun unter 9 g/h (34 l/h), und das bei einer Eigengeschwindigkeit von 136 kts (252 km/h). Der

Wert der Rückenwindkomponente hat sich inzwischen von 4 kts auf 9 kts erhöht. Wenn das noch ein bißchen mehr wird . . .!
Glücklicherweise fliege ich in Flugfläche 90 über den Spitzen der 2/8 Cumulus-Bewölkung, so daß meine Eigengeschwindigkeit nicht durch Turbulenz verringert wird. Wolkenform und -aufreihung in Straßen zeigen mir den Rückenwind nun auch optisch an, und die neuesten Meldungen von Bodö und Lufthansa Frankfurt lassen mich für die gesamte Stecke von hier bis München auf Rückenwind hoffen. Ab Trondheim sollen es mindestens 15 kts direkt von hinten sein. Das ist fast zu schön, um wahr zu sein, und ich stelle mich innerlich auch noch nicht darauf ein – eher auf eine Landung in Hamburg. Das sehe ich als eine gute Leistung an, mit der ich auch zufrieden sein will. Dort würde ich dann mit Günter Brinkmann auf den halb mißratenen Flug trinken.
Noch fliege ich mit dem vorderen Kabinentank, bis auch hier wieder nach einiger Spannung um 09.09 Uhr Z der Spritfaden abreißt und der Motor nur noch durch den im Fahrtwind drehenden Propeller angetrieben wird. Ich muß alle Tanks - bis auf den letzten - völlig trocken fliegen, denn ich werde jeden Tropfen brauchen. Von dem rechten Flügeltank der D-EHIB weiß ich, daß er ebenfalls restlos ausfliegbar ist. Das ergab ein Versuch im Fluge über den USA. Danach konnte ich noch 39,9 Gallonen nachtanken. Der Rest betrug also einen halben Liter.
Ich muß wieder mal streng kalkulieren: 1160 NM (2150 km) habe ich noch zu fliegen. Das DME zeigt jetzt 161 kts Grundgeschwindigkeit. Die Stärke des Rückenwindes hat auf 25 kts zugenommen. Mir wird ordentlich heiß bei dem Gedanken, doch noch weiter als Hamburg zu kommen. Die Sonne tut ein übriges und scheint mir kräftig von links in die Kabine. Schnell ziehe ich meine Lederjacke aus und drehe die Lüftung weiter auf. Die Entfernung, die ich noch zu bewältigen habe, ist mehr als nur ein Tagespensum.
Wenn ich mit derartigen Winden einen Schnitt von 150 kts (278 km/h) Grundgeschwindigkeit halten könnte, dann müßte ich noch sieben Stunden und fünfundvierzig Minuten fliegen. Wenn ich noch verschiedene Höhenwechsel einkalkuliere – und das muß ich – dann würde der Vorrat noch etwa 80 g betragen müssen. Ziemlich genau 75 g habe ich noch zur Verfügung. Es geht um 5 Gallonen (19 Liter) plus der etwa gleichen Menge Reserve, also 10 g = 38 l.
Sofort rufe ich nochmals meine Freunde bei LH-Frankfurt und bitte um Rückfrage bei Bremen, Frankfurt und München Control wegen möglicher Abkürzungen über deutschem Gebiet, und erbitte Auskunft, ob militärische Übungen meinen Flug eventuell behindern könnten. Nach 30 Minuten ist alles geklärt: keine Behinderungen, und ich kann mit den schärfsten Abkürzungen rechnen, die überhaupt denkbar sind. Auch die Einbahnrichtung der G-5 wird für mich nicht gelten. Ich werde Radarführung außerhalb der Luftverkehrsstrecken bekommen. Das ist ein großes Wort!
Wenn der Rückenwind anhält, kann ich weiterhin viel Benzin sparen. Alles in allem kann es vielleicht unter den allergünstigsten Bedingungen doch noch reichen. Je-

denfalls geht es um Spitz und Knopf! Das Fluggewicht meines inzwischen leicht dahinziehenden Vogels liegt nun deutlich unter dem maximalen Startgewicht. Etwa 1200 Liter Kraftstoff sind verbraucht, die Bonanza ist um 850 kg leichter geworden. Sie fühlt sich beim Steuern herrlich an, und ich bedaure, daß sie nicht mir gehört. Wenn der Motor nicht so brummen würde, könnte man fast sagen: »Der leichte Vogel zwitschert dahin.« –

Noch über Norwegen werde ich gebeten, auf einer bestimmten Kurzwellenfrequenz ein Interview für Radio Enköping zu geben, ja, man lädt mich offiziell ein, in Norwegen zu landen. Ich sei ein willkommener Gast. Die Flugsicherung vermittelt. Auf englisch gebe ich sehr frisch mein erstes Ferninterview aus der Luft direkt in die Sendung.

Der starke Wind läßt meinem Optimismus die Zügel immer lockerer, aber keinesfalls will ich ohne eine gewisse Reserve ankommen. Schließlich fliege ich nach IFR-Flugplan und habe die Regeln zu beachten. Glücklicherweise aber herrscht über ganz Deutschland durchweg Sichtflugwetter, so daß ich jederzeit meinen Flugplan absagen könnte, um auf einem kleinen Flugplatz zu landen.

Ununterbrochen hole ich Zeit auf und spare gleichzeitig Benzin. Der unerwartet starke Rückenwind hält an. Diese günstige Wetterlage kommt nur durch eine geringe Bewegungsverzögerung des Hochdruckkeils zustande, der sich gerade über dem Nordostatlantik befindet. Auf diese Weise komme ich unvorhergesehen noch rechtzeitig auf seiner Vorderseite in den Genuß der Nordwest- bzw. Nordströmung, anstatt in den Bereich mit Seiten- oder Gegenwind in seiner Achse oder dahinter. Noch bis zu meiner Position zwischen Spitzbergen und Norwegen lautete die Vorhersage auf eben solche ungünstigen Bedingungen.

Ähnlich, aber in negativer Weise hat sich der Bereich des Tiefdruckgebietes über Grönland mit seiner vereisungsträchtigen Bewölkung unerwartet schnell über meine geplante Route hinaus weiter in Richtung UdSSR verschoben. Solche atmosphärischen Schwingungen über weite Gebiete sind kaum vorauszuberechnen, und schon kleine Zeit- oder Raumverschiebungen können für die Fliegerei mit ihren weiträumigen Bewegungen entscheidende Unterschiede und Umstände bringen. Man bewegt sich eben oft in Grenzzonen solcher unterschiedlicher Luftmassen, ganz besonders über dem Nordatlantik und über Europa.

Als Pilot muß man mit diesen Wechselwirkungen kalkulieren. Flugzeugführer mit fundierten Kenntnissen aus der Theorie und einem Batzen praktischer Erfahrung in jedem Bereich können mit Flexibilität die Gesamtsituation optimieren, wenn sie die Leistungsfähigkeit des Fluggeräts und ihre eigene richtig einschätzen. Dazu gehört auch das Wissen um die vielen Imponderabilien, die im Gesamtpaket, zum mindesten aber im Wettergeschehen, verborgen sein können. Schließlich fliegt man auf Langstrecken immer durch mehrere Systeme, – und wieder betrifft das besonders den Nordatlantik mit seiner unübertroffenen, unheimlichen Wetterküche.

Lufthansa Frankfurt ruft mich wieder auf Kurzwelle und möchte die voraussichtliche Überflugzeit von Michaelsdorf VOR an der Grenze, damit die Flugsicherung sich auf meinen Einflug vorbereiten kann. Schließlich gilt es, mich risikofrei für den Gesamtverkehr in diesen Bereich einzufädeln. Da ich ständig alle nur möglichen und auch unwahrscheinlichen Werte errechne, bin ich auf dem laufenden. Meine Antwort kommt in Sekundenschnelle.

61. »Ziel-Landung«

Im Raum Kopenhagen steht es auf des Messers Schneide, ob es nun reichen wird oder nicht. Wenn es mit dem Wind nicht plötzlich zu Ende ist, dann werde ich zwischen Hamburg und München sogar die wichtige IFR-Reserve herausfliegen können. Ohne Windeinfluß wird es hingegen nur mit Übergang in einen Sichtflugplan gerade so reichen. Für diesen Fall sehe ich mir die Karten für einige Plätze entlang der Ostgrenze und südlich von Fulda an. Auf gar keinen Fall will ich ein Risiko eingehen, lieber lande ich kurz vor dem Ziel sicher auf einem anderen Platz. Die Flugsicherungsleute übernehmen die Verantwortung, um mir entgegen zu kommen. So werde ich die eigene ebenso selbstverständlich tragen – die Kameraden am Boden müssen sich darauf verlassen können. Nur so kann man auf die Dauer das Vertrauen und das gegenseitige Verständnis stärken. Man gibt mir einen Vorschuß davon, als ich sofort nach Übernahme durch Bremen-Radar über Lübeck VOR und von dort mit ›Radial 195 outbound‹ freigegeben werde, um an Leine VOR vorbei irgendwo das ›Radial 184‹ dieses UKW-Drehfunkfeuers anzuschneiden. Ganz dicht an der Ostgrenze entlang verläuft nun meine Route, aber mit sicherem Abstand.
Nach dem Passieren querab von Hamburg VOR weiß ich nun endgültig, daß der Schiebewind geholfen hat, mich sicher bis München kommen zu lassen. Die DME-Anzeige weist eindeutig auf eine, wenn auch schwächer gewordene Rückenwindkomponente hin. Die Anzeige des linken Flügeltanks – es ist der letzte von insgesamt sieben – läßt mich nach meinen Berechnungen darauf hoffen, mit einer Reserve von 15 bis 20 Litern in München aufsetzen zu können. Den rechten Flügeltank habe ich beim Passieren von Ringo VOR bei Kopenhagen trockengeflogen. Die Dänen haben mir über ihrem Gebiet durch Abkürzungen ebenfalls einige Minuten Flugzeit sparen helfen, und von dort habe ich auch ein Interview mit Helmut Fleischer direkt in die Sendung von RIAS-Berlin gemacht. Das hat mir Abwechslung und Spaß gebracht, aber als ich beim Überfliegen der deutschen Grenze von meinem Radarlotsen begrüßt werde: »Herzlich willkommen über der Heimat«, da bin ich doch tief berührt, ganz besonders auch deshalb, weil ich direkt in den anderen Teil unseres Vaterlandes hineinschauen kann. Wieder muß ich daran denken: welch unsinnige, traurige Trennung!

Inzwischen steht die Sonne hoch. Es ist sehr warm geworden, so daß ich die Frischluftdüsen am Dach voll aufdrehe. Nur jetzt nicht müde werden! Leider kann ich die restliche, bitter-sauer gewordene Milch nicht genießen.
Mit 150 kts Grundgeschwindigkeit nähere ich mich stetig und unaufhaltsam meinem Ziel. Dennoch will ich mich nicht zu Euphorie verlocken lassen. Schließlich habe ich noch einige Stunden zu fliegen, da brauche ich noch Spannkraft und einen kritischen Blick für alle Entscheidungen. Jetzt ist die richtige Gelegenheit für autogenes Training. Dann räume ich meine kleine Kabine auf: alle Karten in die Tasche, Kameradeckel zu, Checklisten und viele Wetterunterlagen unter den Tankvorbau und Ordnung zwischen den Füßen, damit ich bei der Landung die Seitensteuerpedale frei bewegen kann.
Für Lufthansa Frankfurt gebe ich meine letzte Meldung ab und bedanke mich herzlich für die kameradschaftliche Hilfe und Betreuung. Ich werde mich persönlich auf der Station sehen lassen.
Auf Anfrage der Flugsicherung gebe ich meine voraussichtliche Ankunfszeit für München an: 16.30 Uhr Z. Viele werden wohl denken, daß ich es nicht schaffe – mir ist es ja auch so gegangen. Von den in München Wartenden glauben aber sicher auch manche, daß der Flug gelingt. Jetzt bin auch ich sicher, aber noch gar nicht so lange. Zwei Stunden habe ich noch zu fliegen, da kann ich mich noch etwas entspannen.
Nördlich von Dinkelsbühl VOR höre ich im Funksprech die Radarführung von zwei Flugzeugen, die offensichtlich auf meine Position angesetzt werden. Die Sicht ist glänzend, der Himmel wolkenfrei. Dennoch kann ich nicht dauernd Ausschau halten – ich habe auch noch ein bißchen zu tun. Überraschend sind sie dann neben mir: zwei Beechcraft Bonanza haben mich in ihre Mitte genommen, um mich bis zur Landung zu begleiten. Eine richtige Ehreneskorte. Sie haben Presse und Fernsehen an Bord. Natürlich unterhalten wir uns auf der Bord-Bord-Frequenz 122,8, und ich erfahre, daß ein großer Empfang geplant ist. Mir ist nicht bange davor, denn ich fühle mich frisch und munter, wenn auch unrasiert und speckig. Aber das ist mir völlig wurscht. Ich bin nun ganz sicher, daß ich den Rekordversuch trotz der größten Schwierigkeiten erfolgreich beenden kann.
Zu dritt, rücksichtsvoll seitlich gestaffelt, fliegen wir auf den Flughafen der bayerischen Metropole zu. Schon zwei Weltrekorde auf Langstrecke habe ich dort erfolgreich beenden können. Mit der ›Heidelberg 3‹ soll es nun ein drittes Mal gelingen. Um Benzin zu sparen, erbitte ich Radarführung bis über den Platz, um dann nach Sichtflugregeln zu landen. Sicher ist sicher – wenn der Motor wirklich stehen bleiben sollte, dann würde ich auch im Gleitflug die Piste erreichen können. Indessen ist das nun nicht mehr zu befürchten, denn die Tankanzeige bietet mir noch für 20 bis 30 Minuten Flugzeit an. Das ist entgegen der Lage bei Spitzbergen geradezu als üppig zu bezeichnen, und darüberhinaus liegt die Reserve nun innerhalb der geforderten Toleranzen.
Unser Verband fliegt jetzt etwas dichter und ich drücke die Höhe weg, um auch

schneller zu werden. So überfliegen wir geschlossen den Flughafen München-Riem, der mir die Genehmigung gibt, in einer weiten Rechtskurve direkt in den Anflug für die Landebahn 07 zu gehen. Fahrwerk aus, Scheinwerfer an. In steilem Abstieg gehe ich in den Endanflug, begleitet von meinen beiden ›wingmen‹. »*Delta-Echo-Hotel-India-Bravo, wind calm, cleared to land.*« Um 16.32 Uhr Z berühren die Räder der braven Bonanza die Landebahn, während die beiden Flugzeuge meiner Eskorte durchstarten. Ich bin an meinem Ziel angekommen!
Ein ›Follow me‹-Wagen führt mich zu einer separaten Parkfläche. Abstellen! In Sekunden ist die Maschine von vielen Menschen umstellt. Weil ich vorher schon so gut aufgeräumt habe, kann ich gleich aussteigen, aber das ist gar nicht so einfach nach dieser langen Zeit des ›Einsitzens‹. Auf dem Bauch, mit den Händen voran, krieche ich durch das kleine Ausstiegsloch auf die Fläche und muß mich erst mal strecken. Schon auf dem Flügel muß ich Hände schütteln, und alle stehen so dicht, daß ich nicht auf den Boden komme. Endlich kann ich elastisch abspringen. Blumensträuße, Schulterklopfen, Händedrücken. Die größte und schönste Überraschung aber ist die Anwesenheit meiner Frau. Zu bescheiden hat sie sich im Gewühle zurückgehalten. Die vielen Blumen gebe ich ihr – sie allein hat sie verdient! Auch meine beiden Schwestern, Freunde und Fliegerkameraden sind gekommen, und dann kommt eine fabelhafte Fliegerin, um mich zu begrüßen: Elly Beinhorn. Sie hat Mutz Trense mitgebracht und einen Strauß vom Verband der Pilotinnen. Eine große Ehre für mich!
Dann werde ich über eine Stunde durch die Mangel gedreht. Tausend Fragen muß ich beantworten, und glücklicherweise fühle ich mich wach und stark genug, daß ich das mühelos kann. Ich bin froh, daß ich für die deutsche Fliegerei, die einen so großen Namen in der Geschichte der Weltluftfahrt hat, hier etwas tun kann. Nach dem ersten Ansturm kommt auch das Fernsehen zu seinen Streifen. Meine Freunde sind da, die mit mir vor dem Abflug so gut zusammengearbeitet haben. Nur einer fehlt: Dr. Schulte. Er war zu müde und ist deshalb von Hamburg gleich nach Frankfurt geflogen. Ich bedaure das sehr, denn sein Anteil an diesem Erfolg ist groß.
Nun, als ich denke, es sei alles überstanden, bittet man mich in das Flughafengebäude. Die Luftfahrtzeitschrift FLUG-REVUE hat Presse, Fernsehen und ausgewählte Gäste zu einem Empfang mit kaltem Buffet eingeladen. Zunächst geht es los mit Begrüßungsreden des Vizepräsidenten des Deutschen Aero Clubs Wilhelm Sachsenberg und von Elly Beinhorn, gefolgt vom Vertreter der Stadt München, von Fried Wilser aus Heidelberg und Eddie Jaeger-Booth von der Firma Denzel. Glücklicherweise sind sie treffend und dennoch kurz. Leider reicht es für mich danach kaum zu einem Bissen Brot und einem Glas Bier, denn ich werde regelrecht angebohrt, doch auch noch ein paar Worte zu sagen.
In knappen Sätzen erkläre ich Sinn und Zweck des Unternehmens so: Erstens wollte ich demonstrieren, daß der Mensch auch in unserer technisierten Welt – und das gilt besonders für Luft- und Raumfahrt – noch immer die wichtigste Kompo-

nente von kombinierten, komplexen Systemen ist, vielleicht die leistungsfähigste, bestimmt aber die vielseitigste.
Zweitens wollte ich beweisen, daß es möglich ist, mit vergleichsweise einfachsten Mitteln große Leistungen zu vollbringen, wenn nach seriöser Vorbereitung einige Grundsatzbedingungen erfüllt werden, wie Fachwissen und Disziplin, Erfahrung und Durchhaltevermögen.
Drittens wollte ich durch diese Pionierleistung erneut den guten Ruf der deutschen Luftfahrt in der Welt unterstreichen.
Alles das ist mir nun gelungen!
Anschließend an meine Ausführungen folgt eine lebhafte Diskussion. Aber damit ist mein Arbeitspensum noch nicht abgeschlossen, denn jetzt kommt noch das typische procedere mit Zoll, Einfuhr, Auspacken und der Abschluß der Rekordakte. Auch die Maschine will geparkt werden. Im Hotel schließlich warten viele Gäste auf mich: Ich soll mit ihnen zusammen die Nachrichten mit den Szenen meiner Ankunft im Fernsehen anschauen. Die Gläser sind schon gefüllt, ein Ausweichen ganz ausgeschlossen. Was die Leute sich so vorstellen! Prompt schlafe ich vor der Röhre ein. 13 Stunden Vorbereitungszeit in Anchorage, 33 Stunden Blockzeit und 7 Stunden bis jetzt mit Presse, Fernsehen, Vorträgen und Empfängen, das sind genau 53 Stunden voller Streß, – über zwei Tage! Schließlich ist man nur ein normaler Mensch. Endlich im Bett, kann ich die ganze Nacht nicht schlafen. Ich bin zu kaputt und durchgedreht. Autogenes Training hilft mir, den Körper ausruhen zu lassen und mich zu entspannen. Jedenfalls bin ich sehr zufrieden.
Entgegen allen Unkenrufen ist es mir mit der Hilfe weniger Freunde gelungen, das große Unternehmen durchzukämpfen. Andere haben mir ihr Vertrauen gegeben und auch finanzielle Mittel investiert. Für alle ist es ein Erfolg geworden.

62. Neue Pläne

Mein Schreibtisch ist überflutet, mein überdimensionaler Briefkasten verstopft, das Telefon läuft heiß, Telegramme aus aller Welt, sogar aus Australien und Südafrika, von wo ich erfahre, daß dort der Rundfunk alle drei Stunden über den Verlauf des Fluges berichtet hat. Der Bundesminister für Verkehr formuliert den Erfolg in seinem Telegramm so: »Ihren Flug Alaska-Nordpol-München, eine Strecke von 8200 km, die Sie mit einem einmotorigen Flugzeug in der Rekordzeit von 32 Stunden und 38 Minuten zurückgelegt haben, habe ich mit Interesse verfolgt. Besonders beeindruckt bin ich von der Sorgfalt Ihrer Flugvorbereitung, dem Grundstein des Erfolges für die sichere Durchführung eines so wagemutigen Unterneh-

mens. Ich gratuliere Ihnen herzlich zu diesem für die deutsche Luftfahrt bedeutungsvollen Erfolg!« Der Bundesminister für Verkehr. I. A. Huck.
Besonders diese Anerkennung werte ich hoch. Leben wir doch in einem Lande, in dem der Flug des Menschen zwar durch Lilienthal seine Geburtsstunde erlebt hat, dem aber aus Neid an den großen Leistungen in der Luftfahrt schon zweimal nach einem verlorenen Krieg das Fliegen für lange Zeit verboten worden war. Ich selbst gehöre der Generation an, die diese bittere Zeit hat erleben müssen und die die Folgen in der Berufsausübung noch heute zu spüren bekommt. Überreglementierung, Beschränkung und Behinderung der Luftfahrt sind überall noch heute zu erkennen.
So werden z.B. Operationen von Wasserflugzeugen auch heute noch ausschließlich unter strengsten Auflagen als Ausnahmen behandelt, und Hubschrauber dürfen außerhalb von Flugplätzen ebenfalls nur unter besonderen Bedingungen eingesetzt werden. In keinem Land der sogenannten westlichen Welt muß die Luftfahrt solche Behinderungen hinnehmen. Wenn ich bei meinen weltweiten Operationen die Gelegenheit wahrnehme und in Luftfahrtkreisen diese Probleme in unserem Lande zur Sprache bringe, erlebe ich immer nur ungläubiges Kopfschütteln. Man will es einfach nicht glauben, daß in diesem Pionierland der Luftfahrt solche Verhältnisse herrschen.
Eben aus diesen Gründen nehme ich die Anerkennung des Verkehrsministeriums für meinen Erfolg als eine so positive Geste, und eigentlich möchte ich sie an die vielen Namenlosen, die die deutsche Luftfahrt nach dem Kriege unter großen Opfern wiederaufgebaut haben, weitergeben. Dabei empfinde ich dankbar die Gunst des Schicksals, das es mir vergönnt hat, der Luftfahrt meines Landes in besonderer Weise gedient zu haben.
Wieviel Menschen in unserem Lande an der Luftfahrt interessiert sind, zeigt sich im tausendfachen Echo von Briefen und Telefonanrufen und mündet fast ebensooft in der Aufforderung, die Ereignisse in einem Buch für die Fliegerei festzuhalten. Nur ungern habe ich mich schließlich nach den unzähligen Aufmunterungen dazu überreden lassen, endlich an das Manuskript heranzugehen. In erster Linie bin ich Flieger, und als solcher will ich lieber durch besondere Leistungen Luftfahrtgeschichte machen, als Geschichten aus der Luftfahrt schreiben. Das können andere sicher besser als ich! Da ich überdies noch weitere ›Nebenprogramme‹ zur Erprobung verschiedener Geräte vorhabe, fürchte ich außerdem, nicht genügend Zeit für eine solche Aufgabe aufbringen zu können.
Diese Programme dienen der Vorbereitung für einen ganz großen Flug, den ich ernsthaft seit 1965 ins Auge gefaßt habe. Leider übersteigen die Kosten für dieses technisch-wissenschaftliche Projekt aber alle meine Möglichkeiten einer Finanzierung. Hingegen liegen sie durchaus in denen der Industrie, – wenn sich dort nur eine kleine Gruppe aufgeschlossener Männer für dieses seriöse Unternehmen finden ließe. In den USA arbeitet man seit über zehn Jahren daran – wegen technischer Schwierigkeiten bis jetzt aber ohne Erfolg. Gerade diese Probleme gibt es bei mei-

nem entsprechenden Projekt nicht, aber das Geld fehlt. Ich wünsche mir nur, daß es jenen ›Spirit of St. Louis‹ nicht nur in den USA gibt. Wenn ich freilich an meine Erfahrungen der letzten Jahre denke, dann fallen mir immer wieder die vielen Krämerseelen ein, von denen es nur so wimmelte.
Dennoch bin ich davon überzeugt, daß es auch bei uns noch die Sorte von Unternehmern gibt, die von Pioniergeist erfüllt sind. Doch, wo sind sie?

63. Begleiterscheinungen

Um meine Erfahrungen nicht verkümmern zu lassen, sondern im Gegenteil verschiedene Systeme für Langstreckenflüge im Hinblick auf mein Zukunftsprojekt noch zu verbessern, plane ich die Durchführung einiger Rekordflüge, sofern sich Möglichkeiten bei meiner normalen Berufstätigkeit anbieten. Zwar höre ich die verschiedensten Kommentare bezüglich einer weiteren ›fruchtbaren‹ Tätigkeit auf diesem Gebiet, doch habe ich bisher nie irgendwelche Gedanken an solche Philosophien verschwendet.
Die Ratschläge aus den verschiedensten Kreisen variieren zwar erheblich, wie: »Was haben Sie als Nächstes vor«, oder: »Nun lassen Sie es genug sein«, oder: »Der Nordpolflug war eine Pioniertat und der Höhepunkt, machen Sie jetzt Schluß«, oder: »So jedes Jahr einen, das wäre Ihnen wohl zuzutrauen«.
Das hört sich so an, als sei ›Rekordfliegen‹ eine professionelle Tätigkeit, und zudem klingt die Vermutung durch, man würde dabei auch noch ein reicher Mann. Ganz sicher ist aber, daß gerade das nicht richtig ist. Im Gegenteil habe ich beim Nordpolflug finanziell erheblich Federn lassen müssen. Von Profit- oder Rekordjägerei kann also gar keine Rede sein, was im Zeitalter sich vermarktender Sportprofis vielen sicher nicht einleuchtet. Die Fliegerei ist eben doch sehr viel anders, als sich die Massen so vorstellen, und als man beim Blick auf so manche Sportprofis gewöhnt ist. Auch schlecht recherchierende Presseleute kann ich da aus schlimmer Erfahrung nicht ausnehmen. Jedenfalls habe ich keine Rekordsucht, aber Gelegenheiten schlage ich nicht aus.
Einer modern gewordenen Publicity werde ich aus dem Wege gehen, und keinesfalls werde ich, nur um des Erfolges willen unkalkulierbare Risiken eingehen. Dagegen gebe ich ohne weiteres zu, von Jugend an ein Vollblutflieger zu sein, und aus diesem Grunde betreibe ich die Fliegerei auch beruflich. Wenn ich da bei meiner gleichzeitig sportlichen Einstellung versuche, etwas Besonderes zu leisten, und es mir dann auch gelingt, die deutsche Luftfahrtgeschichte zu bereichern, dann sollte das einem Beobachter eigentlich nicht verwunderlich erscheinen. Bei dieser Ein-

stellung eines fleißigen ›Luftfahrttreibenden‹ muß ja wohl zwangsläufig auch einmal etwas Positives herauskommen!

Was aber hätte ich da manchmal an steilen Bergen von Schwierigkeiten überwinden müssen, hätten mich nicht Freunde unterstützt, die Wege zu ebnen. Egal, ob medizinische oder radiotechnische Probleme bei der etwas exotischen Fliegerei auftraten, seit vielen Jahren war Reiner Kirste immer bei der Hand, oft unterstützt und beraten von seinem Freund Lothar Heidel, und wenn es einmal ganz große Schwierigkeiten auf ›höherer Ebene‹ gab, sprang Heinz Berberich in die Bresche. Kaum denkbar, daß der mal nicht einen Rat gewußt hätte. Ihre treue Hilfe war mir immer zusätzlicher Ansporn, alle Probleme zu lösen. So ist es denn kein Wunder, wenn ich immer das Gefühl hatte, daß die gemeinsame Freude am Erfolg sogar doppelt wiegt.

Leider gibt es nämlich viel Negatives, ja Unverständliches bei den Vorbereitungen zu einem Rekordflug zu verkraften, was Zeit, Nerven und Geld frißt. Da wird man mit rein bürokratischen Hindernissen konfrontiert, die jedes Land ohne Ausnahme in irgendeiner Form offeriert – möglichst unterschiedlich und abwechslungsreich, versteht sich!

So manches Mal wissen die Beamten nicht einmal die Gründe für irgendwelche Auflagen, die aus Tradition und auch ohne jede Einsicht oder Zweck aus vergangenen Zeiten übernommen wurden. Es können ebensogut vernünftige Überlegungen maßgebend gewesen sein, wie auch das gedankenlose Weiterreichen verkrusteter Vorschriften von annodazumal. Wer würde es wohl auch wagen, eine einmal festgelegte Vorschrift aus Vernunftsgründen außer Kraft zu setzen, geschweige denn ein ganzes Dickicht auszuroden? Das Tollste aber ist, daß man zur Erlangung irgendwelcher Papierchen, Stempelchen oder zum Durchfechten von Verfahren – die man weder will, noch überhaupt braucht – auch noch Gebühren bezahlen und obendrein noch Wartezeiten in Kauf nehmen muß, – in jedem Land unterschiedlich, damit das Kolorit erhalten bleibt.

So sind in der Praxis die unterschiedlichen Gesetze in den verschiedenen, zu überfliegenden Ländern kaum gleichzeitig einzuhalten. Hier ein Beispiel: Beim Überfliegen der unwirtlichen Gebiete von Kanada und Alaska ist das Mitführen eines Gewehrs neben anderen Notausrüstungen zwingend vorgeschrieben, dagegen in unserem Lande unter Strafe gestellt, und das gilt sogar für Signalpistolen. Soll man da nun nach dem Papier leben und bei einem Notfall sterben oder in eigener Verantwortung das tun, was der gesunde Menschenverstand sagt? Wenn man also in den genannten Ländern startet und nach einem Nonstopflug in der Bundesrepublik Deutschland landet, so kann man doch nicht Waffen und Signalmittel beim Überfliegen der Grenze aus dem Flugzeug werfen, – und selbst dies, nämlich das Abwerfen von Gegenständen, ist hier unter Strafe gestellt. Welche Verwaltungsbehörde bringt da Verständnis für diese unmögliche Lage auf. Das ist ein riesiges Fragezeichen, zumal alle Staaten dieser Erde – ausnahmslos alle – behaupten, sie seien ein Rechtsstaat, und alle Gesetze entstünden aus-

schließlich aus Sorge um das Wohl der Bürger. Die freilich sind nicht immer dieser Meinung.
Allein anhand dieses Beispiels kann sich der Leser ein Bild davon machen, mit welch unsinnigen und oft unnötig aufgebauten Problemen man zu kämpfen hat – Widerwärtigkeiten, die mit den Aufgaben des eigentlichen Fluges absolut nichts zu tun haben. Wir, die verwalteten, statistisch erfaßten Bürger, nennen das nicht umsonst ›Papierkrieg‹ und meinen damit die Auseinandersetzung mit der Bürokratie, die überall auf der Welt wuchert und wuchert.
Natürlich kennt man nach einiger Übung alle Probleme bei der Vorbereitung und der Durchführung, und glücklicherweise trifft man überall auf der Welt noch auf Menschen, die sich den gesunden Menschenverstand erhalten haben, auch bei den Verwaltungen! Ich habe da, wie verschiedentlich erwähnt, schon fabelhafte Leute kennengelernt, durch deren Hilfsbereitschaft und persönliches Engagement manch gordischer Knoten im Gestrüpp der Paragraphen gelöst werden konnte. Respekt und gegenseitiges Verständnis haben oft zu tragbaren Kompromissen geführt und bleibende freundschaftliche Beziehungen geschaffen.
Solche Lichtblicke erhellen die oft düsteren Hintergründe und machen alles leichter – der Arbeitsaufwand für die Vorbereitung größerer Unternehmungen wird übersichtlicher, wenngleich nicht behauptet werden kann, daß in der Folge Rekordflüge wohlmöglich in den Bereich der Routine gerieten. Dafür sind die Anforderungen und Anstrengungen denn doch zu groß, und das muß ja wohl auch so sein, denn sonst wären es ja nicht außergewöhnliche Leistungen.

64. Weitere Rekordversuche

Lernt man schon bei den Flügen auf Langstrecke immer Neues hinzu, oft auch unter dem Druck der Ereignisse, so geschieht das bei Rekordflügen in komprimierter Form. Eine Ausnahme von dieser Regel bildet in der Kette meiner Unternehmungen der Flug mit einer Bonanza A 36 von Gander/Neufundland nach Kopenhagen im Juni 1979 – ein Rekordflug ohne irgendwelche Zwischenfälle. Lediglich kurz vor dem Abflug hat es Schwierigkeiten gegeben.
Gerade bin ich von Boston kommend in Gander gelandet und überprüfe, wie immer, sofort die Maschine. Beim Öffnen der Motorhaube sehe ich die Bescherung: Ölverlust an der Rückseite des Motors. Die Rumpfunterseite sieht aus wie eine Ölsardine. Mit dem Abflug am gleichen Abend ist es also nichts. Trotzdem gehe ich zum Wetterbüro, wo mir die Experten für die Strecke bis Kopenhagen einen Rückenwind von durchschnittlich 65 km/h offerieren. Im Bereich von 3000 m Flughöhe hat das Seltenheitswert, zumal außerdem fast keine Wolkenbildung zu erwar-

ten ist. Soll ich den Flug riskieren, wo doch der Ölverlust nur einen Liter beträgt? Ich entschließe mich ganz klar für eine Reparatur vor dem Abflug, denn ich kenne ja den Fehler noch nicht und kann mögliche Steigerungen des Ölverlustes deshalb nicht ausschließen. Nur kein unnötiges Risiko, und bloß nicht ärgern!
So verschiebe ich den Abflug in der Hoffnung, den Fehler schnell zu finden. Sofort reinige ich alle verölten Teile mit Sprit, damit ich bei einem Bodenlauf die üble Stelle finden kann. Am nächsten Morgen habe ich Klarheit. Es ist der Simmerring. Ein Anruf im Werk bringt die Anweisung, ihn zu wechseln. Das Ersatzteil wird sofort per Air-Express abgeschickt. In der Zwangspause werde ich die Zeit nutzen und die Rekordpapiere mit den Flugsicherungsleuten durcharbeiten. Wegen des starken Windes schieben wir die Maschine in die Halle.
Nach zwei Tagen Wartezeit werde ich unruhig. Von der Luftfrachtabteilung kann mir niemand sagen, wo das Päckchen geblieben ist, und selbst nach einem Dutzend Telefonaten kann ich lediglich feststellen, daß es für 24 Stunden zwischen Chicago und Toronto unauffindbar gewesen ist. Nach drei Tagen endlich halte ich den kleinen Pappkarton in meinen Händen. Wie ein Kleinod von der Größe eines Fünfmarkstückes liegt das Ding von Simmerring unschuldig in Schaumstoff gebettet – kommerzieller Wert etwa drei Mark. Dennoch dauert die Zollprozedur eine ganze Stunde – ein Buch von zig Zollpapieren mit Stempeln und Unterschriften wird abgeheftet. Gnädig wird mir das Kleinteil überlassen, nachdem ich die Abfertigungsgebühr bar bezahlt habe.
Dann schaffen wir die Reparatur in Rekordzeit, und ich daran anschließend den Flug nach Kopenhagen in 15 h 54 min: Weltrekord!
Die Dänen überwältigen mich mit Freundlichkeit. Ja, gibt's denn so etwas noch, daß man keine Nummer ist, sondern ein Mensch – ein Gast? Kein Amtsschimmelreiten, kein Warten hinter einer hohen Theke, nicht das Gefühl, wir seien für die Verwaltung da. Mit freundlicher Fürsorge bemühen sich alle – und das sind immerhin über dreißig Personen der verschiedenen Ressorts. Weil ich noch keine Devisen habe, darf ich sogar meine Frau über das Diensttelefon anrufen – zahlen soll ich später. Auch für das Hotel handelt man für mich einen günstigen Preis aus.
Das ganze Unternehmen ist gut gelaufen und angenehm zu erzählen.
Sehr erheblich anders kommt es ein Jahr später. Der bekannte amerikanische Pilot Gerald Dietrick hat meinen Weltrekord von New York nach München (Lindbergh-Gedächtnis-Flug) erheblich, nämlich von 252 km/h auf 309 km/h, verbessert. Im Gegensatz zu mir hat er aber ein Spezialflugzeug moderner GFK-Bauweise benutzt. Diese ›Windecker Eagle‹ war auch auf der Luftfahrtschau in Hannover als Attraktion ausgestellt und hat allgemein Beachtung gefunden, aber leider konnte ich nicht mit Dietrick sprechen.
Nach meiner Auffassung ist die aerodynamische Durchbildung der Zelle zwar nicht auf dem letzten Stand der Technik, zeigt aber doch den gewaltigen Unterschied zu den von mir benutzten Serienmaschinen. Das bezieht sich auch auf die Ausrüstung. Ist doch ein VLF-Gerät für genaue Langstreckennavigation einge-

baut, und die Tanks sind geschweißte Aluminiumbehälter. Mit so einem Flugzeug lassen sich schon Rekorde knacken, und Dietrick hat das ja auch überzeugend demonstriert.

Ich nehme mir vor, in aller Ruhe einmal auszurechnen, was nach meiner Erfahrung mit Serienflugzeugen gegen diesen Renner noch zu machen ist. Auf jeden Fall müßte ich die meteorologische Navigation bis zur letzten Konsequenz ausnutzen, also auch sehr hoch fliegen, um an die großen Windgeschwindigkeiten heranzukommen.

Bei Geschwindigkeitsrekordflügen sind die in der gemessenen Zeit zurückgelegten Strecken tatsächlich erheblich größer als die Großkreisdistanz zwischen Start- und Landeort. Nach einer von der FAI in Paris festgelegten Formel unter Verwendung des Minimum-Erdradius wird offiziell nur die damit errechnete Geschwindigkeit anerkannt – die wirklich geflogene ist also immer deutlich höher.

Diese Berechnungsart muß deshalb unbedingt angewendet werden, weil ja Umwege nicht nachweisbar sind. Sie betragen aber bis zu 10 %, da man über Festland auf festgelegten Luftverkehrsstrecken fliegt und über den Ozeanen im allgemeinen dem sogenannten ›Minimum Time Track‹ folgt. Dieser Weg für die geringste Flugzeit ist meist erheblich länger als die kürzeste Verbindung von A nach B, aber in Abhängigkeit von den meteorologischen Bedingungen ist es eben der schnellere. Die beeinflussenden Wetterfaktoren können starke Turbulenz, Vereisung oder Wind heißen. Sie sind bei der Vorbereitung sorgfältig zu kalkulieren, und sie beeinflussen auch die zu wählende Flughöhe. Im Endeffekt können sie die Geschwindigkeit über Grund erheblich beeinflussen – positiv oder negativ –, und zwar in ganz besonderem Maße auf Langstrecke.

Um möglichst viele Optionen offen zu haben, werde ich eine Beechcraft Bonanza A 36 TC benutzen, deren Motor durch einen Abgasturbolader in der Lage ist, eine maximale Reiseflughöhe von 25 000 ft (7600 m) zu halten. Ohne Druckkabine werde ich die Zeit von etwa 17 Stunden eine Sauerstoffmaske tragen müssen – eine Tortur ohnegleichen. Wer aber hoch hinaus will, muß das in Kauf nehmen.

Dieser Flug wäre eine glänzende Gelegenheit, endlich in spektakulärer Weise meine seit zwanzig Jahren in zig Fachvorträgen und Artikeln vertretene These zu untermauern – ›ceterum censeo‹: »Im modernen Flugzeugbau sollten ausschließlich Flugmotoren mit Abgasturboladern verwendet und nur Verstellpropeller installiert werden!« Gerade in einer Zeit, in der uns täglich die Knappheit aller Rohstoffe vor Augen geführt wird, ist nicht einzusehen, daß man die gewaltigen Energien der Abgase einfach ungenutzt und wider besseres Können verpuffen läßt.

Ohne Zweifel ist an dieser Situation der seit über 35 Jahren völlig darniederliegende Wettbewerb im Flugmotorenbau schuld. Lediglich zwei Hersteller beherrschen den Weltmarkt wie ein Monopol, und natürlich sind gerade sie am wenigsten daran interessiert, kostenträchtige Umstellungen in der Produktion vorzunehmen. Es sind ja ohnehin alle Flugzeugproduzenten auf ihre Produkte angewiesen.

Die Leistungsfähigkeit der Bonanza mit dem turboaufgeladenen Motor liegt durch

die höhere Geschwindigkeitsleistung der Zelle in der Höhe bei relativ mäßigem Kraftstoffverbrauch erheblich über demjenigen der Typen mit Saugmotoren. Meine Aufgabe besteht darin, die Gelegenheit zu finden, ›dort oben‹ die hohen Windgeschwindigkeiten zu nutzen, um alle günstigen Bedingungen für einen Rekordflug zusammenzuraffen. Das muß auch die Überlegenheit der Leistung von Triebwerk und Zelle in der Höhe klar herausstellen.
Weil das Tragen einer Sauerstoffmaske über eine Zeitdauer von mehr als fünf Stunden zu einer Tortur eskaliert, werde ich mir eine sehr gute Maske besorgen müssen, die man auch auf 100 % schalten kann, und außerdem werde ich die verfügbare Sauerstoffmenge mindestens verdoppeln.
In den letzten Jahren hat mich die Lufthansa mit ihrer weltweiten Organisation sowohl beim ›Lindbergh Memorial Flight‹ als auch beim Nordpolflug unterstützt. Aber es ist nicht allein die Organisation, die so imponiert, sondern es sind die Menschen, die mir so hilfreich entgegengekommen sind: die Damen und Herren der verschiedensten Ressorts am Boden und in der Luft. Es ist das persönliche Engagement, mit dem sie ihrer Gesellschaft – unserer deutschen Lufthansa – das glänzende Bild nach außen verschaffen, das sie in nicht geringerem Maße von der Qualität ihrer Dienste ohne jeden Zweifel sowieso hat. Man wird mich bei der Durchführung meines nächsten Rekordvorhabens wieder unterstützen.
Obgleich wohlvorbereitet wie immer, verzögert sich dieses Mal die Übernahme der Maschine um sechzehn Tage, und wegen der Ferienzeit und verschiedener Streiks bei Zulieferern kommen unversehens noch weitere acht Tage bei der Ausrüstung hinzu. Es ist wie verhext, denn Expreßpäckchen mit Kleinteilen landen in Florida statt in Boston, und ich muß Hunderte von Meilen mit dem Wagen fahren, um Ersatzteile heranzuschaffen, Sauerstofflaschen füllen zu lassen und andere Engpässe zu beseitigen.
Meine Freunde von Lufthansa New York haben mich schon seit Tagen über die Wetterentwicklung im Atlantikbereich auf dem laufenden gehalten, aber die Berichte mit den außergewöhnlich günstigen Lagen sind eher dazu angetan, mich unruhig werden zu lassen, denn die Ausrüstungsarbeiten gehen diesmal nur schleppend voran. Überall ist der Wurm drin. Auch die Leute von Wiggins haben bei dieser Ausrüstung deutlicher denn je zuvor gesehen, wie schwierig die Vorbereitungen für einen Rekordflug sein können.
Schließlich ist es soweit. Zum Abschied überrascht man mich ungewohnterweise mit Aufmerksamkeiten besonderer Art. Ein Pilot schenkt mir ein selbstgesuchtes, vierblättriges Kleeblatt, und Steve, erstklassiger Foreman und Tüftler, hat mir das schönste Modell gebastelt, das ich von einer Fw 190 je gesehen habe. Es soll den Rekordflug als Talisman begleiten. Die ganze Werftbelegschaft steht vor der Halle Spalier, und ganze Batterien von Fotoapparaten und Blitzern schießen Breitseiten auf mich ab, als ich zum Flug nach New York abrolle.
Der Flug nach Süden dauert zwar nur hundert Minuten, aber ich habe mich beson-

ders gut präpariert, denn der Betrieb auf ›Kennedy International Airport‹ läuft sehr schnell und jede clearence wird nur einmal gegeben, ›say again‹ wird nicht beantwortet. Ohne Copilot muß man da ganz schön wach sein, und zwar auch nach der Landung, denn aus der ›Dackelperspektive‹ einer so kleinen Maschine ist die riesige Betonwüste mit ihren unzähligen Rollwegen kaum zu übersehen.
Wie schon vor drei Jahren, so laufen meine Vorbereitungen auch diesmal zügig ab – ja, ich schaffe das Programm sogar in der halben Zeit, und Schwierigkeiten mit dem Zoll gibt es nicht mehr: der Fall ist ja jetzt ›in the books‹! Bei den Dispatchern der Lufthansa bekomme ich sofort ein Wetterbriefing für die kommende Nacht, damit ich einen generellen Überblick habe. Meine Startzeit lege ich, günstiges Wetter vorausgesetzt, auf 22.00 Uhr Zulu des nächsten Tages.
Überraschend zeigen die Karten am nächsten Morgen für die 250 und 400 Millibar-Fläche verlockende Bedingungen. Von den Wetterexperten aus Gander werden sie mir bei einem Telefonat bestätigt, so daß ich mich sofort mit hohem Arbeitstempo an die Ausrechnung meiner Flugpläne mache. Meine Interpolation ergibt eine mittlere Rückenwindkomponente von 75 km/h für die gesamte Strecke, was für diese Jahreszeit unglaublich gut ist.
Mit einer guten Zeitreserve sitze ich nach zehnstündiger Arbeit schon sehr früh in der Maschine und absolviere meine Checks. Getankt habe ich lediglich für 18 Stunden Flugzeit, um möglichst leicht zu sein. Wenn die Strecke in dieser Zeit nicht zu schaffen ist, dann ist der Rekord ohnehin zum Teufel. Die Tankkapazität liegt allerdings weit höher. Mit einer Eskorte rolle ich los, aber schon nach hundert Metern geht es nicht mehr weiter. Ein Learjet blockiert rauchend die Fläche des ›inner taxiway‹ die vielen Feuerwehrwagen alle Kreuzungen und den ›outer taxiway‹. Glücklicherweise ist nichts passiert. Nach zehn Minuten geht es weiter, und ich kann mich zwischen einer Twin-Otter und einer Boeing 747 endlich in die große Warteschlange einfädeln, die sich mit über zwanzig Maschinen nur langsam bewegt.
Auf einer speziellen Frequenz, der ›Clearence Delivery‹ bekomme ich inzwischen meine Freigabe: »*Bonanza-Delta-Echo-Bravo-Charlie-Romeo cleared to Munich, via Yarmouth, Jet 575 Sydney, high level 577, 50 N 50 W, 50 N 45 W, 50 N 40 W, 50 N 35 W, 5040 N 25 W, 51 N 20 W, 52 N 15 W, Shannon, flight level 250, climb runway heading, expect radar vectors Sardi intersection, maintain 5000 ft, expect flight level 230 ten minutes after departure, Hyannis transition via radial 236 Hampton to intercept Nuntucket radial 270 and radial 220 Hyannis, code 1776, departure frequency 121,1, call tower when ready.*«
Während der Stops lese ich die Notizen für die lange ›clearence‹ zurück, und unverzüglich kommt: »*Read back correct, have a successful flight.*«
Natürlich habe ich alles an Karten bereitgelegt, was ich in der Reihenfolge zum Rollen, Starten und eventuell zum sofortigen Landen auf der ILS und auch für die Abflugstrecken brauche. Die Frequenzen sind vorgewählt oder auf meiner speziellen Liste. Über New York liegt eine geschlossene Wolkendecke in hundert Meter

Höhe, die Sicht beträgt etwa 1000 m im Nebel. Nach der Vorhersage soll Donnergott Thor bald seinen Hammer schwingen.

Bei dem Schneckentempo habe ich genügend Zeit, mein Abflugverfahren vorzubereiten und den Bremslauf zu absolvieren. Technisch läuft alles prächtig, und ich weiß die D-EBCR in einer mittleren Schwerpunktlage. Da, endlich läßt der Kapitän der vor mir rollenden Twin-Otter das zweite Triebwerk an und verschwindet nach dem Start bald im Nebel. Mich läßt man noch eine Minute in der Startposition warten, damit die Wirbelschleppen der Großflugzeuge Zeit haben, sich zu glätten und aufzulösen. Jede Sekunde ist jetzt eine Qual: bei der schwülen Hitze habe ich keinen trockenen Faden mehr am Leibe, und aus den Ohrmuscheln der Kopfhörer tropft es unaufhörlich. Endlich komme ich daran, und schon nach wenigen Augenblicken bin ich – kaum vom Boden weg – in der tief hängenden Stratusdecke verschwunden. Ja, in der ›rush hour‹ auf ›New York Kennedy‹ ist schon ein erhebliches bißchen mehr los als in Boston oder Gander.

Schon im zügigen Steigflug lese ich eine Grundgeschwindigkeit von 180 kts (330 km/h) auf der DME-Anzeige ab, was ein Indiz für etwa 90 km/h Rückenwind ist. Genau das ist es, was ich brauche, und weil ich weiter oben noch höhere Windgeschwindigkeiten erwarte, steige ich möglichst schnell auf FL 230 (7000 m). Kaum dort angelangt und schön getrimmt, liegt die Maschine im Reiseflug bei 230 kts über Grund – das sind 425 km/h!

Kurz vor Gander steige ich, nun wesentlich leichter geworden, auf die endgültige Reiseflughöhe von 7600 m und passiere das Funkfeuer nach vier Stunden und fünfzig Minuten Flugzeit mit einer leichten Verspätung von zehn Minuten. Einschließlich Steigflug mit Übergewicht ist das eine Grundgeschwindigkeit von 376 km/h. Ist allein dieser Wert schon hervorragend, so scheint es dennoch jetzt erst richtig loszugehen, denn zwischen Gander und 50°W erreiche ich 500 km/h Grundgeschwindigkeit! Ich muß mich schon vor Euphorie warnen. Das muß ja eine tolle Durchschnittsgeschwindigkeit geben, denn auf halbem Wege nach Shannon soll der Rückenwind auf zeitweise über 200 km/h anwachsen. In diesem relativ niedrigen Höhenband ist das bisher kaum einmal registriert worden.

Gander ruft mich und gibt mir die Primär- und Sekundär-Frequenz für die Verbindung auf Kurzwelle. Die Einstellung bei dem neuen Collins-Gerät geht ruck-zuck, aber was ist das: die automatische Abstimmeinheit arbeitet nicht. Ich versuche es mit größter Sorgfalt mehrere Male – ohne Erfolg. Aber damit nicht genug, zeigt der nächste Routinecheck die rapide Abnahme des Sauerstoffdrucks. Irgendeine Vibration muß diese erhebliche Undichtigkeit verursacht haben. Nur wenige Sekunden später, beim erneuten Versuch, das Funkgerät mit anderen Frequenzen zum Senden zu bringen, gibt auch das Mikrofon der Sauerstoffmaske seinen Geist auf. Trotz aller Versuche kann ich die beiden Systeme nicht zur Raison bringen. Das waren drei Hammerschläge in wenigen Minuten. Mir bleibt nur eins: Umkehren! Abbrechen.

Eine Minute lang fluche ich mir den Ärger von der Seele, dann bin ich wieder ruhig

und melde mein Mißgeschick unverzüglich an Gander-Radio auf UKW. Die geben mir auch sofort die ›clearence‹ zurück zu jedem von mir gewünschten Platz. Schon Sekunden später liegt die Bonanza in der Kehrtkurve. Ich entschließe mich für Gander, aber auch bis dorthin werde ich erhebliche Zeit brauchen, denn der bisherige, schöne Rückenwind von etwa 150 km/h bläst mir jetzt auf die Schnauze. Ich fühle mich abgespannt wie nach zwanzig Flugstunden, und natürlich bin ich auch enttäuscht. Fünf Wochen lang habe ich bis nachts gearbeitet und gegen die verrücktesten Hindernisse gekämpft. Nun muß ich zurück nach Norwood, um alles wieder in Ordnung bringen zu können.
In sternklarer Nacht setze ich den innerlich verletzten Vogel behutsam auf die Bahn von Gander. Wohlverankert gegen den Sturm lasse ich die Maschine auf dem Parkplatz zurück. Eigenartig müde, aber doch gelassen schlendere ich hinauf zur Wetterwarte. Die wähnen mich mit hoher Grundgeschwindigkeit über dem Atlantik und wollen es nicht wahrhaben, daß ich aufgegeben habe. Trotz der Enttäuschung zeigen sie mir eine spezielle Karte, auf der sie alle aktuellen Wettermeldungen einzeichnen. Genau auf meinem Kurs haben sie ein langgestrecktes Feld rot schraffiert, dessen frisch eingetragene Ziffern mir wie mit Hohn entgegenleuchten: 90 bis 130 Knoten Rückenwind (170 bis 240 km/h)! Für meine Flugfläche bedeutet das Jahrhundertwetter! Aber da ist nichts mehr zu machen – der Zug ist durch.
Meine Entscheidung war jedenfalls richtig. Man muß die Kraft haben, das Vernünftige zu tun. Am nächsten Mittag lande ich in Norwood. Dort hat mein Freund Harold schon alles organisiert. Ein Ingenieurteam von Collins ist aus New York herübergekommen und hat Tauschgeräte mitgebracht. Schwieriger ist die Suche nach dem Leck im Hochdruckteil des Sauerstoffreglers, der hinter der Bordwandverkleidung versteckt ist. Vorsichtshalber habe ich auf dem Rückweg bei der Zwischenlandung in Bangor zur Wiedereinfuhr der Maschine auch den Sauerstoff bis zum roten Strich aufgefüllt und die Flasche vom System separiert. Jetzt installieren wir noch eine dritte, bereits gefüllte Flasche.
Das Mikrofon in der Atemmaske hat seinen versteckten Wackelkontakt nur ungern wiederholt, aber dem mit allen Wassern gewaschenen Meister Bill bleibt nichts verborgen. Nach vier Tagen harter Arbeit funktionieren alle Systeme wieder brav, und zu meiner Entlastung ist sogar mein telegrafisch aus Deutschland überwiesenes Geld verfügbar. Meine Freunde von Lufthansa New York melden mir, daß man für das Wochenende erneut eine günstige Lage im Nordatlantikbereich erwarte. So fliege ich abermals hoffnungsvoll hinüber nach ›New York Kennedy‹, fest entschlossen, den zweiten Versuch zu machen.
Wieder läuft alles routinemäßig nach Plan ab, und erneut spare ich Zeit ein. Kein Wunder eigentlich, habe ich doch acht Tage vorher schon kräftig geübt! So bin ich schon früh fertig und hoffe noch auf ein Ausruhen vor dem Start. Doch es soll wider einmal anders kommen.
Beim Tanken achte ich immer darauf, nur eine bestimmte Menge in den betreffenden Tank zu bekommen, damit der Schwerpunkt in einem günstigen Bereich

bleibt. Entsprechend der Wettervorhersage werde ich diesmal nur für 17 Stunden Flugzeit bei höherer Leistungsstufe tanken. Mir ist die Tankerei in die Kabinenbehälter ein Greuel, weil man mit meist schwerem Geschirr nur schlecht an die Füllstutzen herankommt. So habe ich diesmal einen Verlängerungsschlauch aus Plastik dabei, denn die großen Flughäfen kümmern sich wenig um den Bedarf bei kleinen Flugzeugen. Oft denke ich bei Anwendung dieses Primitiv-Verfahrens an die bei der alten Luftwaffe benutzten, fest anschließbaren Überlaufstutzen. Diese einfache Methode war für gefahrloses Tanken geradezu ideal und immer ohne Überlaufverlust. Nirgends auf der Welt ist mir ein solcher Anschluß je wieder begegnet.

So muß ich auch diesmal wieder in fast artistischer Haltung zwischen den Tanks hocken und mit spitzen Ohren und scharfen Augen darüber wachen, daß nichts danebengeht oder überläuft. Bei den dauernden Flughafengeräuschen ist das eine Sträflingsarbeit. Fast bin ich fertig, da rutsche ich bei der Füllung des hintersten Tanks unglücklich aus und drücke dabei unbeabsichtigt so hart auf den Griff der Füllpistole, daß mir mit hohem Druck ein Schuß Benzin ins Gesicht spritzt. Ich muß wohl die Augen gleich zugedrückt haben, aber weil ich nach Luft schnappe, bekomme ich das Zeug in den Mund – glücklicherweise nicht in die Lunge. Geschluckt habe ich auch nichts, aber durch den hohen Druck des Strahls ist etwas in das rechte Ohr gedrungen, das nun so wahnsinnig schmerzt, als habe mir jemand einen Nagel in den Kopf getrieben.

Mit Sirenengeheul bringt mich ein Polizeiwagen fort zum ›medical center‹: Ohren ausspülen und Tropfen hinein. Nach zwanzig Minuten läßt der Schmerz nach, aber obwohl ich auf einer körpergerechten Operationsliege nun Zeit habe, mich auszuruhen, zittere ich an allen Knochen. Mit Ärgern bekomme ich meinen Zustand nicht in den Griff, indessen gelingt mir durch autogenes Training bald eine völlige Beruhigung.

Soll ich in diesem Zustand fliegen? Zunächst besorge ich mir die Ohrentropfen in der Flughafenapotheke und trinke von meiner mitgebrachten Milch. Auf meine Anfrage bei der Lufthansa wegen der Wetterentwicklung für den nächsten Tag kommt ohne Zögern in Sekundenschnelle die klare Antwort: »Viel schlechter«.

So lasse ich meinen aufgegebenen Flugplan weiterlaufen und mache mich fertig zum Einsteigen. Zwar fühle ich mich nicht zum Bäumeausreißen, aber durchaus ruhig und völlig schmerzfrei. Ich bin auch nüchtern genug, um vernünftig zu entscheiden. Auf keinen Fall würde ich mich zu einem Flug hinreißen lassen, wenn ich mich irgendwie unsicher fühlen würde.

Für diesen Start hat mir die Flugsicherung wegen umlaufender Winde und wegen zu starker Startverzögerung bei dem mächtigen Verkehr eine eigene Startbahn zugesagt. Die Bahnen 31 L und 31 R sind in Betrieb. Man bietet mir die 4 L an, wenn ich mit 1900 Meter Länge zufrieden bin. Dem kann ich auf Anhieb und bedenkenlos zustimmen, und so stehe ich schon bald in der Startposition auf der ›Intersection Juliett‹ Alles funktioniert wie im Bilderbuch, und ich bin wieder voller Spannkraft. Durch eine Lücke zwischen zwei auf der Querbahn landenden Maschinen starte ich hindurch. Es gelingt ein zügiger Steigflug mit hoher Grundgeschwindigkeit wie vor acht Tagen, aber zwischen Sidney und Halifax soll eine Gewitterfront stehen, die sehr hoch hinaufreicht.

Schließlich nähere ich mich dem Gebräu in starker Dämmerung. Es blitzt ununterbrochen innerhalb der riesigen Türme, die ich freilich nicht übersteigen kann, aber ich bekomme sofort einen Umweg zugebilligt. Außer dieser ›detour‹ muß ich wegen erheblicher Turbulenz nun auch noch einen erheblichen Geschwindigkeitsverlust von 20 kts hinnehmen. So entschließe ich mich zu früherem Steigen auf FL 230 (7000 m), um wenigstens der Turbulenz zu entgegen. Keinesfalls kann ich es mir erlauben, Eis aufzunehmen, sonst müßte ich wieder hinunter in wärmere Gefilde, um es loszuwerden, und anschließend wieder steigen, um an die Starkwindfelder heranzukommen. Meine knappe Spritkalkulation erlaubt aber solche Operationen diesmal nicht.

Durch meine Maßnahmen fliege ich so weit außerhalb der kritischen Zonen, daß ich lediglich einige heftige Schauer hinnehmen muß, und ich erreiche Gander unter freiem Himmel und glitzernden Sternen. Das Funkfeuer passiere ich nach genau fünf Stunden Flugzeit, also bin ich um zehn Minuten langsamer als vorige Woche. Dennoch sitze ich zufrieden, wenn auch sehr eng, zwischen den großen Tanks. Die ständige Überprüfung der Systeme bringt nur positive Ergebnisse, und die Sauerstoffanzeige weist noch über 80 % nach, so daß ich mir nun für einige Zeit den Luxus von 100 % gönne. Außerdem habe ich Lust, mein Dinner mit dem Lunch zusammenzulegen, führe meinen Plastikschlauch unter die Maske und trinke einige Schlucke Milch aus der gekühlten Zweiliterflasche. Die Maschine liegt ruhig wie in Öl, und mir kommt im Augenblick alles richtig luxuriös vor.

So brumme ich ohne Zwischenfälle durch Neumondnacht und Morgendämmerung, bis ich mich nach Passieren von Shannon entschließe, die Leistung nicht wie vorgeplant zu reduzieren. Ich habe den Atlantik in einer Rekordzeit von sieben Stunden und siebenundfünfzig Minuten überflogen. Seit dem Start in New York bin ich jetzt genau 12 Stunden und 57 Minuten in der Luft, was einer Grundgeschwindigkeit von 210 kts oder 388 km/h entspricht, sagenhaft schnell also! Zwar ist Shannon DME außer Betrieb, doch bekomme ich später ›Strumble VORTAC‹. Seiner Anzeige will ich indessen nicht so recht trauen, denn die Leuchtziffern zeigen konstant 270 kts. Ist eine solche Geschwindigkeit glaubhaft? Rechenschieber und Stoppuhr bestätigen mir aber die gewaltige Grundgeschwindigkeit von 500 km/h.

Wie schon beim Nordpolflug, kommt es dann zu einem Interview auf Kurzwelle direkt in die Sendungen des Südwestfunks, das allerdings durch die eigenartigen Pfeifgeräusche beim Einatmen durch die Sauerstoffmaske untermalt wird.

Unaufhaltsam stürme ich jetzt mit dieser hohen Geschwindigkeit meinem Ziel entgegen. Aber das geht mir noch nicht schnell genug, und so erbitte ich beim Passieren von Landau VOR einen gestreckten Sinkflug aus FL 250. Ich muß jede Möglichkeit zur Zeitersparnis nutzen, zumal ich für den Instrumentenanflug auf die

Landebahn 25 einige Zeit verbrauchen werde, die mir aber bei der Berechnung für die Rekordgeschwindigkeit voll zugeschlagen wird. Abschnittsweise halte ich Geschwindigkeiten über Grund von 610 km/h und denke dabei an die Verfahren der Zielanflüge bei Segelflugwettbewerben.

München Radar bietet mir an, mich mit einem nur sieben Kilometer messenden Abstand auf die ILS zu führen, um Zeit zu sparen. So gehe ich mit hoher Geschwindigkeit in den Anflug, ohne die Landeklappen zu fahren und setze die Turbo-Bonanza gegen den starken Wind auf die Landebahn von München-Riem.

Daß dieser Rekordflug trotz derartig vieler Hindernisse überzeugend gut geklappt hat, erleichtert mich nun doch in starkem Maße, aber für den Augenblick, so muß ich doch wohl nüchtern feststellen, trägt das Abnehmen der Sauerstoffmaske zu diesem Gefühl des Wohlbefindens entscheidend bei. Die Schmerzen im Gesicht waren in den letzten zehn Stunden doch so erheblich, daß ich die Maske periodisch abheben mußte. Der triste Himmel, die Regenschauer und der kalte Wind hingegen stören mich überhaupt nicht – ich hab's ja geschafft!

Für die gesamte, tatsächlich zurückgelegte Strecke von 7000 km in 16 h 34 min errechnet sich die Geschwindigkeit von 423 km/h. Die für den Weltrekord gültige Großkreisdistanz nach FAI-Formel ergibt eine Geschwindigkeit von 392 km/h, womit ich die hervorragende Leistung von Gerald Dietrick um 83 km/h, also um 27 % habe verbessern können, und das mit einer Serienmaschine!

Was mich bei diesem Unternehmen so befriedigt hat, ist die Tatsache, daß meine Entscheidungen im Umfeld widrigster Umstände nach meiner Überzeugung richtig waren. Allerdings hatte ich das Glück, durch eine ähnlich günstige Wetterlage dafür belohnt zu werden, und natürlich macht das die Betrachtung nachträglich um einiges leichter. Immerhin scheint mir aber die Demonstration des wohlbegründeten Abbruchs eines Rekordfluges als Lehrstück für unseren Flugsport wichtiger zu sein als der gelungene Rekord selbst.

Der Flugsport ist eben eine besonders komplexe Betätigung, und denen, die ihn betreiben, wird weit mehr abverlangt als so manchen anderen Sportlern. Nicht nur daß wir gleichzeitig Teilnehmer am Luftverkehr sind und seine Regeln unter strenger Disziplin beachten müssen, belastet uns und beschränkt unseren Freiraum erheblich, sondern es spielt dort neben der unter Umständen enormen physischen Belastung auch die Technik und die Meteorologie eine wichtige Rolle. Neben theoretischem Wissen und möglichst umfassender Flugerfahrung müssen wir noch so etwas wie einen sechsten und siebenten Sinn entwickeln, um mit dem Wetter zu leben, das durch seinen außerordentlich ausgeprägten Hang zur Wechselhaftigkeit, ja manchmal Undurchsichtigkeit auch der Wissenschaft noch immer große Aufgaben stellt. Selbst der Bürger auf der Straße ist Vorhersagen gegenüber aus schlechter Erfahrung mißtrauisch und nicht selten bitter enttäuscht.

Nicht nur der Leistungssegelflieger schöpft aus der Fähigkeit, das ungeheure Energiepaket ›Wetter‹ richtig zu interpretieren und dann auch anzuzapfen, um zu den immer wieder aufsehenerregenden Leistungen zu kommen, sondern auch der ›Leistungsmotorflieger‹ muß sich der gleichen Quellen bedienen. Wenn er die gewaltigen Energien im Luftraum durch Anwendung der meteorologischen Navigation zu nutzen versteht, dann kann er Höchstleistungen erfliegen, die weit jenseits der Leistungsfähigkeit des technischen Geräts liegen.

Das habe ich mit diesem Flug im Andenken an unseren weltberühmten ›Segelflugprofessor‹ Prof. Dr. Walter Georgii einmal mehr nachweisen können.

65. Eine Lanze für die Wasserflieger

Als vor einiger Zeit eine englische Fliegerin nach Jahrzehnten des Stillstandes in einer Kategorie für Frauenweltrekorde für ihr Land erfolgreich war, wurde sie von Reportern gefragt, ob sie mit ihrer Cessna zufrieden gewesen sei. Ihre Antwort war klar, aber bedeutsam: ja, schon – nur bedauere sie aufs tiefste, daß ihr kein englisches Flugzeugmuster zur Verfügung gestanden hätte, denn erst dann wäre ihre Genugtuung über die Leistung vollständig.

Man muß da an die Zeit vor dem zweiten Weltkrieg erinnern, in der tatsächlich fast alle Weltrekorde in doppelter Hinsicht für das Land des Piloten einen großen Erfolg bedeuteten. So flog Hermann Köhl bei der ersten Atlantiküberquerung von Ost nach West als Deutscher eine Junkersmaschine, Lindbergh als Amerikaner selbstverständlich die amerikanische Ryan. Die Italiener erflogen ihre Geschwindigkeitsweltrekorde natürlich auf Macchi-Flugzeugen gegen die Amerikaner auf Curtiss und die Engländer auf Supermarine. Schließlich jagten die Deutschen ihnen die Rekorde wieder ab – auf Heinkel- bzw. Messerschmittmaschinen. In anderen Kategorien schafften es die Franzosen oder Russen, und das selbstverständlich mit Flugzeugen der eigenen Industrie.

Seit 1950 etwa ist das anders geworden. Zwar findet man noch aus der Zeit davor einige Rekorde, die in ihrer Kategorie nur schwer zu schlagen sind – und darunter befinden sich solche von berühmten Typen wie Focke-Wulf ›Condor‹ – aber bis auf ganz wenige Ausnahmen sind die Weltrekordlisten angefüllt mit US-amerikanischen oder sowjetrussischen Typen. Lediglich eine kleine Anzahl Piloten anderer Länder hat es fertiggebracht, sich mit amerikanischen Baumustern in die Weltrekordlisten einzutragen.

Bei der großen Tradition unserer deutschen Flugzeugindustrie hätte auch ich es gern gesehen, meine verschiedenen Weltrekorde auf einer Arado, Bücker, Dornier, Focke-Wulf, Heinkel, Junkers oder Messerschmitt – einer heimischen Maschine – erfliegen zu können. In dieser Hinsicht haben alle europäischen Flieger die gleiche Auffassung, wie mir aus Gesprächen mit vielen Piloten durchaus bekannt ist. Das ist auch ein ganz natürliches Bedürfnis, denn warum sollten wir anders denken als eben die Amerikaner, die oft genug sogar die ganze Rekordmaschine übergroß mit ihren Nationalfarben, den Stars and Stripes, bemalen. Was die Entwicklung der Luftfahrt angeht, so brauchen wir Europäer uns ohnehin nicht zu verstecken, gingen doch vom alten Kontinent die größten Impulse aus. Die heutige, monopolartige Dominanz der Amerikaner betrachtet man überall auf der Erde zunehmend kritisch, und so beginnt sich auch in Südamerika, Australien und Asien eine eigene Flugzeugindustrie zu entwickeln.

In dieser Beziehung hat sich auch in Europa im letzten Jahrzehnt manches gebessert, allerdings mit Schwerpunkten im Bau von modernen Militärflugzeugen und Großflugzeugen für den Luftverkehr, und hier entstand auch das erste Überschallverkehrsflugzeug »Concorde«, das seit Jahren die Kontinente in erstaunenswerter Zuverlässigkeit verbindet. Während hier die Erfolge trotz schwerer Anläufe und begleitet von überwiegend unsachgemäßen und zum Teil unqualifizierten Artikeln in den Massenmedien gegen diese Entwicklung in den letzten Jahren geradezu unerwartet zunahmen, blieben sie der Entwicklung und Produktion von Sport- und Reiseflugzeugen leider versagt. Die Programme in den klassischen Luftfahrtländern Frankreich, England und Italien schleppen sich mühselig geradeso über die Jahre, und in unserem Lande sind die Folgen des Flug- und Produktionsverbotes noch immer nicht überwunden, – und das war ja auch der Zweck dieser brutalen Maßnahme.

Hierzu gehören auch verschiedene, unverständliche Beschränkungen in der Gesetzgebung aus dieser Zeit – so die besondere Genehmigungspflicht für sogenannte Außenlandungen von Hubschraubern und Wasserflugzeugen. Das sind Landungen außerhalb von Flugplätzen.

Bei den umständlichen Verfahren auf Genehmigung zu einer Wasserlandung verschanzen sich die zuständigen Behörden immer hinter der Behauptung, diese Wasserflugzeuge würden mit den erzeugten Wellen die Uferbefestigungen beschädigen, die Fische vertreiben und die Umwelt durch ihren Motor im Sinne des Umweltschutzes unzumutbar belasten. Aber wenn man diese kleinen Vehikel und deren Wellen mit anderen Wasserfahrzeugen, Sportbooten und den dicken Dampfern oder Lastkähnen und der von denen erzeugten Brandung vergleicht, kann man über eine solche Beweisführung eigentlich nur lachen. Außerdem peitschen die Antriebsschrauben aller Wasserfahrzeuge die Fische eher aus ihm Lebensraum, als eine Luftschraube in zwei bis drei Meter Höhe über der Wasserfläche das jemals könnte. Auch eine Verschmutzung wird eher durch Umwälzpumpen der Wasserfahrzeuge und deren Antrieb erzeugt als durch die luftgekühlten Flugmotoren, die mit dem Wasser gar nicht in Berührung kommen. Was schließlich die für die Verkehrssicherheit erforderliche Wendigkeit anbelangt, so kann nur konstatiert werden, daß dann eigentlich die dicken Schiffe verboten werden müßten. Ein so kleiner Vogel übertrifft an positiven Punkten alle seine Konkurrenten auf dem Wasser bei weitem, und zwar in jeder Hinsicht. Da zwängt sich die Frage auf: »Ja, ist es denn dann nur die pure Böswilligkeit oder Willkür, wenn man uns nicht auf das Wasser läßt?«

Kein freies Land hat diese Restriktionen, und gerade von Deutschland kamen die größten Impulse für die Entwicklung von Hubschraubern und Wasserflugzeugen, – man denke nur an die ersten Maschinen dieser Kategorie von Prof. Dr. H. Focke und A. Flettner und die berühmten Flugboote von Dornier und Blohm & Voss. Die zwölfmotorige Do X war damals das größte Flugzeug der Welt, und das gleiche konnte die BV 222 zu ihrer Zeit für sich in Anspruch nehmen, sie waren die ersten »Jumbos« in der Luftfahrtgeschichte.
Da ich der Meinung bin, daß wir als Staatsbürger das Recht und die Pflicht haben, auf solche Mißstände in der Gesetzgebung hinzuweisen, komme ich zu der Idee, durch einen Weltrekordversuch in der Amphibienklasse die Öffentlichkeit mit einer friedlichen Demonstration darauf hinzuweisen. Und da ist noch etwas: im Gegensatz zur Behauptung nämlich, daß die Bevölkerung so sehr gegen die Sportflieger eingestellt sei, ist immer wieder festzustellen, wie groß das allgemeine Interesse ist. Das beweisen die Verkehrsstauungen bei Flugtagen, wenn sich geradezu Völkerwanderungen entwickeln, und die Tatsache, daß bei den seltenen Wasserlandungen lang anhaltende Winkovationen der Zuschauer vom Ufer und von den vorbeifahrenden Schiffen den Flugbetrieb begleiten. Zurufe »Kommt bald wieder« bestätigen das absolut positive Verhältnis zu den Sportfliegern.
Mit dem bekannten Flugzeugkonstrukteur Günter Pöschel aus Ulm, der mit seinem Amphibium die Fachwelt aufhorchen ließ, bin ich der Meinung, daß ein Weltrekordversuch das Interesse allgemein wecken könnte. Da er gleichzeitig als Wasserflugexperte auch die Vertretung für das meistgeflogene Kleinamphibium Lake ›Buccaneer‹ hat, ist er bereit, eine seiner beiden Vorführmaschinen zur Verfügung zu stellen. Lediglich mit der Finanzierung hapert es, denn die kann ich keinesfalls allein übernehmen.
Als ich nach den Bemühungen in verschiedene Richtungen eines Tages den Anruf meines Sportfliegerkameraden Joachim Pöppel bekomme: »Die Firma Heidelberger Druckmaschinen AG ist bereit, für diese ›Heidelberger Aktion‹ einen namhaften Betrag zur Verfügung zu stellen«, da fällt mir ein Stein vom Herzen, denn ich habe ja ungeachtet dieses Problems schon vieles eingeleitet. Nun ist das Projekt auch von dieser Seite her abgesichert.

66. Mit dem ›Seeräuber‹ von Grönland nach Heidelberg

Der Streckenweltrekord in der Leichtamphibiumklasse steht auf 1373 km, geflogen mit einer Lake Buccaneer. Um die Verbesserung der Rekordleistung und den ganzen Flug spektakulär zu machen, plane ich meinen Versuch auf einer Strecke, die 131 % länger ist als die gültige Distanz. Ich will 3165 km weit fliegen und wähle als

Startplatz aus verschiedenen Gründen die kleine Insel Kulusuk an der Ostküste Grönlands. Zwar bietet sich dort lediglich eine Art Berg- und Talbahn mit Schotterbelag an, aber sie liegt in Meereshöhe, und dort oben in 65 Grad nördlicher Breite ist es auch im Sommer relativ kühl, was zu aerodynamisch und motorleistungsmäßig günstigen Startbedingungen führt. Zudem ist es im Juni auch um Mitternacht noch fast taghell, obwohl die Sonne knapp unter dem Horizont liegt. Und um diese Zeit soll ja mein Start erfolgen. An meteorologischen Vorteilen bietet die Streckenführung über Island, Schottland und die Nordsee fast das ganze Jahr hindurch Windrichtungen, die die Grundgeschwindigkeit und damit die Reichweite erhöhen.

Abgesehen von so viel unbestreitbaren Vorzügen liegen außerdem etwa 80 % der Streckenführung fast deckungsgleich mit dem Großkreis, also der kürzesten Entfernung zwischen zwei Punkten auf der Erdoberfläche. Erst nach dem Einfliegen in das kontinentale Netz der vorgeschriebenen Luftverkehrsstrecken bei Amsterdam werde ich Umwege in Kauf nehmen müssen, die aber bei Rekordflügen erfahrungsgemäß durch Entgegenkommen der Flugsicherung mit Radar-Führung abgekürzt werden können.

Da die FAI-Rekordvorschriften verlangen, daß bei amphibischen Flugzeugen alternativ gestartet und gelandet wird, werde ich den Start mit Überlast in Kulusuk von der hügeligen Schotterpiste aus vornehmen und in Deutschland auf dem Wasser niedergehen – aber natürlich nicht irgendwo, denn das ist ja nicht erlaubt. Für die demonstrative Wasserung, die ja lange vorher angemeldet und genehmigt werden muß, wähle ich den Neckar mitten in Heidelberg, meiner Geburtsstadt. Auf der Neckarwiese, die sich zwischen zwei Brücken in einer Länge von 1,2 km am nördlichen Ufer entlangzieht, haben Tausende von Zuschauern Platz, um meine Ankunft und die Wasserung zu beobachten. Gerade auf diese Vorführung kommt es uns ja im Interesse der Wasserfliegerei an.

Um nur ja nicht in Zeitbedrängnis mit den vielfältigen Genehmigungsverfahren zu kommen, beginne ich meine Kontakte für dieses Programm mit der Abteilung Luftfahrt des Verkehrsministeriums schon Ende 1980 im Büro von Ministerialrat Huck, auf dessen Unterstützung und guten Rat ich bisher immer habe rechnen können. Später folgen Beratungen und Besprechungen mit den zuständigen Stellen des Regierungspräsidiums Karlsruhe, der Wasserschutzpolizei und dem Wasser- und Schiffahrtsamt. Der Vortrag bei dem außerordentlich aufgeschlossenen Oberbürgermeister der Stadt Heidelberg, Reinhold Zundel, endet in dem Tenor: »Dieses Anliegen der Heidelberger Sportflieger ist auch Sache unserer Stadt.« In der Folge setzt er sich denn auch voll für diese ›unsere Heidelberger Aktion‹ ein.

Um mich zu entlasten, übernehmen von diesem Zeitpunkt an der Vorsitzende unseres Heidelberger Aero-Clubs, Fried Wilser, und viele weitere Kameraden die Organisation vor Ort, denn es ist geplant, ein Rahmenprogramm vor meiner Ankunft ablaufen zu lassen, das es in dieser Form mitten in einer Stadt wahrscheinlich noch nicht gegeben hat: Kunstflug, Fallschirmabsprünge auf die Neckarwiese,

Heißluftballonstart, Flugzeugdoppelschlepp, Ballonstreckenwettbewerb mit Postkarten, Sonderpostamt mit Sonderpostkarten und -stempel für das Ereignis, kurzum fast schon ein Flugtag mit vollem Programm, einschließlich Brezelständen, Getränke- und Wurstbuden. Über eine Lautsprecheranlage wird unsere Unterhaltungskanone Siegbert Schneider die Besucher unterhalten und die Vorführungen erklären.

Fried Wilser weiß, was er sich da aufgeladen hat, denn er kennt als alter Flieger die ganze Entwicklung der Sportfliegerei seit ihrer Wiedererlaubnis. Es ist für ihn, wie die Amerikaner sagen, ein ›fulltime job‹. Unsere Zusammenarbeit ist in einem Maße vorbildlich und verzögerungsfrei, daß ich mich ohne Bedenken zur technischen Ausrüstung der Maschine zu Günter Pöschel nach Erbach begeben kann. Dort reißen wir unter seiner energischen und sachkundigen Leitung alle, aber auch die allerkleinsten unnötigen Teile aus dem Flugzeug heraus und überprüfen sämtliche Systeme; es ist eine radikale Abmagerungs- und Überholungskur für die kleine Maschine, die ich von ihrer ersten Ausrüstung für die Überführung von den USA nach Ulm noch genau kenne. Das gesamte von mir seinerzeit bei der FAA zugelassene Tanksystem mit allen Komponenten ist noch vorhanden und wird sorgfältig installiert.

Während ich mich den weiteren Flugvorbereitungen widme, übernimmt der große Tüftler aus Erbach mit seinen Mannen die aerodynamischen Verbesserungen, die wir zusammen wohl durchdacht haben: sauberste Verkleidung zur Abdeckung der Fahrwerkschächte, Abkleben und Abdecken der Schlitze von Rudern und Klappen an Flügel und Leitwerk sowie Verkleidung vieler widerstanderzeugender Stellen auf der Außenhaut. Schweren Herzens verzichte ich sogar auf die Benzinheizung, die bei der Lake oben auf dem Dach der Kabine montiert ist und dort nicht nur Widerstand erzeugt, sondern auch auf einem so langen Flug erhebliche Mengen Kraftstoff verbraucht. Obendrein wiegt sie 12 kg! Dafür nehme ich lieber für eine halbe Stunde mehr Sprit an Bord. Insgesamt gelingt es durch diese Prozeduren, das Rüstgewicht mit allen zusätzlichen Anlagen und Verbesserungen auf dem gleichen Niveau zu halten – nämlich 800 kg – wie mit voller Kabinenausrüstung, ein unausgesprochenes Kompliment für Günter Pöschel. Die nüchterne Anzeige der Flugzeugwaagen vor den Augen des abnehmenden Prüfers drückt das auf ihre Weise aus. Die Koordination zwischen den verschiedenen Organisationsgruppen ist so erfreulich und der Ablauf aller Verfahren liegt so genau in der Terminplanung, daß ich im stillen eigentlich nur noch die Sorge um günstiges Wetter mit mir herumtrage. Die von der ›Heidelberger Schnellpresse‹ extra überholten und geeichten Waagen sind bereits fertig verpackt. Sie werden an Bord der zweimotorigen Cessna mit nach Kulusuk gehen. Außer dem Piloten werden Günter Pöschel, eine Krankenschwester, zwei Reporter vom ›Stern‹ und eine kleine Werkstatt in der Zweimotorigen mitfliegen. Mit den an Bord geführten Teilen und Werkzeugen sind Reparaturen und Kunststoffarbeiten möglich, denn auf den Plätzen der Nordroute, besonders aber in Kulusuk sieht es in dieser Beziehung finster aus.

In angemessener Zeit vor unserem Abflug hält der Aero-Club Heidelberg im kleinen Rathaussaal noch eine Pressekonferenz ab, zu der auch die Vertreter der beteiligten Behörden und befreundete Firmen eingeladen sind. Solche Treffen vor einem Unternehmen mag ich gar nicht, und auch danach nur mit Vorbehalt. Aber man ist uns so fair entgegengekommen, und für die Finanzierung ist so schnell gehandelt worden, daß ich mich dazu verpflichtet fühle, auf alle Fragen zu antworten.
Wie viele Leute in diesen Tagen eifrig aber vergeblich auf Atlanten und Karten nach der kleinen Insel Kulusuk suchen, weiß ich nicht, aber wahrscheinlich sind es Tausende. Jedenfalls werden auch Witze gemacht, und das finde ich gut und gesund. Bei einer unserer Sitzungen zur Vorbereitung des Ankunftstages macht unser Joachim Pöppel eines seiner Schnellgedichte: »Hast von Schmittchen du genug, schick ihn doch nach Kulusuuk.«
Leider spielt uns das Wetter zum Abflug dann für eine Woche so böse mit, daß sich die Expedition erst mit zwei Tagen Verspätung von Mannheim aus in Bewegung setzen kann. Gewitter mit heftigen Turbulenzen und Vereisung begleiten mich bis zur Landung in Newcastle und stehen in noch unüberwindlicherer Form bis Stornoway, so daß der Weiterflug erst nach zwei Tagen Wartezeit erfolgen kann. Mit der kleinen Buccaneer bin ich trotz Ausrüstung für Instrumentenflug von so miserablem Wetter ausgeschlossen. Die vorausfliegende Zweimotorige dient dann als Wetteraufklärer, landet abends in Stornoway, und Günter Pöschel signalisiert mir per Telefon erträgliche Bedingungen. Auf diese günstige Meldung hin tanke ich für zwölf Stunden Flugzeit und starte 120 Minuten später direkt nach Reykjavik.
Zwar habe ich nach dem Start prasselnde Schauer zu durchfliegen, bis ich endlich auf Reiseflughöhe bin, aber mit Plustemperaturen kann mein ›Seeräuber‹ zum ersten Mal zeigen, daß er trotz höherer Geschwindigkeit im Steigflug bei Vollgas eine erstaunlich gute Steigleistung bietet – bei maximalem Startgewicht. Im Reiseflug knapp über den Wolken schafft er trotz sparsamer Motoreinstellung eine Reiseleistung von 120 kts (222 km/h).
Nur kurz dauert die Dunkelperiode in dieser Nacht vom 23. zum 24. Juni, denn ich fliege nordwärts in die Dämmerungszone des frühen Morgens eines Polartages hinein. Um fünf Uhr setze ich die kleine Maschine auf die Landebahn 02 des Flughafens Reykjavik, der Hauptstadt Islands. Mit den Leistungen des Flugzeuges bin ich vollauf zufrieden, denn meine Erwartungen sind in allen Bereichen übertroffen. Aber leider hat der Radiokompaß unterwegs seinen Geist aufgegeben, und das macht mir Sorgen.
Ziemlich ausgehungert und als einziger Gast in der frühen Morgenstunde bestelle ich Zimmer für alle Teilnehmer und schmeiße per Telefon die noch müden fünf in Stornoway aus den Betten. Diesmal habe ich mich als vorausfliegendes Wetterflugzeug revanchieren können, und ich kann mit guten Bedingungen locken. Dann treibt mich mein knurrender Magen in die Cafeteria des Flughafenhotels Loftleidir zu einem Frühstück mit Schinken, Spiegelei, Toast und Milchkaffee. Gerade, als

mir um sieben Uhr die vielen Touristen entgegenströmen, verlasse ich das Lokal und haue mich nach einer warmen Dusche für ein paar Stunden ins Bett.
Erfrischt stehe ich mittags schon wieder als Einweiser für die ›Nachgekommenen‹ auf dem Parkplatz und winke die Zweimot ein. Endlich sind wir auf dem letzten Absprunghafen versammelt, aber die Wetterprognose sieht ebenso mies aus wie die Möglichkeit, den Radiokompaß zu reparieren.
Wie zwei ungleiche Brüder stehen sich die beiden Maschinen der Expedition gegenüber, und so unterschiedlich sind auch die Aufgaben der Besatzungen. Was mich aber besonders bedrückt, ist die Tatsache, daß wegen der vielen Flugeinsätze zwischen den Streckenflügen es bisher ausgeschlossen war, den exakten Verbrauch bei konstanter Reiseleistung in der Höhe zu erfliegen. Dadurch fehlen mir noch immer die wichtigsten Daten, nach denen ich meinen Rekordflug ja anlegen muß. Auch hier in Island ist geplant, mehrere Fotoeinsätze zu fliegen, die aber ein volles Auftanken verbieten, denn ich muß möglichst leicht sein. Die vielen Starts, Steigflüge und Landungen einschließlich der Bodenläufe verfälschen aber die Verbrauchsmessung ganz erheblich. Zwar können das die Nichtpiloten der Expedition kaum verstehen, aber das macht meine Sorgen nicht geringer.
Täglich kontrolliere ich mehrere Male die Wettermeldungen von Kulusuk, das schon seit zehn Tagen wegen Nebels nicht anfliegbar ist. Schlimm genug, diese Warterei. Als aber dann die Meldung kommt, daß dort bis auf täglich wenige Stunden gestreikt wird, beginnt die Lage für den Rekordversuch kritisch zu werden, denn ich muß ja nachts starten, um nach etwa 17 Stunden Flugzeit spätnachmittags in Heidelberg landen zu können.
Die nun einsetzende Telex- und Telefontätigkeit zur Rettung des Unternehmens kostet Zeit, Nerven und schließlich auch einige hundert Dollars, aber das Ergebnis ist immerhin positiv. Die dänische oberste Behörde in Kopenhagen erteilt eine Sondergenehmigung, die mich per Funk bei einem Fotoflug über den Gletschern der Südküste erreicht. Der mir seit vielen Jahren gut bekannte Manager hat alle unsere Sorgen und Anstrengungen mitverfolgt, will mich deshalb nicht unnötig lange auf den glühenden Kohlen der Ungewißheit sitzen lassen, greift zum Mikrofon und ruft mir per Funk die Erlaubnis zum Nachtstart hinterher.
Indessen hält sich der Nebel über Kulusuk, aber es gelingt mir, den Radiokompaß zur Raison zu bringen. Wegen der ungewöhnlich langen Wartezeit muß Günter Pöschel nach Hause fliegen, und uns allen brennt der Zeitfaktor jetzt unerträglich unter den Nägeln.
Für mich ist die Nervenbelastung fast unerträglich, zumal immer wieder verlangt wird, für Fotoflüge bereit zu sein. Eigentlich müßte ich mich um ganz andere Dinge kümmern. Grundsätzlich arbeite ich bei der Durchführung eines solchen Unternehmens lieber ganz allein, denn die Belastung ist so schon groß genug. Wenn man sich aber ständig auch noch anderen Anforderungen stellen soll, die mit der Vorbereitung des Fluges absolut nichts zu tun haben, ihn eher behindern, dann ist das auf die Dauer höchst aufreibend.

Menschen, die mit der Materie nicht vertraut sind, stellen sich einen solchen Weltrekordversuch oft so vor, als bereite man mal eben irgendeinen Flug vor, der allenfalls etwas länger dauert als sonst. Ja, eines Tages fragte mich einmal so ein Werbemann mit vollem Ernst: »Können Sie denn nicht mal einen Weltrekord für die Firma X fliegen, das käme mir gerade sehr gelegen« – als wenn das Brezelbacken wäre! Über soviel Naivität war ich damals so verblüfft, daß ich statt einer Antwort wohl bloß ein verdutztes Gesicht geboten habe. Kein Wunder fast, daß mich der Frager darob überlegen und mitleidig von oben herab belächelte. Dann gab er mir zu verstehen, er wolle mir mein Fehlverhalten immerhin gnädig vergeben. Für mich konnte ich da nur konstatieren, ihm in dieser Beziehung weit unterlegen zu sein – schließlich konnte ich ja so hohen Gedankenflügen wirklich nicht folgen. – Am nächsten Tag ist uns das Glück hold, denn ein Telex meldet Kulusuk nebelfrei, wenn auch noch immer unter einer geschlossenen Wolkendecke. So starte ich innerlich erleichtert und mit Benzin für 12 Flugstunden an Bord. Schon dreißig Minuten später kippt der Zeiger des ADF auf 330° und bleibt dort unverrückbar stehen. Also ist das Mistding wieder ausgefallen. Zwar fluche ich in mich hinein – ich glaube sogar, auch einige berühmte Zitate lauthals in der kleinen Kabine rückschallen zu hören – aber ich entschließe mich dennoch, den Flug fortzusetzen. Mit meiner Spritreserve kann ich von der Grönländischen Küste wieder zurück nach Island fliegen und für eine Landung in Keflavik auch bei schlechtem Wetter mit anderen Verfahren Instrumentenanflüge machen. Indessen wird es sehr schwierig, wenn nicht ganz unmöglich sein, das kleine Kulusuk unter der wild zerklüfteten Küste zwischen Hunderten von anderen Inseln zu finden, und das unter einer geschlossenen, tief hängenden Wolkendecke. Dennoch will ich es auf einen Versuch ankommen lassen.

Beim Erreichen von 30 Grad West verschwindet die ziemlich unbewegte, mit Treibeis und einzelnen Eisbergen eigenartig verzierte Wasseroberfläche in Dunst und Wolken. Da die Sicht über den Wolken jedoch hervorragend ist, erkenne ich schon wenig später die wild gezackten, oben aus den Wolken herausschauenden Bergketten an der Küste. Gleich dahinter beginnt der ewige Eispanzer dieser größten Insel der Erde.

Stur halte ich meinen Kurs, bis ich knapp vor der Küstenlinie endlich die Station von Kulusuk auf UKW empfange. Der Platz hat keinen Tower, ist vielmehr ausschließlich nach Sichtflugregeln anfliegbar. Die Lautstärke meines Empfängers drehe ich, je besser der Empfang wird, immer weiter herunter, so daß ich grob die Zone lokalisieren kann, in der die Insel liegen muß. Dabei hilft mir die Kontur des riesigen Fjords, die allerdings nur in Teilen oben aus der geschlossenen Statusdecke herausschaut.

Da empfange ich, wie gerufen, das Funkgespräch zwischen Kulusuk und einem soeben gestarteten Hubschrauber, der mir auf meine Anfrage – mit der Begründung meines ausgefallenen Navigationsinstrumentes – nach etwa fünf Minuten das einzige Wolkenloch vermelden kann, das nach seiner Beobachtung in dieser Ge-

gend überhaupt vorhanden ist. Es liegt etwa 20 km südwestlich der Insel und hat die Konturen eines Vierecks mit konkav geformten Umrissen.
Wie ein Luchs halte ich Ausschau nach allen Seiten, denn so genau kann ich ja meine Position gegenüber dem Bezugspunkt Kulusuk nicht bestimmen. Wieder spielen mir das Glück und meine scharfen Augen das einzige kleine Loch zu. Die Umrisse stimmen genau, und schon steche ich in steilem Gleitflug darauf zu, dem Hubschrauberpiloten meldend, daß ich dort gleich auftauchen werde.
Wenige Minuten später bin ich unten heraus und fliege mit Kurs Nordost dicht über Packeis und Eisberge. Die Sicht ist sehr gut, aber die vielen Buchten und Inseln erlauben es noch nicht, mein Ziel auszumachen, obwohl ich es aus fast jeder Lage kenne. Mit Kompaß und Uhr kommt die bewährte Koppelnavigation einmal mehr zu Ehren, und in der Tat stoße ich genau auf die Südostecke der kleinen Insel, deren Namen auf keiner der üblichen Karten verzeichnet ist.
Per Funk melde ich meine Position, die bei meinem Partner, dessen Stimme ich von vielen Überflügen genau kenne, Erstaunen auslöst. Ohne Radiokompaß bei dieser tiefen Bewölkung Kulusuk zu finden, ist nämlich eigentlich unmöglich. *»No traffic«*, sagt er. *»Entering final runway one two«*, antworte ich und sitze zwei Minuten später auf der Schotterpiste. Der Platzchef winkt mich ein. Abstellen, Aussteigen. Endlich bin ich am Startplatz für meinen Rekordflug angekommen, und wenn ich auch ein schweres Handicap wegen des defekten Navigationsinstrumentes in Kauf nehmen muß, so fühle ich mich nun doch wohler, zumal mir der Manager die geschätzte Ankunftszeit der zweimotorigen Cessna geben kann. In vierzig Minuten soll sie eintrudeln.
Wie ein Hammerschlag wirkt aber schon eine Viertelstunde später die Mitteilung des Funkers, daß der Streik ab morgen erst richtig losgeht, und zwar total: kein Telefon-, Telex- oder Funkdienst und deshalb auch weder Such- und Rettungsdienst noch Wetterberatung oder Flugsicherung. Ja, die Welt ist herrlich idiotisch, aber damit muß man sich wohl überhaupt abfinden.
Kaum wieder draußen auf dem Platz, schwebt schon die Cessna 310 zur Landung herein. Beim Aussteigen lachen sie alle erleichtert, und ich lache auch mit. Aber gleich danach vergeht uns die so notwendige, erleichternde Seelen- und Bauchmuskelmassage ganz schnell, denn ich muß ja die neue Zuspitzung der Streiksituation so klar wie möglich schildern. Mein Entschluß steht fest: ich werde, wenn das örtliche Wetter es einigermaßen erlaubt, morgen kurz nach Mitternacht starten, denn noch habe ich einen gewissen Grad von Übersicht über die Gesamtwetterlage im Bereich Nordatlantik bis Mitteleuropa. Die letzten Vorhersagekarten aus Island habe ich noch im Gepäck. Was nach morgen kommt, ist weder vom Wetter her noch bezüglich der Streiksituation zu übersehen.
So schlage ich vor, nach dem Abendessen alle technischen Vorbereitungen für die Fotoflüge zu treffen und die speziellen Kameraträger zu montieren. Das Wetter entwickelt sich bestens, und schon etwa drei Stunden nach der Landung sind nahezu alle Wolken verschwunden. Es herrscht Sonnenscheinwetter, das uns die ge-

waltige Schönheit der Urlandschaft in bizarren Farben vor Augen führt. Ohne Kontrolle aber auch ohne Unterstützung und auf eigenes Risiko starte ich noch zweimal für ausgedehnte Fotoflüge hinein in die sagenhaften Fjorde und hinaus zu den Eisbergen, die ich im Tiefflug umkreise. So schieße ich Dutzende eindrucksvoller Szenen mit einer durch elektrische Fernbedienung auslösbaren Kamera, die auf einem langen Ausleger am linken Flügel montiert ist.

Trotz ununterbrochener Arbeit und starker Beanspruchung macht mir diese Aufgabe richtig Spaß, und ich entdecke immer neue Motive beim Abfliegen der zerklüfteten Küste mit ihren steilen, braunen Felsen. Zum Abschluß merke ich mir die besonders bizarren Eisberge mit ihren zum Teil eigenartig leuchtenden, grünlich und auch bläulich erscheinenden Schmelz- oder Regenwasserteichen, ihren Türmen, Toren und Kanälen, denn morgen werde ich den ganzen Tag Fotoflüge machen.

Schon um acht Uhr morgens bin ich wieder auf den Beinen und lasse mir, auf einem Stein sitzend, die Sonne ins Gesicht scheinen – statt Frühstück. Glücklicherweise habe ich noch genügend Sprit in den Tanks, so daß ich fünf ausgedehnte Fotoflüge absolvieren kann. Ich bedaure nur, daß ich meine 16 mm Bolex nicht dabeihabe, um diese grandiose Naturkulisse einzufangen.

Da der Streik nicht für das Verwaltungspersonal gilt, bekomme ich für den Abend genügend Helfer zusammen, die mir beim Tanken und Wiegen der Maschine behilflich sind. Die Rekordmaschine muß nämlich vor dem Start gewogen werden, und zwar fertig betankt und beladen, mit dem Piloten an Bord. Hierfür habe ich die drei Waagen von der Heidelberger Druckmaschinen AG an Bord der C 310 mitgeführt. Nach einem Tag mit vollem Fotoprogramm für den ›Stern‹ komme ich endlich an meine Vorbereitungen.

Noch vor der Betankung kommt die ›Lake‹ auf die Waagen – unter jedem Rad eine. Dann geht die Pumperei los. Meine Tabellen und der Rechenschieber bestimmen die Benzinmenge. Aus zerbeulten Fässern, die sicherlich nicht mehr das Originalvolumen aufweisen, wird das hier sehr teure Naß in meine fünf Tanks befördert. Das ist ein Unternehmen für sich, bei dem fünf Mann beteiligt sind. Man muß jedes angebrochene Faß voll bezahlen, auch wenn die Hälfte oder mehr übrigbleibt. Anschließend verplombe ich alle Tankverschlüsse und den Barographen und verkleide mit Klebeband Öffnungen und Ritzen, während man die Zweimotorige auftankt. Nach stundenlanger Arbeit sind wir endlich soweit. Die Maschine ist gewogen, das Protokoll unterzeichnet und gestempelt. Um uns herum herrscht nach dem emsigen Treiben wieder die Totenstille dieser unberührten, von der Technik noch nicht verdorbenen Natur. Weil bei der Betankung etwas Benzin übergeschwappt ist, lasse ich die Kabinenhaube offen, so daß sich der Gestank während meiner Flugplanvorbereitung verflüchtigen kann.

Über Privattelefon und viele Umwege gelingt es mir in mühseligem Verfahren, meine Flugplandaten nach Reykjavik übermitteln zu lassen. Wetterunterlagen sind nicht zu erhalten. So werde ich mich wie ein Dieb aus dem Hause schleichen müs-

Die Piste von Kulusuk, Ostgrönland.

Beim Landeanflug auf Kulusuk.

Eisberge vor der Ostküste Grönlands.

Eisberge.

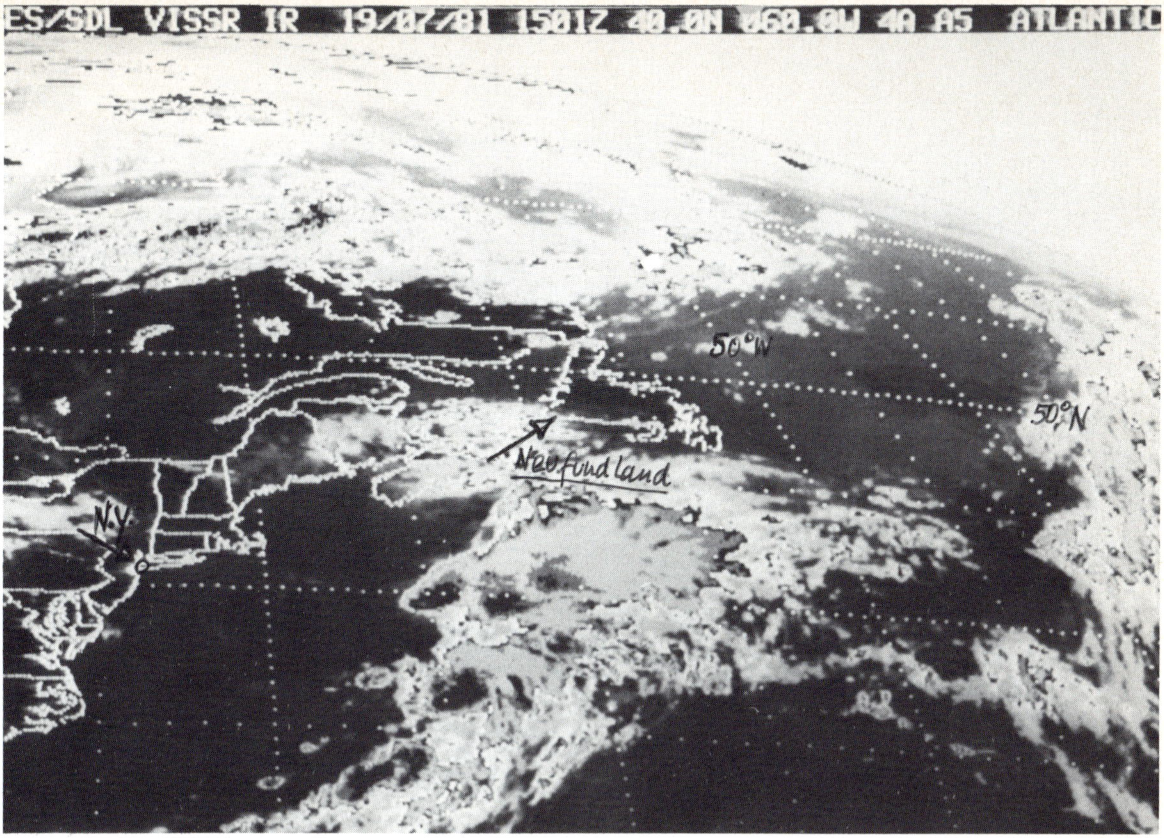

Satelittenaufnahme vom westlichen
Nordatlantik.

Die ›Lake Buccaneer‹ über Heidelberg
(Lossen).

Nach der Wasserung auf dem Neckar in Heidelberg vor dem Herausrollen auf die Rampe der ›Wasserschachtel‹ (Lossen).

Mit dem Oberbürgermeister der Stadt Heidelberg, Reinhold Zundel, Fried Wilser und meiner Familie bei der Empfangskur auf der Neckarwiese (Lossen).

v. l. OB Zundel, Birger Svening Hansen aus Kopenhagen und Vorstands-Vorsitzender Dr. Wolfgang Zimmermann (Heidelberger Druckmaschinen AG) (Lossen).

Die ›Wasserschachtel‹ 1954 bei der Taufe der ersten Segelflugzeuge des Aero Club Heidelberg (Lossen).

Manfred Riederer ›Flug-Motor‹ 1980, Farbstiftzeichnung.

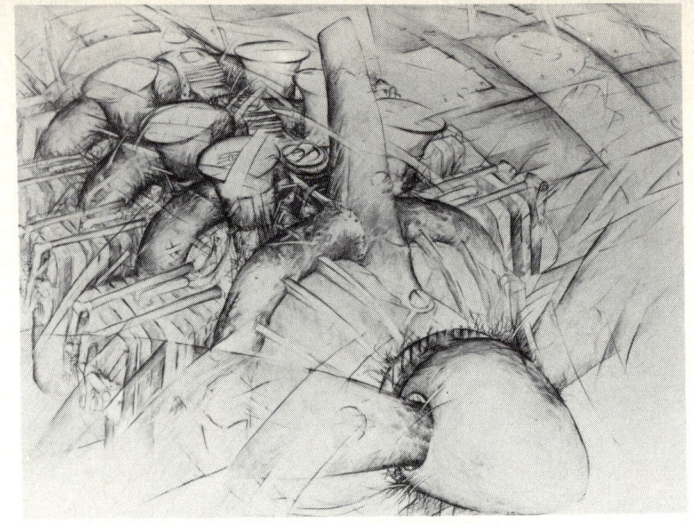

Kreidezeichnung ›Lake Buccaneer‹ 1981 des Künstlers Manfred Riederer/Eberbach, nach dem Weltrekordflug.

Sonderpostkarte mit Sonderstempel anläßlich des Weltrekordfluges.

Der erste ›Jumbo‹ der Fluggeschichte, Flugboot Dornier Do X mit 12 Motoren 1929. (Dornier)

Ein ›Jumbo‹ seiner Zeit, Blohm und Voss BV 222, das größte Flugboot in Serienproduktion (1940, 6 BMW-Motoren je 1000 PS, 46 m Spannweite, Reichweite für Transatlantikflüge).

Klaus Kunze, Mannheimer Fliegerkamerad über zwei Jahrzehnte, hier vor seiner schön restaurierten Bücker Bü 131 ›Jungmann‹.

Mit meinem ersten Segelfluglehrer von 1938 Berthold Kleinert und Segelfliegerfreund von damals Rudi John (mit Sohn).

sen, ohne Funkverbindung und ohne Rückendeckung durch Such- und Rettungsdienst – alles auf eigenes Risiko.
Um Mitternacht, aber bei Tageshelle, gehe ich hinaus zur Maschine und bereite alles für den Start vor. Das Wetter ist ausgezeichnet, aber hoch im Südwesten kommt mit großer Geschwindigkeit eine Aufzugsbewölkung auf, also das erste Zeichen für sehr baldige Veränderung. Was die Lage aber im Augenblick kritisch macht, ist deutlicher Rückenwind für einen Start auf der Bahn 12. Unter diesen Bedingungen ist der Start sehr fraglich, indessen ist er in umgekehrter Richtung völlig ausgeschlossen, denn dann müßte ich gegen ein abnormal ansteigendes Startbahnende anrollen. Diesen Hügel könnte ich unter Überlast keinesfalls überfliegen.
Noch während ich abwäge und das flott drehende Schalenkreuz beobachte, bleibt das Ding unverhofft stehen: Windstille ist eingetreten. Nach stundenlangem Blasen wirkt das wie ein Wunder. Für mich ist es die Aufforderung, ohne Verzug abzuhauen. Schon sitze ich, der Motor bricht brummend die ewige Stille. Beim Hinaufrollen zum Ende der Schotterpiste beginne ich bereits mit dem Durchchecken der verschiedenen Systeme, und oben angekommen bremse ich ab und hake die letzten Punkte auf der Checkliste ab.
Aber was ist das? Der Kompaß hängt in einer Schräglage von 30 Grad und zeigt um 35 Grad verkehrt. Zur Kontrolle rolle ich noch eine scharfe S-Kurve und richte die Maschine abermals genau aus. Doch da ist nichts zu machen, mein einziger Richtungsweiser steht schief und zeigt total falsch. Tausend Gedanken zucken durch mein Gehirn. Hat jemand an den Justierschrauben gedreht? Die Maschine stand ja für zwei Stunden offen auf dem Abstellplatz. Aber so verrückt kann doch niemand sein. Für den, der seine Checks nicht gewissenhaft macht, der das also nicht merkt, kann das tödlich sein. Aber auch dann, wenn man es realisiert hat, kennt man die Fehlerquote für alle anderen Richtungen noch lange nicht. Deshalb ist ja das Kompensieren eines Kompasses eine so langwierige, aber auch eminent wichtige Arbeit. Ich wage nicht, an Sabotage zu denken, besonders bei den netten Leuten hier. So jagen in nur wenigen Sekunden unzählige Gedanken durch meinen Kopf. Eine Entscheidung muß sofort gefällt werden. Ich weiß auch nicht, wie lange die Windstille noch anhält, die allein meinen Start noch begünstigt. Eine Kompensierscheibe existiert hier auch nicht. Ich entschließe mich zum Start.
Schon beschleunige ich bergab, dann über den kleinen Buckel, vorbei an den Fotografen den zweiten Abhang hinunter. Da endlich habe ich genügend Fahrt und hebe am Ende des ›overruns‹ mit 100 kts (185 km/h) ab. Schwerfällig zieht die kleine ›Lake‹ über die letzten Felsen des Ufers, und schon drücke ich sie zur Fahrtaufnahme leicht hinunter, knapp über das Packeis der kleinen Bucht. Gewaltig und drohend wächst neben mir die Wand des schwarzen Felsens hinauf in den dämmerigen Himmel, aber die kleine Maschine und ihr Pilot ziehen nun mit der Sicherheit von hoher Geschwindigkeit im Steigflug hinaus über das unendlich weite Packeis. Richard Reinig, der Pilot der zurückgebliebenen Zweimotorigen, hält mit mir noch

für zehn Minuten Funkverbindung, um im Notfall irgend etwas für mich tun zu können. Dann reißt auch dieser Kontakt ab. Ich bin allein.
Mit 30 Grad Vorhalt für den Kompaßfehler zieht die ›Lake‹ nun auf 7000 ft (2100 m) angekommen mit guter Eigengeschwindigkeit von 115 kts (210 km/h) Richtung Island. Weil ich keine Wetterinformationen habe, kann ich meine Grundgeschwindigkeit leider nicht einmal schätzen. Die Richtung muß stimmen, das ist die Hauptsorge, die mich angesichts des verstellten Kompasses quält. Aber ich habe da noch andere üble Nachteile zu verkraften, die im Normalfall die Durchführung eines solchen Fluges auch einzeln schon ausschließen: keine Wetterberatung, kein Such- und Rettungsdienst, keine offizielle Flugplanung, keine Funkverbindung – und zum Überfluß zwei ausgefallene Navigationsinstrumente, nämlich ein unzuverlässiger, gestörter Kompaß und ein unbrauchbarer Radiokompaß.
Der Druck meiner Zwangslage ist jedoch dazu angetan, es dennoch zu wagen. Die entscheidenden Aktiva in der Bilanz bestehen nur noch aus der Kraftstoffreserve, meiner Erfahrung und der von Günter Pöschel vorher gründlich präparierten Plattform: der kleinen ›Lake Buccaneer‹ mit ihren wesentlich verbesserten Leistungen. Mit denen bin ich sehr zufrieden. Ja, ich bin sogar überrascht, wie gleichmäßig der einsame Morgenvogel trotz Überladung gestiegen ist und nun in dem klaren Himmel dahinstürmt. Der Motor, so kommt es mir jedenfalls vor, hat noch nie so gesund und kraftvoll gebrummt wie ausgerechnet jetzt.
Obwohl schon 18 Stunden pausenlos in Aktion, ziehe ich hellwach und fest entschlossen meine Bahn, hoffend, daß es trotz negativer Begleitumstände der vorgeplante Kurs über Grund sein möge. Bei Überführungsflügen habe ich ihn ja schon so viele Male vorher abgeflogen – aber die berühmte Ölspur ist leider nur ein Witz.
Nach einer langen Zeit der völligen Stille im Funk kommt endlich etwas Betrieb auf die Frequenz, aber schon bald höre ich wieder Negatives, nämlich den Funkruf von Richard Reinig, daß er Schwierigkeiten mit seinem Kompaßsystem hat und deshalb nach Kulusuk zurückfliegen will. Wie kann das bloß passieren?
Wir haben vereinbart, daß er etwa eine Stunde nach mir starten wird und auf jeden Fall in Reykjavik und Stornoway und gegebenen Falles in Newcastle landen wird, um aufzutanken. Da er die Stationen vom Hinweg durchweg kennt, müßte es ihm gelingen, kurze Zeit nach meiner Wasserung auf dem Neckar mit seiner schnellen Cessna 310 trotz der verschiedenen Zwischenlandungen Mannheim zu erreichen. – Zwar bekomme ich zu der von mir berechneten Zeit die erste Anzeige von Keflavik-VORTAC und bin nun auch mit der Grundgeschwindigkeit zufrieden, aber daß auch bei der viel aufwendigeren Anlage der zweimotorigen Maschine ein Kompaßfehler aufgetreten ist, macht mich sehr nachdenklich. Bei einem späteren Funkgespräch kann ich nur den Rat geben, den berechneten Kurs besonders konsequent nach dem Hilfskompaß einzuhalten, und da in der Maschine zwei Radiokompasse installiert sind, einen auf die weit reichende Station ›VM‹ einzustellen – auch wenn sie über 130 km jenseits Keflavik liegt – und den anderen auf den starken

einer ›Lake Buccaneer‹ um 131 % zu verbessern. Das ist vielleicht ein wenig unverschämt, aber ich habe immer Wert darauf gelegt, eine Angelegenheit überzeugend darzustellen.

Mein Hauptanliegen aber war eine Demonstration für die deutsche Wasserfliegerei, die aufgrund des Flugverbots durch die Siegermächte seit 1945 eigentlich gar nicht mehr existiert. Es muß deshalb versucht werden, endlich die Fesseln zu lösen, die seit dieser Zeit noch immer einen Zweig der deutschen Luftfahrt strangulieren. In keinem freien Land ist so etwas denkbar. Deshalb muß diese Forderung immer wieder gestellt werden, damit die Verantwortlichen nicht in Trägheit verharren oder, wie bisher, mit fadenscheinigen Gründen den status quo zu erhalten versuchen.

Daß der Rekordflug an einem vorbestimmten Punkt enden mußte, resultiert aus den vielen Restriktionen, denn eigentlich ist es ein freier Streckenflug, bei dem man versuchen muß, soweit zu kommen wie irgend möglich. So habe ich denn aus der Not eine Tugend gemacht – eine schöne: das Ziel Heidelberg ist als eine Huldigung für meine ehrwürdige Vaterstadt zu verstehen. Victor von Scheffel preist sie in dem berühmten Lied »*Alt Heidelberg du Feine, du Stadt an Ehren reich, am Neckar und am Rheine, kein ander kommt dir gleich«!* Da ich kein Dichter bin, habe ich es als Flieger auf andere Weise versucht.

Nach dem Flug komme ich zu folgendem Resümee. Der Verlauf der Vorbereitungen und des Fluges hat einmal mehr gezeigt, daß ein Weltrekordversuch und seine Randbedingungen fast immer an der Grenze des Machbaren liegen, wenn das Ergebnis überzeugend sein soll. Ausfälle von eigentlich unabdingbar wichtigen Geräten, Behinderungen durch Streiks, die in der Folge enorme Risiken für den Flug erzeugen, und das Hineinfliegenmüssen in unbekannte Wettersysteme dürfen dennoch die Entschlußfähigkeit nicht lähmen oder einfach zur Resignation führen. Die Spannkraftreserve muß vielmehr so groß sein, daß nach kühler Einschätzung auch eines hohen Risikos der Mut zur Durchführung nicht einfach abgeblockt wird. Bei der dargestellten Situation in Kulusuk mit der Eskalation von Schwierigkeiten bis über die Grenze des Erträglichen wäre das immerhin verständlich gewesen.

Mit laufendem Motor bereits in der Startposition, mußte nach der Entdeckung des kaum hinnehmbaren Fehlers am einzigen Kompaß in Minutenschnelle die Abwägung aller Risiken, Alternativen und des noch Machbaren erfolgen und unter dem Druck des unerbittlich vorrückenden Sekundenzeigers eine ad hoc-Entscheidung herbeigeführt werden.

Will man später über die Richtigkeit der Entschlüsse völlige Klarheit bekommen, so genügt nicht allein die Betrachtung des Gesamtergebnisses. Vielmehr muß man unter Aufarbeitung aller Unterlagen zu Hause eine Nachbereitung vollziehen. Erst wenn man sich Rechenschaft abgelegt und die oft qualvollen Minuten der Entscheidungsfindung noch einmal rekonstruiert hat, werden die Vorgänge bewußt gespeichert und zu dem, was wir Erfahrung nennen.

Wer aufgrund solcher Erfahrungen und Sachkenntnisse den Druck von Verantwortung besonders stark fühlt, legt auch einen scharfen Maßstab bei der Entschlußfassung an. Als Familienvater empfinde ich diese Belastung sicher stärker als ein junger Mann in Sturm und Drang.

Darüber hinaus aber vertrete ich ja mein Volk vor der ganzen Welt. Um dem guten, dem großen Namen Deutschlands als Pionierland der Luftfahrt zu entsprechen, darf man eben nicht leichtfertig oder vorschnell irgendwelche Entschlüsse fassen, sondern ausschließlich solche, die zum Erfolg führen – und das ist zweifellos leichter gesagt als getan! Für sich selbst zu verlieren ist schon schlimm genug, und im Leben muß das leider so manches Mal verkraftet werden. Für sein Land zu verlieren ist bitter!

Daß es trotz aller Widrigkeiten und Hindernisse auch dieses Mal wieder geklappt hat, empfinde ich dankbar, denn ich weiß nur zu genau, daß über den eigenen, kämpferischen Einsatz hinaus auch noch eine Portion Glück dazugehört. Für mich ist das: »Fliegen für Deutschland«!

Wenn ich mehrfach darauf hingewiesen habe, daß neben dem eigenen Fleiß und einer gewissen Risiko- und Opferbereitschaft auch noch eine Portion Glück dazugehörte, um die beschriebenen Höchstleistungen zu erfliegen, so ist dem aber noch eine erklärende Anmerkung beizufügen. Es gibt ja viele Arten von Glück, und so ist denn das, was bei der Durchführung solcher Flüge als Gunst des Augenblicks und im gesamten als ›Fortune‹ bezeichnet werden kann, bei der Betrachtung von zwischenmenschlichen Beziehungen etwas ganz anderes – das große, unschätzbare Glück nämlich, wirkliche Freunde zu haben!

Sofern sie bei meinen Aktionen in irgendeiner Weise mitgewirkt haben, sind ihre Namen in den verschiedenen Kapiteln genannt – andere bleiben im Hintergrund. Ihnen allen möchte ich in Dankbarkeit diese letzten Zeilen widmen.

Daten der Weltrekorde und der nationalen Rekorde im Segelflug

Geschwindigkeitsweltrekorde auf vorbestimmter Strecke Nr. 1–5.
1. Gander–München, 23.+24. 6. 77, 242,29 km/h
   Beechcraft Bonanza V 35 B, 285 HP, Klasse C1c (1000–1750 kg)
   FAI-Strecke 4725,04 km, tatsächlich geflogene Strecke 5000 km,
   Flugzeit 19 h 30 min 05 sec
2. New York–München, 28.+29. 7. 77, 251,90 km/h
   Beechcraft Bonanza F 33 A, 285 HP, Klasse C1d (1750–3000 kg)
   FAI-Strecke 6495,57 km, tatsächlich geflogene Strecke 7100 km,
   Flugzeit 25 h 47 min 10 sec (Lindbergh-Gedächtnis-Flug)
3. Anchorage–Nordpol–München, 18.+19. 8. 78, 238,73 km/h
   Beechcraft Bonanza V 35 B, 285 HP, Klasse C1d (1750–3000 kg)
   FAI-Strecke 7759,32 km, tatsächlich geflogene Strecke 8200 km,
   Flugzeit 32 h 30 min 08 sec (erste Nordpolüberquerung mit einmotorigem Leichtflugzeug)
4. Gander–Kopenhagen, 30. 6. 79, 279,29 km/h
   Beechcraft Bonanza A 36, 285 HP, Klasse C1d (1750–3000 kg)
   FAI-Strecke 4454,39 km, tatsächlich geflogene Strecke 4700 km,
   Flugzeit 15 h 54 min 40 sec
5. New York–München, 12.+13. 7. 80, 392,02 km/h
   Beechcraft Bonanza A 36 TC, 300 HP, Klasse C1d (1750–3000 kg)
   FAI-Strecke 6495,57 km, tatsächlich geflogene Strecke 7000 km,
   Flugzeit 16 h 34 min 00 sec

Streckenweltrekord in gerader Linie
6. Kulusuk–Heidelberg, 2. 7. 81, FAI-Strecke 3165,096 km
   Lake 4-200 Buccaneer, 200 HP, Klasse C3c (1200–2100 kg) (Leichtamphibium)
   Tatsächlich geflogene Strecke 3300 km
   Flugzeit 16 h 11 min 26 sec

Nationale Segelflugrekorde

1. Absolute Höhe 7770 m, Klasse D2 (Doppelsitzer mit Passagier)
   24. 1. 59, Fayence/Var, Frankreich, Schleicher Ka 2B
   Passagier Karl Pummer
2. Höhengewinn 6907 m, Klasse D2, Passagier Karl Pummer,
   24. 1. 59, Fayence/Var, Frankreich, Schleicher Ka 2B

Anmerkungen und Abkürzungen

ADF	= Radiokompaß (Funkpeil-Anzeigeinstrument)	KIAS	= Knoten (indicated = angezeigt)
Apt	= Airport, Flughafen	KTAS	= Knoten (true = wahre Eigengeschwindigkeit)
ATC	= Air Traffic Control, Luftverkehrskontrolle	LH	= Lufthansa
Cb	= Cumulonimbus, Gewitterwolke	m	= Meter
Center	= Zentrale	mb	= Millibar
cancel	= (Flugplan) abbrechen, aufkündigen	minimum time track	= Strecke für die geringste Flugzeit
DME	= Distance Measuring Equipment, Entfernungsmeß-Sender	RPM	= Revolution per Minute, Umdrehungen pro Minute
ELT	= Emergency Locator Transmitter, Notfunkfeuer	RWY	= Runway, Startbahn
FAA	= Federal Aviation Administration, Bundes-Luftfahrt-Verwaltung	SAR	= Search and Rescue, Such- und Rettungsdienst
Fl	= Flight Level, Flugfläche (immer in Fuß)	SAS	= Scandinavian Airline System
		Stall	= Strömungsabriß
Ft	= Fuß, (1 Ft = 0,305 m)	TAF	= Terminal Area Forecast, Flughafen Wettervorhersage
FSS	= Flight Service Station, Flugberatungsstelle	T/O	= Take Off, Start
GFK	= Glasfaser-Kunststoff	TWR	= Kontrollturm, Tower
HF	= High Frequency, Kurzwelle	USAF	= US Air Force
h	= Stunde	VFR	= Visual Flight Rules, Sichtflugregeln
min	= Minute		
IFR	= Instrumenten-Flug-Regeln	VHF	= UKW, Ultrakurzwelle
ILS	= Instrumenten-Lande-System	VLF	= Very Low Frequency, Langwelle
INS	= Inertial Navigation System (bodenunabhängiges Navigationssystem mit mehreren Kreiselebenen)	VOR	= UKW-Drehfunkfeuer
		VORTAC	= UKW-Drehfunkfeuer mit Entfernungsmessung
		Zulu (Z)	= Greenwich Mean Time, Weltzeit (im Gegensatz zur Ortszeit)
JFK	= John F. Kennedy		
km/h	= Kilometer pro Stunde		
KW-G.	= Kurzwellen-Gerät		
kts	= Knoten, Geschwindigkeit in Nautischen Meilen pro Stunde (1 Naut. Meile = 1,852 km)		

LUFTFAHRT ZWISCHEN EISMEER UND WÜSTE

Streckensegelflug
Ein Lehrbuch für den Leistungs- und Wettbewerbssegelflug
Von Helmut Reichmann
Wie steigt man besser, fliegt man weiter, höher, schneller, wie trainiert man, welche taktischen Grundsätze gelten im Wettbewerb? Dieses Lehrbuch gibt ausführlich und logisch Auskunft.
210 Seiten, 147 Abb., gebunden, DM 42,–

Gefahrenhandbuch für Piloten
Verhalten in besonderen Fällen von A – Z
Von Bachmann/Faber/Senftleben
Dieser neue Ratgeber befaßt sich eingehend mit allen möglichen Gefahrensituationen, die im Wetter, im technischen Bereich und im Bereich der Flugsicherheit / Flugsicherung begründet sein können.
256 Seiten, 64 Abbildungen, gebunden, DM 39,–

Wetterflieger in der Arktis 1940–1944
Erlebnisse und Erfahrungen der Wettererkundungsstaffeln im hohen Norden
Von Schwerdtfeger/Selinger
Unter heute nahezu unvorstellbaren Bedingungen wurden im Dienste der Meteorologie erstaunliche Leistungen vollbracht.
240 Seiten, 118 Abb., geb., DM 38,–

Pionierflüge eines Lufthansa-Kapitäns 1926 bis 1945
Das abenteuerliche Fliegerleben des Grafen Schack von Wittenau
Von Graf Schack von Wittenau
Die ungewöhnliche Geschichte eines der großen Flugpioniere der zivilen Luftfahrt. Schon in den dreißiger Jahren erprobte er den Blindflug. Hochinteressante technische Details, verbunden mit Abenteuern eines Testpiloten der frühen Lufthansa, unter anderem auch in China, bis zu den gefährlichen Kurier- und Passagierflügen im Zweiten Weltkrieg.
224 Seiten, 58 Abbildungen, gebunden, DM 29,–

Deutsche Sportflugzeuge
Über 100 Typen seit 1909 vom Grade-Eindecker zum Acrostar
Von Peter Pletschacher
Ein faszinierendes Stück Technik-Geschichte wird hier der Vergangenheit entrissen, fachkundig dokumentiert mit vielen zeitgenössischen Fotos.
320 Seiten, 262 Abb., Großformat, gebunden, DM 54,–

Von der DC 3 zur DC 10
Ein Pilotenleben
Von Rudolf Braunberg
Viel Erlebnis in einem langen Pilotenleben. Ein fesselnder Bericht, bei dem die technischen Aspekte hieb- und stichfest sind.
184 Seiten, 41 Abb., gebunden, DM 22,–

Hals- und Beinbruch
Heitere Fliegerei
Von Hannes Trautloft
In diesem Schmunzelbuch lernt man die große, farbige und ewig junge Fliegerfamilie in der Luft und auf dem Boden wirklich kennen.
336 Seiten, 148 Abb., gebunden, DM 36,–

Diese Bücher selbstverständlich aus dem

Motorbuch Verlag
STUTTGART

So exklusiv wie unsere Leser.

FLUG REVUE – Die Zeitschrift
für souveräne Männer

Wer wie Sie vom Fliegen fasziniert ist,
will wissen, was sich in diesem Bereich tut.
FLUG REVUE informiert über die Fortschritte
der Technik, berichtet über aufregende
Ereignisse und unterhält mit Persönlichem
aus der Fliegerei.

FLUG REVUE – Das internationale Luft- und
Raumfahrt-Magazin.
Die Nr. 1 im deutschsprachigen Europa.

Grönland

Frobisher

Söndre

Kulusu

Narsarssuak

Kanada

Goose Bay

Gander

50°W

40°W

Neufundland